全国高等教育自学考试指定教材

旅游消费者行为

（含：旅游消费者行为自学考试大纲） 课程代码 14002

（2024 年版）

全国高等教育自学考试指导委员会 组编

主编 王 粤 赵慧娟

中国人民大学出版社

·北京·

中国人民大学出版社自考数字教材配套数字资源使用指南

凡是购买正版教材的考生，可凭封面的兑换码免费兑换教材配套数字资源。

数字资源获取方法和使用说明如下：

（1）扫描并关注“人大社 e 自考”微信公众号。

（2）点击“课程中心”中的子菜单“兑换中心”。

（3）刮开本书所附卡片涂层，获取数字资源兑换码，即可兑换教材配套数字资源。

（4）在“课程中心”中的子菜单“我的课程”里找到已兑换的课程进行学习。

如兑换码有误或有其他问题，请关注“人大社 e 自考”微信公众号并留言。

组编前言

21 世纪是一个变幻莫测的世纪，是一个催人奋进的时代。科学技术飞速发展，知识更替日新月异。希望、困惑、机遇、挑战，随时随地都有可能出现在每一个社会成员的生活之中。抓住机遇、寻求发展、迎接挑战、适应变化的制胜法宝就是学习——依靠自己学习、终身学习。

作为我国高等教育组成部分的自学考试，其职责就是在高等教育这个水平上倡导自学、鼓励自学、帮助自学、推动自学，为每一个自学者铺就成才之路。组织编写供读者学习的教材就是履行这个职责的重要环节。毫无疑问，这种教材应当适合自学，应当有利于学习者掌握和了解新知识、新信息，有利于学习者增强创新意识，培养实践能力，形成自学能力，也有利于学习者学以致用，解决实际工作中所遇到的问题。具有如此特点的书，我们虽然沿用了“教材”这个概念，但它与那种仅供教师讲、学生听，教师不讲、学生不懂，以“教”为中心的教科书相比，已经在内容安排、编写体例、行文风格等方面都大不相同了。希望读者对此有所了解，以便从一开始就树立起依靠自己学习的坚定信念，不断探索适合自己的学习方法，充分利用自己已有的知识基础和实际工作经验，最大限度地发挥自己的潜能，达到学习的目标。

欢迎读者提出意见和建议。

祝每一位读者自学成功。

全国高等教育自学考试指导委员会

2022 年 12 月

目 录

全国高等教育自学考试

旅游消费者行为
自学考试大纲

全国高等教育自学考试指导委员会　制定

大纲前言

为了适应社会主义现代化建设事业的需要，鼓励自学成才，我国在 20 世纪 80 年代初建立了高等教育自学考试制度。高等教育自学考试是个人自学、社会助学和国家考试相结合的一种高等教育形式。应考者通过规定的专业课程考试并经思想品德鉴定达到毕业要求的，可获得毕业证书；国家承认学历并按照规定享有与普通高等学校毕业生同等的有关待遇。经过 40 多年的发展，高等教育自学考试为国家培养造就了大批专门人才。

课程自学考试大纲是规范自学者学习范围、要求和考试标准的文件。它是按照专业考试计划的要求，具体指导个人自学、社会助学、国家考试及编写教材的依据。

为更新教育观念，深化教学内容方式、考试制度、质量评价制度改革，更好地提高自学考试人才培养的质量，全国考委各专业委员会按照专业考试计划的要求，组织编写了课程自学考试大纲。

新编写的大纲，在层次上，本科参照一般普通高校本科水平，专科参照一般普通高校专科或高职院校的水平；在内容上，及时反映学科的发展变化以及自然科学和社会科学近年来研究的成果，以更好地指导应考者学习使用。

全国高等教育自学考试指导委员会

2023 年 12 月

Ⅰ 课程性质与课程目标

一、课程性质和特点

“旅游消费者行为”课程是高等教育自学考试旅游管理专业（专升本）、酒店管理专业（专升本）的必考课程，是继续进行旅游市场营销和旅游管理学习的必备基础课程，是培养、检验和强化应考者旅游管理基本理论、基本知识和基本技能的一门专业基础课。

“旅游消费者行为”课程是一门研究旅游消费者在旅游活动中的心理和行为产生、发展、变化规律的科学，涉及旅游学、消费行为学、消费心理学、市场营销学等多门学科内容。它是一门研究旅游者在旅游活动各个方面的需求，尤其是他们在旅游活动中表现出来的消费行为及其基本规律的课程。它是根据旅游行为制定适销对路的旅游产品，根据旅游市场的变化采取有针对性的营销策略，引导旅游业可持续发展的最基本的依据。

二、课程目标

本课程的目标是使考生深入系统地理解旅游消费者行为的基本理论和基本知识，培养和提高用旅游消费者行为的理论和方法正确分析旅游活动中的主要规律，尤其是对旅游消费者需求进行针对性分析的能力，毕业后能较好地适应旅游企业的管理和开拓工作的需要。

通过本课程的学习，考生应能够很好地掌握旅游活动中人们的消费行为规律性，提高对旅游行为的预测和引导能力，特别是能运用消费者行为学的基本原理和方法，在对人们的旅游行为准确预测的基础上，采取相应的策略和措施办法，来引导人们的行为朝着有利于旅游业健康发展的方向发展。

本课程教学目标是使考生掌握旅游消费者行为的基本原理和原则，掌握旅游消费行为、旅游服务心理的一般规律，熟悉与了解各类旅游活动中的心理行为策略，运用基本原理和方法分析旅游活动中的各种消费行为现象，对人们的旅游行为进行准确预测，并能采取相应的旅游营销策略和措施办法，来引导旅游者行为。通过培养考生综合分析、解决实际问题的能力，为将来从事旅游及相关行业服务与管理工作、旅游营销实践工作打下良好基础。学习这门课程，除了认真阅读和理解教材的内容之外，要密切联系实际，在实践中努力分析各种旅游消费行为中的现象，提高预测和引导能力，用所学的知识和方法解决工作实践和社会实践中的各种问题。

通过本课程的学习，期望考生达到以下学习目标：

1. 熟知并把握旅游消费者行为与心理的本质，掌握旅游消费者行为的基本概念、基础理论框架，包括感知、需要、动机、个性、态度、情绪情感、文化、体验、购后、服务等与旅游消费者行为之间的联系；

2. 了解决定和影响旅游消费者行为的各种因素，包括个体心理因素和环境因素，熟悉旅游活动过程中旅游消费者心理行为产生、发展和变化的过程；

3. 基本掌握旅游消费者行为模型、旅游消费者产品购买决策过程等基本理论知识，熟悉旅游消费过程中需求的识别、信息的搜寻、方案的选择等行为特征；

4. 熟悉有关旅游市场需求、旅游市场细分的发展现状，掌握有关旅游营销策略与方法等方面的内容，了解旅游消费者行为的未来走向；

5. 为满足中国旅游产业结构升级要求，深刻理解中国旅游消费市场新业态、新需求、新行为，成为关心旅游产业发展变革的复合型旅游高等人才。

三、与相关课程的联系与区别

"旅游消费者行为"是一门理论性很强并兼顾实际运用的课程，要求理论学习与实践应用相结合。本课程在开设之前要求考生对旅游及旅游业运行有一定程度的了解，对旅游营销工作涉及的相关理论知识有所了解，因而学习这门课程应具备必要的旅游学、管理学、市场营销学等方面的知识。

本课程所运用的管理学原理与方法（如需要层次理论）基本上来自管理学基础课程，所运用的市场细分、营销组合、市场营销策略制定相关理论与方法基本上来自市场营销课程，所运用的旅游六要素、旅游业态理论和方法、旅游业运行规律等来自旅游学概论课程，所以，本课程的先修课程包括旅游学概论、管理学基础、市场营销三门课程。旅游消费者行为与这三门先修课程有着密切的联系，但本课程并非照搬旅游学概论、管理学基础等相关的内容，而是与旅游消费紧密结合，把重点放在管理学基础、市场营销、旅游学概论等课程内容在旅游消费心理、旅游消费决策、旅游营销策略制定等内容的应用上。

本课程与后续课程旅游市场营销也有一定的联系。一方面本课程为旅游市场营销课程奠定旅游专业理论基础，另一方面又可以将管理学、市场营销学课程的有关内容进行综合应用。

四、课程的重点和难点

课程重点：运用相关理论分析旅游消费者心理与旅游消费者行为的一般规律，包括感知、动机、学习、态度、个性与旅游消费者行为，熟悉各类旅游活动中的心理行为策略；掌握旅游消费者对旅游服务的购买决策过程及购前信息搜寻；旅游体验、满意度与忠诚度及文化因素对旅游消费者行为影响；运用旅游消费者行为学基本原理分析判断旅游服务对象的需求，制定旅游消费者营销组合策略。

课程难点：旅游消费者心理行为与旅游产品开发、市场营销之间的关系分析，运用旅游消费者行为的理论和方法正确分析旅游活动中的主要规律，理论联系实际综合分析旅游消费决策的影响要素及过程，解决旅游营销策略制定问题。

Ⅱ　考核目标

本大纲在考核目标中，按照识记、领会、简单应用和综合应用四个层次规定考生应达到的能力层次要求。这四个能力层次是递升的关系，后者必须建立在前者的基础上。各能力层次的含义如下：

识记（Ⅰ）：要求考生能够识别和记忆本大纲规定的有关知识点的主要内容，并能够根据考核的不同要求，做出正确的表述、选择和判断，是较低层次的要求。如旅游消费者行为是指旅游者为满足自身的旅游需要而选择旅游产品，并通过与旅游产品互动体验完成购买和消费活动的决策和实践过程。旅游消费者行为的形成是由旅游者的消费需求、旅游产品、旅游环境、旅游文化等多方面因素共同作用的结果。消费者行为既涉及旅游者个体自身的心理状态，也涉及外部环境所产生的影响。

领会（Ⅱ）：在识记的基础上，能全面把握基本概念、基本原理和基本方法，能掌握有关概念、原理和方法的区别与联系，能够根据考核的不同要求做出正确的判断、解释和说明，是相对较高层次的要求。如由于旅游消费是一种非基本生活消费，与旅游者的收入、职业、年龄、性别、受教育程度、个人偏好，旅游产品的价格，旅游地的社会经济发展水平、风俗习惯，汇率、国际上政治经济关系等因素有着密切的联系。这些因素的任何微妙变化都可以直接或间接地改变人们对旅游消费的倾向和态度，从而影响旅游消费。

简单应用（Ⅲ）：在领会的基础上，能运用本课程的少量知识点，分析和解决一般应用的决策问题，是较高层次的要求。如能够分析旅游企业在旅游产品生命周期各阶段可供选择的营销策略，能够分析旅游新产品策略，能够制定旅游产品的品牌策略；再比如能够分析旅游消费者选择住宿时考虑的因素，分析不同的旅游住宿类型对旅游消费者行为的影响。

综合应用（Ⅳ）：在简单应用的基础上，能运用本课程中的多个知识点，综合分析和解决较为复杂应用的决策问题，是高层次的要求。如能够结合旅游六要素（食、住、行、游、娱、购）综合分析观光旅游、旅游住宿、旅游交通、旅游餐饮、旅游购物、旅游娱乐休闲等领域中的旅游消费者行为，制定出针对不同业态的旅游消费者的营销策略。

Ⅲ　课程内容与考核要求

第一章　旅游消费者行为概论

首先对旅游消费的概念和特点，旅游消费者的概念、特点和类型进行介绍，便于考生把握旅游消费有关的基础知识；其次对旅游消费者行为的概念、特征、类型及影响因素进行系统分析，使考生对旅游消费者行为有一个初步认识；最后对旅游消费行为对旅游营销的意义进行了阐述。

一、学习目的与要求

1. 了解旅游消费、旅游消费者行为的相关概念和基本理论来源。
2. 熟悉旅游消费者行为的特点及影响因素、旅游消费者行为的类型。
3. 理解学习研究旅游消费者行为对企业旅游营销的意义。

二、课程内容

1. 消费与消费者
2. 旅游产品与旅游消费者行为
3. 旅游消费者行为分析对旅游营销的意义

三、考核知识点与考核要求

1. 消费与消费者

识记：消费的概念，消费者的概念，购买决策者、购买者、使用者的联系与区别。

领会：消费者的多种类型。

简单应用：能够理解并描述消费与消费者的内涵，能够理解消费者的多样性。

2. 旅游产品与旅游消费者行为

识记：旅游产品的概念及特性，旅游消费的概念及特点，旅游消费者及其类型，旅游消费者行为的特点及类型。

领会：理解不同类型的旅游消费者，理解旅游消费者行为的影响因素。

简单应用：能够简要分析旅游消费者行为的影响因素，能够区分旅游消费者行为的类型。

3. 旅游消费者行为分析对旅游营销的意义

识记：旅游消费者行为和旅游营销的关系。

领会：理解旅游消费者行为对旅游营销的影响作用。

简单应用：要求考生理论联系实际，能识别旅游消费者行为和旅游营销策略。

综合应用：要求考生能够联系企业实际，总体把握消费者行为与企业市场营销之间的内在关系，掌握研究旅游消费者行为对制定旅游营销策略的重要意义。

四、本章重点与难点

本章重点：旅游消费者行为及特征，旅游消费者行为的影响因素及类型。

本章难点：旅游消费者行为的影响因素，旅游消费者行为分析对旅游营销的意义。

第二章　旅游消费者心理与旅游消费者行为

本章分别从旅游消费者心理的感知、动机、学习、态度、个性等方面研究其与旅游消费者行为决策之间的影响关系。一方面包括感知、动机、学习、态度、个性的相关理论，具体包括旅游消费者在旅游活动过程中的感知规律以及影响旅游感知的诸多因素，动机的含义、特点以及形成的机理，旅游消费者怎样学习、学习什么，态度的功能及其特点，以及个性的相关理论。

另一方面将重点学习旅游消费者心理各方面与旅游消费者行为之间的关系，包括不同旅游动机驱动下的旅游者的消费行为特点，从发展旅游业的角度提出旅游动机的激发策略，可以采取怎样的方法提供消费者学习的途径，分析引导旅游者消费态度形成和改变的有效方法，学习旅游消费者个性测定的基本方法及其对旅游经营者的意义，以便对旅游消费者及其行为有深入的了解，以期有益于引导旅游者的消费行为，从而采取有针对性的旅游经营策略，更好地为旅游者服务。

一、学习目的与要求

1. 了解感知、动机、学习、态度、个性的相关理论，了解旅游消费者感觉、知觉及影响因素，旅游需要与旅游动机基本理论，旅游动机的影响因素，态度与偏好基本理论，个性（人格）基本理论。

2. 理解旅游消费者感觉、知觉对旅游行为的影响、学习理论及在旅游营销中的应用、如何激发旅游动机、态度与旅游者偏好和旅游决策之间的关系、个性结构与旅游者消费行为之间的关系。

3. 熟悉学习理论、态度理论及个性理论在旅游营销中的应用；基于旅游消费者心理（感知、动机、学习、态度、个性）的营销与服务策略。

4. 掌握基于旅游消费者感知的营销策略；旅游动机的影响因素及如何激发旅游动机；学习理论在旅游消费者行为分析的应用；基于旅游消费者态度分析旅游者行为；旅游消费者个性分类及服务策略；改变旅游者态度的旅游经营策略。

二、课程内容

1. 感知与旅游消费者行为
2. 动机与旅游消费者行为
3. 学习与旅游消费者行为
4. 态度与旅游消费者行为
5. 个性与旅游消费者行为

三、考核知识点与考核要求

1. 感知与旅游消费者行为

识记：感觉的概念、分类及特性，知觉的概念、分类及特性。

领会：旅游感知的概念及影响因素，旅游者对旅游目的地的感知过程。

简单应用：分析感知和旅游消费者行为的关系。

综合应用：运用旅游心理学的感知相关概念和理论对旅游消费者行为进行分析和预测。

2. 动机与旅游消费者行为

识记：需要的概念和分类；旅游需要的概念和特点；动机的含义、功能与分类，动机与需要的关系；旅游动机的概念、特征及形成过程。

领会：影响旅游动机产生的主观因素和客观因素，旅游动机的激发过程。

简单应用：能够运用需求层次理论分析旅游者需要，分析动机与旅游消费者行为的关系。

综合应用：分析如何影响旅游者的消费动机，要求考生能够结合需求层次理论联系实际，掌握激发旅游消费者动机的策略。

3. 学习与旅游消费者行为

识记：学习过程模式，学习过程中包含的基本要素。

领会：理解旅游消费者学习的内容。

简单应用：能够分析学习对旅游消费者行为的影响。

综合应用：要求考生能够联系实际，掌握旅游消费者的学习策略。

4. 态度与旅游消费者行为

识记：态度的定义及结构、态度的特性及功能、态度与行为之间的关系。

领会：态度的形成与改变、旅游消费者态度形成的影响因素、态度与旅游消费者行为之间的关系。

简单应用：分析态度与旅游者偏好和旅游决策之间的关系。

综合应用：要求考生能够联系实际，掌握改变旅游消费者态度改变的策略。

5. 个性与旅游消费者行为

识记：个性理论、人格类型与旅游消费的关系。

领会：理解不同的个性结构与旅游者消费行为之间的关系。

简单应用：能够区分不同个性对旅游者消费行为的影响。

综合应用：要求考生能够理论联系实际，掌握根据旅游消费者的个性特征制定不同的旅游营销策略的方法。

四、本章重点与难点

本章重点：影响旅游消费者感知的因素、引发旅游消费行为的动机因素，旅游消费者学习的内容，旅游消费者态度的影响因素，不同个性对旅游者消费行为的影响。

本章难点：旅游者对旅游目的地的感知过程、学习过程，旅游消费者感知、动机、学习、态度、个性与旅游消费者行为之间的关系。

第三章 旅游消费者的购买决策

本章主要介绍决策的相关概念及内容、旅游消费者对目的地的选择以及旅游消费者对旅游服务的购买决策。首先介绍了旅游消费决策的概念、过程、特点、影响因素及类型；其次对国内外旅游消费者决策过程模型做出了概述，介绍了旅游消费购前信息搜寻的内容、影响因素及主要来源；最后介绍了国内外旅游目的地选择模型。通过本章的学习，考生能具体分析旅游消费购买决策的过程，能进行决策方案评估；能运用旅游消费者购买决策过程模型和旅游目的地选择模型进行分析，把握并灵活运用影响旅游者购买决策的方法及策略。

一、学习目的与要求

1. 了解旅游决策的概念及相关内容，了解旅游消费者购买决策的过程及特点，旅游消费购前信息搜寻的来源，能够向旅游者提供准确的决策信息。

2. 熟悉与掌握旅游购买决策的影响因素及类型；掌握旅游消费者如何进行购前信息搜寻；熟悉与掌握旅游购买决策过程模型及旅游目的地选择的代表性理论模型。

3. 理解并运用购买决策过程模型及旅游目的地选择模型对旅游消费者购买决策进行分析，能够引导旅游消费者做出正确的购买决策。

二、课程内容

1. 旅游消费者的购买决策概述
2. 旅游消费者的购买决策过程模型
3. 旅游消费决策与购前信息搜寻
4. 旅游消费者对目的地的选择

三、考核知识点与考核要求

1. 旅游消费者的购买决策概述

识记：旅游消费决策的过程、特点，旅游消费决策的影响因素及类型。

领会：旅游消费决策的影响因素及类型。

简单应用：能够识别并区分影响旅游消费者购买决策的不同因素，区分不同的旅游消费决策类型。

综合应用：要求考生能够理论联系实际，结合旅游消费的实际，掌握分析影响旅游消费者购买决策的要素的方法，并能够针对影响因素预测旅游消费者的购买决策。

2. 旅游消费者的购买决策过程模型

识记：早期旅游消费决策模型，国内外常用的旅游消费决策模型。

领会：国内外旅游消费者购买决策的代表性模型。

简单应用：能够应用购买决策过程模型分析旅游消费者的购买决策。

综合应用：要求考生能够理论联系实际，掌握根据旅游消费者的购买决策过程模型制定不同的旅游购买决策的方法。

3. 旅游消费决策与购前信息搜寻

识记：旅游消费者购前信息搜寻的定义、分类和主要内容。

领会：旅游消费购前信息搜寻的影响因素，旅游消费购前信息的主要来源。

简单应用：能够简单运用旅游消费购前信息搜寻进行消费决策。

综合应用：要求考生能够理论联系实际，掌握根据旅游消费者的消费决策与购前信息搜寻制定旅游营销策略的方法。

4. 旅游消费者对目的地的选择

识记：旅游消费者对目的地选择的模型。

领会：国内外旅游消费者目的地选择的几种代表性模型。

简单应用：能够简单运用旅游消费者目的地选择模型进行分析消费决策。

综合应用：要求考生能够理论联系实际，能够评判不同的旅游消费目的地选择模型的特点及发展，掌握根据旅游目的地选择模型制定旅游决策的方法。

四、本章重点与难点

本章重点：旅游消费者购买决策的过程及特点，影响旅游消费者购买决策的因素，旅游购买决策过程模型，旅游消费者购前信息搜寻的主要来源，旅游目的地选择模型。

本章难点：旅游消费者购买决策过程及进行目的地选择的代表性理论模型，旅游消费决策与购前信息搜寻，基于理论模型的旅游消费者购买决策分析。

第四章　营销组合与旅游消费者行为

本章主要介绍市场营销 4P 理论的产品、价格、渠道、促销四个方面与旅游消费者行为之间的关系，介绍旅游产品的生命周期，根据不同的生命周期阶段制定产品策略，包括新产品策略和品牌策略，分析旅游消费者对价格的诉求及制定旅游产品的价格策略，介绍旅游产品销售渠道类型及影响旅游产品渠道选择的因素，能够进行直接销售渠道或间接销售渠道的决策，介绍旅游促销的方式，旅游产品生命周期与促销组合方式，能够识别并应用旅游促销的方式，根据旅游促销的各种方式制定旅游促销组合策略。

一、学习目的与要求

1. 了解旅游消费者的价格心理与对价格的诉求；了解影响旅游销售渠道选择的主要因

素，以及旅游零售商对旅游消费者行为的影响；了解旅游促销的作用。

2. 熟悉旅游产品的生命周期策略、新产品策略及品牌策略；熟悉旅游产品的价格策略；熟悉旅游销售渠道策略；熟悉旅游促销的策略。

3. 掌握旅游销售渠道的概念与类型；掌握旅游促销与旅游促销组合的概念。

二、课程内容

1. 旅游市场细分
2. 产品与旅游消费者行为
3. 价格与旅游消费者行为
4. 渠道与旅游消费者行为
5. 促销与旅游消费者行为

三、考核知识点与考核要求

1. 旅游市场细分

识记：旅游市场细分的含义、旅游市场细分的标准、旅游细分市场开发的意义。

领会：旅游市场细分的作用，旅游市场细分的原则；旅游细分标准选择的意义。

简单应用：能够选择合适的旅游市场细分标准；能够分析开发旅游消费市场时考虑的因素。

综合应用：能够结合旅游市场的特点选择合适的细分方法；能够结合不同旅游消费市场的需求特点确定市场开发策略。

2. 产品与旅游消费者行为

识记：旅游产品生命周期理论；品牌与旅游消费者行为。

领会：旅游产品生命周期各阶段的营销策略：旅游产品投入期营销策略、旅游产品成长期营销策略、旅游产品成熟期营销策略、旅游产品衰退期营销策略；旅游新产品策略；旅游产品品牌策略。

简单应用：能够分析旅游企业在旅游产品生命周期各阶段可供选择的营销策略；能够分析旅游新产品策略；能够制定简单的品牌策略。

综合应用：能够结合旅游业的发展实际，分析旅游业通过品牌吸引旅游消费者的策略与方法，能够制定品牌整合营销策略。

3. 价格与旅游消费者行为

识记：旅游消费者的价格心理；产品价格与旅游消费的关系。

领会：旅游消费者对价格的诉求；旅游产品的价格策略：新产品定价策略、心理定价策略、折扣定价策略、差异定价策略。

简单应用：能够分析旅游业利用价格影响旅游消费者行为的方式。

综合应用：能够结合旅游业发展实际，依据旅游消费者对价格的诉求制定不同的旅游产品价格策略。

4. 渠道与旅游消费者行为

识记：旅游产品销售渠道类型：直接销售渠道、间接销售渠道。

领会：理解影响旅游产品渠道选择的因素；旅游零售商对旅游消费者行为的影响。

简单应用：能够实施应用旅游销售渠道策略，能够进行直接销售渠道或间接销售渠道的决策。

综合应用：要求考生能够联系旅游消费实际，总体把握旅游销售渠道的策略，能够结合各种旅游产品销售渠道从整体上制定旅游销售渠道策略。

5. 促销与旅游消费者行为

识记：旅游促销的概念、旅游促销的作用。

领会：理解旅游促销的方式；旅游产品生命周期与促销组合方式。

简单应用：要求考生理论联系实际，能够识别并应用旅游促销的方式。

综合应用：要求考生能够联系旅游消费实际，总体把握旅游促销组合的策略，能够根据旅游促销的各种方式制定旅游促销组合策略。

四、本章重点与难点

本章重点：市场营销 4P 理论的产品、价格、渠道、促销四个方面与旅游消费者行为之间的关系。

本章难点：产品、价格、渠道、促销对旅游消费者行为的影响，旅游营销组合的策略分析，包括产品策略、价格策略、分销策略、促销策略。

第五章　不同业态的旅游消费者行为

本章通过介绍和研究旅游的六个要素——食、住、行、游、娱、购，从不同业态的角度出发，探讨旅游消费者在各个领域的行为特点和影响因素。同时，分析了观光旅游、旅游住宿、观光交通、旅游餐饮、观光购物、娱乐活动等领域中的旅游消费者行为。通过这些分析，使考生掌握如何为不同业态的旅游消费者制定相应的营销策略。不同业态下的旅游消费者行为特点和影响因素是一个复杂而多样化的课题，通过深入了解食、住、行、游、娱、购六个方面的旅游消费者行为，可以制定出针对不同业态的旅游消费者的营销策略，以提升旅游业的发展和旅游消费者的满意度。

一、学习目的与要求

1. 了解旅游消费者在不同旅游业态下的行为特点和影响因素。

2. 熟悉从旅游六要素——食、住、行、游、娱、购角度分析，不同业态的旅游消费者行为。

3. 掌握分析观光旅游、旅游住宿、观光交通、旅游餐饮、观光购物、娱乐活动等领域中的旅游消费者行为，制定针对不同业态的旅游消费者的营销策略。

二、课程内容

1. 观光旅游与旅游消费者行为

2. 旅游住宿与旅游消费者行为

3. 旅游交通与旅游消费者行为
4. 旅游餐饮与旅游消费者行为
5. 旅游购物与旅游消费者行为
6. 旅游娱乐休闲与旅游消费者行为

三、考核知识点与考核要求

1. 观光旅游与旅游消费者行为

识记：观光旅游的概念、观光旅游的特点。

领会：观光旅游与旅游消费者行为：旅游目的地特点与旅游消费者行为、观光旅游的形式与旅游消费者行为、个人兴趣爱好与旅游消费者行为、社交媒体平台的兴起与旅游消费者行为。

简单应用：能够分析旅游消费者选择旅游目的地观光时考虑的因素，分析观光旅游选择的不同要素对旅游消费者行为的影响。

2. 旅游住宿与旅游消费者行为

识记：旅游住宿的概念、旅游住宿的特点。

领会：旅游住宿与旅游消费者行为：旅游消费者选择住宿时考虑的因素；旅游住宿的类型与旅游消费者行为，包括酒店住宿与旅游消费者行为、民宿住宿与旅游消费者行为、青年旅社与旅游消费者行为、度假村与旅游消费者行为、露营住宿与旅游消费者行为。

简单应用：能够分析旅游消费者选择住宿时考虑的因素，分析不同的旅游住宿类型对旅游消费者行为的影响。

综合应用：要求考生能够联系旅游消费实际，总体把握分析不同旅游住宿类型对旅游消费者选择旅游目的地的影响，掌握提高旅游住宿质量和消费者体验的策略方法。

3. 旅游交通与旅游消费者行为

识记：旅游交通的概念、旅游交通的特点。

领会：旅游交通对旅游消费者行为的影响。

简单应用：能够分析消费者选择旅游交通方式的影响因素，分析旅游交通对旅游消费者行为的影响。

4. 旅游餐饮与旅游消费者行为

识记：旅游餐饮的概念、旅游餐饮的特点。

领会：旅游餐饮与旅游消费者行为：旅游餐饮选择、旅游餐饮体验、旅游餐饮消费、旅游餐饮评论和推荐对旅游消费者行为的影响。

简单应用：要求考生理论联系实际，能够识别并分析旅游餐饮的不同要素对旅游消费者行为的影响。

综合应用：要求考生能够联系旅游消费实际，总体把握分析旅游餐饮对旅游消费者选择旅游目的地的影响，掌握提高旅游餐饮质量和消费者体验的策略方法。

5. 旅游购物与旅游消费者行为

识记：旅游购物的概念、旅游购物的特点。

领会：旅游购物与旅游消费者行为：旅游购物动机与旅游消费者行为、影响旅游消费者购物决策的因素、旅游购物地点选择与旅游消费者行为。

简单应用：要求考生理论联系实际，能够识别并分析旅游餐饮的不同要素对旅游消费者行为的影响。

综合应用：要求考生能够联系旅游消费实际，总体把握分析旅游餐饮对旅游消费者选择旅游目的地的影响，掌握提高旅游餐饮质量和消费者体验的策略方法。

6. 旅游娱乐休闲与旅游消费者行为

识记：旅游娱乐休闲的概念、旅游娱乐休闲的类型、旅游娱乐休闲的特点。

领会：旅游娱乐休闲活动与旅游消费者行为：旅游消费者预算与娱乐休闲活动、旅游消费者偏好与娱乐休闲活动。

简单应用：要求考生理论联系实际，能够识别并分析不同类型的旅游娱乐休闲活动对旅游消费者行为的影响。

综合应用：要求考生能够联系旅游消费实际，总体把握分析旅游娱乐休闲对旅游消费者选择旅游目的地的影响，掌握提高旅游消费者娱乐休闲体验的策略方法。

四、本章重点与难点

本章重点：观光旅游、旅游住宿、旅游交通、旅游餐饮、旅游购物、旅游休闲娱乐对旅游消费者行为的影响。

本章难点：从旅游六要素——食、住、行、游、娱、购角度，分析不同业态的旅游消费者行为，制定不同业态的旅游消费者营销策略。

第六章　旅游消费者体验

本章主要介绍旅游消费者体验的概念、类型及影响因素，旅游体验对旅游者的影响，旅游体验营销的特点及基本策略。旅游体验的影响因素包括目的地文化、旅行时间、目的地活动、旅游前的生活满意度等方面。旅游体验对旅游者的影响体现在对旅游者健康、认知学习与教育、心理社会性发展、人际关系等方面的影响。旅游体验的特点包括游客吸引以体验为卖点、旅游场景以主题为基础、产品设计以体验为导向、营销活动以客户为中心。

一、学习目的与要求

1. 了解旅游体验的概念、类型、特征、过程等内容。
2. 熟悉旅游体验的影响因素及对旅游者产生的影响。
3. 掌握旅游体验管理的特点及基本策略。

二、课程内容

1. 旅游体验概述
2. 旅游体验的影响因素
3. 旅游体验的满足过程及对旅游者的影响
4. 旅游体验的管理与提升

三、考核知识点与考核要求

1. 旅游体验概述

识记：旅游消费者体验的概念、类型、特征及层次。

领会：旅游体验的类型、特征及层次。按照不同的划分要素旅游体验的类型。

简单应用：能够结合案例简要分析旅游体验的类型及层次。

2. 旅游体验的影响因素

识记：旅游体验对旅游者影响的几个方面：旅游目的地特点、旅游产品和服务质量、旅游者主观因素、相关人群因素。

领会：不同的影响因素对旅游消费者体验的影响。

简单应用：根据旅游目的地特点、旅游产品和服务质量、旅游者主观因素、相关人群因素等分析对旅游消费者体验的影响。

3. 旅游体验的满足过程及对旅游者的影响

识记：旅游体验的满足过程，旅游体验对旅游者的影响。

领会：理解旅游体验的满足过程，理解旅游消费者体验对旅游者带来的影响。

简单应用：能够根据旅游消费者体验的满足过程及对旅游消费者的影响，分析旅游体验的重要性及综合影响。

4. 旅游体验的管理与提升

识记：旅游体验管理与提升的策略：了解目标市场，提供高质量的产品和服务，加强员工培训和教育，与当地社区合作。

领会：理解对旅游消费者体验进行管理与提升的基本策略。

简单应用：要求考生理论联系实际，能够识别旅游消费者体验并应用策略进行管理与提升。

综合应用：要求考生能够联系旅游消费实际，总体把握旅游体验的管理与提升策略，掌握给旅游者留下高质量体验的策略方法。

四、本章重点与难点

本章重点：旅游体验的影响因素及对旅游者产生的影响，旅游体验管理与提升的基本策略和方法。

本章难点：旅游体验管理与提升的基本策略和方法，根据旅游消费者体验管理与提升制定旅游营销策略。

第七章　旅游消费者的满意度和忠诚度

本章主要探讨旅游消费者的满意度、忠诚度和投诉三者对旅游行为的影响。通过学习，考生可以掌握旅游消费者行为的影响因素、旅游消费者满意度的理论模型、满意度对于旅游消费者行为的影响，熟悉旅游消费者忠诚度的概念、旅游消费者忠诚度的影响因素、忠诚度对旅游消费者行为的影响以及管理策略，了解旅游消费者的投诉及诉讼心理，并从旅游从业人员的角度掌握相应的解决对策。

一、学习目的与要求

1. 了解旅游消费者满意度的定义、理论模型、影响因素，形成优质服务的对客信条。

2. 熟悉旅游消费者忠诚度的测量、分类、影响因素，培养诚实守信的经营观念与消费观念。

3. 掌握旅游消费者投诉产生的原因与解决对策、提升旅游消费者忠诚度的营销策略，培养遵纪守法与维护权益的意识。

二、课程内容

1. 旅游消费者的满意度
2. 旅游消费者的忠诚度
3. 旅游消费者的投诉

三、考核知识点与考核要求

1. 旅游消费者的满意度

识记：旅游消费者满意度的概念与特征。

领会：旅游消费者满意度的理论模型、旅游消费者满意度的影响因素。

简单应用：能够根据案例分析满意度对旅游消费者行为的影响。

2. 旅游消费者的忠诚度

识记：旅游消费者忠诚度的内涵及测量、旅游消费者忠诚度的分类。

领会：旅游消费者忠诚度的影响因素、忠诚度对旅游消费者行为的影响。

简单应用：能够根据案例应用旅游消费者忠诚度的管理策略。

3. 旅游消费者的投诉

识记：旅游消费者表达不满情绪的方式。

领会：理解旅游消费者投诉的心理及动机。

简单应用：能够应用处理旅游消费者投诉的正确解决对策。

四、本章重点与难点

本章重点：旅游消费者满意度的定义、理论模型、影响因素；旅游消费者忠诚度的测量、分类、影响因素。

本章难点：旅游消费者投诉产生的原因与解决对策、提升旅游消费者满意度和忠诚度的管理策略。

第八章　文化与旅游消费者行为

本章从文化与亚文化方面展开介绍，主要介绍文化和亚文化的概念和特征，分析不同文化价值观下的旅游消费者行为的差异，跨文化旅游消费者行为对旅游者和旅游目的地造成的文化冲击。考生应了解文化的概念、特点、功能等以及亚文化所包含的内容，熟悉文化差异与旅游消费者行为的知识。本章还探讨了中国文化特点对旅游消费者行为的影响，通过学习，考生可更好地掌握文化与旅游消费者行为的知识，培养考生的思维能力和对文化形成的规律性的认识能力，使考生更好地感受文化的影响，树立正确的价值观。

一、学习目的与要求

1. 了解文化、亚文化、文化差异、中国文化的基本理论。
2. 熟悉文化差异、中国文化的特点对旅游消费者行为的影响。
3. 掌握基于文化的旅游营销策略。

二、课程内容

1. 文化和亚文化对旅游消费者行为的影响
2. 中西文化差异与旅游消费者行为
3. 中国传统文化与旅游消费者行为
4. 基于文化的旅游营销策略

三、考核知识点与考核要求

1. 文化和亚文化对旅游消费者行为的影响

识记：文化的概念、文化的特征；亚文化的概念、亚文化的分类。

领会：文化对旅游消费者行为的影响的不同方面：文化影响旅游消费者的感知行为、文化影响旅游消费者的消费习惯、文化影响旅游消费者的旅游动机、文化影响旅游消费者的情绪情感、文化影响旅游消费者的态度；亚文化对旅游消费者行为的影响的不同方面：民族亚文化对旅游消费者行为的影响、年龄亚文化对旅游消费者行为的影响、性别亚文化对旅游消费者行为的影响、地理亚文化对旅游消费者行为的影响。

简单应用：能够根据案例分析文化对旅游消费者行为的影响，能够思考并应用如何获知文化对旅游消费者行为的影响；能够分析亚文化对旅游消费者行为的影响。

2. 中西文化差异与旅游消费者行为

识记：中西文化差异：价值观念的差异、思维方式的差异、生活形态的差异、社交习俗的差异。

领会：中西文化差异对旅游消费者行为的影响：对旅游动机强弱的影响、对旅游需求心理的影响、对旅游目的地选择的影响、对旅游方式选择的影响、对旅游消费支出的影响、对旅游风俗习惯的影响、对旅游审美情感的影响、对购后评价及所采取行动的影响。

简单应用：能够根据中西文化差异对旅游消费者行为不同方面的影响制定营销策略。

综合应用：能够根据中西文化差异的实际情况，综合把握文化差异对旅游消费者行为各方面的影响，并根据影响能够制定相应的营销策略。

3. 中国传统文化与旅游消费者行为

识记：中国传统文化：中国文化的核心精神、中国传统文化的主要特征。

领会：理解中国传统文化对旅游消费者行为影响的具体方面。

简单应用：能够应用中国传统文化对旅游消费者行为的影响制定营销策略；能够应用中国当代旅游观念的文化特征制定旅游营销的策略。

4. 基于文化的旅游营销策略

识记：文化旅游概念、文化旅游与旅游文化、基于文化的旅游营销、旅游文化营销的分类。

领会：基于文化的旅游营销的运作模式：文化创意型的旅游文化营销模式、文化传播型的旅游文化营销模式、文化体验型的旅游文化营销模式。

简单应用：要求考生理论联系实际，能够制定文旅融合背景下基于文化的旅游营销策略。

综合应用：要求考生能够联系旅游消费实际，总体把握文化差异、中国文化对旅游消费行为的影响因素，掌握基于文化因素制定旅游整合营销策略的方法。

四、本章重点与难点

本章重点：中西文化差异、中国传统文化对旅游消费者行为的影响。

本章难点：基于文化的旅游营销策略。

第九章　新业态新消费与旅游消费者行为

本章主要介绍文旅融合背景下旅游新业态、新消费的具体形态及表现特征，主要介绍“旅游＋”所带来的全域旅游发展、数字文旅、文旅融合下的夜经济发展、微度假所带来的旅游新消费特征等方面对旅游消费者行为的影响。基于全产业链分析对旅游消费者行为的影响，基于新业态、新消费对旅游消费者行为的影响制定整合营销策略。通过本章的学习，能够预测旅游消费新趋势，正确地引导并积极地影响旅游消费者的消费行为。

一、学习目的与要求

1. 了解旅游新业态与文旅消费新特征、“旅游＋”所带来的全域旅游发展特征、数字文旅的特征、文旅融合下的夜经济发展特征、微度假所带来的旅游新消费特征。

2. 熟悉“旅游＋”对旅游消费者行为的影响、数字文旅对旅游消费者行为的影响、文旅夜消费对旅游消费者行为的影响、微度假对旅游消费者行为的影响。

3. 掌握基于“旅游＋”、数字文旅、文旅夜消费、微度假等一系列旅游新业态、旅游新消费制定旅游整合营销策略的方法。

二、课程内容

1. 旅游新业态与文旅消费新特征
2. “旅游＋”与旅游消费者行为
3. 数字文旅与旅游消费者行为
4. 文旅夜消费与旅游消费者行为
5. 微度假与旅游消费者行为

三、考核知识点与考核要求

1. 旅游新业态与文旅消费新特征

识记：旅游新业态的界定、旅游新业态的表现形式、旅游新业态的类型。

领会：国内外代表性旅游新业态的特征、旅游新业态的发展特征。

简单应用：能够简要分析代表性旅游新业态的特征。

2. “旅游＋”与旅游消费者行为

识记：“旅游＋”所引发的旅游业发展新变化、“非遗＋旅游”旅游新业态的特征。

领会：“旅游＋”所带来的产业深度融合对旅游消费的影响。

简单应用：能够简要分析“旅游＋”带来的产业深度融合对旅游消费的影响。

综合应用：能够基于“旅游＋”对旅游消费者行为的影响分析全域旅游发展策略。

3. 数字文旅与旅游消费者行为

识记：数字文旅的特征、以数字化新空间聚合文旅新业态的表现。

领会：理解数字文旅所打造的消费新场景、数字文旅对旅游消费者行为影响。

简单应用：能够依据数字文旅所打造的新消费场景分析对旅游消费者行为的影响。

综合应用：能够基于数字文旅对旅游消费者行为的影响制定旅游营销策略。

4. 文旅夜消费与旅游消费者行为

识记：文旅融合背景下的夜经济、文旅夜消费的特征及具体表现。

领会：如何打造文旅新业态，释放夜间文旅消费新活力。

简单应用：要求考生理论联系实际，能够结合夜间文旅消费新特征分析对旅游消费者行为的影响。

综合应用：要求考生能够联系旅游夜消费实际，总体把握文旅融合下的夜经济对旅游消费行为的影响因素，掌握基于文旅夜消费制定旅游营销策略的方法。

5. 微度假与旅游消费者行为

识记：微度假的旅游消费特点。

领会：理解微度假成为旅游消费新特点的现状及表现。

简单应用：要求考生理论联系实际，能够应用微度假的消费特点制定相应的旅游营销策略。

综合应用：掌握基于微度假特征制定旅游整合营销策略的方法。

四、本章重点与难点

本章重点：旅游新业态与文旅消费新特征，“旅游＋”对旅游消费者行为的影响，数字文旅对旅游消费者行为的影响、文旅夜消费对旅游消费者行为的影响、微度假对旅游消费者行为的影响。

本章难点：基于“旅游＋”、数字文旅、文旅夜消费、微度假等一系列旅游新业态、旅游新消费制定旅游整合营销策略的方法。

Ⅳ　关于大纲的说明与实施考核要求

一、课程自学考试大纲的目的和作用

课程自学考试大纲是根据旅游管理专业自学考试计划的要求，结合自学考试的特点而确定的。其目的是对个人自学、社会助学和旅游消费者行为课程考试命题进行指导和规定。

本课程自学考试大纲明确了课程学习的内容以及深度和广度，规定了课程自学考试的范围和标准。因此，它是编写本课程自学考试教材和辅导书的依据，是社会助学组织进行自学辅导的依据，是自学者学习教材、掌握课程内容知识范围和程度的依据，也是进行自学考试命题的依据。

二、课程自学考试大纲与教材的关系

课程自学考试大纲是进行学习和考核的依据，教材是学习掌握课程知识的基本内容与范围，教材的内容是大纲所规定的课程知识和内容的扩展与发挥。课程内容在教材中可以体现一定的深度或难度，但在大纲中对考核的要求一定要适当。

大纲与教材所体现的课程内容应基本一致；大纲里面的课程内容和考核知识点，教材里一般也要有。反过来教材里有的内容，大纲里就不一定体现。如果教材是推荐选用的，其中有的内容与大纲要求不一致的地方，应以大纲规定为准。

三、关于自学教材

《旅游消费者行为》，全国高等教育自学考试指导委员会组编，王粤、赵慧娟主编，中国人民大学出版社，2024 年版。

四、关于自学要求和自学方法的指导

本大纲的课程基本要求是依据旅游管理专业考试计划和培养目标而确定的。课程基本要求还明确了课程的基本内容，以及对基本内容掌握的程度。基本要求中的知识点构成了课程内容的主体部分。因此，课程基本内容掌握程度、课程考核知识点是高等教育自学考试考核的主要内容。

为有效地指导个人自学和社会助学，本大纲已指明了课程的重点和难点，在大纲中各章的“学习目的与要求”中也指明了各章内容的学习和考核重点，其中需要学习者理解和掌握的内容都是学习和考核的重点。

本课程共 6 学分。

根据旅游消费者行为这门学科的特点，学习者在学习时应注意以下要点：

首先，必须全面认真阅读教材，力求做到完全理解。旅游消费者行为的原理和方法主要来自市场营销，其中有许多分析、营销策略方法与我们传统的思维方式存在差异，因此要求我们在阅读教材时，对教材的内容弄通弄懂，并且通过全面阅读，把握好课程内容的整体框架体系及各章间的逻辑关系。

其次，依据考试大纲各章的“学习目的与要求”，明确各章的学习重点。考试大纲各章的“学习目的与要求”中需要学习者理解和掌握的内容是学习的重点，学习者应在全面阅读教材的基础上，对重点内容进行深入学习。

最后，依据考试大纲各章的“考核知识点与考核要求”，明确学习重点内容的具体考核要求。对需要“识记”的内容必须记忆清楚；对需要“领会”的内容必须深入理解；对需要“简单应用”和“综合应用”的内容必须结合现实的旅游消费实际问题进行应用分析，对此需要掌握具体决策方法、主要理论以及分析方法等。

五、对考核内容的说明

1. 本课程要求考生学习和掌握的知识点内容都作为考核的内容。考试中各章的内容均由若干知识点组成，在自学考试中成为考核知识点。因此，考试大纲中所规定的考试内容是以分解为考核知识点的方式给出的。由于各知识点在课程中的地位、作用以及知识自身的特点不同，自学考试将对各知识点分别按“识记”“领会”“简单应用”“综合应用”层次确定考核要求。

2. 在考试之日起 6 个月前，由全国人民代表大会和国务院制定或修订的法律、法规都将列入相应课程的考试范围。凡大纲、教材内容与现行法律、法规不符的，应以现行法律法规为准。

六、关于考试方式和试卷结构的说明

1. 本课程的考试方式为闭卷，笔试，满分 100 分，60 分及格。考试时间为 150 分钟。

2. 本课程在试卷中对不同能力层次要求的分值比例大致为：识记占 20%，领会占 30%，简单应用占 30%，综合应用占 20%。

3. 要合理安排试题的难易程度，试题的难度可分为：易、较易、较难和难四个等级。必须注意试题的难易程度与能力层次有一定的联系，但二者不是等同的概念。在各个能力层次中对于不同的考生都存在着不同的难度。在大纲中要特别强调这个问题，应告诫考生切勿混淆。

4. 课程考试命题的主要题型一般有单项选择题、多项选择题、填空题、简答题、辨析题、计算题、应用题、论述题、案例分析题等。

在命题工作中必须按照本课程大纲中所规定的题型命制，考试试卷使用的题型可以略少，但不能超出本课程对题型的规定。

附录：题型举例

一、单项选择题：在每小题列出的备选项中只有一项是最符合题目要求的，请将其选出

1. 关于旅游消费者行为的研究对象，以下叙述正确的是

A. 旅游者的购物欲望和行为

B. 旅游者消费行为的产生、发展趋势和变化规律

C. 旅游者的旅游心理和变化规律

D. 旅游者的消费活动和购买行为

2. 促成人们旅游行为最基本最核心的动力因素是

A. 旅游目标　　B. 旅游动机　　C. 旅游需要　　D. 旅游兴趣

二、多项选择题：在每小题列出的备选项中至少有两项是符合题目要求的，请将其选出。错选、多选、少选或未选均无分

3. 旅游消费者满意度的影响因素有

A. 旅游者的认知因素　　B. 旅游者的信息搜寻行为

C. 旅游者忠诚度　　D. 旅游目的地因素

E. 旅游者的人格特征

4. 旅游消费者的购买决策过程，可以分为三个基本阶段是

A. 旅游需要的产生与动机的激发　　B. 信息的收集与方案的比选

C. 方案的实施与游后评价　　D. 游后的重游意向

E. 日常收集旅游信息　　F. 游客的“故地重游”

三、简答题

5. 简述影响旅游消费者选择旅游目的地的因素。

6. 简述旅游消费者忠诚度对旅游行为的影响。

四、案例分析题

7. 案例：

小李和琳琳打算今年结婚，两人正在筹备婚礼事宜。喜欢浪漫的琳琳希望到海滨度蜜月。为了满足琳琳的愿望，小李收集了不少海滨度假地酒店的宣传手册。

其中一家酒店的宣传手册给他留下了深刻的印象。宣传手册向他展示了一望无垠的沙滩、挂着一弯明月的恬静夜空、在夜风中婆娑的棕榈树，客人们坐在房间的露台上，一边俯瞰着大海，一边享用着精美的晚餐。小李不由得感叹，“真是一个蜜月旅行的好去处！”他拨通了酒店的电话，满怀期望地预订了一间套房，准备去那里度蜜月。

然而，当小李和琳琳入住酒店时才发现，虽然这里的确有一望无垠的沙滩，但那是在岛的另一面。相比之下，他们住的酒店附近的沙滩非常小。酒店周围的环境的确非常宁静，但却犹如远离尘世，没有什么娱乐设施。

办理登记手续的时候，排在他们俩前面的是一个 300 人的会议团体。小李和琳琳不得不在嘈杂的人群中等待了半天才办好入住手续。此时，他们发现俯瞰大海的露台只在每晚 4 000 元的套房中才有，而他们并没有预订这种套房。

接下来的日子，雨整天下个不停。小李和琳琳只好待在房间里，甚至连吃饭都是在房间里。因为琳琳觉得与其到酒店里那间连窗外景色都看不到的餐厅里吃饭，还不如待在房间。在随后的一周里，那个 300 人的会议结束了，天气也放晴了，可是小李和琳琳的假期也快结束了。他们的期望没有实现，旅游感知与初始感觉截然相反。回家后，小李和琳琳每次提起这次旅游都觉得既可笑又可气，只能用“糟透了”来形容它。

问题：

(1) 请找出酒店宣传手册中吸引小李注意的刺激物因素，分析这些刺激物因素如何影响小李对酒店的初始印象。

(2) 分析哪些因素造成小李夫妇消费前后的感知差异。

(3) 如果你是该酒店的营销人员，你会采取哪些措施防止类似事情的发生？

大纲后记

《旅游消费者行为自学考试大纲》是根据《高等教育自学考试专业基本规范（2021年）》的要求，由全国高等教育自学考试指导委员会经济管理类专业委员会组织制定的。

全国考委经济管理类专业委员会对本大纲组织审稿，根据审稿会意见由编者做了修改，最后由经济管理类专业委员会定稿。

本大纲由北京经济管理职业学院王粤教授和赵慧娟教授负责编写；参加审稿并提出修改意见的有北京工商大学周清杰教授、西南财经大学吕兴洋教授、安徽职业技术学院杜淑琳教授。

对参与本大纲编写和审稿的各位专家表示感谢。

全国高等教育自学考试指导委员会
经济管理类专业委员会
2023 年 12 月

全国高等教育自学考试指定教材

旅游消费者行为

全国高等教育自学考试指导委员会　组编

编者的话

《旅游消费者行为》是为了适应高等教育自学考试专业基础课学习的需要，按照课程考试大纲规定的学习和考核范围编写而成的。

旅游消费者行为课程是一门研究旅游消费者在旅游活动中的心理和行为产生、发展、变化规律的科学，涉及旅游学、消费行为学、消费心理学、市场营销学等多门学科内容。教材研究旅游活动主体旅游者在旅游活动中的各种需求，尤其是他们在旅游活动中表现出来的消费行为及其基本规律，培养自学学生根据旅游消费行为制定适销对路的旅游产品，根据旅游市场的变化采取有针对性的营销策略，掌握解决旅游业可持续发展实践问题的路径。

为了适应自考学生自主学习的特点和需求，教材每章在介绍具体内容前均设有“导入案例”，导入本章要学习的内容，并启发学生思考。章后设有“本章小结”“思考题”，正文中还有案例和知识链接专题，有助于拓展学生的知识面，培养学生分析问题的能力。

本教材共九章。由北京经济管理职业学院王粤教授、赵慧娟教授担任主编，负责总体框架设计、编写大纲并对全书进行统稿。各章编写的分工为：北京经济管理职业学院马媛媛老师，完成第一、二章；北京经济管理职业学院李丽霞老师，完成第三、四章；北京农业职业学院郭晨老师，完成第五章；北京经济管理职业学院郇宜秀老师，完成第六、七章；北京农业职业学院车红莉副教授，完成第八章；北京经济管理职业学院赵慧娟教授，完成第九章。

在教材大纲审定和书稿的编写过程中，北京工商大学周清杰教授、西南财经大学吕兴洋教授、安徽职业技术学院杜淑琳教授提出了许多宝贵的、富有建设性的意见，在此一并表示最诚挚的谢意！

由于编者水平有限，本书的编写难免会有错误或疏漏，恳请广大读者提出宝贵意见。

读者意见可反馈至：sophiazhj@163. com。

编者

2023 年 12 月

第一章 旅游消费者行为概论

导入案例

个性化、多样化成为重要发展趋势——细分市场撬动消费潜力

当前，消费复苏势头持续增强。其中，各类新消费群体不断涌现，个性化、多样化的细分市场发展迅速，展现出强劲的消费力。随着消费市场细分群体越来越多，供给侧的生产组织正随之改变，聚焦细分人群需求的企业会迎来更多发展机遇。

相关研究报告显示，小镇青年、女性消费者、老年消费者等多个细分群体经济均已进入万亿元市场，释放出强劲的消费潜力。

各类消费群体不断涌现

近年来，小镇青年展现出较强的消费意愿。《瞭望》新闻周刊2020年发布的《小镇青年消费研究报告》显示，相对一、二线城市，小城市居民刚性生活成本在可支配收入中占比较低，诸多因素使得他们更愿意消费，更有能力消费。

不仅小镇青年消费需求旺盛，当前我国各类新消费群体不断涌现。

租单身公寓，点“一人食”外卖，下班后在家看看视频，周末听听网课，今年35岁的上海市杨浦区居民杨洋已经这样在上海生活了12年。有研究机构的报告显示，像杨洋这样的单身消费群体，其中42%愿意为自身消费，高于非单身消费者27%的占比，单身群体的消费潜力不容小觑。

每逢节假日，各大电商平台都要针对不同人群推出专门的营销活动，刺激消费。比如妇女节前后，电商平台充分挖掘女性消费潜力，女性用品销量显著增长。

此外，以服务老年人为主的消费市场也开始快速增长。生活观念的转变和生活水平的提高，使老年人的消费结构和消费需求普遍呈现品质化、多元化、个性化、便利化等趋势。

消费升级带动消费细分

消费升级表现为不论哪个消费群体，对品质的要求都更高了。在升级过程中细分市场越来越重要，未来谁把消费者画像画得越具体、越贴切，谁的发展就越快。

线上零售快速增长，积累下大量消费数据。通过这些数据，可以看到精准的消费群体划分。比如，年轻人的消费更加多样化，消费取向更加社交化，这些特征都很明显。

推动细分市场供需匹配

当前，我国消费市场细分群体越来越多，要满足这些消费者个性化、细分化的需求，供给侧的生产组织也要随之改变，聚焦细分人群需求的企业会迎来更多发展机遇。

良品铺子产品研发事业部负责人说："现在标准化生产的商品难以满足消费者的不同需求。我们一手做加法，一手做减法。针对细分人群需求增加功能性，为孕妇、产妇、儿童、老人等提供特定产品；同时减糖、减油、减盐，对香精、色素等添加剂'做减法'，更注重食品的营养健康。"

也有不少商家捕捉到来自单身群体的商机："一人食烤肉""一人食火锅"很受欢迎；小巧又兼具多种功能的小家电销量在家电市场快速增长；小户型单身公寓的租赁需求强劲；传统商家也纷纷推出小包装商品，1 斤装大米、500 毫升食用油等。

不过，也有一些商家把细分作为营销噱头。有些面向婴童、老人的产品只是外观变一变，却没有内在功能的差异。比如一些商品只要沾上"儿童"二字，价格便高出很多，但却不一定具有针对儿童群体的特殊功能。

专家表示，新消费群体的涌现值得企业关注。但只有真正了解不同群体的消费需求，调整产品和服务，推动供需匹配，才能更好地挖掘消费潜力。

资料来源：林丽鹂．个性化、多样化成为重要发展趋势：细分市场撬动消费潜力［EB/OL］．(2021-08-11)［2024-07-16］．http：//finance. people. com. cn/n1/2021/0811/c1004-32188570. html．有改动．

第一节　消费与消费者

一、消费

消费是指利用社会产品来满足人们各种需要的过程。消费可以分为生产消费和个人消费。消费行为不仅涉及对有形商品的使用和消耗，也包括对无形服务的享受。在经济活动中，消费扮演着关键角色，它不仅是生产活动的动力源泉，也是其终极目标，直接反映了人们对更高品质生活的追求。党的十八大以来，我国坚定实施扩大内需战略，释放消费活力，激发消费潜力，营造"愿消费""敢消费""能消费"的良好政策氛围，不断满足人民群众对美好生活的向往。消费已成为推动经济社会稳定发展的重要因素。

近年来，各地各部门按照中央部署，统筹推进经济社会发展，持续扩大居民消费，提升消费层次，消费的潜力、韧劲进一步增强，消费市场呈现稳步增长的态势。从社会消费品零售总额来看，我国已稳居世界第二位，与美国的差距进一步缩小。我国的消费结构正处于上升通道，消费规模持续扩大，消费模式不断创新，消费升级的趋势持续强劲，消费对经济增长的贡献日益显著，预计这一升级过程将持续较长时间。科技进步极大地推动了消费方式的革新。网上购物、移动支付、订阅服务、共享经济、虚拟现实和增强现实、数据驱动个性化推荐等新兴消费模式，为消费者提供了更多样化的选择、更便捷的购物途径和更个性化的消费体验。消费者的消费模式正逐渐从传统的物质消费转向更注重精神享受、文化体验的消费。消费的对象不再局限于实物商品，服务商品和体验性商品也成为消费的重要组成部分，新消费趋势正逐渐成为新的社会风尚。

二、消费者

消费行为的前提是存在消费者，而消费者这一概念有广义和狭义之分。广义上的消费者包括所有购买和使用各种产品与服务的个人或组织；而狭义上的消费者则专指那些出于个人或家庭需求而非商业目的购买或使用产品和接受服务的社会成员。换言之，狭义消费者购买商品的动机是为了满足个人或家庭的直接需求，而非为了转售或商业运作。本书将从狭义消费者的角度出发，探讨其消费行为。在实际生活中，购买决策者、购买者和使用者可能是同一人，也可能不是。例如，成年人可能会自行决定并购买所需商品，而儿童用品的使用者、购买者和决策者则可能是不同的人。在整个消费决策的过程中，不同角色的参与者扮演着不同的角色。如果将购买决策、实际购买行为和产品使用视为一个连续的过程，那么在这个过程中的任何阶段参与的人都可以被视为消费者。

消费者群体是多样化的，从请求父母购买玩具的小孩，到决定购买价值数百万房产的新婚夫妇，他们的消费行为各不相同。人们消费的商品种类繁多，从日常的服装鞋帽、奶茶，到价值不菲的汽车、房产等。消费行为满足的不仅是基本的生理需求，如饥渴，还包括情感需求、社会地位、尊严等精神层面的满足。由于消费者需求的多样性，消费的产品与服务种类繁多，因此，对消费者的分类方法也相应多样。

第二节　旅游产品与旅游消费者行为

一、旅游产品

（一）旅游产品的概念

旅游产品是指为满足人们的旅游需求而设计和提供的一系列商品和服务的集合。旅游产品通常包含多个要素，如交通、住宿、餐饮、景点参观、导游服务等，它们共同构成了旅游体验的完整框架。旅游产品可以分为整体旅游产品和单项旅游产品。

1. 整体旅游产品

整体旅游产品是一种一站式服务，它整合了旅游所需的各个环节，包括但不限于交通、住宿、餐饮和旅游活动。这种产品通常由专业的旅行社或旅游运营商提供，使游客能够通过一次性购买解决整个旅程的安排。

整体旅游产品的优势在于便捷性和全面性，特别适合那些寻求无忧旅行体验的游客，尤其是不太熟悉目的地或希望节省规划时间的旅游者。

2. 单项旅游产品

与整体旅游产品相对，单项旅游产品专注于提供旅游服务中的特定部分，例如单独的交通服务、住宿预订、景点门票或导游服务。游客可以根据自己的具体需求，自由选择和组合这些服务，从而定制个性化的旅行计划。单项旅游产品的灵活性较高，适合有特定需求或希望在旅行中拥有更多自主权的游客。

无论是整体旅游产品还是单项旅游产品，都旨在提供丰富、个性化的旅游体验，满足旅游者的不同需求。随着旅游市场的不断发展和消费者需求的日益多样化，旅游产品也在不断创新和完善，以适应市场的变化。

（二）旅游产品的特性

旅游产品与传统的物质产品相比，具有一些特性，如综合性、无形性、生产与消费的同步性、不可存储性、不可转移性等，这些特性决定了旅游产品的价值主要体现在为消费者提供的精神体验上。

1. 综合性

旅游产品不只是单一的商品或服务，还是一个涵盖了多个方面的综合体。它包括了旅游者在旅行过程中所需的各种要素，如餐饮、住宿、交通、游览等。这种综合性要求旅游产品的设计和管理必须考虑到社会、经济、文化等多个层面，以满足旅游者多维度的需求。综合性的特点也意味着旅游业的发展需要跨部门、跨行业的协调与合作。

2. 无形性

与有形的物质产品不同，旅游产品的价值很大程度上是无形的，它通过服务的形式存在。旅游者对旅游产品的体验和感受是评价其价值的关键。这种无形性要求旅游服务提供者必须注重服务质量，确保旅游者能够获得满意的体验。

3. 生产与消费的同步性

旅游产品的生产和消费通常是同时发生的，这意味着服务的提供和旅游者的体验是在同一时间和空间内进行的。这种同步性要求旅游服务提供者必须实时响应旅游者的需求，保证服务的连续性和一致性。

4. 不可存储性

与可以长期储存的物质产品不同，旅游产品具有时效性，不能被存储以备后用。如果某一时间段内的旅游产品未能被消费，那么为提供这些服务所投入的资源就无法得到回报，并且损失的价值永远也得不到补偿。

5. 不可转移性

旅游产品的不可转移性体现在两个方面：

一是空间上的不可转移性。旅游产品的空间位置是相对固定的，旅游产品无法从旅游目的地运输到客源地供游客消费，旅游者需要亲自前往目的地才能体验到这些产品。因此，旅游产品的吸引力和可达性对于吸引旅游者至关重要。

二是所有权的不可转移性。旅游产品在生产和消费时，其所有权均不发生转移。旅游者购买的是旅游产品在特定地点特定时间段内的使用权，比如，旅游者在游览自然景观或文化遗址时，并不拥有这些资源的所有权。

二、旅游消费

（一）旅游消费的概念

结合前文消费的概念，旅游消费是旅游者在旅行中购买物质产品、精神产品和各类服务的支出总和。物质产品包括旅行中购买的各类商品和物品，如纪念品、礼品、手工艺品、服装、饰品等，这些物质产品可以作为旅游的纪念和回忆自用，也可以作为礼物赠送给亲友。精神产品是指旅游过程中所获得的精神体验和价值，如欣赏美景、体验文化、感受自然风光、领略新鲜的生活方式等，这些精神产品在旅行中给予游客情感上的愉悦、心灵上的满足和启发。除了物质产品和精神产品，旅游消费还包含各种服务，如交通服务（机票、火车票、汽车租赁等）、住宿服务（酒店、民宿、露营地等）、餐饮服务、导游服务、旅游活动和娱乐服务等，这些服务是旅游过程中必不可少的组成部分，为游客提供便利和舒适的旅行体验。

旅游者为了旅游而进行的消费，以及在旅途中和在旅游目的地的全部花费，都属于旅游消费的范畴（见图 1－1）。

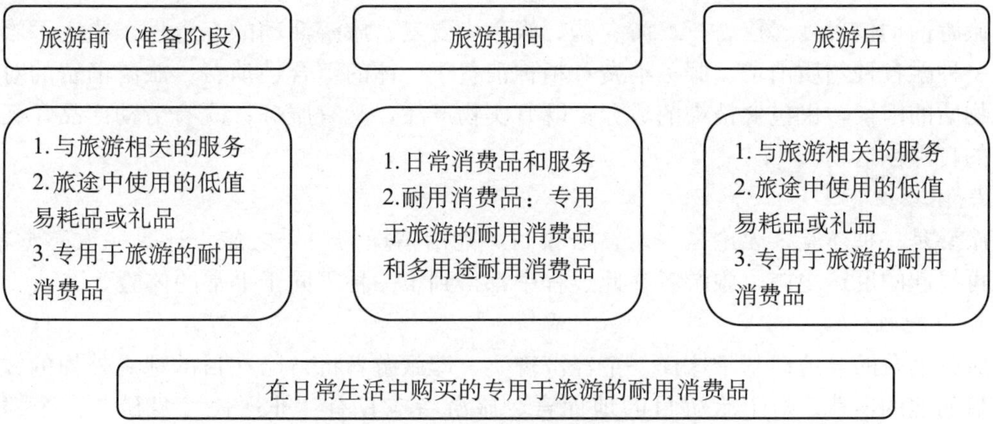

图 1－1　旅游消费的范畴

资料来源：吴清津．旅游消费者行为学［M］．北京：旅游教育出版社，2006.

（二）旅游消费的特点

案　例

2024 年 Q1 中国旅游消费趋势洞察报告：万物生长，暗潮涌动

由环球旅讯与数字 100 联合推出的《2024 年 Q1 中国旅游消费趋势洞察报告》近日正式发布，核心观点如下：

（1）整体出游意愿加强，年轻人成旅游主力军。95.51％的受访者计划在 2024 年出游，比 2023 年增加 3.66 个百分点。年轻群体在各类出游方式中占比最高。

（2）传统跟团游和新兴自助游双向并进。约 90％的受访者会因为各种原因而选择跟团游，包括对目的地不熟悉、行程安全等顾虑。但他们同时也有强烈的自助体验需求，希望保留部分自由安排时间。

（3）OTA（在线旅游平台，Online Travel Agency）仍然占据压倒性的渠道优势，但其服务痛点仍待改善。超 60％受访者选择 OTA 预订，但对客服和售后服务存在诸多担忧。

（4）小红书成为旅游攻略新宠，传统攻略平台式微。在旅游规划阶段，近 25％的受访者最先想到的攻略渠道是小红书，抖音和搜索引擎次之，传统旅游攻略平台影响力大幅下降。不过，也有 10％的受访者选择不做攻略、随性出游。假日经济效应、“种草”效应和性价比成为冲动型旅游消费的主要驱动力。

资料来源：环球旅讯．2024 年 Q1 中国旅游消费趋势洞察报告：万物生长，暗潮涌动［EB/OL］．（2023－03－29）［2024－07－16］．https：//www.traveldaily.cn/article/180977.

旅游消费是伴随着旅游活动而发生的，是为了满足人们精神享受的一种高层次的消费活动。作为一种特殊的消费形式，旅游消费具有以下特征。①

1. 综合性

旅游活动包含食、住、行、游、购、娱六大要素。旅游活动的综合性，决定了旅游消费是一种融各种物质消费、服务消费和精神消费于一体的综合性消费。旅游消费的对象既包含物质的因素，也包含精神的成分；既有实物产品，又有服务；既有劳动产品，又有非劳动的自然创造物。

2. 体验性

旅游是一种体验，无论是一次赏心悦目、陶冶情操的快乐之旅，还是一次感觉糟糕、不愿再提起的厄运之旅，旅游者在此过程中都得到了一种不同于平常的体验。

3. 异地性

旅游消费的异地性基于这样一个经济现实，即旅游者将自己在目的地之外挣的钱，用于在目的地的消费。对于旅游目的地而言，旅游者应具有"非居民"身份。这个"非居民"身份是针对"个体的经济利益中心"而言的，意味着旅游者离开了他的"个体的经济利益中心"。旅游消费的异地性的经济意义在于旅游消费对目的地的影响将远远超过对旅游者的惯常环境的影响。

4. 波动性

旅游消费的季节性明显，对突发事件比较敏感。首先，旅游消费整体上存在很大的季节波动性。这种波动性与人们闲暇时间的分布和气候等因素相关。为了削弱波动，节事营销、活动营销、促销变成旅游营销的经营模式。其次，旅游消费还相对脆弱、敏感，易受到经济局势突变、汇率变化、疫病、战争等许多因素的影响。

5. 生产与消费的同步性

由于旅游产品的不可转移性，无形的旅游服务不能运输，不能在空间和时间上发生转移，因此旅游消费者必须亲自到旅游产品的生产地才可进行消费。又因为旅游服务在时间上不能储存，旅游服务的提供必须以旅游消费者的实际存在，即旅游消费者的实际购买为前提，所以，旅游经营者的旅游产品的生产过程，同时也是相对旅游消费者而言的旅游产品的消费过程，两者是同时进行的。因此，旅游消费是旅游产品的生产和消费同步进行的消费，生产和消费的同步性是旅游消费的基本特征之一。

三、旅游消费者

（一）旅游者定义

旅游者是旅游研究中一个非常重要的基本概念，理解其概念能够为正确地进行旅游经济分析提供较为准确的范畴和依据。同时，对旅游者概念的理解是研究旅游消费者行为的必要前提。

1937 年，国际联盟统计委员会提出国际旅游者（International Visitors）是指"离开自己的居住国到另一个国家访问超过 24 小时的人"，这是最早的国际旅游者的定义。按照

① 龙江智．中国旅游消费行为模式研究［M］．北京：旅游教育出版社，2015.

这个标准，旅游者主要包括四类人，一是出于消遣、家庭事务及身体健康方面的目的而出国旅行的人；二是为出席会议或作为公务代表而出国旅行的人；三是为工商业务原因而出国旅游的人；四是在海上巡游过程中前来访问的人员，即使其停留时间不足 24 小时。同时明确地把到其他国家求职、定居、求学的人，以及边境居民和临时过境人员排除在该定义之外。

1963 年，罗马举行的联合国国际旅游大会将国际旅游者界定为“除为获得有报酬的职业以外，基于任何原因到一个不是自己通常居住的国家访问的人”。该定义将旅游者分为两类人，一是旅游者，指为了休闲或商务活动，到一个国家逗留至少 24 小时的游客；二是一日游客，指到一个国家进行短暂访问，逗留不足 24 小时的游客。罗马会议之后，世界旅游组织（WTO）采纳了该定义并向全球旅游界推荐使用。

1991 年，联合国世界旅游组织（World Tourism Organization，WTO）在加拿大召开了“旅游统计国际大会”，会上对国际旅游者的定义做了重新修整。“游客”指一个人到他通常居住的国家以外的另一个国家旅行，时间不超过一年，主要目的不是从访问国获得经济利益；“旅游者”指一个游客到其他国家至少一夜，最多不超过一年，主要目的不是从访问国获得经济效益；“当日游客”指一个游客在访问国停留不超过 24 小时并不过夜，主要目的不是从访问国获得经济利益。

目前，世界各国对国际旅游者的界定已基本达成共识。我国对国际旅游者的统计解释也基本是根据世界旅游组织的定义进行的。但是，对于国内旅游者的界定或统计标准尚未实现统一，仍然存在不同程度的认识分歧。在我国国内旅游统计中，国内旅游者是指来我国内地观光、度假、探亲访友、就医疗养、购物、参加会议，或从事经济、文化、体育、宗教活动的人，连续停留时间不超过 12 个月，且其主要目的不是通过所从事的活动获取报酬。此外，国内旅游者还包括外国人、华侨、港澳台同胞等非中国居民，只要他们满足上述条件，即可被视为国内旅游者。

在当代商业社会中，旅游者的身份通常与消费者的角色紧密相连，因为旅游活动本质上是一种消费行为。几乎所有参与旅游活动的人都是消费者，他们为了满足自己的旅游需求而购买和体验旅游产品。因此，从旅游消费的角度来看，“旅游消费者”这一术语实际上与“旅游者”是同义的，它突出了从消费行为的视角来理解和研究旅游者的重要性。在本书的讨论中，“旅游消费者”和“旅游者”被视为同一概念，指的是那些为了个人旅游需求而进行消费的个体。

（二）旅游者类型

1. 国外学者对旅游者的分类

国外学者对旅游者的分类研究涵盖了多种角度和方法，旨在深入理解游客的行为、偏好和动机。

科恩（Cohen，1972）对旅游者的分类包含四种类型。一是有组织的团队旅游者，高度依赖旅游套餐，少有自主性。二是大规模散客旅游者，比团队旅游者拥有更多自由和自主权。三是探险型旅游者，探索新地，偶尔寻求舒适的住宿。四是流浪型旅游者，完全自主，不依赖旅游机构。

达登（Darden，1977）对旅游者划分为五种类型。一是精打细算型旅游者，以经济为导向。二是冒险型旅游者，具有高冒险倾向，对休闲旅游兴趣较低。三是家庭型旅游者，偏好休闲旅游，不好冒险。四是度假型旅游者，做许多计划，决策犹豫。五是中庸型旅游者，倾向于旅行，但对周末旅游和运动不感兴趣。

盖洛普（Gallup，1989）通过对成年人的调查，发现旅游者可分为五类：冒险型、忧虑型、梦想型、节约型和痴迷型旅游者。

亨利研究中心的度假行为模型深入揭示了英国度假旅游者需求的演变。该模型通过实际观察，将旅游者分为四类，每类具有不同的旅游动机和需求。第一类，纯观光型旅游者。这类旅游者经济条件和经验有限，主要出于好奇心，偏好传统旅游和有限的文化接触。第二类，追求理想经历的旅游者。这类旅游者经济条件较好，有跨国旅游经验，渴望更冒险和自主的旅游，偏好文化差异显著的目的地。第三类，开阔眼界的旅游者。这类旅游者经济和经验显著提升，有信心尝试广泛的文化体验，追求独立和自由的旅行。第四类，完全沉浸的旅游者。这是旅游体验的最高层次，追求如当地人般的文化体验，完全融入当地生活。亨利研究中心的模型不仅强调了旅游动机和个人旅游经验的重要性，还揭示了旅游者行为与目的地选择之间的直接联系，为旅游业提供了借鉴，以更好地满足不同层次旅游者的需求和愿望。

2. 旅游消费者的一般分类

基于旅游消费者行为研究的现有成果，通常对旅游消费者从以下几个角度来进行分类：

（1）按人口统计特征划分。

从人口统计学角度，主要按性别、年龄、职业、收入等方面进行划分。

按性别分为男性旅游者和女性旅游者，男性旅游者可能更倾向于探险、运动或技术相关的旅游体验，女性旅游者可能更偏好文化、购物或SPA等放松体验。

按年龄分为儿童、青少年、年轻成年人、中年人和老年人等旅游者，不同年龄阶层的旅游者，其消费习惯和偏好有较大差异。儿童：可能对主题公园、互动式活动感兴趣，消费习惯受家长影响。青少年：偏好背包旅行、青年旅社，注重体验和社交。年轻成年人：可能寻求冒险和文化体验，愿意为独特体验支付更多，更愿意选择精品酒店或特色住宿。中年人：更注重旅游的舒适度和质量，有更高的消费能力，偏好豪华酒店和定制旅行。老年人：寻求宁静和放松的旅游体验，偏好邮轮、度假村或退休旅行，注重健康和安全。

另外，职业、收入也对旅游者的消费习惯和偏好影响较大。不同职业背景的旅游者有着不同的旅游需求，例如商务旅客可能需要便捷的商务设施和会议服务，而教育工作者可能更偏好文化和教育相关的旅游内容。高收入旅游者可能更倾向于奢华旅游、私人定制服务或高端旅游产品。中等收入旅游者可能寻求性价比较高的旅游产品，注重质量和价格的平衡。低收入旅游者可能更注重预算控制，偏好低成本航空公司、经济型住宿和免费或低成本的旅游活动。

（2）按旅游者的心理特征划分。

根据普洛格的心理类型定位法，旅游者可以按心理特征划分为心理中心型、多中心型和多中心-心理中心型旅游者。

心理中心型旅行者，一般性格内向，偏好稳定和熟悉的环境。倾向于参加安排妥当的旅行团，选择知名旅游胜地，避免冒险和不确定性。

多中心型旅游者，一般性格外向，热爱冒险和新鲜体验，乐于尝试各种活动，追求刺激和多样化的旅游体验。

多中心-心理中心型旅游者，普洛格发现大多数人既不是多中心型，也不是心理中心型，而是介于这两类人群之间的中庸型。这类旅游者有一定的冒险精神，但同时追求舒适和熟悉感。倾向选择经过验证但具有一定新奇性的旅游目的地，平衡新奇体验和舒适需求。

(3) 按旅游者的行为特征划分。

按照旅游者的行为特征划分的旅游者类型涵盖了独立旅游者、团体旅游者、短途旅游者、长途旅游者、休闲度假型、商务型、探险型、文化体验型、教育学习型、环保意识型、健康养生型、宗教朝圣型、经济型和奢华型等，这些分类反映了旅游者的出游方式、旅游范围、逗留时间、旅游习惯、旅游目的和旅游行为效应等不同方面，这些行为特征均对应着不同的需求和偏好。

四、旅游消费者行为

（一）旅游消费者行为的概念

消费者行为是指消费者在购买、使用、处置产品和服务过程中所表现出的各种心理和行为模式。它涉及消费者的需求识别、信息搜索、评估选择、购买决策、消费体验和后续行为等一系列环节。消费者行为不仅受到个人因素的影响，如个人偏好、收入水平、教育背景等，还受到社会和文化因素的影响，如社会地位、文化价值观、群体影响等。了解消费者行为对于企业制定有效的市场营销策略、提高产品和服务的吸引力、增强客户满意度和忠诚度具有重要意义。旅游消费者行为可以定义为旅游消费者在识别旅游需要、形成旅游动机、搜索相关信息、评估旅游产品或服务、做出旅游购买决策、体验旅游活动，以及进行后续评价和分享过程中所表现出的心理和行为模式。旅游消费者行为是多维度的，受到个人特征、心理状态、社会文化背景、市场环境等多重因素的影响。同样，了解旅游消费者行为有助于旅游业和旅游市场更好地满足旅游者需求，提升旅游产品和服务的质量，增强市场竞争力。近年来，随着旅游业的迅速发展和旅游市场的逐步成熟，旅游者的消费行为不断发生变化，因此，了解旅游消费者的行为特征具有重要意义。

（二）旅游消费者行为的特点

1. 复杂性

首先，与传统商品购买相比，旅游消费的购买、体验和结束阶段之间界限模糊，往往购买决策和实际体验同时发生，没有清晰的阶段之分。其次，旅游消费者的行为受到个人感知、动机、学习、态度、个性、过往经历等内在因素的影响，同时也与所处的社会、经济和文化环境紧密相关，这些因素交织在一起，影响着消费者的选择和体验。再次，与实物商品消费不同，旅游消费者在购买过程中就开始对旅游体验进行评估，这种评估贯穿整个旅游过程，并持续到旅游结束后。消费者的评估过程通常包含强烈的情感因素，且由于旅游产品的特殊性，大多数情况下不存在传统意义上的处置阶段。

2. 多样性

随着生活需求的日益多样化和复杂化，旅游消费者的旅游目的和动机变得多样化。这导致他们选择旅游的方式和购买旅游产品的方式也呈现出多样性。不同的旅游消费者自然涉及不同的消费水平、消费范围和消费结构，购买的旅游产品种类也各不相同。即便旅游消费者的动机可能相似，但由于个人偏好、经济状况、文化背景等主观和客观因素的影响，他们的旅游消费行为也会有所差异。

3. 信息搜索与风险感知

由于旅游产品的不确定性和复杂性，消费者在购买前会进行大量的信息搜索，基于信息和预期对旅游产品进行评估和选择。家庭、朋友和同事的推荐，以及社交媒体和在线评论等社会影响在旅游消费决策中扮演重要角色。其他旅游消费者的正面或负面体验形成的口碑效应，往往也会对旅游消费者行为造成影响。同时，由于旅游消费的不确定性，消费者可能会感受到各种风险，包括财务风险、安全风险和健康风险，旅游消费者往往会对可能的风险进行评估，以减少不确定性并作出明智的决策。

（三）旅游消费者行为的影响因素

1. 个体因素

个体因素指的是旅游消费者行为中个体差异所体现出来的特征。旅游消费者的个体差异主要包括年龄、性别、教育程度、职业属性和民族文化等。这些个体差异和特点象征着旅游消费者时代背景、文化传承和心理特征的不同，旅游企业也可以根据不同旅游消费者的个体差异，推出不同的旅游产品，采用不同的营销策略。

2. 社会因素

在旅游消费者行为中，社会因素是最为重要的因素之一。游客的旅游消费行为与其所处的社会和经济环境密切相关，主要包括收入和物质水平、旅游经验、社交需求和旅游市场竞争等因素。在收入和物质水平方面，游客越来越注重舒适和享受。在旅游经验和社交需求方面，游客则越来越注重旅游体验和人际交往。在旅游市场竞争方面，旅游消费者更倾向于选择具备特色和竞争优势的旅游产品。

3. 文化因素

旅游消费者行为中的文化因素包括旅游消费者对旅游目的地文化的了解程度，对旅游活动、景点、美食等文化元素的认知和关注程度。旅游消费者对文化元素的认知和关注程度，主要包括理解、接受和重视三个方面。文化因素对于旅游消费者的行为产生着重要的影响，因为文化体现了旅游内容的独特性，品味旅游文化的精华让旅客能够获得更好的旅游感受。

4. 心理因素

心理因素是旅游消费者行为中不可忽视的因素。旅游消费者的心理特点体现在对旅游内容的认知、对旅游体验的评价、对所选旅游产品的满意度等方面。旅游消费者的个性、需求、行为判断和行为是否与旅游产品匹配，也是心理因素中的重要内容。

（四）旅游消费者行为的类型

1. 信息搜索行为

旅游者在决定旅游目的和旅游方案时，通常会首先进行信息搜索，了解旅游产品的质量、价格、服务等。

2. 评估行为

旅游者在做决策时，会对不同的旅游产品进行评估，将其与自己的需求进行比较，衡量其实用价值。

3. 购买行为

旅游者在确认旅游方案后，会进入购买阶段，选择适合自己的旅游产品。

4. 使用行为

旅游者在使用旅游产品时，会体验旅游目的地的空间环境、自然环境、人文环境以及服务质量等。

5. 评价行为

旅游者在旅游结束后，常常会对旅游产品进行评价，既包括对旅游产品本身的评价，也包括对旅游服务和体验的评价。

第三节 旅游消费者行为分析对旅游营销的意义

旅游消费者行为分析是旅游营销中不可或缺的部分，通过了解旅游消费者的行为特征，旅游企业可以制定更具针对性和个性化的旅游产品和营销策略，提高旅游企业的市场竞争力和市场占有率。

一、改善旅游市场环境

旅游市场环境包括旅游消费者的心理、社会、文化等因素，是旅游企业进行市场分析、产品设计和营销策略制定的基础。旅游消费者的旅游经验、收入水平、文化背景、社会地位、年龄、性别等因素显著地影响其旅游消费行为，旅游企业可以结合旅游消费者行为特征，更好地规划旅游产品高峰期、行程安排和旅游服务。

二、找准旅游产品定位

旅游产品定位是旅游营销中最重要的一步，确定旅游产品定位的关键要素就是了解旅游消费者的需求和行为特征。旅游产品的定位应根据旅游消费者的需求进行个性化定制，如不同年龄段、性别、文化程度、收入水平的游客，对旅游产品的要求和期望不同。旅游企业需结合旅游消费者行为特征，通过旅游产品定位、差异化、增值服务等多种方式来提高市场竞争力和市场占有率。

三、优化旅游营销策略

营销策略是旅游产品成功推广和销售的基础所在，了解消费者行为特征是制定旅游营销策略的重要依据。旅游营销策略类型可根据旅游消费者阶段、旅游目的地和旅游产品等因素来制定，使用有效的旅游营销策略可以提升旅游产品销售额和市场占有率。由于旅游消费者的行为具有不确定性，旅游企业在制定旅游营销策略时应结合旅游市场环境，同时也要关注不同旅游消费者的心理和行为变化，以便更好地制定出行之前、行程途中和旅游后的优惠券、折扣、礼品等优惠激励策略。

本章小结

（1）旅游产品是指为满足人们的旅游需求而设计和提供的一系列商品和服务的集合。旅游产品通常包含多个要素，如交通、住宿、餐饮、景点参观、导游服务等，它们共同构成了旅游体验的完整框架。旅游产品可以分为整体旅游产品和单项旅游产品。

（2）旅游产品具有综合性、无形性、生产与消费的同步性、不可存储性、不可转移性等特性。

（3）旅游消费是旅游者在旅行中购买物质产品、精神产品和各类服务的支出总和。旅游消费具有综合性、体验性、异地性、波动性、生产与消费的同步性等特征。

（4）旅游消费者指的是那些为了个人旅游需求而进行消费的个体。

（5）旅游消费者行为可以定义为旅游消费者在识别旅游需求、搜索相关信息、评估旅游产品或服务、做出旅游购买决策、体验旅游活动，以及进行后续评价和分享过程中所表现出的心理和行为模式。

（6）旅游消费者行为具有复杂性、多样性、信息搜索与风险感知等特点。

思考题

1. 简述旅游产品的概念和特性。
2. 试述旅游消费者的一般分类。
3. 旅游消费者行为具有哪些特点？
4. 试述旅游消费者行为分析对旅游营销的意义。

在线自测

扫一扫　练一练

第二章　旅游消费者心理与旅游消费者行为

导入案例

家庭旅游时代旅游者消费心理案例

目前，“带娃出游”这种增进情感交流、使小孩与大人各得其乐的休闲方式日益成为众多家庭常态化的假日选择，据中国旅游研究院发布的《中国家庭旅游市场需求报告》显示，中国已经进入优质家庭旅游强需求时代，76.1%的旅游者选择孩子作为出游同伴。

可以看出，亲子旅游已经成为一项重要的旅游细分市场。也可以说，抓住了亲子游也就相当于抓住了旅游市场至少一半的现金流。特别是亲子农业方面的旅游产品，注入研学内容，得到了市场的认可。

和传统旅游形式相比，亲子旅游更关注孩子的特点、旅游目的和旅游需求，也因此对旅游产品的安全性、教育性和趣味性都提出了更高的要求。结合旅游消费者心理变化，其市场特征主要表现在以下三个方面。

1. 孩子的特点和旅游需求是旅游消费的决策出发点

在亲子旅游的实际消费过程中，孩子的需求是旅游消费决策的首要影响因素。父母会针对孩子的年龄、性别、爱好、身体状况、性格特征等来选择旅游产品。随着孩子们年龄的增长和知识阅历的积累，他们也会主动地参与到决策过程中，其兴趣点将会成为旅游消费的驱动力。

2. 对旅游产品的安全性有更高要求

由于参与亲子旅游的大多数孩子的身心发育尚未成熟，因此亲子旅游产品的安全性往往是亲子旅游活动所关注的一个重点。

父母在出行前通常会对此次行程的安全因素进行全方面考虑，特别是在交通工具的选择、饮食住宿的安排、旅游服务设施的配套、旅游活动项目的安排及线路的设计等方面，对于安全性的要求大大高于其他旅游形式。

3. 旅游产品的寓教于乐功能有更高要求

亲子旅游不同于其他旅游形式，不仅强调通过旅游开阔视野、增长知识、放松身心、结识朋友，更强调通过旅游来增进父母与孩子之间的感情交流，融洽家庭关系，实现父母与孩子共同成长。因此，相比于其他旅游形式，亲子旅游对产品的寓教于乐功能有着更高的要求。

资料来源：李可为．亲子旅游市场的运营模式［EB/OL］．（2020－07－29）［2024－02－10］．https：//maimai.cn/article/detail？fid＝1508450938&efid＝F4vXsTfNjvyvJ_R_r5TJyw.

第一节　感知与旅游消费者行为

一、感知

在心理学研究中，一般把感觉和知觉统称为感知。感知过程是认识世界的基础，是获得感性知识与直接经验的主要形式。心理学研究将人的感知分为两个不同的心理活动阶段，即感觉和知觉。

（一）感觉

1. 感觉的概念

感觉是指通过感官系统接收和感知外界刺激的过程和体验。它是我们对外界刺激的直接感受，通过感觉，我们能够接收到来自环境的各种信息和感知。感觉可以涉及视觉、听觉、肤觉、味觉和嗅觉等多个感官通道。在心理学中，感觉是感知过程的一个基本组成部分，它为我们提供了对现实世界的直接感受和认知。感觉的体验和感知过程会受到个体的注意力、情绪和经验等因素的影响。

2. 感觉的分类

客观事物各种不同的属性作用于人的感觉器官，使人产生了不同的感觉。根据感觉反映事物个别属性的特点，可以把感觉分为两大类，即外部感觉和内部感觉。

（1）外部感觉。外部感觉指接受外部刺激，反映外界事物个别属性的感觉，包括视觉、听觉、肤觉、味觉和嗅觉。视觉感觉指与眼睛相关的感觉，包括对光线、颜色、形状、大小、运动等的感知。听觉感觉指与耳朵相关的感觉，包括对声音、声调、音量、方向等的感知。肤觉感觉指与皮肤和身体接触相关的感觉，包括对触摸、温度、压力、痛觉等的感知。味觉感觉指与口腔和舌头相关的感觉，包括对食物和化学物质味道的感知。嗅觉感觉指与鼻子和鼻腔相关的感觉，包括对气味和香气的感知。

（2）内部感觉。内部感觉指接受体内刺激，反映身体的位置、运动和内部器官不同状态的感觉。例如，与平衡和空间定位相关的前庭感觉，通过内耳的感觉器官提供信息；与身体运动和位置感知相关的运动感觉，包括对身体部位是否运动、运动的速度和力度等的感知；与时间流逝相关的时间感觉，包括对时间的感知和差异的判断。这些不同的感觉通道共同构成了人类对世界的感知体验。

3. 感觉的特性

（1）先入性。

先入性是指在感知过程中，人们对于某种刺激的第一印象或初步感受，因为人对事物最初感受到的印象通常是最鲜明和深刻的，是以后行为决策的重要参考。举个例子，假设一个人第一次尝试某种特殊的食物，比如辣椒，他可能会感到非常辣，刺激性强，甚至觉得难以忍受。这个初次的感受就是感觉的先入性。感觉的先入性会受到个体的经验、文化背景、情绪状态等因素的影响。

（2）适应性。

适应性是指刺激物持续作用于统一感受器而使感受性发生变化的现象。这种适应性变化可以表现为感受性的提高或降低。

感觉适应性的提高指的是在持续受到某种刺激后，感受器对该刺激的感受性增加，这意味着人们对该刺激的感知变得更加敏感。例如，当一个人进入一个冷库时，最初会感到非常寒冷，但随着时间的推移，皮肤逐渐适应低温环境，感觉到的刺激减少，这个人对低温的感受性降低。然而，当他再次回到室温环境时，会感到更加温暖，因为皮肤已经适应了低温环境，对室温的感受性提高了。

感觉适应性的降低指的是在持续受到某种刺激后，感受器对该刺激的感受性减少。这意味着我们对该刺激的感知变得较为迟钝。例如，当我们连续听到一段高音频率的声音时，最初可能感到刺耳，但随着时间的推移，耳朵逐渐适应这个频率，感觉到的刺激减弱，我们对声音的感受性降低了。

（3）联觉性。

联觉性是指在感知一个感觉模态的刺激时，同时产生了另一个感觉模态的体验。简单来说，就是一个感觉刺激引发了另一个感觉的体验。例如，某些人在看到数字或字母时会感觉到颜色，听到声音时会感觉到形状等。这种联觉性的体验在不同人群中表现形式各异，有些人天生就具有这种能力，而有些人则可能通过训练或特定的刺激才能触发。

（4）对比性。

对比性是指人们对刺激的感受是相对于其周围环境或其他刺激的。感觉对比性使人们能够区分和辨别不同的刺激。例如，在一个安静的房间里听到的声音相对较大，但在一个嘈杂的环境中，同样的声音可能会显得更小。在旅游产品开发中利用感觉的对比性可以突出印象，使旅游者感觉到明显的差别，从而实现产品差别化竞争。

（二）知觉

1. 知觉的概念

知觉是一系列组织并解释外界客体和事件产生的感觉信息的加工过程。对客观事物的个别属性的认识是感觉，对同一事物的各种感觉的结合，就形成了对这一物体的整体的认识，也就是形成了对这一物体的知觉。知觉是直接作用于感觉器官的客观物体在人脑中的反映。

感觉和知觉是认知过程中的两个紧密相连的阶段，它们共同构成了对外界事物的直接认知。感觉是知觉的起点，为知觉提供必要的原始数据，没有感觉对事物单一属性的捕捉，知觉就无法形成对事物全貌的理解。知觉则是感觉的延伸和升华，代表着更为复杂和高级的心理活动。

尽管两者关系密切，但它们在心理过程中各有其独特性。感觉是对事物单一属性的直接感受，如颜色、声音、温度等；而知觉则是对事物整体的构建，整合了事物的不同属性及其相互间的联系。感觉的发生直接关联到感官器官对外界刺激的生理反应，而知觉则更多地受到个体的知识背景、经验、心理状态如需求、动机、情绪等内在因素的影响。

2. 知觉的分类

（1）空间知觉。

空间知觉是对形状、大小、距离、方位等空间特征的反映，包括形状知觉、大小知觉、距离知觉、深度知觉（立体知觉）、方位知觉等。对个体生活而言，空间知觉显然是一种必不可少的能力，因为个体生活在三维空间内，在一切活动中，必须随时随地对远近、高低、方向做适当的判断，否则就难免发生困难甚至遭遇危险。

（2）时间知觉。

时间知觉，也称时间感，指在不使用任何计时工具的情况下，个人对时间的长短、快慢等变化的感受与判断，是指对客观事物的延续性、顺序性的反映，时间知觉是在人的实践活动中逐渐发展起来的，职业不同以及不同的情绪状态影响着对时间的估计，如在心情愉快时感觉时间过得快，在心情烦闷时时间过很慢。

（3）运动知觉。

运动知觉是人对空间物体运动特性的知觉。运动知觉反映物体的空间位移和移动速度，它依赖于对象运行的速度、距离以及观察者本身所处的状态。例如，当物体由远而近或由近而远运动时，物体在视网膜上成像大小的变化，向人脑提供了物体“逼近”或“远去”的信息。

（4）错觉。

错觉是在特定条件下对客观事物产生的一种歪曲的知觉。错觉是比较普遍的，由视觉、听觉、味觉、嗅觉等所构成的知觉经验，都会有错觉。在我们日常生活中，随时会感受到错觉现象。例如，在火车未开动之前，常因邻近车的移动，觉得自己的车已经开动。这种现象称为移动错觉。再如，在火车尾部窗口俯视铁轨时，若火车是开动的，就会觉得铁轨好像是从车底下向后迅速伸出；若火车突然停止，就会觉得铁轨好像是向车底迅速缩进。

（5）幻觉。

幻觉与错觉不同，它是在没有相应的外界客观事物直接作用下发生的不真实感知。幻觉具有与真实知觉类似的特点，但它是虚幻的。正常人在某些特殊的状态下，如强烈的情绪体验并伴有生动的想象、回忆，或期待的心情、紧张的情绪，或处于催眠状态，都可能会出现幻觉。在入睡或醒觉状态的过程中，也会发生幻觉。幻觉也是心理异常的重要征象，如感觉剥夺、精神疾病、药物中毒、饮酒过量、吸食毒品等，常会使人产生幻觉。

3. 知觉的特性

（1）选择性。

客观事物是多种多样的，在特定时间内，人只能感受少量或少数刺激，而对其他事物只作模糊的反映。在许多知觉对象中，人有目的地选择对其中部分对象知觉特别清晰，而对其余的对象则作为背景而知觉得比较模糊，这就是知觉的选择性。某事物一旦被选为知觉对象，就好像立即从背景中突现出来，被认识得更鲜明、更清晰。一般情况下，面积小的比面积大的、被包围的比包围的、垂直或水平的比倾斜的、暖色的比冷色的东西都较容易被选为知觉对象。即使是对同一知觉刺激，如观察者采取的角度或选取的焦点不同，亦可产生截然不同的知觉经验。影响知觉选择性的因素有刺激的变化、对比、位置、运动、大小程度、强度、反复等，还受经验、情绪、动机、兴趣、需要等主观影响。

（2）整体性。

知觉的对象都是由不同属性的许多部分组成的，人们在知觉它时却能依据以往经验组成一个整体。知觉的这一特性就是知觉的整体性（或完整性）。例如，一株绿树上开有红花，绿叶是一部分刺激，红花也是一部分刺激，我们将红花绿叶合起来，在心理上所得的美感知觉，超过了红与绿两种物理属性之和。知觉并非感觉信息的机械相加，而是源于感觉又高于感觉的一种认识活动。当人感知一个熟悉的对象时，只要感觉了它的个别属性或主要特征，就可以根据经验而知道它的其他属性或特征，从而整个地感知它。如果感觉的对象是不熟悉的，知觉会更多地依赖于感觉，并以感知对象的特点为转移，而把它感知为具有一定结构的整体。

（3）理解性。

人在感知某一事物时，总是依据既往经验力图解释它究竟是什么，这就是知觉的理解性。人的知觉是一个积极主动的过程，知觉的理解性正是这种积极主动的表现。人们的知识经验不同、需要不同、期望不同，对同一知觉对象的理解也不同。一张检验报告，病人除了看到一系列的符号和数字之外，却不知道什么意思；而医生看到它，不仅了解这些符号和数字的意义，而且可以做出准确的判断。因此，知觉与记忆和经验有深刻的联系。人们对事物的理解是通过知觉过程中的思维活动达到的，而思维与语言有密切关系，因此语言的指导能使人对知觉对象的理解更迅速、更完整。

（4）恒常性。

在不同的角度、不同的距离、不同明暗度的情境之下，观察某一熟知物体时，虽然该物体的物理特征（大小、形状、亮度、颜色等）因受环境影响而有所改变，但我们对物体特征所获得的知觉经验，却倾向于保持其原样不变的心理作用。像这种外在刺激因环境影响使其特征改变，但在知觉经验上却维持不变的心理倾向，即为知觉恒常性。在视知觉中，知觉的恒常性表现得非常明显。如从不同距离看同一个人，由于距离的改变，投射到视网膜上的视像大小有差别，但我们总是认为大小没有改变。又如，一张红纸，一半有阳光照射，一半没有阳光照射，颜色的明度、饱和度大不相同，但我们仍认为它是一张红纸。正由于知觉具有恒常性，我们才能客观地、稳定地认识事物，从而更好地适应环境。

（三）感知过程

感觉提供了环境的相关信息，是一切高级、复杂心理现象的基础，也是人们做出行为决策的最初阶段。而知觉是经过感觉带给人们外部信息，然后通过头脑加工并产生其对事物的认识。由感觉变为知觉需要经过选择的过程。在选择的过程中，个人偏好、经验等都会对感知结果产生影响，并决定最终的行为方式。当外界刺激直接作用于人的感觉器官时，人们不仅能对事物的个别属性作出反应，而且能在大脑中将事物的各种属性进行有机整合，从而形成对该事物的整体映像。

在现实生活中，感觉虽然是人类个体一切心理活动的开端，但最终要以知觉来反映事物主体。一旦客观事物离开人们的感官所能达到的范围，人们对该事物的感觉和知觉也随之停止。但感知与感觉又有所不同。感觉反映的是客观事物的个别属性，而感知反映的是客观事物的整体。感知以感觉为基础，但并不是感觉的简单相加，而是对大量感觉信息进行综合处理后形成的整体映像。

二、旅游感知

（一）旅游感知的概念

旅游感知是在旅游者感官接受外部刺激的基础上，通过大脑的加工和整合，对旅游目的地和活动进行综合认知和理解的过程。它不仅包括对景观、氛围、音乐、美食等感官层面的感知，还包括对文化特色、历史背景、人文环境等更深层次的认知。旅游感知不仅是对单一感觉的简单反应，还是通过多个感官通道和多种信息的综合作用所产生的整体映像。

旅游感知的形成受到个体的注意力、兴趣、经验、情感等因素的影响。个人的偏好和经验会对感知结果产生影响，并最终决定旅游者的行为方式和选择。旅游感知对于旅游者来说是重要的，它影响着他们对旅游目的地的态度、满意度和行为意向。

对于旅游者而言，其行为感知具有阶段性。在感性认识阶段，是旅游者的认识形成的阶段，主要包括感觉和知觉两种心理现象，因此它们具备一般的感觉和知觉特性。而旅游感知对于旅游者而言极为重要，因为该过程是旅游者在旅游过程中对旅游条件、旅游风险和旅游社会进行感知的过程。旅游感知可以分为条件感知、风险感知、社会感知几个方面，其中旅游条件感知是指对旅游目的地所有环境条件的知觉，包括时空转换、交通设施、基础设施等的感知；旅游风险感知是指对于旅游中可能遇见的各种风险如安全、资金、空间、时间、不可抗力等的感知；旅游社会感知是指对他人的知觉、人际知觉和自我知觉，它存在着一些知觉误区，比如首因效应、光晕效应等。

（二）影响旅游感知的因素

影响旅游感知的因素可以分为客观因素和主观因素两大类，目的地的物理环境、目的地的文化和历史背景、旅游设施和服务质量、目的地的人文环境、旅游活动和体验内容都属于客观因素，而个人偏好和兴趣、需要和动机、经验和知识、态度和情感、个性等都属于主观因素。旅游开发和管理活动必须以旅游感知理论为指导，通过对旅游者和居民的感知特征以及影响因素的分析来指导实践。

1. 客观因素

（1）目的地的物理环境。目的地的自然景观、气候条件、地理特点等都会对旅游者的感知产生影响。例如，美丽的自然景观可能引起旅游者的赞叹和享受，而恶劣的气候条件可能影响旅游者的舒适度和满意度。

（2）目的地的文化和历史背景。目的地的文化特色、历史传承等因素也会影响旅游者的感知。例如，富有历史文化底蕴的目的地可能引起旅游者的学习和探索兴趣，让他们对目的地产生更深的认知和情感联系。

（3）旅游设施和服务质量。目的地的旅游设施和服务质量对旅游者的感知至关重要。好的设施和服务可以提供舒适便利的旅游体验，而差的设施和服务可能影响旅游者的满意度和体验质量。

（4）目的地的人文环境。目的地的社会文化氛围、当地居民的友好程度等也会影响旅游者的感知。热情好客的当地居民和友善的人际互动可能让旅游者感到欢迎和愉悦，而冷漠或不友好的环境可能造成感知上的负面影响。

（5）旅游活动和体验内容。目的地提供的旅游活动和体验内容也是影响旅游者感知的重要因素。丰富多样的活动和体验可以激发旅游者的兴奋和参与度，增强其对目的地的感知和认知。

2. 主观因素

（1）个人偏好和兴趣。个人的喜好、偏好和兴趣会影响其对事物的感知和选择。不同的个体可能对不同的事物有不同的偏好和兴趣，因此对同一刺激可能产生不同的感知和评价。旅游者在选择和关注旅游信息时，往往会根据自己的兴趣偏好来筛选。例如，热衷于自然探索的游客，倾向于忽略与自己兴趣不相关的细节，而专注于寻找和体验与户外冒险相关的活动和信息；钟情于美食体验的旅游者，在旅途中会特别留意并尝试当地的特色美食。

（2）需要和动机。需要和动机影响着个体的行为和决策。在旅游领域，个体的旅游动机是他们选择旅行、选择目的地、选择旅游活动的重要因素之一。旅游动机可以包括多个方面，例如，探索新领域、寻求休闲和放松、获得新的体验和学习等。不同的旅游者可能有不同的动机和目标，这些旅游动机会对其旅游感知和行为产生影响。例如，一个追求冒险和刺激的旅游者可能会对冒险活动和刺激体验更感兴趣，而一个寻求休闲和放松的旅游者可能会更倾向于舒适和宁静的环境。

（3）经验和知识。人们往往根据经验和知识，对感知对象的意义做出理解和判断，进而产生感知印象，因此经验和知识影响人们的感知。在旅游活动中，旅游者的经验越丰富，感知内容就越全面、越深刻，旅游感知体验效果也越好。例如，当一个旅游者准备前往某个目的地之前，他可能会通过不同渠道获取相关信息，如旅游宣传册、网站游记、朋友的推荐等。这些信息会在他的心中形成初步的印象和期望，对他的旅游感知产生影响。以重庆为例，旅游者可能事先了解到它有丰富的自然风光如长江、三峡等，还有著名的历史文化遗产如武隆天生三桥、白公馆等。在旅行中，他很有可能会将注意力集中在这些事先了解过的景点上，更加关注它们的景色，并尝试对比自己对景点的期望和实际体验。有经验的旅游者往往能够更好地应对旅行中的各种情况和挑战，更加得心应手。他们可能更懂得如何规划行程、选择合适的交通方式、品尝当地美食等，并且有更多的机会与当地居民进行交流，体验当地文化。

（4）态度和情感。个体的态度和情感对感知和认知有很大影响。个体对某个事物的态度和情感可能决定了他们对该事物的感知和评价。积极的态度和情感可能增强感知的正面性，而消极的态度和情感可能导致较负面的感知。一般来说，在积极的态度和情感下，人们对对象的感知会比较深刻鲜明；在消极的态度和情感下，心情郁闷，感知水平就会降低，再生动、鲜明的对象也很难成为其感知对象。

（5）个性。个性是由一系列独特且持续的心理特征构成的个人标识。不同个性的旅游者在感知旅游产品和活动时表现出显著的差异。例如，性格较为内向的游客可能更倾向于选择宁静且放松的活动，享受如垂钓、品茶或下棋等静态体验；而性格外向的游客则可能更享受那些充满活力、刺激和社交互动的活动，如参与漂流、登山或滑翔等冒险运动。这些个性差异影响着他们对旅游体验的选择和享受。

除上述因素外，人口统计因素，如年龄、性别、职业、国籍、收入水平、社会阶层以及宗教信仰等也影响着旅游者的感知。

三、旅游者对旅游条件的感知

旅游目的地、旅游活动的时间、常居地与旅游地之间的距离、旅游交通工具等都是与旅游消费者行为有关的最基本的旅游条件。旅游者对旅游条件的感知印象，对他们具体的旅游决策、旅游行为以及旅游收获评价等都有显著的影响。

（一）旅游者对旅游目的地的感知[①]

对旅游目的地的感知包括人们在前往某一旅游目的地之前对该目的地的感知，也包括对亲眼所见并身临其境的旅游目的地的感知。前者的感知结果影响人们对目的地的选择，后者的感知结果影响人们的消费行为和后续行为。旅游者对旅游目的地的感知过程包括以下三个阶段。

1. 旅游前对旅游目的地的感知

旅游者与旅游目的地的“交往”不是发生在行程开始之后，而是在行程开始之前。在长期的社会生活中，每个人都会得到一些地方的自然和人文资源信息，在心目中自然构筑起关于该地的形象感知。典型的例子是，在很多人心目中都有对乌镇和西塘的感知。即使从未去过那里的人也能根据历史典故、文学作品、基础教育中的相关知识，构筑出江南水乡的形象，成为旅游目的地的原生形象。

2. 旅游开始对旅游目的地的感知

大多数旅游者在产生旅游动机后，会有意无意地搜集目的地的信息，并对信息进行加工、比较和选择，确定出游的目的地。旅游者可能会通过旅游目的地的广告宣传或耳闻目睹的其他物质媒介，揣摩旅游目的地经营者的服务特征和当地居民的接待态度。这个阶段也是形成旅游期望的重要时期。当旅游者进入旅游目的地开始实地旅游时，对目的地的形象感知称为引致形象或诱导形象。

旅游者通过外界渠道获得信息，并在此基础上形成的感知常与目的地的实际情况不符，往往存在歪曲性与模糊性。因此，旅游经营者必须认识到旅游者对旅游目的地感知的规律和特点，在旅游宣传工作中应该通过各种手段帮助旅游者真实地、清晰地感知旅游目的地。

3. 旅游者实地旅游之后形成的感知

旅游者离开常住地进入旅游状态后，对旅游目的地的实地感知阶段就开始了。在游览过程中，旅游服务成为旅游者对旅游目的地感知的关键因素。一个景区向旅游者提供优质的向导服务，有助于旅游者获得美好的旅游经历。没有向导的旅游者常常会迷失方向，不得不花费较多的精力来理解其接触到的信息，由此，旅游目的地可能会在旅游者心中留下不太好的形象。

旅程结束后，旅游者对旅游目的地信息进行综合分析并做出判断。此时，所形成的旅游目的地形象称为混合形象。混合形象与诱导形象之间的差别，反映了旅游经历对旅游者旅游地感知的影响。

（二）旅游者对时空的感知

旅游行为发生在特定的时间和空间，旅游既可以用时间来度量，也可以用空间距离来度量。

---

① 吴清津．旅游消费者行为学［M］．北京：旅游教育出版社．2006．

1. 对时间的感知

旅游者对时间的感知在旅行中是至关重要的，影响着旅行计划、体验和情绪。在旅游活动中，旅游者的动机和目的会影响他们对时间的感知和要求。国内很多学者倾向于用“一快、二慢、三准时”来描述旅游者对时间的感知。

（1）一快（旅途要快）。

旅途要快，指的是旅游者在前往目的地的过程中，希望能够选择快捷、便利的交通方式，减少旅途时间，更快地到达目的地。这体现了旅游者对旅行时间的有效利用和效率的追求。

（2）二慢（游览要慢）。

游览要慢，意味着在目的地游览时，旅游者希望能够慢下来，细细品味当地的风景、文化、历史等，深度体验目的地的魅力。这体现了旅游者对深度体验和文化交流的追求。在旅行中，人们希望有足够时间慢慢体验目的地，但团体包价游中，常常通过限制时间来完成所有项目，这经常会使旅游者不满。因此，旅行社应尽量确保逗留时间充足，活动安排宽松，让旅游者尽兴地体验目的地。

（3）三准时（旅游活动要准时）。

旅游活动要准时，表示旅游者在参加各种旅游活动、景点游览、预订门票等方面，希望能够按照预定的时间准时参加，避免错过任何重要的体验。这体现了旅游者对时间安排的重视和对旅行计划的严谨性。严格按照旅游活动计划进行旅行，对旅游者心理平衡至关重要，失误则可能导致经济损失。

2. 对距离的感知

距离在旅游者行为中扮演着重要的角色。距离又分为客观测量距离（实际距离）与感知距离。感知距离，也称为主观距离，是指人们凭借主观意识、信息获取以及个人知识和经验对实际距离的估计。客观测量距离与个体感知到的距离存在显著差异。举例而言，大多数人会感觉沿着回家路线行驶似乎比同样的距离外出行程要短。研究表明，感知距离对旅游行为的影响远远超过实际距离的影响。

旅游需要投入时间、金钱、精力和体力等成本。随着旅游距离的增加，旅游者的成本也在增加，这往往会阻碍旅游行为的发生。如果旅游所带来的收益无法弥补这些成本，旅游行为就不会发生。这一现象解释了为什么距离客源地较近的景区吸引更多游客，而距离较远的景区吸引较少游客。距离对旅游行为的阻碍作用也解释了为何国际旅游者数量通常少于国内旅游者。

但是，遥远的距离也可能激发旅游行为。遥远意味着神秘和陌生，而人类天生渴望探索未知世界。因此，神秘和陌生使远距离旅游目的地具有独特的吸引力。此外，“距离产生美”理论表明，远距离的旅游目的地不仅使人感到神秘和陌生，还满足人们对美的需求。当这些主观因素相互作用形成的吸引力超过距离的阻碍作用时，人们会被吸引到远距离的旅游目的地。例如，尽管西藏距离较远，但其具有的神秘感还是吸引了许多游客。

（三）旅游者对旅游交通的感知

旅游交通，指的是旅游者前往旅游目的地所采用的出行方式，常见的交通工具包括飞机、火车、轮船、汽车等。社会的快速发展不断提升和优化旅游交通条件，人们对旅游交通的感知主要包括安全性、便捷准时性、舒适度、服务水平四个方面。

1. 安全性

旅游者会高度重视交通工具的安全性，特别是在前往偏远地区或使用飞机、轮船等交通工具时。交通安全事故可能成为旅游者做出选择的关键因素。例如，前往偏远地区的旅游者可能更倾向选择坐飞机而非驾驶自己的车去目的地。因为飞机作为一种更为安全的交通工具，能够降低旅行过程中的风险，提高安全性保障。

2. 便捷准时性

现代社会的快节奏生活使人们对旅途时间变得更为敏感。便捷的交通工具能够节省旅游时间、减轻旅游者的旅途疲劳，也更能将有限的旅游时间进行合理安排。

旅游者对时间的感知还体现在对交通工具准时性的要求上。通常旅游活动都是有计划地提前安排，旅游交通带有严格的连贯性，中间某一环节的耽误会影响下一站的旅游活动，并且交通工具不准时会引发一系列经济责任事件，如房费、交通费、餐费等的结算问题，还可能给部分游客带来一些严重问题，比如重要会议迟到或错过，一些入境旅游者不能按时出境等。

因此，旅游者非常看重交通工具的便捷准时性，快捷、准时的交通服务能够取悦旅游者。

3. 舒适度

旅游更多的是一种精神享受，旅游者花费了时间和金钱，期望在旅游活动中获得舒适的旅行体验。交通设施的舒适程度直接影响旅客的整体感受，因此良好的交通服务条件是吸引旅游者的要素之一，交通通达、设施条件良好的目的地也通常能够得到更多旅游者的青睐。

4. 服务水平

除了基本的安全、便捷、准时、舒适外，旅游者也在意交通工具上的服务水平，这是对交通企业软实力的考验。友好、热情的服务能够让旅客感受到更好的体验，因此，服务水平通常也是旅游者做出交通选择的考量因素之一。

第二节　动机与旅游消费者行为

如前所述，旅游消费者行为是指旅游消费者在识别旅游需要、形成旅游动机、搜索相关信息、评估旅游产品或服务、做出旅游购买决策、体验旅游活动，以及进行后续评价和分享过程中所表现出的心理和行为模式。因此，需要、动机和旅游消费者行为之间存在密切的联系：需要是动机产生的基础，动机是行为发生的推动力，而旅游消费者行为则是动机驱动下的具体表现。了解这些关系有助于人们更好地理解旅游消费者的需求，设计和提供满足这些需求的旅游产品和服务。

一、需要与旅游需要

（一）需要的概念

需要是有机体在生存和发展的过程中，感受到的生理和心理上对客观事物的某种要求。它往往以内部的缺乏或不平衡状态表现出其生存和发展对于客观条件的依赖性。①

需要是有机体生存和发展的重要条件，它反映了有机体对内部环境或外部生活条件的稳定要求。只有满足了这些需求，有机体才可能得以健康成长。如人们对空气、食物、水、阳光等自然条件的依赖，对交往、劳动、学习、创造、运动等社会条件的要求。当这些必需的事物反映在人脑中，就成为人的需要。

美国心理学家亚伯拉罕·马斯洛在20世纪50年代提出的需要层次理论是比较有影响、有代表性的关于需要研究的理论。该理论认为，人类的需要可以分为五个层次，生理的需要、安全的需要、社会的需要、尊重的需要和自我实现的需要，如图2-1所示。

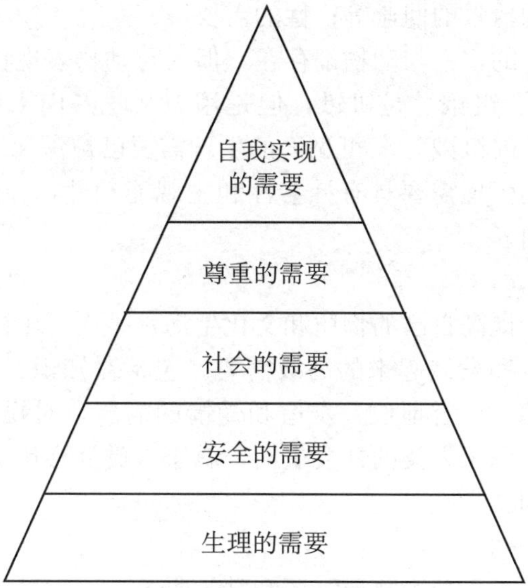

图2-1 马斯洛需要层次

生理的需要，指维持人们体内生理平衡的需要，是最基本的需要层次，包括食物、水、睡眠等生存所必需的需要。

安全的需要，指在满足了生理的需要后，人们开始追求安全和稳定，包括对物质和身体安全的需要，如住所、工作稳定等。

社会的需要，是希望被人关心和爱护、找到归属感，包括对友谊、爱情以及隶属关系的需要，生理和安全的需要得到满足后，社会的需要就会突显出来，进而产生激励作用。

尊重的需要，就是对自尊、威信、地位等的需要，在满足了前三个层次的需要后，人们开始追求被他人尊重和认可的需要。这包括获得他人的赞赏、尊重和地位。

自我实现的需要，指实现个人理想、抱负，实现自身价值、发挥个人潜能的需要，是最高层次的需要，包括追求个人成长、自我满足和实现个人目标。

马斯洛认为，需要产生的过程是动态的、逐步的、有因果关系的，需要的实现有一定的层序演化关系，一个层次的需要得到满足后，人们才会进一步追求更高层次的需要。他

① 郭德俊.动机心理学：理论与实践［M］.北京：人民教育出版社，2005.

认为，这种需要层次结构可以解释人类行为和动机，并且认为满足更高层次的需要可以带来更高的幸福感和满足感。

（二）需要的分类

1. 根据需要的起源划分

根据需要的起源划分，可分为生理需要和社会需要。

（1）生理需要。

生理需要又称为自然需要，指与保存和维持有机体生存和繁衍后代相关的需要。生理需要包括维持有机体内平衡的需要，如对饮食、运动、睡眠、排泄等的需要；回避伤害的需要，如对有害或危险的情景的回避等；性的需要。

生理需要是生而有之的，人与动物都存在，但人与动物表现在生理上的需要是有本质区别的。马克思曾说过："饥饿总是饥饿，但是用刀叉吃熟肉来解除的饥饿不同于用手、指甲和牙齿啃生肉来解除的饥饿"。[①] 可见人的生理需要已被深深地烙上社会的痕迹，已不是纯粹的本能驱动。人的生理需要具有社会性和主观能动性，并随着社会生产力的发展，具有不断提高质量的倾向。

（2）社会需要。

社会需要是人们为了提高自己的物质和文化生活水平而产生的社会性需要，是人特有的在社会生活实践中产生和发展起来的高级需要。包括对知识、劳动、艺术创作的需要，对人际交往、尊重、道德、名誉地位、友谊和爱情的需要，对娱乐消遣、享受的需要等。社会需要是后天习得的，源于人类的社会生活，属于人类社会历史的范畴，并随着社会生活条件的不同而有所不同。

2. 根据需要的内容划分

根据需要的内容划分，可分为物质需要和精神需要。

（1）物质需要。

物质需要是指个体对物质和物质产品的需要。物质需要是一种反映人的活动对于物质文明产品的依赖性的心理状态，因此，物质需要既包括生理需要，例如，人们对空气、水、食物等的需要，又包括社会需要，例如，人们对工作、接受教育、社会交往、文化娱乐、交通出行等的需要。随着社会的进步和生产力的发展，人的物质需要会不断发展和提高。

（2）精神需要。

精神需要是指个体对社会精神生活及精神产品的需要，包括对知识的需要、对文化艺术的需要、对审美与道德的需要、对交往与成就的需要等。这些需要既是精神需要又是社会需要。

（三）旅游需要

1. 旅游需要的概念

旅游需要是指个体或群体在特定的时间和空间中，对于离开日常环境、探索新的地

---

① 马克思，恩格斯．马克思恩格斯文集：第八卷．北京：人民出版社，2009：16.

方、体验新的文化、放松身心、满足好奇心等方面的需求。旅游需要是一种基于个体或群体对新鲜、刺激和愉悦体验的追求，是对于旅行和探索的内在驱动力。

旅游需要通常包括以下几个方面：

（1）探索和发现。个体或群体希望通过旅游来探索新的地方，发现新的景观，体验新的文化和风俗习惯。

（2）放松和休闲。个体或群体希望通过旅游来远离日常生活的压力和繁忙，寻求身心的放松和休闲。

（3）文化体验。个体或群体希望通过旅游来了解和体验不同地区的文化、历史和传统，增加对世界多样性的认知。

（4）娱乐和享受。个体或群体希望通过旅游来享受美食、购物、参加娱乐活动等，获得愉悦和享受。

（5）社交和交流。个体或群体希望通过旅游来与他人建立联系、拓展社交圈，与其他旅行者或当地人交流和互动。

旅游需要是多元化的，不同的个体或群体可能有不同的旅游需求，研究旅游者的需要可以揭示人们从事旅游活动的内在动力，有助于深刻理解人们的旅游行为，有助于对旅游行为进行预测和针对性的引导，因此旅游行业需要根据不同的需求提供多样化的旅游产品和服务。

2. 旅游需要的特点

从旅游需要的概念和内涵可以看出，旅游需要更多地侧重于社会需要和精神需要。

（1）社会需要。社会需要强调人们对社交、交流和归属感的需求，旅游提供了人们与家人、朋友或其他旅游者共同体验的机会，促进了社交互动和人际关系的建立。

（2）精神需要。精神需要强调人们追求心灵和情感的满足，旅游可以提供新鲜、刺激和愉悦的体验，让人们从繁忙的日常生活中解脱出来，获得轻松、放松和愉悦的心情。旅游还可以提供文化、艺术、自然风光等方面的启迪和充实，满足人们对美的追求和心灵的满足感。

当然，旅游也涉及基本的物质需要，如提供合适的住宿、交通和饮食等基本物质保障，以确保旅游者的舒适和安全。从整体上来说，旅游的社会和精神需要更加突出，人们更倾向于通过旅游来满足社交互动、情感陶冶和个体成长等方面的需要。尽管物质需要也是旅游中的一部分，但社会和精神需要是旅游体验的核心和关键所在。

二、动机与旅游动机

（一）动机

1. 动机的含义

动机是激发和维持有机体的行动，并将使行动导向某一目标的心理倾向或内部驱力。动机这一概念由美国心理学家伍德沃斯 1918 年最早应用于心理学，被认为是决定行为的内在动力。人的各种活动都是由动机引起的，它支配着人的行为。

2. 动机的功能

动机是在需要的基础上产生的。当人的某种需要没有得到满足时，它会推动人去寻找满足需要的对象，从而产生活动的动机。动机对人的行为活动具有如下三种功能。

（1）激发功能。动机能激发机体产生某种活动，有动机的机体对某些刺激，特别对那些与动机有关的刺激反应特别敏感，从而激发有机体去从事某种活动。例如，饥饿者对食物、干渴者对水特别敏感，因此也容易激起寻觅活动。

（2）指向功能。动机使机体的活动针对一定的目标或对象。也就是说，需要一旦受到目标引导就成了动机。由于动机的种类不同，人们行为活动的方向和它所追求的目标也不同。例如，在学习动机的支配下，人们可能去图书馆或教室。

（3）维持和调节功能，当个体的某种活动产生以后，动机使个体的行为维持一定的时间，并调节行为的强度和方向。如果达到了目标，动机就会促使有机体终止这种活动；如果尚未达到目标，动机将驱使有机体维持和加强这种活动，以达到目标。

3. 动机的种类

与需要一样，人的动机也是多种多样的，可从不同的角度对动机进行分类。

（1）根据动机起源，可划分为生理动机和社会动机。生理动机是为了满足个体的生理需要而促使人们产生行为的内在驱动力，是一种较低层次的动机。例如，人为了维持生命和发展自己，就需要食品填饱肚子，这种生理需要就会使人产生寻找食物的动机。社会动机是指以人类的社会文化需要为基础而产生的动机。如交往的需要产生交往动机，成就的需要产生成就动机。人们的兴趣、爱好等都是社会性动机，社会动机是人的社会行为的直接原因。

（2）根据动机持续作用时间，可划分为近景动机和远景动机。近景动机是指与近期目标相联系的动机。如有的学生努力学习是为了期末考试取得好成绩。远景动机是指与长远目标相联系的动机。如有的学生努力学习是为了今后有一份好的工作。远景动机和近景动机具有相对性，在一定条件下，两者可以相互转化。

（3）根据动机在行为中所起的作用大小，可划分为主导动机和辅助动机。主导动机是指在活动中所起作用较为强烈、稳定，处于支配地位的动机。辅助动机是指在活动中所起作用较弱、较不稳定、处于从属地位的动机。例如，某个人工作的动机可能有很多种，如满足基本生活，获得社会的认可，体现自我的价值等，其中，满足基本生活是主导动机，其余则是辅助动机。

（4）根据动机的引发原因，可划分为内在动机和外在动机。内在动机是指活动本身引发的推动行为的动力。外在动机，是指由外在因素引起的，是追求活动之外的某种目标。例如，有的学生的学习动机是由父母或教师提出的，或学习只是为了获得一张奖状。内在动机和外在动机同时推动人的行为，并在一定条件下，外在动机可以转化为内在动机。例如，教师和父母的表扬与肯定激起学生的学习活动，逐渐地，学生为了获得社会的承认和赞赏也能够专心致志地学习，并把学习看成一种乐趣。

（二）动机与需要的关系

需要是指个体或群体对某种物质或精神方面的满足的要求，是一种客观存在的现象。而动机是指个体内部的心理状态，是个体行为的内在驱动力。动机与需要之间存在着相互影响的关系。

需要是动机的基础。当个体或群体有某种需要时，会产生相应的动机，以促使其采取行动来满足需要。动机可以激发个体的行为，使其朝着满足需要的方向努力。

同时，动机也可以影响需要的形成和变化。个体的动机水平和动机类型会影响其对不同需要的关注和重视程度。不同的动机状态可能导致个体对不同的需要有不同的反应和行为选择。

（三）旅游动机

1. 旅游动机的概念和形成过程

旅游动机是指驱使人们进行旅游活动的内在动力和目的。旅游动机的过程通常可以分为识别和引发、动机形成、动机转化、动机实现、动机评估五个阶段。

（1）识别和引发。在这个阶段，个体会识别到自己有旅游的需求，并且被某些因素所引发，如困境、好奇心、社交压力等，这些因素能够激发旅游动机的出现。

（2）动机形成。在这个阶段，个体会进一步思考和评估旅游的价值和意义，以及旅游能否满足自己的需求和期望。个体可能会考虑旅游的好处、目的地的吸引力、可行性和成本效益等方面的因素。在这个过程中，个体会形成具体的旅游动机。

（3）动机转化。在这个阶段，个体将旅游动机转化为实际的行动和决策。他们可能会开始策划旅行，寻找合适的目的地和行程，预订交通和住宿等。

（4）动机实现。在这个阶段，个体通过实际的旅行活动来满足自己的旅游动机。他们可能会参观景点、体验文化、参与活动、结交新朋友等，以实现他们的旅游期望和目标。

（5）动机评估。在这个阶段，个体会评估他们的旅游经验是否符合其动机和期望。他们可能会回顾旅游活动带给他们的收获和意义，以及旅游对自己的价值和成长所起的作用。

需要注意的是，旅游动机的过程是一个动态和循环的过程。个体可能会在识别、形成、转化和实现阶段中不断调整和重新评估自己的动机，以适应不同的情境和变化的需求。

任何动机的产生都受到主观和客观两方面因素的影响，旅游动机的产生也同样受主观和客观因素的影响。

2. 影响旅游动机产生的主观因素

影响旅游动机的主观因素包括个人特征、旅游需求、旅游经验、情感和态度、外部影响等方面。

（1）个人特征。个体的性格、兴趣爱好、价值观和认知风格等个人特征会对旅游动机产生影响。例如，冒险性格的人更有可能追求刺激和挑战的旅游体验，文化爱好者更有可能对探索不同文化的旅游感兴趣。

（2）旅游需求。个体的旅游需求和欲望也会塑造旅游动机。这些旅游需求可以是生理的（如休息、放松）、心理的（如满足好奇心、寻求乐趣）、社交的（如与他人交流和互动）或者自我实现的（如探索个人潜能、展示自己的兴趣和价值观）。

（3）旅游经验。个体之前的旅游经验和旅游感知对旅游动机产生影响。积极的旅游经验可能会增强对旅游的兴趣和愿望，而消极的经验可能会削弱旅游动机。同时，个体的旅游经验、期望和知识也会影响他们对旅游的需求和动机的形成。

（4）情感和态度。个体的情感和态度也会影响他们的旅游动机。积极的情感和态度（如对旅游的喜爱和向往）会促使个体主动产生旅游动机。而消极的情感和态度（如对旅游的恐惧或者无兴趣）则可能抑制旅游动机的产生。

（5）外部影响。个体所处的环境、社会和文化背景也会对旅游动机产生影响。例如，社会媒体的影响、旅游宣传和营销活动、朋友和家人的推荐等外部因素都可能影响个体对旅游的动机和兴趣。

3. 影响旅游动机产生的客观因素

影响旅游动机产生的客观因素包括目的地特征、旅游设施和服务、旅游产品和活动、经济条件、时间因素、社会文化因素等方面。

（1）目的地特征。目的地的自然景观、文化遗产、历史背景、气候条件等特征会对个体的旅游动机产生影响。吸引人的目的地特征可能会激发个体的探索和体验的动机。例如，美丽的海滩、壮丽的山脉、独特的民俗文化等都可能成为旅游动机的外部因素。

（2）旅游设施和服务。目的地的旅游设施和服务质量也会影响个体的旅游动机。便捷的交通、舒适的住宿、丰富的旅游活动以及其他服务设施的可用性和质量都会对旅游动机产生积极影响。

（3）旅游产品和活动。不同的旅游产品和活动也会引发不同的旅游动机。例如，冒险活动、文化体验、养生疗养、度假休闲等不同类型的旅游产品和活动会吸引不同的个体，满足他们不同的动机。

（4）经济条件。个体的经济条件也会影响旅游动机的产生。经济富裕的个体拥有更多旅游选择和机会，而经济紧张的个体可能会受到旅游成本的限制而影响旅游动机的产生。

（5）时间因素。时间因素是影响旅游动机的重要客观因素之一。个体的旅游动机可能受到假期和休闲时间、季节和气候，以及时间限制等方面的影响。假期和休闲时间的可用性决定了个体是否有足够的时间来享受旅行体验和探索新目的地。季节和气候条件可能影响个体对特定旅游活动和目的地的偏好。时间限制，如工作或学业压力，可能会限制个体的旅游时间，这将影响他们的旅游动机和选择。

（6）社会文化因素。社会文化因素也在一定程度上影响着旅游动机的产生。社会价值观、文化传统、社会认同等因素都会影响个体对旅游的兴趣和动机的形成。

每个人的动机形成是独特的，并且是受多种因素综合作用的结果。这些客观因素与主观因素相互交织、相互影响，最终塑造了个体的旅游动机。

4. 旅游动机的特征

（1）旅游动机的内隐性。旅游动机的内隐性体现在旅游消费者不愿披露或意识不到自己的真正动机。一方面，旅游者可能出于各种原因不愿意披露他们真正的旅游动机。这可能是因为他们觉得自己的真实动机与社会期望、社会压力、道德规范或他人的评价不一致。为了获得他人的认同和接受，他们可能会选择将自己的旅游动机描述为更为普遍或更易被接受的动机，如开阔视野、体验文化等。这种行为往往源于社会影响和自我呈现的考虑。另一方面，有些旅游者可能没有意识到自己真正的旅游动机，或者无法准确地表达出来。旅游动机往往受到潜意识和隐含的心理和情感因素的影响。个体可能对于自己的动机缺乏深入的自我反思，或者是由于语言表达的能力有限，难以准确地表达出自己的动机。因此，旅游者可能会用一些表面上的理由或官方说辞来描述他们的旅游动机，而无法真正揭示自己的内隐动机。对于这类旅游动机，旅游企业仅仅通过观察旅游消费者行为和询问旅游消费者是不可能真正了解的，需要对旅游消费者深层的心理需要进行深入分析。

（2）旅游动机的多重性①。旅游者参加某项旅游活动不是仅出于一种动机，而是受到多重动机共同驱动，想满足多种需要。一位旅游者可能有多个动机驱使他选择旅行，如追求休闲和放松、体验不同的文化、寻求冒险和刺激、享受美食或是与亲朋好友共度愉快时光等。这些旅游动机组成了一个动机系统，共同驱使人们的旅游行为，其中，驱动力度最强的动机是主导动机，其他动机为辅助动机。

（3）旅游动机的复杂性。旅游动机的形成和影响涉及个体的内在需求、外部环境的影响以及其他各种因素的相互作用。个体的旅游动机可能受到心理、社会、文化和个体特征等多个因素的影响。例如，一个人可能出于个人发展的需要和兴趣而选择了一次文化探索的旅行，另一个人可能出于社交动机和放松心情而选择了一次海滩度假。有时候，相似的旅游活动未必有相似的旅游动机，相似的旅游动机也未必导致相似的行为。例如，外国旅游者到中国来旅游，有些人是出于感受东方文化魅力的动机，有些人是为了领略中国自然风景的动机；同样是为了了解中国的历史和文化，有的人选择去西安，而有的人选择去北京，还有的人会选择山西。旅游动机的形成过程涉及这些因素之间复杂的关系和互动。

（4）旅游动机的学习性。旅游动机的学习性是指旅游动机会伴随着旅游者的学习和经验的不断积累和变化而获得。随着旅游者的旅游经历和生活阅历的丰富，以及学习和日常积累的增多，他们对陌生环境的恐惧感会降低，同时对外部世界的认知也会发生变化。这些变化激发了旅游者对更高层次的旅游需求的形成，他们更愿意探索新的地方，增强文化理解，展开新的兴趣和好奇心，以及寻求更深入的体验和探索。对于旅游行业来说，了解旅游者经验和认知的变化是关键，以便提供创新的旅游产品和服务，满足旅游者不断变化的需求。

（5）旅游动机的共享性。旅游动机的共享性指的是旅游动机不仅仅是个体的需求和动机，而是与其他参与者之间的关系和相互影响紧密相关。在这种情况下，旅游者的动机会受到同伴出游动机的影响，并通过协商和妥协来达成共同的旅游计划和目标。在参加旅游团或者与亲朋好友集体出游时，个体旅游者需要考虑到集体的需求、偏好和兴趣，可能会在目的地选择、景点安排、活动安排、住宿等方面进行协商和妥协。旅游者可能会对自己的个人动机进行一定的调整，以适应集体的需求和希望。这种共享性特性在大众旅游中非常常见，因为许多人喜欢与亲朋好友一起旅行，或者选择参加旅游团以便与其他旅游者一同分享旅行的经历和享受旅游的乐趣。共享性特性的存在可以增加旅游的社交性和互动性，同时也为旅游者提供了在旅行中与其他人共同探索和体验的机会。

① 杜炜．旅游消费行为学［M］．天津：南开大学出版社，2009．

三、旅游动机的激发

旅游动机的激发是一个复杂且多维的过程，涉及个人内在需求的觉醒、外部环境的刺激、社会文化因素的影响、个人经验和学习的累积，以及社交互动的影响。

（一）个人内在需求的觉醒

个人的基本需求，如休闲和放松、探险、自我提升和获得成就感等，是旅游动机激发的基础。当这些需求未能在日常生活中得到满足时，个人可能会通过旅游活动来寻求满足。例如，长时间的工作压力可能激发人们对休闲和放松的旅游需求，而对未知世界的好奇心可能驱使人们寻求冒险和探索的旅游体验。

（二）外部环境的刺激

媒体报道、社交媒体、朋友和家人的推荐、旅游广告等，都能激发个人的旅游动机。这些外部刺激提供了旅游目的地的信息和形象，激发了人们的兴趣和欲望，促使他们想要亲自体验。例如，一部描述异国风情的电影或一篇描绘某地自然美景的旅游博文，可能激起人们探索该地的强烈愿望。

（三）社会文化因素的影响

社会文化背景和价值观对个人的旅游动机也有重要影响。例如，在重视个人成长和学习的文化中，旅游可能被看作是一种重要的自我提升和教育的手段。同样，社会地位和认同感的追求也可能促使人们选择那些能够展示其社会地位或符合其身份认同的旅游目的地和活动。

（四）个人经验和学习的累积

随着旅游经历的增加，个人对旅游的认知和期待也会发生变化，从而影响其未来的旅游动机。早期的旅游经历可能主要是出于好奇心或休闲放松的需要，而随着经验的积累，人们可能更加追求深度体验、文化探索或个人挑战。此外，通过旅游中的学习和体验，旅游者可能发现新的兴趣和激情，从而激发新的旅游动机。

（五）社交互动的影响

与他人共享旅游体验的愿望也是一个重要的动机激发因素。人们可能因为想要与家人、朋友共度美好时光，或是希望在旅途中结识新朋友，而选择特定的旅游方式和目的地。社交媒体上的互动和分享也能激发旅游动机，当看到他人的旅游体验和故事时，人们可能会被激励去创造自己的旅行故事。

第三节　学习与旅游消费者行为

一、学习概述

在心理学中，学习被定义为个体通过获取、处理和应用新信息和经验，以改变其行为、知识、技能或态度的过程。学习是一个持续的、积累性的过程，涉及个体与环境之间的交互和适应。

学习可以发生在各种不同的情境和领域，包括认知学习、社会学习、情绪学习等。学习的过程涉及感知、注意、记忆、思维、动机和行为等多个心理过程的相互作用。

学习可以通过多种方式进行，如通过观察和模仿他人的行为，通过试错和反馈机制，通过解决问题和思维活动，通过经验和实践等。学习还可以基于不同的激励机制，如正反馈、惩罚、激励和自我调节等。

学习的最终目标是使个体能够适应和应对不断变化的环境，并能够获取新的知识和技能。通过学习，个体能够改变其行为方式、改进其认知能力，提高创造力和问题解决能力，以及改变其态度和价值观。

总之，学习是个体通过获取新信息和经验以改变行为、知识、技能和态度的心理过程，它是一个积极的、适应性的过程，对个体的发展和成长起着重要的作用。

二、学习理论及在旅游营销中的作用

目前，关于学习的理论可以分为两个学派，即认知学派和行为学派。这两个学派对于学习的过程和机制有不同的解释和侧重点。

认知学派主要关注个体的内部认知过程，强调学习是个体主动地构建知识、理解和解决问题的过程。认知学派强调个体的思维、意义构建、记忆和关注等心理过程对学习的影响。典型的认知学派理论有信息加工理论、社会认知理论、情境学习理论和建构主义理论等。

行为学派关注学习是通过外部刺激和反应之间的关系来进行的，强调学习是一种习得特定反应的过程。行为学派认为学习是通过刺激与反应之间的强化和惩罚机制来实现的。典型的行为学派理论有经典条件作用理论和操作条件作用理论等。

（一）认知学习理论

1. 相关内容

认知学习理论是指关注个体的思维过程、知觉、记忆和问题解决能力对学习的影响的理论框架。认知学习理论强调个体对信息的处理、意义构建、知识的获取和应用等认知过程在学习中的重要性。

（1）信息加工理论。信息加工理论认为学习是通过对外部刺激进行感知、编码、存储和检索等信息加工过程实现的。个体在学习过程中将外界的信息通过注意、记忆和思维等认知过程进行加工和转化，以构建知识和解决问题。

（2）社会认知理论。社会认知理论强调社会学习的重要性，认为学习是通过观察和模仿他人的行为、通过社会交互和言语交流等社会媒介来实现的。社会认知理论提出了观察学习、模型学习和自我调节学习等概念，强调学习的社会环境和他人的影响。

（3）情境学习理论。情境学习理论强调学习是与情境和环境相互作用的过程。情境学习理论认为个体从不同情境中获取信息和经验，并通过将学习应用于具体的情境中来提高学习效果。理解环境的特点、结构和语境对学习至关重要。

（4）建构主义理论。建构主义理论强调学习是主动地构建知识和理解的过程。个体通过自己的经验、观察和思考来构建新的知识结构，旧有知识与新的信息进行整合和重构，从而不断发展和演化自己的认知能力。

认知学习理论认为，学习并不是在外界环境支配下被动地形成刺激与反应之间的联结，学习是新旧知识同化的过程，即学习者在学习过程中把新信息归入先前的有关结构，这在很大程度上支配着人的预期和行为。简而言之，认知学习理论对学习的解释是立足于学习者对问题的解决和对所处环境或情境的主动了解。这种主动了解并不像条件联系的学习那样，盲目地或机械地重复，而是在不同的情境中使用不同的策略。

2. 认知学习理论在旅游营销中的作用

认知学习理论有助于解释和理解旅游消费者的旅游决策过程。该理论提供了关于个体获取、处理和应用信息的认知过程的洞察力，帮助人们更好地理解旅游消费者是如何做出决策的。认知学习理论在旅游营销中发挥着重要的作用。

（1）了解旅游者的信息加工方式和认知过程。认知学习理论关注人类学习过程中的信息加工和认知过程。在旅游营销中，了解旅游者的信息加工方式和认知过程可以帮助营销者更好地设计和传递旅游信息。例如，使用简明的语言、易于理解的图像和互动式的媒体展示，可以帮助旅游者更有效地吸收和理解旅游信息。

（2）帮助旅游者进行目标设定和自我监控。认知学习理论强调个体设定目标、自我监控和评估的重要性。在旅游营销中，旅游者往往会设定旅行目标并对旅行体验进行自我评估。营销者可以通过提供个性化的旅行建议和行程规划，帮助旅游者设定清晰的目标，并提供适当的反馈和建议，以实现旅行目标和满意度。

（3）为旅游者提供个性化推荐和定制化服务。认知学习理论认识到个体差异对信息加工和学习的影响。在旅游营销中，通过收集和分析旅游者的个人特征、兴趣和偏好，可以提供个性化的旅行推荐和定制化的服务，增加其满意度和忠诚度。

（4）树立目的地品牌形象和认知。认知学习理论认为，品牌形象是通过与旅游者的认知和感知相联结来构建的。在旅游营销中，营销者可以通过重点强调旅游产品或目的地的特征和优势，并与消费者现有的认知和关联相匹配，建立强大的品牌形象和认知。

（5）甄别旅游者信息搜索偏好和决策过程。认知学习理论强调信息搜索和决策过程中的旅游者个体差异。在旅游营销中，通过了解旅游者的信息搜索偏好、决策加工方式和决策规则，可以制定更有效的营销策略和沟通方式，帮助旅游者做出理性和满意的旅行决策。

（二）行为学习理论

经典条件作用理论和操作条件作用理论是行为学派中的两个典型理论，用来解释人类的学习和行为。

1. 经典条件作用理论

（1）相关内容。

经典条件作用理论是由俄国心理学家帕夫洛夫提出的，他通过对狗进行实验发现，当一种原本中性的刺激（比如铃声）和自然反射（比如唾液分泌）多次同时出现，会导致这种刺激逐渐与自然反射形成联结，最终使得这个刺激可以引发同样的反射。这个过程被称为条件作用或经典条件作用。经典条件作用理论认为，学习是通过建立刺激-反应的关联来实现的。

（2）经典条件作用理论在旅游营销中的作用。

品牌和形象建立。经典条件作用理论认为，通过将一个中性的刺激与一种积极的情感或体验联系起来，可以建立起品牌或目的地的积极形象。旅游营销者可以利用经典条件作用理论的原理，将目的地的美景、活动或文化与愉悦的情感联系在一起，构建积极的品牌形象，吸引和留住游客。

个性化定制推荐。经典条件作用理论认为，个体对特定刺激的反应是基于其过去的经验。在旅游营销中，通过收集和分析旅游者的数据和偏好，可以根据他们的个人喜好和兴趣，定制推荐目的地、活动和服务。这种个性化定制推荐可以建立旅游者与目的地之间的条件反射，提高他们的满意度和忠诚度。

联合营销和合作伙伴关系。经典条件作用理论认为，刺激和反应之间的关联也可以通过多个刺激一起出现来建立。在旅游营销中，联合营销和合作伙伴关系可以利用经典条件作用理论的原理。通过与其他旅游相关业务合作，共同推广和宣传，可以联合建立目的地、酒店、航空公司等多个刺激之间的条件关联，提高旅游消费者的认知和兴趣。

奖励和激励机制。经典条件作用理论认为，奖励可以加强和增加特定刺激的反应。在旅游营销中，可以利用奖励和激励机制来吸引和促使旅游者采取行动，如提供特别折扣、优惠礼品或个性化的奖励方案，以增加旅游者的行为和消费。

2. 操作条件作用理论

（1）相关内容。

操作条件作用理论，又称强化理论，是由美国心理学家斯金纳提出的。经典条件作用理论只解释了由刺激所引起的行为，但是大部分情况下，人的行为不仅仅是被动的行为，也可以是为了适应环境而主动采取相应的行为。操作条件作用指的是个体在环境中对特定行为的操作和反应。

斯金纳的操作条件作用理论是基于行为主义的理论，旨在探讨个体的行为是如何通过后果来塑造和改变的。根据这一理论，行为会被增强或削弱，取决于行为的后果是积极的还是消极的。斯金纳提出的操作条件作用理论包括三个主要元素：刺激、反应和后果。

刺激（S，Stimulus）：刺激是触发行为的事件或条件。在操作性条件反射中，刺激可以是外部环境的信号、指示或其他事件，这些刺激会引起个体做出反应。

反应（R，Response）：反应是个体对刺激做出的行为或动作。根据刺激，个体会做出特定的反应。这些反应可能是积极的、消极的或中性的。

后果（C，Consequence）：后果是个体对特定行为或反应所获得的结果。后果可以是奖励或惩罚，它们会直接影响个体未来行为的概率。奖励会增强某种行为，而惩罚会减弱某种行为。

操作条件作用理论认为，学习是通过操作环境并从中获得奖励或受到惩罚来实现的。个体根据其行为带来的后果来决定是否继续进行该行为。如果行为导致积极的后果（奖励），个体倾向于重复该行为；如果行为导致负面后果（惩罚），个体倾向于避免或减少该行为。

（2）操作条件作用理论在旅游营销中的作用。

建立奖励和惩罚机制。操作条件作用理论认为，行为的频率会受到其后果的影响。在旅游营销中，一方面可以利用奖励和惩罚机制来激励旅游者采取特定的行为，例如，提供优惠折扣、额外的服务或特别奖励作为奖励，以增加旅游者的预订率或消费金额；另一方面，如果旅游者的行为不符合预期，可以采用惩罚机制，如取消预订资格、限制特定的服务，以减少不受欢迎的行为。

制订忠诚度计划和积分系统。操作条件作用理论强调通过奖励来增加行为的频率。在旅游营销中，可以通过忠诚度计划和积分系统来激励旅游者反复选择同一品牌或目的地。通过提供积分或奖励点数，并设定明确的奖励体系，以吸引旅游者再次选择该品牌或目的地，并获得更多的奖励和优惠。

及时反馈和回顾。操作条件作用理论认为，及时的反馈对于形成和加强特定行为是至关重要的。在旅游营销中，提供及时的反馈和回顾可以帮助旅游者评估他们的选择和行为，并进一步引导他们的决策。例如，通过发送感谢邮件、邀请旅客撰写评论或提供反馈表，旅游营销者可以及时了解旅游者的体验和意见，并在必要时采取行动。

提供个性化的推荐和服务。操作条件作用理论特别强调个体对后果的感知和反应。在旅游营销中，了解旅游者的偏好和兴趣，提供个性化的推荐和服务，可以增强他们的满意度和忠诚度。通过采集和分析旅游者的数据，如搜索历史、预订记录和偏好，可以向旅游者提供符合他们个人兴趣的推荐和定制化的服务。

三、旅游消费者学习的内容与途径

旅游消费者学习是指消费者在旅行和消费过程中获取和积累有关目的地、旅游产品和服务的信息和知识的过程。旅游消费者可以通过多种途径获取相关知识，包括在线平台、社交媒体、书籍、旅游展会、文化交流等，以更好地规划和享受旅行过程。对于旅游企业而言，了解消费者学习的内容和途径，可以更好地为消费者提供信息支持和服务，提升客户满意度和忠诚度。

（一）目的地知识和信息学习

旅游消费者需要学习关于目的地的知识和信息，包括地理位置、文化背景、历史、景点、活动、交通、酒店等。这些知识和信息可以通过地图、旅游网站和社交媒体等渠道来获取。

（二）旅游产品和服务学习

旅游消费者需要学习关于旅游产品和服务的知识和信息，包括旅游线路、酒店、交通、导游服务、旅行保险等。可以通过旅行手册、旅游网站、旅行社的宣传资料等来了解这些知识和信息。

（三）个人偏好和兴趣学习

旅游消费者需要学习了解和尊重自己的个人偏好和兴趣，以便做出符合自己需求的选择。可以通过运用自己的旅游经验、倾听他人的经验、参加旅游展览和活动等方式来了解和探索自己的个人偏好和兴趣。

（四）旅游技能和行为学习

旅游消费者需要学习旅游技能和行为，以获得良好的体验。这些技能包括行李打包、航班预订、酒店入住、导航等。可以通过与他人的交流、旅行社的指导和培训等途径来学习这些技能和行为。

（五）文化差异和礼仪学习

旅游消费者需要学习不同目的地的文化差异和礼仪，以尊重和遵守当地的文化和习俗。可以通过阅读当地文化背景的书籍、参加文化交流活动、向当地导游咨询等方式来学习这些知识。

第四节　态度与旅游消费者行为

一、态度概述

态度是研究旅游消费者行为的重要心理因素之一，它在很大程度上影响旅游消费者的行为和决策。

（一）态度的概念

态度的定义最早是斯宾塞和贝因（1862 年）提出的，他们认为态度是一种先有主见，是把判断和思考引导到一定方向的先有观念和倾向，即心理准备。奥尔波特（1935 年）受行为主义影响，认为态度是一种心理和神经的准备状态，它通过经验组织起来，影响着个人对情境的反应。他的定义强调经验在态度形成中的作用。克瑞奇（1948）则认为态度是个体对自己所生活世界中某些现象的动机过程、情感过程、知觉过程的持久组织。他的定义强调当下的主观经验，把人当成会思考并主动将事物加以建构的个体，反映了认知派的理论主张。美国心理学家巴克（1984 年）认为态度是对任何人、观念或事物的一种心理倾向，强调态度是一种观念、意见等主观的东西。迈尔斯（1993 年）对于态度的定义较为完善，认为态度是对某物或者某人的一种喜欢或者不喜欢的评价性反应，他在人们的信念、情感和倾向中表现出来。

（二）态度的结构

迈尔斯（1993 年）指出，态度的结构涉及三个维度——情感（affect）、行为意向（behavior tendency）和认知（cognition），即态度的 ABC 结构。

1. 情感

情感是指个人对态度对象的情感体验，如尊敬-蔑视、同情-冷漠、喜欢-厌恶等。情感成分是态度的核心，与行为密切相关。在态度的结构中，情感成分是最稳定的因素。

2. 行为意向

行为意向是指个人对态度对象的反应倾向或行为的准备状态，也就是个体准备对态度对象做出何种反应，行为意向制约着人们对某一事物的行为方向。

3. 认知

认知是指个人对态度对象带有评价意义的叙述。叙述的内容包括个人对态度对象的认识、理解、相信、怀疑以及赞成或反对等。

（三）态度的功能

1. 适应功能

适应功能也叫工具性功能，是指态度能使人更好地适应环境和趋利避害。这种功能使得人们寻求酬赏与他人的赞许，形成那些与他人要求一致并与奖励联系在一起的态度，而避免那些与惩罚相联系的态度。如孩子们对父母的态度就是适应功能的最好表现。

2. 认知功能

认知功能是指态度在帮助个体组织和理解信息、知识和经验方面的作用。态度能给个体待人接物的行为方式提供必要的信念，以利于保持清醒的意识状态和正确的定向行为。

3. 自我防御功能

自我防御功能是指态度在维护自我认同和一致性方面的作用。对于某些事物的态度能帮助个体回避或忘却那些严峻环境或难以正视的现实，从而保护个体的现有人格，使之保持心理健康。态度决定行为的潜在动机，能够促进个体心理冲突的解决，使个体增加对挫折的忍耐力，实现预期的目标。

4. 价值表现功能

价值表现功能是指态度在反映和表达个体价值观、文化观和偏好方面的作用。态度有助于人们表达自我概念中的核心价值，比如一个青年人对志愿者的工作持有积极的态度，那是因为这些工作可以使他表达自己的社会责任感，而这种责任感恰恰是他自我概念的核心，表达这种态度能使他获得内在的满足。

（四）态度的特性

1. 社会性

态度是在社会生活中经过一定的体验后积累经验形成的，因而具有社会性，受到社会环境和关系的影响。

2. 具体性

态度是个体对特定的人、观念或事物的稳定的心理倾向，所谓特定是指具体的态度对象，针对某一个人、某一件事，或某一观念而言。

3. 协调性

态度是由情感、行为意向、认知三个成分组成，这三种成分是相互影响、协调一致的，最终形成稳定的心理倾向。

二、旅游消费者态度与旅游行为

（一）旅游消费者态度的概念

旅游消费者态度可以定义为旅游消费者对旅游目的地、旅游产品和服务以及与旅游相关的各种方面的评价和情感倾向性反应。旅游消费者态度的形成基于情感、行为意向、认知，包括对目的地的知识、信念、个人偏好、兴趣、文化背景和旅游经验等。

旅游消费者的态度涉及对特定目的地的喜爱或不喜爱，对旅游产品和服务的喜好或不满，以及对旅游体验和旅游活动的积极或消极评价。这些态度可能对选择旅游目的地、购买旅游产品、参与旅游活动以及对旅游体验的满意度和忠诚度产生影响。

（二）旅游消费者态度的构成

按照迈尔斯提出的ABC结构进行分析，旅游消费者态度的结构也由情感成分、行为意向成分和认知成分构成。

1. 旅游消费者态度中的情感成分

旅游消费者态度中的情感成分是指旅游消费者对旅游目的地、旅游产品和服务以及与旅游相关的各种要素的情感评价，包括对目的地的喜好、喜爱和满意等。例如，旅游消费者对目的地的美景、文化与历史、人文环境等的情感反应都属于情感成分。

2. 旅游消费者态度中的行为意向成分

旅游消费者态度中的行为意向成分是指旅游消费者对旅游目的地、旅游产品和服务以及与旅游相关的各种要素的行为意图和倾向，包括对目的地的选择、购买旅游产品和服务的意向，以及参与旅游活动和体验的意愿等。例如，旅游消费者是否有意愿选择该目的地旅游、购买该旅游产品或参加该活动等都属于行为意向成分。

3. 旅游消费者态度中的认知成分

旅游消费者态度中的认知成分指旅游消费者对旅游目的地、旅游产品和服务以及与旅游相关的各种要素的认知评价，包括对目的地的知识、信念、观点和期望等。例如，旅游消费者对目的地各种特征的评价和对旅游体验的期望等都属于认知成分。

（三）旅游消费者态度对旅游行为的影响

旅游消费者的态度对目的地选择、产品和服务购买、旅游活动参与、旅游满意度和忠诚度等旅游行为有着重要的影响。

1. 目的地选择

旅游消费者的态度影响旅游目的地的选择。如果一个消费者对某个目的地持有积极的态度，大概率会选择前往该目的地进行旅游。相反，如果一个消费者对某个目的地持有消极的态度，则会尽可能避开该目的地。

2. 产品和服务购买

旅游消费者的态度影响旅游产品和服务的购买决策。如果消费者对某个旅游产品或服务持积极的态度，则倾向于购买相关的产品或服务。相反，如果消费者对某个产品或服务持消极的态度，他们更可能选择不购买或选择其他替代品。

3. 旅游活动参与

旅游消费者的态度还会对旅游活动的参与产生影响。例如，一个人对水上活动有着喜爱的态度，更愿意参加水上运动或水上游乐项目；一个人如果对民俗活动很感兴趣，在旅游过程中会更积极地参与到各项当地民俗活动中来，像篝火晚会、泼水节等。

4. 旅游满意度和忠诚度

旅游消费者的态度直接影响着旅游体验的满意度和忠诚度。如果一个消费者对整个旅游体验持有积极的态度，对旅行感到十分满意，通常他会再次选择该旅游目的地或选择该旅游公司进行下一场旅行，从而提高旅游满意度和对品牌的忠诚度。

三、旅游消费者态度的形成及其影响因素

（一）态度的形成

20 世纪 50 年代，美国心理学家凯尔曼（Kelman）提出了态度的形成有三个阶段，即服从阶段、同化阶段和内化阶段。

1. 服从阶段

服从是指人们为了获得物质与精神的报酬和避免惩罚而采取的表面服从行为。在服从

阶段，个体主要是从社会环境和他人的压力中接受某种观点或态度。个体在这个阶段可能受到权威、社会规范、同伴压力等因素的影响，导致他们表现出一种符合外部要求的态度，而并非基于内在信念或价值观。

2. 同化阶段

在同化阶段，个体开始将外部信息与自己原有的认知框架相结合，调整自己的态度以符合个体自身的认知和信念。在这个阶段，个体会尝试将外部信息纳入自己的认知框架中，修改、调整原有的观点和态度，使之与自己的信念和价值观相一致。

3. 内化阶段

内化是指人真正从内心深处相信并接受他人的观点而彻底转变原有的态度，形成新的态度。内化阶段是态度形成的最高阶段，个体在这个阶段接受并内化了外部的信息，将其当作自己真实的信念和态度。在内化阶段，个体的态度不仅符合自身认知和价值观，还形成了持久稳定的态度倾向，对内部和外部的压力都能够保持一致的态度和行为。

态度的形成从服从阶段到同化阶段，再到内化阶段，是一个复杂的社会心理过程，受到多个因素的相互作用影响。个体的认知因素、情感因素、社会因素、文化因素以及经验和学习等都会对态度的形成产生影响。了解这些因素对态度的影响，有助于更好地理解和预测个体的态度，并在实践中应用于市场策略和沟通方式的制定中。

（二）旅游消费者态度形成的影响因素

旅游消费者态度的形成受多个因素的综合影响，包括目的地形象、个人需求和动机、社交影响、信息来源、市场推广和宣传以及个人特征和价值观等。这些因素相互作用，共同塑造了旅游消费者对目的地的态度。了解和应用这些因素可以帮助旅游行业制定针对不同消费者群体的营销策略，以积极地影响和引导旅游者的态度，从而提升旅游体验和满意度。

1. 目的地形象

个体对目的地的知识、经验和前期印象会影响对目的地的态度。巴黎以其浪漫和艺术氛围著称，游客可能会因为这些形象而对巴黎抱有积极态度。旅游营销可以通过强调其著名的景点如埃菲尔铁塔和卢浮宫，以及丰富的文化活动，来吸引那些对艺术和历史感兴趣的游客。

2. 个人需求和动机

个人需求和动机会影响对旅游体验的态度。假设一个游客热爱冒险，可能会对尼泊尔的徒步旅行和喜马拉雅山脉的壮丽景色产生积极态度。旅游营销可以通过展示这些地区的自然美景和挑战性活动，来吸引寻求刺激和探险的游客。

3. 社交影响

个体的家庭、朋友和同伴等社会群体对态度形成起着重要作用。如果一个游客的朋友刚刚从巴厘岛回来并分享了旅途中的美妙体验，这种正面的社交反馈可能会影响该游客对巴厘岛的态度。旅游营销可以通过鼓励游客分享旅游故事和体验，利用社交媒体和口碑传播来增强目的地的吸引力。

4. 信息来源

个体从不同来源获取的信息对态度形成也起着重要作用。媒体报道和旅游博客可能会影响游客对某个目的地的看法。例如，一篇关于新西兰自然风光的深度报道可能会激发游客的兴趣。旅游营销可以通过与媒体合作，发布吸引人的内容和故事，来塑造游客对目的地的积极印象。

5. 市场推广和宣传

旅游营销活动和宣传手段也是促使旅游消费者态度形成的重要一环。有效的旅游宣传活动可以显著影响旅游者的态度。例如，一个关于意大利托斯卡纳地区葡萄酒和美食的旅游宣传片会激发游客的兴趣，通过创意广告和宣传活动，展示目的地的独特魅力，不断吸引游客前往。

6. 个人特征和价值观

个体的个人特征和价值观对态度形成也起着重要作用。如果一个游客非常重视环境保护，可能会对那些注重可持续旅游的目的地产生积极态度。例如，哥斯达黎加以其生态旅游和保护生物多样性的努力而闻名，种种环保措施和可持续旅游实践，吸引着来自世界各地的对环境保护有高度关注的游客。

四、旅游消费者态度的改变

态度是经过学习形成的，一经形成就具有一定的稳定性，但是态度不是一成不变的，在主客观因素的影响下，态度也会发生改变。

（一）态度的改变

认知失调理论由美国心理学家莱昂·费斯汀格（Leon Festinger）提出，是态度改变领域中最著名和最有影响力的理论之一。该理论表明，当个体在他们的信念、态度或行为之间存在冲突或不一致时，会产生认知失调的心理不适。

认知失调理论强调个体解决认知失调的动机，可以通过改变态度、改变信念、寻求新信息或通过其他方式来实现。个体的目标是恢复认知上的一致性和内部平衡。认知失调理论认为，个体会感受到一种心理压力，促使他们采取行动以减轻或消除这种不适。

认知失调理论在解释和预测人类行为方面起到了重要作用，尤其是在探究态度变化背后的动机和机制上。它也对广告、宣传、社会行动和亲社会行为等领域的研究和实践产生了重要影响。认知失调理论的重要性使其成为心理学和社会科学领域中不可或缺的理论之一。

（二）旅游消费者态度的改变

在旅游消费者态度的改变中，可以结合认知失调理论来定义。认知失调理论认为，当个体在持有的信念、态度或行为之间存在冲突或不一致时，会感到认知上的不舒服，即认知失调。因此，旅游消费者态度的改变可以被定义为旅游消费者在面临与旅游相关的信息、经历或行为时，出现与其原有态度不一致的认知，导致心理不适，并被激发去调整或改变原有态度的过程。旅游消费者态度的改变可以出现在信息冲突、行为后悔、社会比较等多个方面。

1. 信息冲突

当旅游消费者接收到与原有态度或信念冲突的信息时，可能会感到认知失调，例如某旅游者原本对某个旅游目的地有负面看法，但接收到了其他人的正面评价，信息冲突带来认知失调，进而引发游客心理不适，他会试图调整或改变原有的负面看法。

2. 行为后悔

当旅游消费者做出与其原有态度或信念不一致的决策或行为后，可能会感到认知失调。例如，一个消费者原本对某个旅游目的地的态度消极，但最终选择前往并在行程中获得了积极的体验。

3. 社会比较

旅游消费者对旅游目的地或旅游产品进行社会比较时，可能会发现与他们原有态度不符的信息，从而导致认知失调。例如，消费者原本对某个旅游目的地的安全、文化等方面持有正面态度，但在比较了其他目的地的信息后，可能会发现原有态度与现实不符，从而改变他们的选择。

旅游消费者态度的改变可以是积极的或消极的，取决于个体如何解决认知失调并调整其态度。这种改变可以通过重新评估信息、重申或重新建立信念、寻求新的体验或调整原有行为来实现。认知失调理论为理解旅游消费者态度变化的动机和过程提供了重要的框架。

（三）影响旅游消费者态度改变的因素

1. 个人经验

个人在旅行中的亲身经历和感受可以对其态度产生重要影响。正面的旅游经历可能会增强对目的地或旅游产品的积极态度，而负面的经历则可能引发负面态度。

2. 社会群体

家人、朋友、同事等社会圈子中的他人的意见和建议会对旅游消费者的态度产生影响。这些社会群体的影响可以来自他人的推荐、评价、评级，或者是对某个目的地或产品的社交媒体评论。

3. 信息获取和传播

旅游消费者通过媒体、广告、社交平台等渠道获取各种信息，这些信息可以促使他们重新思考和改变旅游态度。旅游相关的广告、宣传和推广活动也可以引起旅游消费者的态度变化。

4. 感知风险和安全性

旅游消费者对旅游目的地的感知风险和安全性会对其态度产生影响。如果旅游消费者认为某个目的地存在较高的风险或安全问题，可能会转变态度而选择其他目的地。

5. 文化和社会因素

旅游消费者所处的文化背景、价值观和社会环境也会影响他们的态度。不同文化和社会对旅游的态度和偏好有所不同，这也会对态度改变产生影响。

6. 目标和需求变化

旅游消费者的个人目标和需求变化也可能导致态度的改变。例如，人们可能由于年龄、经济状况、兴趣爱好的变化而改变对旅游的态度。

（四）改变旅游消费者态度的策略

1. 提高旅游产品质量

在产品质量层面，提供良好的体验和卓越的服务以满足旅游者的期望，并关注可持续性发展，从而改变旅游消费者的态度。

2. 重视旅游宣传

信息是态度形成的一个重要因素，也是态度改变的重要依据，向旅游者宣传新的旅游信息会产生改变态度的效果。制作吸引人的宣传资料和利用社交媒体平台吸引旅游者的兴趣并传播积极态度。

3. 建立情感链接

在情感链接层面，通过讲述故事、与当地社区互动和创造独特体验，与旅游者建立情感联系，从而改变他们对旅游产品的态度。当旅游者离开原来的工作、生活环境，融入新的旅游环境中，新的环境、新的生活、新的朋友、新的感受使旅游者对旅游有了全新的认识、理解，使原有的消极旅游态度发生改变，新的积极旅游态度形成。

第五节　个性与旅游消费者行为

一、个性的形成

（一）个性的含义与特征

1. 个性的含义

在心理学中，个性（personality）是指个体在行为、情感和思维等方面相对稳定的特质和模式的总和。个性是一个相对稳定且持久的心理特征，体现了个体在不同情境和时间下表现出的独特的行为倾向和心理特征。

个性包括了个体的情感、动机、认知、行为等多个方面，可以影响个体的自我感知、互动方式、价值观念和行为表现。个性是由遗传、环境和个体自身经验相互作用而形成的，在个体生命周期中慢慢发展和稳定。

心理学家认为，个性是由多个特质组成的，其中有些特质可以相互影响和交叉表现。一些常见的个性特质包括外向性、神经质、开放性和尽责性等。这些特质可以帮助人们更好地理解自己和他人的行为和心理状态。

2. 个性的基本特征

（1）独特性。

由于个性是在遗传、环境、教育、学习等多因素影响下发展形成的，而这些因素又有所差异，所以每个人的个性都是独特的，体现了个体与众不同的思维模式、情感反应和行为表现。个性的独特性使得每个人都拥有自己独特的品格和特点。比如，一个艺术家可能展现出与众不同的创造力和表达方式，这种独特性体现在他的作品风格和创作思维中，突显了他特有的个性特质。

（2）整体性。

个性是由多个不同的特质和模式组成的整体，这些特质之间通常是相互关联和相互影响的。如能力、气质、性格、情感、动机、态度、价值观、行为习惯等，在每个人身上它们并不是孤立存在的，而是密切联系构成一个统一的整体结构。比如，一个性格外向、乐观、善于交际的人可能在各个方面展现出一致性，他可能在工作、家庭和社交环境中都表现出相似的行为和心理特征。

（3）相对稳定性。

个性是相对稳定的特征，代表了个体在各种情境和时间下表现出的一贯性的行为倾向和心理特征。即使在不同的环境下，个性也会展现出一定的一致性和连贯性。比如，一个外向、乐观的人可能在不同时间、不同情境下都表现出偏向社交和积极的个性特征，这种行为倾向相对稳定并具有一定的一贯性。

（4）可塑性。

虽然个性具有相对稳定性，但也受到外部环境、社会经历、学习和发展等因素的影响。个性并非完全固化不变，一定程度上是可塑的，可以受到外部因素的影响和塑造。例如，一个原本内向、胆小的人通过积极的心理训练和自我成长，逐渐变得更加开朗、自信，展现出更加积极的个性特征，说明个性可以受到个人积极干预的影响。

（二）个性形成和发展的影响因素

马克思曾经指出："人的本质并不是单个人所固有的抽象物，在其现实性上，它是一切社会关系的总和。"[①] 因此，个性的形成和发展受到多种因素的影响，其中包括遗传、环境、家庭教养、社会经历、学习和发展等。

1. 遗传

个性的形成中遗传因素起着至关重要的作用。遗传研究表明，某些个性特质如神经质、外向性等受到遗传因素的影响。家庭成员中可能存在一些共同的个性特点，这也说明了遗传对个性形成的重要性。研究表明，父母中存在焦虑或神经质特质的遗传，可能会导致子代出现类似的个性特征。比如，如果一个家庭中父母都是性格内向、担心过度的人，他们的孩子也容易具有类似的个性特点。

2. 环境

个体在成长过程中所处的环境、社会背景和文化因素都会对其个性形成产生影响。环境因素对个性的形成具有重要影响。例如，在一个爱好户外活动的家庭，孩子可能受到鼓励和支持，从小习得开放、冒险的个性特质。相反，在一个过分保护的家庭环境中，孩子可能变得胆怯和逃避。

3. 家庭教养

家庭环境和家庭教养方式对个性的形成有着深远的影响。父母的教育方式、家庭氛围、亲子关系等都会影响个体的性格和行为模式的养成。如果一个家庭注重培养孩子的责任感和独立性，父母会给予孩子适当的自主权和责任，可能会塑造孩子坚毅、自信的个性。

---

① 马克思，恩格斯．马克思恩格斯文集：第一卷．北京：人民出版社，2012：139.

4. 社会经历

个体的社会经历对个性的形成也能产生很大影响。个体在不同的社会情境和经历中会塑造出不同的行为和思维模式，对个性的形成起到重要作用。比如，在一个社区活动频繁、社交广泛的环境中长大的孩子，可能会具备较强的社交技巧和外向性格，而在比较封闭与保守的社区中长大的孩子，则可能表现出相对内向和拘谨的特点。

5. 学习和发展

个性也受到个体的学习和发展过程的影响。个体通过学习和经验积累不断调整和发展自己的个性特征，包括认知方式、情感反应和行为表现等。

（三）个性的经典理论

1. 弗洛伊德的精神分析理论

弗洛伊德提出了著名的精神分析理论，认为个体的行为受到潜意识的影响。他将人格划分为本我、自我和超我三个部分，认为人格的发展取决于童年经历和冲突的解决。

本我代表个体的原始冲动和需求，指原始的自己，包含生存所需的基本欲望、冲动和生命力。本我是一切心理能量之源，按快乐原则行事，它不理会社会道德、外在的行为规范。

自我是个体的现实和理智部分，在本我的基础之上分化和发展起来的，是幼儿时期通过父母的训练和与外界交往逐渐形成的，是本我与外界环境的中介。

超我代表内化的道德标准和规范，是从自我中分化和发展起来的，它是人在儿童时代对父母道德行为的认同，对社会典范的效仿，是接受文化传统、价值观念、社会理想的影响而逐渐形成的。

弗洛伊德的精神分析理论强调个体内部冲突、潜意识的作用、童年经历的重要性以及防卫机制等方面，为理解人格发展和行为表现提供了重要的视角和框架。虽然这些理论也受到了一些争议和批评，但仍然对当代心理学的发展产生了深远的影响。

2. 荣格的个性类型理论

荣格的个性类型理论是个性心理学领域的重要理论之一，也为人们理解个体差异和个性特点提供了有益的观点。荣格的个性类型理论认为，个性由很多两极相对的内动力形成，如感觉和直觉的对应、思维和情感的对应、外倾和内倾的对应等。荣格将个性分为感觉、思维、情感和直觉四种基本机能，这些基本机能影响着个体的认知方式、决策过程和情感体验。

（1）感觉是个体通过五官感知外部世界的基本能力。感觉机能让个体能够接收、感知和理解外部世界的具体信息和现实情况。感觉机能强调对外部世界的客观事实和具体细节的感知，帮助个体建立对世界的客观和准确认识。

（2）思维是个体运用逻辑推理、分析和判断能力来理解和处理信息的能力。思维机能让个体能够进行理性思考、逻辑推理和问题解决。思维机能强调对信息的分析和组织，帮助个体做出理性决策和解决问题。

（3）情感是个体对内心体验、情感状态和价值观念的感知和体验。情感机能让个体能够体验和表达情感、建立情感连接和价值观。情感机能强调对情感体验和人际关系的重视，帮助个体建立亲密关系和情感联结。

（4）直觉是个体通过超感知、隐喻和联想来获取信息和理解世界的能力。直觉机能让个体能够预测未来、发现隐藏的意义和创新思维。直觉机能强调对未来可能性和深层意义的感知，帮助个体探索新的思路和解决复杂问题。

荣格认为，不同个体在这四种基本机能上具有不同的特点和倾向，导致了个性类型的差异。通过对这四种基本机能的理解和激发，个体可以更好地认识自己、理解他人，以及更好地适应和发展。

3. 特质论

特质论是一种心理学理论，关注个体在性格和行为方面所表现出来的稳定的个体差异。特质是人类个体之间在一定时期内相对稳定的个性特征。特质论认为人类的个性可以通过一组基本的特质来描述和解释。最具代表性的特质论是卡特尔的个性特质理论。卡特尔使用因素分析方法对大量的人格特质进行归纳和分类，最终归纳出 16 种基本的人格特质。这些特质被分为源自内在因素和源自外在环境两类。他认为，个体的人格特质可以通过内向性、外向性、稳定性、神经质等来描述和解释，这些特质反映了个体在行为、情绪和思维方面的基本倾向和特征，并提出了人格特质的因素层次结构，即 16 种主要人格特质可以进一步归纳为更基本的几个因素，如情感稳定性、外向性等，这种结构有助于理解个体的人格特质在不同层次上的关系和组织。特质论对于理解个体的人格特征、行为倾向和情感表现有着深远的影响。

二、个性特征与旅游消费者行为

个性作为人的复杂心理现象，对人的行为有极其深刻的影响。在旅游领域，旅游消费者的个性特征也同样与其旅游行为存在复杂且密切的关系。下面将从个性特质、个性类型、自我概念等方面讨论个性特征与旅游消费者行为之间的关系。

（一）个性特质与旅游消费者行为

对旅游业来说，个性特质的研究有助于理解旅游者如何选择及选择何种类型的旅游产品，经营者可根据此设计提供符合旅游者需要的旅游产品。在旅游研究中，研究者们发现不同的旅游类型体现了不同的旅游者个性特质。在旅游活动中，可以发现某些个性特质与旅游消费者行为相关，如个性特质为乐群、忧虑、稳定的旅游消费者，更倾向于选择度假旅游，而兴奋、敏感、幻想、自律、聪慧的旅游消费者，则更倾向于选择观光旅游。

（二）个性类型与旅游消费者行为

根据瑞士心理学家荣格的观点，个性可分为内倾型和外倾型两大类型，分别强调主观世界和外在世界。外倾型个体喜欢社交、活跃、自信，而内倾型更倾向于沉思、内省。然而，大多数人处于两者之间。在旅游领域中，中间型旅游者占多数，展现出心理中心型和他人中心型的特征。中间型旅游者喜欢旅游但不一定具备冒险精神，是大众旅游市场的代表，这类人更愿意选择热门景点和活动项目。

个性受环境影响，旅游经历也可能改变个性。随着旅游目的地的不断商业化和普及，中间型旅游者可能会趋向于外向型，旅游业需要更多投入以满足这一增长需求。

（三）自我概念与旅游消费者行为

1. 自我概念的含义与构成

自我概念是指个体将内在思想和情感视为客观对象的总和，也即个体对自己的看法。个体的自我概念涉及“我是谁”和“我是什么样的人”等问题，是个体自身体验和外部环境相互影响的结果。由于个体追求行为与自我概念一致，因此自我概念成为个性基础的一部分，影响消费者在决策中选择与其自我概念相符合的产品或服务。故对企业营销而言，研究消费者的自我概念至关重要。

2. 自我概念与产品的象征性

一些研究表明，人们购买产品并非仅考虑其使用价值，更多的是考虑产品所代表的象征价值。例如，购买豪车，并非将其仅仅作为交通工具，更是展示个性特征和突出自我形象。因此，通过消费特定商品或服务，消费者能够有效表达自我概念，加强个人形象。

旅游产品是最具象征意义的产品之一，反映了人的社会地位、事业成就和个人品质，同时也能增强个人自我形象和展示个性。因此，当旅游产品的象征意义与个体自我形象一致时，消费者愿意行动获取这种产品。自我一致性是指消费者选择购买与个人形象一致的产品或服务。因此，当旅游产品与个体自我形象相符时，消费者更倾向于选择这种产品。

三、个性在旅游营销实践中的运用

个性在旅游营销中是一个重要的考量因素，能够帮助旅游企业更好地理解和满足游客的需求，塑造品牌个性和形象，从而提升旅游体验和品牌忠诚度。2024 上海（国际）花展上，一位游客说：“我们一家人来这里，老人想看看花，小孩子想玩轮滑，我想坐下喝杯咖啡，每个人的需求都不一样，但在这里都能得到满足。”随着游客需求更多元化、个性化，文旅消费场景不断突破“边界”，客源地、目的地也更加多元。

（一）实施个性化服务策略

对于喜欢安静和独处的内倾型游客，旅游企业可以提供宁静的自然景观游览或私人导览服务，确保能在不被打扰的环境中享受旅程；外倾型游客则更享受社交和活动，旅游企业可以推荐参与性强的旅游项目，如团队探险或文化节庆活动，让游客在互动中获得乐趣。乐群型游客享受与他人共同体验，适合组织家庭或朋友团体旅游，提供团队建设活动或共享体验项目，增强社交体验；孤僻型游客可能更偏好独立旅行，旅游企业可以提供个性化的自助游服务和详尽的旅行指南，让自由安排行程、享受个人空间成为可能。通过为不同游客提供定制化的旅游行程和服务，旅游企业能够更好地满足不同性格游客的需求，提升旅游体验和品牌满意度。

（二）打造多元化消费场景

打破传统的旅游消费模式，将旅游与其他生活元素，如文化、娱乐、休闲、教育等进行融合，设计多样化的旅游活动，如花展与音乐会结合，轮滑活动与体育赛事结合，咖啡与艺术展览结合。同时，创新场景体验，创造沉浸式和参与式的旅游体验，通过互动体验和 AR/VR 技术，提升游客的参与感和满足感。

（三）优化客源地和目的地管理

（1）客源地识别与细分。利用市场细分理论，识别不同客源地的游客特征和需求，针对不同人群，设计有针对性的营销策略和旅游产品，如专门为亲子家庭、退休老人、年轻人等设计的不同类型旅游产品。

（2）目的地管理与优化。优化旅游目的地的管理和服务，提供多语言服务、文化适应性强的旅游产品，提升游客的满意度和忠诚度。通过持续的游客反馈和市场研究，不断优化旅游目的地的服务和管理。

（3）情感连接与忠诚度提升。通过优质的客户服务、个性化体验和情感化营销，建立游客与旅游目的地之间的情感联系，提升游客的忠诚度和口碑传播。

本章小结

（1）旅游感知是在旅游者感官接受外部刺激的基础上，通过大脑的加工和整合，对旅游目的地和活动进行综合认知和理解的过程。它不仅包括对景观、氛围、音乐、美食等感官层面的感知，还包括对文化特色、历史背景、人文环境等更深层次的认知。

（2）需要是有机体在生存和发展的过程中，感受到的生理和心理上对客观事物的某种要求。它往往以内部的缺乏或不平衡状态表现出其生存和发展对于客观条件的依赖性。

（3）旅游需要是指个体或群体在特定的时间和空间中，对于离开日常环境、探索新的地方、体验新的文化、放松身心、满足好奇心等方面的需求。旅游需要是一种基于个体或群体对新鲜、刺激和愉悦体验的追求，是对于旅行和探索的内在驱动力。

（4）动机是激发和维持有机体的行动，并将使行动导向某一目标的心理倾向或内部驱力。动机这一概念由美国心理学家武德沃斯 1918 年最早应用于心理学，被认为是决定行为的内在动力。人的各种活动都是由动机引起的，它支配着人的行为。

（5）旅游动机是指驱使人们进行旅游活动的内在动力和目的。旅游动机的过程通常可以分为识别和引发、动机形成、动机转化、动机实现、动机评估五个阶段。

（6）旅游消费者学习是指消费者在旅行和消费过程中获取和积累有关目的地、旅游产品和服务的信息和知识的过程。旅游消费者可以通过多种途径获取相关知识，包括在线平台、社交媒体、书籍、旅游展会、文化交流等，以更好地规划和享受旅行过程。

（7）旅游消费者态度可以定义为旅游消费者对旅游目的地、旅游产品和服务以及与旅游相关的各种方面的评价和情感倾向性反应。

（8）旅游消费者态度的形成基于情感、行为意向和认知要素，包括对目的地的知识、信念、个人偏好、兴趣、文化背景和旅游经验等。

（9）在心理学中，个性是指个体在行为、情感和思维等方面相对稳定的特质和模式的总和。

（10）个性在旅游营销中是一个重要的考量因素，能够帮助旅游企业更好地理解和满足游客的需求，塑造品牌个性和形象，从而提升旅游体验和品牌忠诚度。

思考题

1. 旅游动机的激发有哪些手段？

2．试述旅游者对旅游条件的感知。
3．简述学习理论及在旅游营销中的作用。
4．简述旅游消费者学习的内容和途径。
5．简述旅游消费者态度的形成和改变。
6．简述个性在旅游营销实践中的应用。

在线自测

扫一扫　练一练

第三章　旅游消费者的购买决策

导入案例

选择假期目的地，一个复杂的消费决策过程

在2023年夏季，小林和小丽计划进行一次长途旅行。他们有足够的年假，且有充足的预算。问题是他们应该去哪里？

首先，他们列出了一系列可能的目的地——从欧洲的历史城市到亚洲热带天堂，再到美洲的户外冒险。每个选项都有各自的优点和缺点，涉及的因素包括旅游活动、住宿设施、交通便利性、物价等。

然后，他们开始查找信息，以便更好地评估这些选项。他们上网查阅旅游指南，看了许多旅行博客，甚至向朋友寻求建议。这个过程中，他们也接触到许多新的信息，如某旅游目的地正处在雨季，或是某地酒店价格昂贵。他们对各个目的地的评价褒贬不一，部分目的地的信息被深入查找和考量，如法国巴黎和意大利罗马，而其他的则只进行了浅层次的评估。

最终，考虑到他们的兴趣、预算，以及获取的所有信息，他们决定去日本京都旅游，并为此制订了详细的旅行计划。

然而，在他们定下计划后不久，小林在工作中遇到了意想不到的挫折，使得他急需放松和恢复。于是，他们调整了旅行计划，改为去巴厘岛——一个更加放松和平静的目的地。

他们在此过程中明显受到个人经验、推荐、可用信息和个人偏好的影响。

第一节　旅游消费者的购买决策概述

决策是个人或群体在面对多个备选项时，选择最符合自身目标的行动的过程，普遍存在于政治、经济、技术日常生活之中。决策是指为了实现特定的目标，根据客观的可能性，在占有一定信息和经验的基础上，借助一定的工具、技巧和方法，在对影响目标实现的各种因素进行分析、计算、思量和选优之后，对未来行动做出决定。

当我们把决策的范畴局限于购买行为时，就演变成购买决策。所谓购买决策是指消费者谨慎地评价某一产品、品牌或服务的属性并进行选择，购买能满足某一特定需要的商品

的过程。据著名营销学家菲利普·科特勒的观点，“购买决策是一种解决问题的过程，消费者通过在各种可能的选择方案中做出选择，以实现预期的目标。”

进一步细化到旅游领域，我们聚焦于旅游消费者购买决策，这涉及旅游者在选择旅游产品和服务时的决策过程。旅游消费者购买决策是指个人根据自己的旅游目的，收集和加工有关的旅游信息，提出并选择旅游方案或旅游计划，并最终把选定的旅游方案或旅游计划付诸实施的过程（邱扶东、吴明证，2004）。旅游消费者的购买决策的核心，就是决定是否购买某种旅游产品、选择购买何种旅游产品。因此，旅游消费者购买决策等同于旅游产品的购买决策。但威尔逊（Wilson，2005）指出：“旅游消费者的决策更加复杂和异质，因为它受到许多因素的影响，包括心理因素（例如动机、态度和情感状态）、个人特征（例如性格、年龄和教育水平）、社会文化环境（例如社会压力和文化背景）以及市场状况（例如价格、产品可用性和促销活动）。”

因此，对旅游消费者购买决策的理解和研究，需要充分考虑到这些复杂性，并结合相关理论和实践经验，深入探索旅游消费者的购买行为特征、决策模式和影响因素。这不仅对提高旅游业者的市场竞争力具有重要意义，也对推动旅游消费者行为理论的发展和创新具有积极作用。

一、旅游消费决策过程

许多学者对消费者决策进行了研究。恩格尔-科拉特-布莱克威尔模型（Engel-Kollat-Blackwell，EKB Model）是恩格尔等学者提出的，是研究消费者行为的主流模型。该模型主要包括信息投入、信息处理、决策过程（核心）、影响决策过程的因素四个部分，把消费者的行为描述为一种连续的过程。其中，决策过程由需求确认、信息搜集、方案评估、购买决策和购后评估五个阶段组成。

旅游消费决策与其他决策一样，是一个包括从内在的心理活动到外显行为的连续体，可以划分为一系列相关的阶段或步骤（见图 3-1）。事实上，无论是个体旅游决策还是群体旅游决策，其过程都会包括以下几个阶段。

（一）旅游需求的识别

旅游消费者的购买决策通常始于对需要、欲望和所面临问题的认知。这种认知可能源自对期望状态与现实状态间差距的察觉，可能由外部刺激如广告引发，也可能由他们内心的意识触动。当这种需求达到一定程度的迫切性时，旅游消费者就会有动力去寻找满足需求的方式。

然而，这个阶段往往不明显，旅游消费者并不会直接表达“我有一个问题”，他们甚至可能没有把旅游动机或购买欲望视为问题。例如，当旅游者想要休息时，他们可能只是说，“我累了”或“我们找个地方坐坐吧”。但在他们内心深处可能正在考虑：“我希望在一个舒适的环境中（欲望）小憩一会儿（需要），我们应该去哪里呢（问题）?”这些隐藏的需求和动机定义了消费者选择旅游产品和服务的偏好。例如，希望在旅行中体验新鲜事物的消费者与那些只想放松身心、寻找安静环境的消费者会选择完全不同的旅游目的地和服务。这些独特的需求和动机都以各自的方式影响着消费者最终的选择。

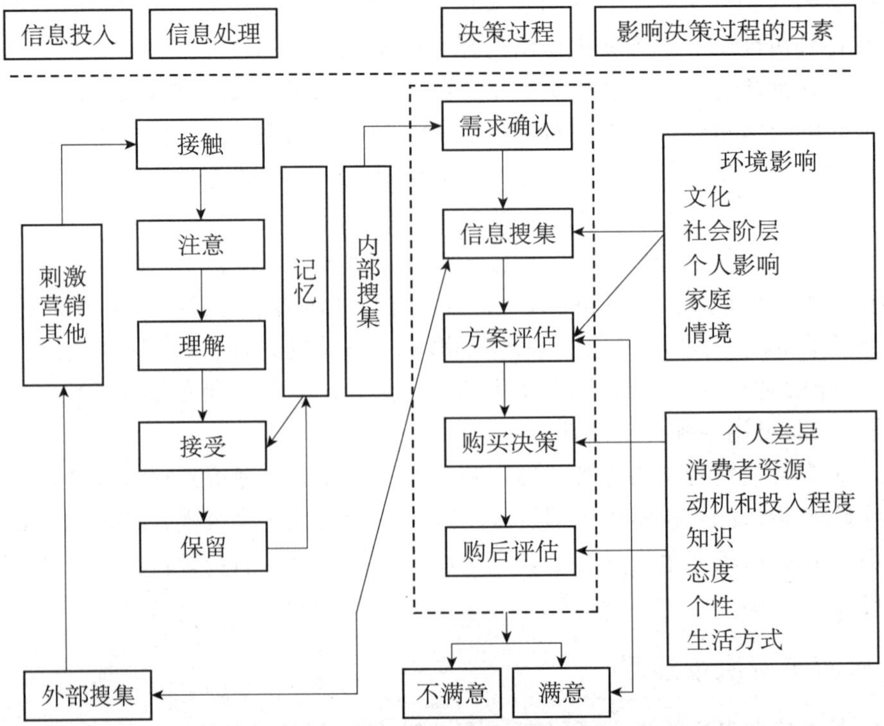

图 3-1 旅游消费决策过程

资料来源：吴清津．旅游消费者行为学［M］．北京：旅游教育出版社，2006.

（二）旅游信息的搜寻

旅游消费者在解决问题时，可能依赖自身的经验，也可能借助于诸如旅行社、朋友家人、互联网、新闻报道、广告等渠道来收集相关信息。这些信息可能涵盖旅游目的地的景点、气候、风俗习惯、治安状况、住宿设施、交通情况、旅游价格以及旅行社的服务质量等。在处理这些信息的过程中，旅游消费者会有目标性和选择性地注意、理解、接受并记下他们所采集到的信息。例如，正在寻找度假胜地的消费者在查看酒店宣传材料时，可能会特别关注沙滩、娱乐设施以及交通便利程度的描述；而正在筹备公司销售会议的秘书可能更关注对会议室、宴会设施和健身器材的介绍。换言之，他们往往只关注他们感兴趣的内容，并尽可能理解这些信息，然后再判断是否接受这些信息，并将接受的信息存入记忆中。这种有选择性的认知，构成了消费者对旅游目的地和旅游条件形成印象和信念的基础。

（三）旅游方案的评估

当消费者面临多个可解决问题的选项时，就需要进行评估和选择。他们通常会列出自己关注的属性，并确定这些属性的相对重要性。接着，他们会以这些属性为评价标准，衡量各个备选方案在每一个评价标准上的表现。

例如，假设浙江长兴的王女士打算利用周末时间，带刚参加完高考的儿子去放松一下。她的儿子对历史文化充满了热情，于是王女士在北京故宫博物院与西安秦始皇陵两者间进行选择。虽然评价标准会因人、产品和环境而异，但大多数旅游消费者在选择旅游线路时，都会考虑旅游所花费的金钱、时间及其带来的价值。王女士也不例外，作为忙碌的职业妇女，她倾向于选择旅行省时、便捷，而游览体验从容、尽兴的旅游模式。因此，在综合分析这两个地点在花费、时间安排、教育价值、趣味性等标准上的表现后，她将选择能给自己和儿子带来最大效益的目的地。王女士对两个旅游线路的比较与评价见表 3-1。

表 3-1 王女士对两个旅游线路的比较与评价

备选的旅游路线评估标准及其相对重要性	北京故宫博物院		西安秦始皇陵	
	得分	理由	得分	理由
费用（重要性 30%）	0 分	高铁往返 573×2 元＋景点门票 60 元＋餐饮 200 元＋住宿 750 元＝2 156 元/人	1 分	火车往返 280.5×2 元＋景点门票 150 元＋餐饮 150 元＋住宿 450 元＝1 311 元/人
时间安排（重要性 30%）	1 分	三天游，地面往返占一天半，游玩占一天半	0 分	三天游，地面往返至少 34 小时，占 2 天，游玩占 1 天
教育意义（重要性 20%）	1 分	对历史文化有深厚积淀，让孩子了解中国传统文化和历史	1 分	中国历史上非常重要的遗址，可以让孩子了解秦朝历史和兵马俑的故事
娱乐性（重要性 20%）	1 分	有北京欢乐谷和环球影城可以游玩，孩子期待已久	0 分	有大唐不夜城可以游玩、互动

注：两个方案相比，优胜者得 1 分，次优者得 0 分，两者均等时各得 1 分。

在评估和比较备选方案阶段，旅游消费者所采用的评价标准可以是客观的，如价格、区位、设施条件、企业提供的服务内容等，也可以是主观的，如对旅游企业的印象等。

基于这些标准的比较和自身的支付能力和时间考虑，旅游消费者会从可供选择的方案中做出选择，同时初步确定是否单独出游，还是全家或和朋友一起出游。一般来说，如果旅游消费者所投入的金钱和精力等越大，这一评估过程就会越长、越详细。

（四）购买决策的实施

一旦旅游消费者对某一品牌或旅游产品形成购买意向，他们将进行实际的购买行为。然而，购买意向与实际购买行动之间常常会有一段延迟，这期间有三类因素可能影响消费者最终的购买决策。

首先是他人的观点。旅游消费者可能会和家人、朋友或其他社交圈子内的人讨论他们的购买意向。如果这些人持否定态度，并且他们与消费者关系密切或具有丰富的旅游经验和知识，消费者可能会推迟购买、改变购买意向或取消购买。这是因为朋友和家人的意见被认为更加可信和可靠。旅游企业可以通过提供优质的旅游产品和服务，使旅游消费者更倾向于向他们的朋友和家人推荐，从而增加口碑和销售量。

其次是感知风险。这包括财务风险、心理风险、社交风险等。如果消费者认为风险过高，他们可能会推延购买行为，继续搜集更多的信息，或选择声誉良好的大型旅游企业，甚至选择以前已经去过的旅游目的地。

再次是意外情况。这包括旅游消费者的工作变动、健康状况、收入变动等个人因素，以及旅游企业推出的新的促销活动、新的替代性产品，或者对现有产品进行价格调整等外部变化。例如，如果王女士在报纸上看到某知名旅行社对西安秦始皇陵的专线旅游广告，可能直接改变她的初步选择，并为自己和儿子报名参加。因此，具体的情境可能会对一个人的行为产生重大影响。如果旅游企业只询问消费者的购买意向，而不去评估他们的决策时机和环境，可能会造成误导。

旅游消费者形成购买意向并实际执行的时间可能因人而异。有些人可能仅需几分钟就能做出决定，而有些人可能需要一年甚至更长的时间。在购买行为最终发生之前，我们不能确定旅游消费者的购买意向必然转变为购买行为。高度投入的消费者可能会在支付了定金后，仍然考虑自己的选择是否正确，并对已做出的决策进行修正。而低度投入的消费者可能会把决定权交给其他人，如下属、秘书、配偶、航空公司或者旅行代理商等。

（五）旅游购后的评价

一旦消费者做出了选择并进行了购买，他们就进入了实际体验阶段。在这个阶段，消费者会不断地评估他们的期望是否得到了满足。例如，如果王女士选择了北京故宫博物院，并且与儿子的旅游体验符合预期，那么她就可能对该旅游目的地、相关旅游企业和活动产生积极的态度。满意的消费者可能会形成忠诚行为，如向他人推荐或再次选择相同的旅行目的地。反之，如果旅行体验未能达到王女士的预期，她可能不会再选择相同的旅游产品，甚至可能会抱怨或给予负面的口碑传播。

总之，旅游消费者购买决策过程是一个复杂而又多元化的过程。它涉及需求识别、信息搜集、方案评估、购买决策以及购后评估等几个关键步骤。对于旅游从业者而言，深入理解并把握消费者的购买决策过程具有至关重要的意义。例如，旅游从业者可以通过研究消费者最初的需求识别，提供符合消费者需求的产品或服务，以吸引消费者。在消费者搜索信息的阶段，旅游从业者需要保证自身的信息可获得性，并且提供全面、真实、有效的信息以帮助消费者做出决定。在评估与选择阶段，旅游从业者应当强化自身的竞争优势，提升营销策略如定制化服务、优惠活动等来吸引消费者。在购买决策实施阶段，旅游从业者需要注意消费者的心理状态，尽可能降低消费者的感知风险，使他们愿意进行购买。最后，在旅行后评价阶段，旅游从业者应重视消费者的反馈，以此作为改善服务质量和提升用户满意度的依据。同时，积极的购后评价也是获取新客户的重要途径，因此对于给予好评的消费者，旅游从业者可以采取一些措施维系这种良好关系，如发放优惠券、提供VIP服务等，以促使其成为忠诚客户，为企业带来持续的利益。

二、旅游消费决策的特点

旅游消费者的购买决策是一个复杂的过程。虽然不同种类的决策在表现上存在差异，但也有一些共同的特性。因此，理解旅游消费者的决策行为特点就十分必要。

（一）旅游决策内容复杂多样

旅游消费活动通常涉及广泛的时空范围。消费者至少需要在“两点一线”（即旅游目的地和旅游来源地）之间活动，因此，一次旅游消费活动包含了一系列的决策。这些决策包括选择目的地、确定同行人员、选择出行方式，以及安排住宿、餐饮、购物和参与的活动，制定预算等。每一个具体的决策都在完整的旅游决策过程中发挥其独特的作用。换言之，完整的旅游决策基于所有的细分决策，并反映和协调每一个具体的决策。例如，如果王女士选择开车带儿子去西安秦始皇陵，那么她可能需要更多时间来规划路线和驾驶，但也意味着她可以随时停下来休息或欣赏沿途风景。一次性购买包价旅游产品在市场上非常流行，主要原因在于它将多种产品和服务组合起来，节省了消费者需要花费在做出各项决策上的时间和精力。

（二）旅游决策容易受感性驱动

旅游消费者的购买行为往往容易受到感性驱动。在一般的消费场景中，消费者可能基于逻辑和事实来评价产品对他们是否有明确的好处。但在旅游消费中，消费者更倾向于运用情感判断。这是因为旅游业主要依赖于工作人员为旅游者提供服务，在服务过程中，双方可能产生各种情感交流，使得旅游业成为一个情感密集型的行业。在人与人的交互过程中产生的情感将影响消费者未来的购买行为。例如，旅游消费者可能会选择与他们个人形象相符的旅游服务。王女士可能会选择带儿子乘坐高铁去北京故宫博物院，住五星级酒店，因为这些选择与她作为一位负责任和有眼光的母亲的形象相符。在选择这些服务时，她可能同时考虑了理性因素（比如，高铁的快捷、五星级酒店的舒适等）和感性因素（比如，给儿子提供一次高质量的旅行体验，提升自己作为母亲的形象）。

（三）旅游产品难以在购买前做出全面准确的评价

由于旅游产品的无形性质，它们不能被触摸或提前体验，所以旅游消费者在购买前往往难以对其进行准确的评估和选择。消费者常常会在信息收集、方案评估和购买决策阶段产生疑虑，不确定他们的选择是否正确，因此更容易在这些阶段上产生迟疑，同时也有可能出现购后认知失调的情况。消费者对购买行为的重视程度越高，花费的金钱越多，他们在消费过程中的心理活动水平也越高，就越可能会察觉到已购买的旅游服务缺少他们期待的优点，从而产生失调感。例如，如果王女士决定带儿子去北京故宫博物院，并选择了一家价格较高的五星级酒店住宿，但入住后发现酒店的服务并不如预期那样周到，她可能需要额外花费来享受更好的服务。这不仅导致物质上的损失，还可能在精神和情绪上产生负面影响。这个不如意的体验甚至可能影响到他们欣赏故宫博物院的心情。

（四）旅游决策需要持续调整

旅游消费是一种异地性活动，人们的行为在实际旅游决策中不可避免地会受到各种信息、环境和情境因素的影响。往往难以在出发前就制订完全确定的旅游计划。这一特性意味着在旅游过程中，旅游者必然会遇到各种无法预见的情况。正如我们常说的，“计划永远赶不上变化”。由于旅游者在目的地的体验和消费易受众多外部因素的影响，即使最初的规划再周密，也可能不得不面对临时的变更和调整。因此，旅游决策并非静态的，而是一个动态解决问题的过程。一般情况下，旅游目的地的临时决策能够在一定程度上保证旅游行程的顺利进行。尽管如此，这些临时的决策可能会影响到旅游体验的整体质量和满意度，进而对旅游消费者的忠诚度以及未来的购买行为产生影响。

（五）不同旅游消费者对旅游产品的评估标准有显著差异

相较于一般商品，不同旅游者对同一旅游产品的价值感受可能存在更大的差异。例如，商务旅客可能希望酒店在客房内提供复印和网络服务，并在大堂展示航班信息，然而，这些服务对于休闲旅客来说可能并不重要，他们可能也不愿意为此付费。甚至在相同类型的旅游者中，他们的需求也可能会有所不同。例如，在商务旅客中，女性旅客可能比男性更关注客房门锁是否安全，是否配备化妆镜、吹风机、熨斗和熨衣板，以及是否提供行李搬运服务等细节。这反映了旅游决策过程中，不同旅游消费者对旅游产品的期望和评判标准有着显著的差别。

正如一些学者所指出的，旅游决策的主观核心要素正是旅游者因人而异的个体价值观。个体价值观决定了旅游者评判旅游产品、旅游目的地的价值尺度和旅游者期望获得的目标效用。旅游者在个体价值观和目标效用的引导下，处理各个备选旅游产品、旅游目的地的信息，做出最终决策。实际的旅行体验后，旅游者会将心理预期与实地感知进行比较和评估，这种反馈将会对他们未来的旅游效益目标产生修正作用。

三、旅游消费决策的影响因素

作为一种特殊的消费决策，旅游决策受到许多因素的影响。新古典经济学理论描述了旅游决策的两个基本影响因素：一是旅游者所处的外部环境，主要包括消费选择的自由性，即旅游者在购买活动中基本不受限量、配额和短缺的限制；价格的弹性，旅游产品和服务的价格取决于供需关系；预算约束，购买行为受个人收入限制；往来自由，没有流动约束；不确定性，如旅游产品和服务、个人收入、旅游政策等的不确定性。二是旅游者的内在因素，主要包括适度的理性，追求最大的效用，风险规避，以及对当下消费的偏好。

然而，在实际的旅游决策过程中，影响因素比这些理论描述的要复杂得多。杨旸等（2016）在最近的一项研究中发现，旅游者的旅行特征（如目的地、停留时间、花费、计划时间、是否有儿童陪伴、出游团体规模、活动类型、文化兴趣、重游次数等）、之前的旅游经历、科技素养、社会人口统计学特征、目的地的“家庭共享”供应状况，以及目的地的犯罪率，都会影响他们选择民宿，还是选择酒店。

（一）邱扶东和吴明证的研究

我国学者邱扶东和吴明证（2004）根据对上海市民的研究，将影响旅游消费决策的因素分为六大类。

1. 旅游吸引力与服务因素

旅游吸引力主要指的是目的地的特色景点、吸引力的大小，以及它们与旅游者出行动机的匹配程度等。而服务因素则不仅涵盖了传统的旅游元素，如餐饮、住宿、交通、观光、购物和娱乐，还包括信息咨询和安全保障等服务。在进行旅游决策时，人们会考虑一系列服务因素。例如，提供的旅游信息是否真实可靠且权威；如果选择参加旅行团，能否得到满意的接待服务；或者在旅游过程中能否享受到高质量的餐饮、住宿、投诉处理和医疗保健服务。此外，他们还可能关注目的地的旅游业管理水平，相关设施的完备程度，旅游业从业人员的服务水平，以及目的地的社会治安状态等。

2. 社会支持因素

个人的思维和行为往往受到社会环境的规范和约束。社会对旅游消费的宣传、倡导以及提供的便利条件，都会有助于形成旅游时尚和消费氛围。社会舆论、大众媒体以及旅游者的工作单位对旅游活动的推崇和支持，以及社会整体上的旅游风尚，都使得旅游成为现代生活方式的重要组成部分。那些有机会和条件但却选择不去旅游的人，可能会感受到来自社会和公众舆论的压力，同时也可能产生内在的心理冲突。

3. 个人心理因素

个人的心理状态，包括对特定旅游产品和服务的偏好、过往的旅游经历、掌握的旅游知识以及决策时的情绪等，都可以影响旅游决策。行为是由个人特性和环境相互作用产生的结果。因此，这些个人心理因素会影响旅游者对旅游环境的理解和评估，形成他们的旅游态度和购买决策标准，最终影响他们的旅游购买决策。

4. 群体支持因素

个人的心理状态和行为模式不仅受到所属群体的影响，也受参照群体的影响。家庭成员和朋友对旅游者的旅游选择的支持程度、他们的旅游活动以及社会上流行的旅游趋势，都可能影响旅游者的购买决策。此外，参照群体，比如同事、同学或是社交媒体上的影响者，也常常对个人的决策产生重大影响。例如，如果一个人在社交媒体上看到一位有影响力的人士分享了某目的地的旅游经验，并对该目的地给予了高度评价，那么这可能会促使他在做旅游决策时考虑该目的地。实际上，在许多旅游决策中，这样的参照群体对旅游者的影响甚至可能超过其所属的群体。

5. 个人社会经济因素

个人社会经济因素主要涵盖旅游者在日常生活中所承受的压力，以及他们是否具备旅游需要的闲暇时间和财力。无论何时，时间和金钱都是旅游决策的关键限制因素，而生活压力则常常成为推动人们选择旅游的重要驱动力。对于现代人来说，只要有足够的时间和金钱，旅行就成了他们释放日常压力、寻找休息与逃避、实现自我发展和追求家庭欢乐的最佳方式。

6. 其他因素

影响购买决策的其他因素包括朋友和家人的旅游推荐，网上评论，旅游广告宣传，以及旅游目的地的距离（包括感知距离和实际距离）。在社交媒体广泛使用的今天，越来越多的人习惯于在朋友圈、微博等平台分享自己和家人的旅游经历。而这些在线分享的旅游经历又如何影响别人的旅游意向和目的地选择呢？具体来说，刘宏博（2019）等人在对“千禧一代”（“00后”）的研究中发现，在自尊心较低的消费者中，那些与他们相似的人分享的奢华旅游经历会激励他们去同样的目的地。此外，他们还发现消费者的旅游目的地选择也可能受到他们对分享者所产生的善意嫉妒情绪（benign envy）的影响。换句话说，如果他们对分享者产生了善意的嫉妒，他们可能更倾向于去那些被分享者访问过的目的地。

尽管许多学者热衷于探讨促使旅游消费者购买的因素，但关于为何人们在旅游决策中压制自己的旅游需求的研究却相对较少。这可能是由于获取非旅游者群体的数据比较困难，或者是因为他们认为非旅游者群体并不具有吸引力。然而，实际上，非旅游者群体代表着重要的市场机会。通过深入研究旅游障碍，可以帮助将潜在的旅游消费者转化为实际的旅游消费者。

（二）皮尔斯的研究

皮尔斯（1987）对人们不旅游的原因进行了分析，发现金钱、时间、个人健康、家庭或工作的束缚以及对家的眷恋都是促使人们做出否定性旅游决策的因素。进一步的研究，如杨宏志（1989）对台北县459名市民的调查，揭示了性别、年龄和教育程度等因素与旅游障碍的密切关系。他发现，女性更担心旅行中的安全问题，更感觉旅途遥远，更容易因生理因素受限；年龄越大的人越可能会视旅游为障碍；教育程度较低的人更倾向于不参与旅游活动；非学生受访者在旅游决策中更多地会考虑家庭责任的限制；没有汽车的受访者则认为交通问题是主要的旅游障碍，预计的交通拥堵和旅游距离过远会使他们放弃旅游；此外，那些较少参与休闲活动的人也有更多旅游障碍，他们更担忧不能安排好整个旅游行程、饮食住宿不便，以及是否能找到有趣的活动等问题。

四、旅游消费决策的类型

（一）个体与组织旅游消费者的决策

“消费者”这个词常用来描述两种消费实体。一种是为了满足自己需求而购买产品或服务的个体消费者（personal consumer），也被称为最终消费者；另一种是组织消费者（organization consumer），包括企业、政府、学校、医院、军队等各种营利和非营利机构。

个体决策指的是由旅游消费者个人或与家人、旅游伙伴协商后做出的旅游决策。这种决策以其强烈的自主性和灵活性为特点，只要时间、经济和外部条件允许，旅游消费者可以根据自身偏好自主选择，从而增大了选择范围。因此，这类决策常见于期望自由行、单独旅行或小团体旅游的消费者。

组织决策是指由组织单位为了提高成员福利或宣传组织文化等目的，统一规划和设计旅游方案并做出的决策。由于组织单位需要考虑并满足大多数成员的需求，单个成员的决策需求通常需要顺应集体安排。因此，相比个体决策，参与度较低，对旅游目的地的选择范围也较小。例如，会议旅游、商务旅游、团体福利旅游等。

个体和组织型决策的侧重点有所不同。对个体旅游来说，主要目标通常是休闲放松，因此选择目的地、交通工具、住宿条件和游玩项目等都会根据个人偏好进行。而对于组织型决策，旅行目的可能会受到组织运营目标的限制，决策内容更加复杂，需要特别考虑成本、服务设施和地点是否符合组织的要求，从而使决策内容受到较大限制。

（二）扩展型、有限型和名义型决策

在讨论各种决策类型之前，需要先理解消费者参与度的概念。消费者参与度（purchase involvement）可以被定义为：消费者由于某一特定购买需求而对购买过程的关注程度。因此，消费者参与度是一个人或家庭的暂时状态，受到个人特征、产品特征以及情境

特征之间相互作用的影响。

随着消费者在购买过程中的参与度由高变低，他们的决策过程也会相应地简化。根据旅游消费者在购买决策中的投入程度，决策可以分为三种类型：扩展型、有限型和名义型决策。值得注意的是，这三种类型并非完全独立，它们之间存在连续变化和交叉。

1. 扩展型决策

扩展型决策（extended decision making），是一种较复杂的购买决策类型。在这种决策中，旅游消费者可能会花费数天、数周甚至数月的时间来广泛收集内部和外部信息，寻找多种备选方案，并形成明确的评估标准。在深入全面地评估和比较每个备选方案的优缺点后，旅游消费者能够形成自己的观点和购买意向，从而实施购买行为，并完成对相关衣食住行等方面的决策。

例如，如果旅游消费者计划进行一次蜜月旅行、欧洲度假旅行或首次的航海旅行等耗资大、距离远、意义重大的旅游，但对相关的旅游产品和服务不熟悉，还没有建立起相应的评估标准，无法将选择限制在少数备选方案之内，同时又有足够的时间来考虑，那么他们通常会采取扩展型决策。即使旅游消费者在扩展型决策过程中谨慎地解决了购买决策过程各个阶段的问题，他们仍可能对最终的购买决定感到不确定，甚至可能会推迟或重新评估他们的购买决策。旅游消费者可能会寻求旅游代理商、旅游专家、政府旅游管理部门的帮助，或采取共同决策的方式以确保决策的正确性。

2. 有限型决策

有限型决策（limited decision making），是指消费者对某一产品或服务领域，包括品牌有一定了解，并且已经形成了基本的评价标准，但尚未对特定品牌产生偏好。因此，消费者仍需要进一步收集信息以做出较为满意的选择。例如，在高级餐馆就餐常常涉及有限型决策。对于那些不常光顾高级餐馆的顾客，虽然他们清楚自己偏好何种食物、服务和环境，但对于具体的菜品、酒类和饮料没有特别的偏好或购买习惯。因此，他们可能会根据对其他顾客的观察或依赖服务员的推荐来点菜，例如通过观察邻桌人的选择来决定是否要配餐酒。

和扩展型决策类似，旅游消费者在进行有限型决策时也会经历购买决策过程的五个阶段，只是在某些阶段投入的时间和精力较少。与扩展型决策的主要区别在于，有限型决策更多地依赖内部信息，而外部信息起辅助作用。进入考虑范围的产品数量较少，消费者通常只针对产品的某些方面进行评估。除非消费过程中遇到问题或购后服务不如预期，否则消费者往往不会在购买和使用后再进行详细评价。

旅游消费者在采用有限型决策时，通常认为备选项之间的差异并不显著，同时他们可能没有足够的时间和资源去广泛地收集信息。因此，他们会简化决策过程，大幅减少所考虑的信息来源、评估标准或备选方案。这种决策类型通常包括受某种情绪影响下做出的购买决策、追求低价格的购买决策，以及追求多样性的购买决策。例如，一个经常需要到广州出差并对该城市非常熟悉的商务旅客，他可能会持续搜集饭店信息，并尝试在每次出差时预订不同的四星级饭店。这种变换饭店的决策，并不是由于对之前入住的饭店不满意，而是源于他对多样性的追求。同样，如果旅游消费者长期使用某家企业的服务，他们可能会产生厌倦感，从而在追求新鲜和变化的动机驱使下转换品牌。面对这种情况，企业不仅要始终履行对顾客的责任，还要提供符合其特殊需求的优质服务，才能将喜欢换新环境的旅游消费者转变为忠实于本公司的顾客。

3．名义型决策

名义型决策（nominal decision making），是指旅游消费者根据他们已有的观念、知识和经验，无须深思熟虑就能选择特定的旅游目的地或购买某种旅游产品和服务。例如，有些人可能会每年都选择去同一家滑雪度假村度假。

在进行名义型决策时，旅游消费者投入的时间和精力相对较少，他们通常会跳过决策过程中的某些阶段，直接做出决策，而且很少考虑购买风险。这是因为他们认为所购买的旅游产品价格合理，自己有足够的能力来评价备选方案，并对这些产品有充分的了解。例如，在选择航空公司时，如果旅游消费者对几家主要的航空公司都很熟悉，那么他们可能无须向他人寻求意见，就能迅速做出决策。他们了解各家航空公司的服务质量，不论订票在哪个城市，同一家航空公司的服务都是一致的。除非服务未满足他们的期望，否则他们通常不会对消费过程和结果进行评估。

名义型决策可以细分为忠诚型决策和习惯型决策。忠诚型决策是当消费者认为某一品牌能够更好地满足他们的需求，于是对这个品牌产生了情感依赖，并长期坚持选择该品牌。例如，一个旅游消费者在第一次入住某家酒店后，发现其服务质量出色、价格合适，于是在以后的旅游中，在不加思索的情况下反复选择这家酒店。由于他对该品牌形成了强烈的喜好和忠诚度，其他的酒店很难夺走他。

习惯型决策和忠诚型决策的表现形式很相似，都体现为长期重复选择某一品牌的服务。但在习惯型决策中，消费者重复选择某家企业并不代表他特别喜欢该企业，可能只是因为这家企业的服务较为方便，或者他认为不同品牌之间没有太大的差别。如果有竞争对手降价或进行强力促销，消费者可能会轻易地转而选择其他的服务。

消费者形成品牌忠诚或习惯性购买主要是为了减少购买风险、简化决策流程，尤其是减少查找信息的工作量。尽管在日常生活中习惯性购买非常常见，但在购买旅游产品时，坚持名义型决策的消费者相对较少。那些喜欢追求新鲜事物、寻求完美体验的旅游消费者，更倾向于采用有限型决策或扩展型决策。

4．三种购买决策类型的比较

上述三种购买决策类型主要在以下几个方面存在差异（见图 3－2）。

首先，旅游消费者在不同的购买决策中投入的程度有所不同。具体来说，在名义型决策中，旅游消费者的参与程度最低；而在扩展型决策中，他们的参与程度最高；有限型决策则位于两者之间。

其次，旅游消费者重复选择同一产品或目的地的概率也因决策类型而异。通常，名义型决策越简单，消费者重复选购同一产品或目的地的可能性就越大。相反，在更为复杂的购买决策中，消费者重新购买同一产品或再访同一目的地的可能性较小。

再次，旅游消费者收集信息的时间和范围也各不相同。在进行名义型决策时，旅游消费者往往很少搜集信息，而是依赖经验来做决定。然而，如果要购买新的旅游产品或去陌

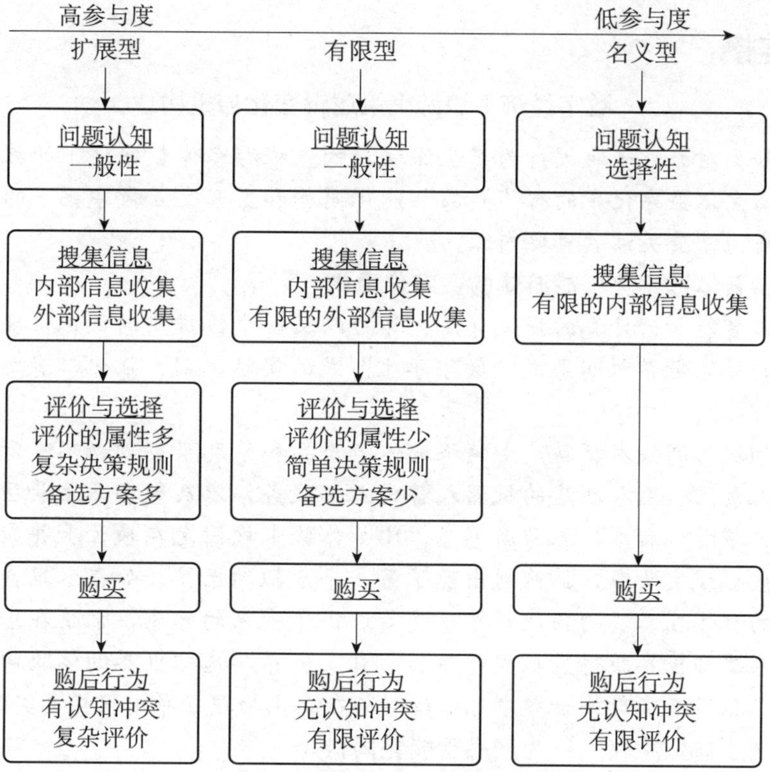

图 3-2　旅游购买决策类型对比分析

生的旅游地点，他们会增加搜集信息的行为。在扩展型决策中，旅游消费者会花费更多的时间来进行广泛的信息收集。

最后，不同的消费者在实际决策过程中可能会采取不同的决策方式。例如，经常旅游且有丰富旅游经验的人可能更倾向于采用名义型决策和有限型决策；而对于初次旅游者、旅游经验较少者或那些非常关心某些旅游目的地的人来说，他们可能更多地采用扩展型决策。需要注意的是，即使是同一个人，他的决策方式也可能会随着每次旅游决策的不同而变化。

除了上述的三种购买决策类型，还有一种未在以上讨论中提及的购买决策，即瞬时型决策（instant decision making），也称冲动型决策。这类决策指的是消费者在没有预先考虑的情况下，在强烈的情绪驱动下做出的决定。瞬时型决策具有以下特点：突发性强，并伴有紧迫的行动欲望；在这种决策过程中，消费者的心理状态可能暂时失控；以主观情绪为主导，几乎不进行客观的评估；通常不会考虑后果。当旅游消费者受到旅游企业的促销活动吸引时，他们可能会做出这样的决策。

举例来说，一个旅游消费者可能会在看到路边广告牌的影响下，突然决定前往一个原本计划之外的地方旅游，或者在冲动的驱使下，在旅游商店购买了大量实际上并不需要的纪念品。旅游消费者在做出冲动决策之后，可能会产生后悔的情绪。因此，旅游从业人员应该尽可能地提前防范这种情况，并在事后做好安抚工作。

知识链接

数字经济下旅游决策逻辑变化与重构

数字化转型对旅游者决策行为产生深远影响。旅游客体数字化下的旅游体验数字化重构、旅游主体数字化下的行为产品智能化同构和主客交互数字化下的决策逻辑交互化异构，成为需要关注的重要内容。

一、旅游客体数字化：旅游体验数字化重构

借助人工智能和云计算的强大算法、算力以及区块链提供的认证，现实的物理世界将与虚拟的数字世界之间形成“数字孪生”式的实时映射，强化二者之间互联、互通和交互操作。

在旅游领域，新技术驱动产生的旅游体验产品和旅游服务创新不断涌现，比如已经出现的无人景区、无人酒店的机器人替代人工服务，以及数字孪生景区、数字孪生博物馆等“云旅游”和虚拟旅游新形态。比如体验者被固定在座位上并乘坐实际的过山车时佩戴虚拟现实头盔，眼前则出现了另一个虚拟的世界，如在水里甚至是在外太空。旅游者的身体在真实的物理世界感受着过山车带来的体感，眼睛在虚拟现实头盔的覆盖下进入虚拟世界获得虚拟视觉体验，真实世界和虚拟世界的体验同时在旅游者大脑中呈现。旅游者在数字世界中可以获得与在真实物理世界中同样真实的体验。

二、旅游主体数字化：行为产品智能化同构

在旅游客体数字化的背景之下，旅游产品的研发将不再受到真实世界中旅游资源的约束。随着旅游主体数字化，旅游者行为数据从消费行为相关数据（包括交易信息、评价信息等），到时空行为轨迹数据（包括基于位置服务产生的位置数据等），再到动作捕捉、表情采集和眼动数据等，越来越精细化的个体旅游者行为数据随着旅游者体验数字化旅游产品的全过程不断自动产生，这就是海量大数据中数字化的旅游主体。随着可穿戴设备的发展和应用，旅游者体验过程中的生理数据（人脸识别、指纹识别、心率血压血氧、皮肤电、脑电等）也层层叠加上来。未来旅游主体数字化程度将会越来越高。

三、主客交互数字化：决策逻辑交互化异构

尽管主客交互数字化，“人人交互”和“人机交互”各类信息不断冲击旅游者，影响着旅游者的决策过程，但是，旅游者行为决策的逻辑仍然可以被清晰地划分为能够被引导的“冲动型”决策逻辑部分和不受交互影响的底层决策逻辑部分。旅游者自身的人格特质、教育背景、家庭结构、收入水平等依然决定着旅游者个体行为决策的底层逻辑，形成个性化的行为决策机制。个性化的行为决策机制与旅游者的“自我”紧密相连，这个系统就像一个单独的数据库，尽管可以与其他数据库实现数据共享和透明访问，但是，依然保持“异构特征”。观察和思考数字经济发展至今的旅游者行为决策现象和变化趋势，可以发现，数字经济下旅游者决策逻辑呈现交互化和异构并存的两种规律，这也是未来值得深入研究的问题之一。

资料来源：黄潇婷．数字经济下旅游决策逻辑变化与重构［J］．旅游学刊，2022，37（4）：8－9．有删减整理。

第二节　旅游消费者的购买决策过程模型

一、早期旅游消费决策模型

消费者购买行为广泛存在于社会生活的各个空间、时间，成为人类行为系统中不可分割的重要组成部分。有关购买行为的消费行为理论也较早开始受到研究者的关注。大约在20世纪30年代到40年代末期就开始出现了商业调查，到20世纪60年代则出现了消费者行为学的教材。但是，早期的消费者行为研究主要集中在制造业，随后才是一般意义的服务业，直到20世纪70年代才开始出现旅游者购买决策模型。

瓦哈、克朗普顿和罗斯菲尔德（Wahab，Crompton，Rothfield，1976）提出的旅游者购买决策过程模型是最早描述旅游者购买决策过程的模型之一（见图3-3）。这个模型将旅游者的购买行为看作是一个经过有意识的计划和理性思考的活动。并且，他们似乎将决策过程看成一个直线的过程，在决策制定时，各因素之间没有任何分别，也没有相互关系。

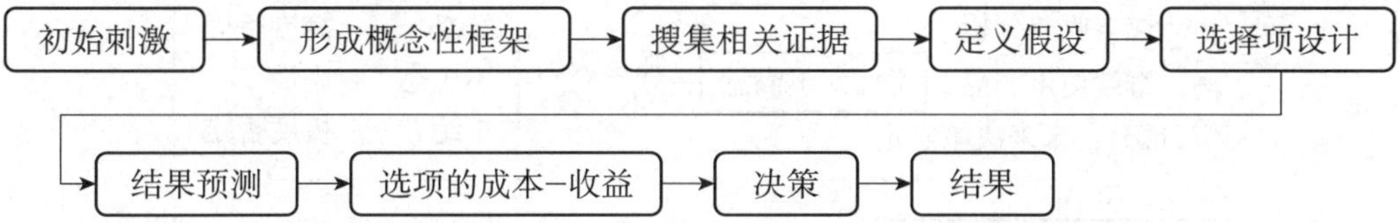

图3-3　瓦哈、克朗普顿和罗斯菲尔德旅游者购买决策过程模型

资料来源：WAHAB S，CROMPTON L J，ROTHFIELD L M. Tourism marketing [M]. London：Tourism International，1976.

二、国外旅游消费决策模型

（一）莫提荷模型

莫提荷（Moutinho，1987）在对葡萄牙度假旅游者的行为进行调查的基础上，绘制了一个概括性的旅游消费者购买决策过程模型（见图3-4），具体分为三个部分。

第一部分是决策前与决策过程。它涉及“从旅游者得到旅游信息到做出购买决定的一系列事件”，由偏好、决策和购买三个阶段构成。莫提荷认为整个旅游产品通常是被依次分别购买的，并非经常以“包价形式”一次性购买。对某个特定目的地的偏好是基于一系列因素而形成的，包括内在环境影响（文化规范和价值观、参照群体、社会地位）和个人因素（个性、生活方式、动机）。莫提荷认为态度和家庭对偏好结构的形成产生影响，并将偏好结果的心理分析分为三个方面：刺激过滤、注意和学习及选择标准。

第二部分是购后评价。在这一模型中，购后评价区域被标明“满意/不满意”。莫提荷已经注意到认知失调机制的问题，认为旅游者的后续行为将出现三种不同的结局：积极的（接受）、消极的（拒绝）和中立的（不表态）。而后他进一步提出了“性能评价”这一观点，它产生于旅游者对付出与收益所进行的比较，而且与旅游者能感知的各个旅游产品属性的理想值相关。此处的研究已经涉及锚定效应问题。

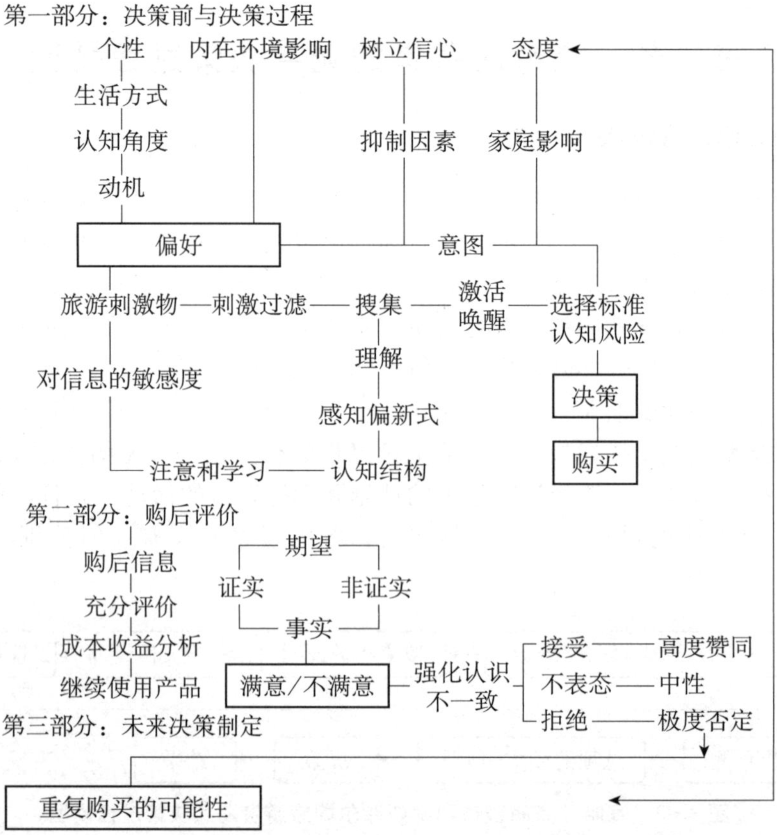

图 3-4　莫提荷旅游者购买决策过程模型

资料来源：MOUTINHO L. Consumer behavior in tourism [J]. European journal of marketing，1987，21（10）：5-44.

第三部分是未来决策制定。这一模型的最后一部分可以看作是直接与营销决策规划实践紧密联系的。莫提荷根据旅游者是否再次消费的情形，认为后续行为存在着四种情况，即直接重复购买、将来重复购买、经过修正的重复购买、转向购买竞争者的产品。

（二）伍德赛德和麦克唐纳模型

伍德赛德和麦克唐纳（Woodside & MacDonald，1994）的模型，对旅游消费者购买决策的整个过程进行了很好的刻画。1994 年，伍德赛德和麦克唐纳采用定性数据，描述了休闲观光者如何决策的总体框架（见图 3-5）。这在一定程度上填补了以往学术研究的不足。这个系统的新颖之处在于：首先，用双箭头（而不是其他模型的单箭头）说明了因果关系并不是事先存在的，而是依照每一个旅游者而定的，反映了信息主体之间的双向反馈关系，这与其他模型中的单向信息流动形成鲜明对比。其次，这一模型区分出了旅游中的 8 类次级的选择域，几乎覆盖了所有与旅游购买决策有关的变量。

伍德赛德和麦克唐纳的新模型为我们提供了洞察的视角，以便了解旅游者怎样决策、旅游团队成员之间在旅游途中所发生的彼此相关的活动与事件以及由此而导致的其他活动与事件。这个模型的一个重要假设就是初始旅游选择的激活，随着时间的流逝逐渐发展成为相关的具体旅游选择。

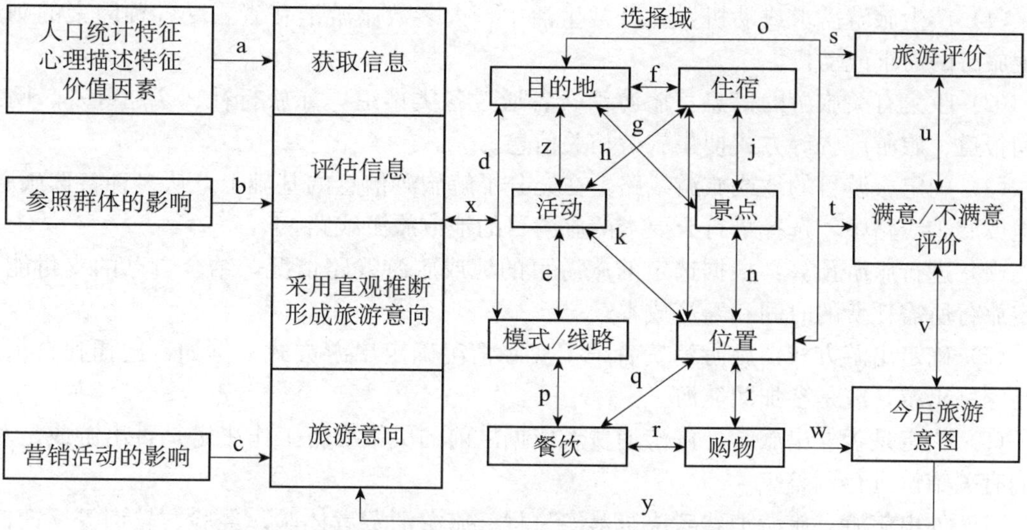

图 3-5 伍德赛德和麦克唐纳旅游者购买决策过程模型

资料来源：WOODSIDE A G，MACDONALD R. General system framework of customer choice processes of tourism services [M]. Thaur：kulturverlag，1994.

三、国内旅游消费决策模型

（一）邱扶东的旅游消费决策过程模型

邱扶东（2005）通过访谈和问卷调查，如图 3-6 所示，将个人的旅游决策过程划分为七个阶段。

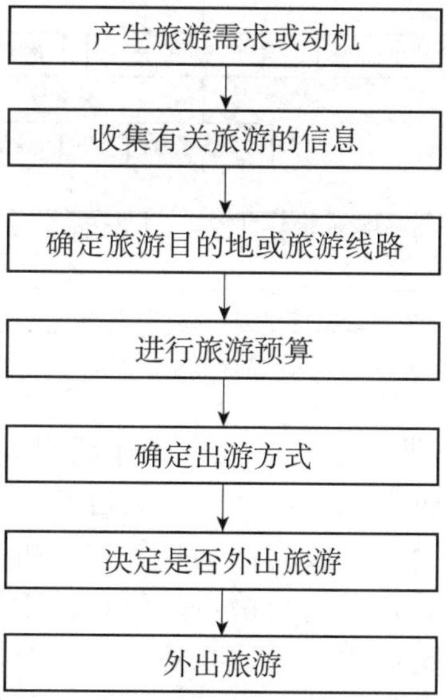

图 3-6 邱扶东的旅游消费决策过程模型

资料来源：邱扶东，汪静．旅游决策过程调查研究 [J]．旅游科学，2005，19（2）：1-5.

（1）产生旅游需求或动机：在日常生活中，大多数旅游消费者，受各种因素的刺激，产生旅游的需求或动机。

（2）收集有关旅游的信息：旅游消费者通过各类渠道，如旅行社、亲朋好友、网络、新闻报道、旅游广告等方式搜集旅游相关信息。

（3）确定旅游目的地或旅游线路：在充分了解旅游信息的基础上，从多种备选旅游目的地或旅游线路中，选择最符合要求的旅游目的地或旅游线路。

（4）进行旅游预算：根据选定的旅游目的地或旅游线路情况，结合自己的支付能力，确定旅行所需耗费的时间和经济成本。

（5）确定出游方式：旅游消费者根据实际情况确定出游方式。例如，选择独自出游，还是家庭出游，或是参加团队游。

（6）决定是否外出旅游：旅游消费者依据之前的决策准备工作决定是否出游或是对之前的有关结论进行调整。

（7）外出旅游：旅游消费者决策落实过程。旅游消费者体验、经验、教训等反馈信息会影响他们下一次的决策行为。旅游消费者在决策过程中也会进行调整，旅游消费者决策会由于其知识、经验、习惯等差异而有所不同。

（二）郭克锋的旅游消费决策过程模型

郭克锋（2009）认为，旅游决策是一个连续的过程，包括旅游动机形成、信息收集与分析、最终决策、游后评价四个阶段。在此基础上构建了旅游消费决策的“四阶段”模型。其模型具体如图 3－7 所示。

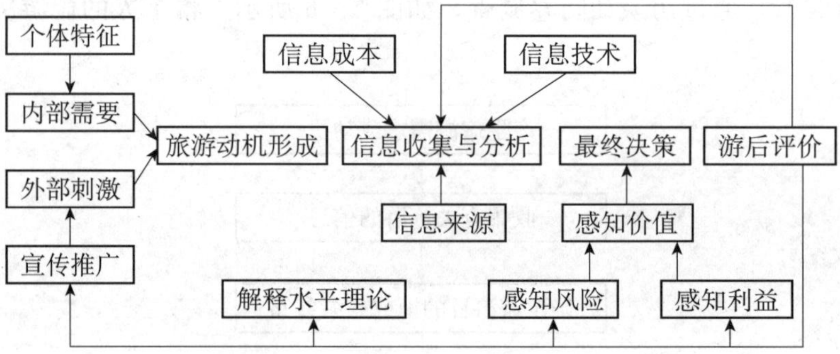

图 3－7　郭克锋的旅游消费决策过程模型

资料来源：郭克锋．旅游决策及其影响因素研究［J］．特区经济，2009（2）：152－153.

在郭克锋的“四阶段”模型中，第一阶段为旅游动机形成阶段，人们为了丰富生活、逃避现实、好奇探索、健康娱乐和社会交往的目的，会产生旅游动机，在内外力推拉的作用下，形成旅游需求。第二阶段为信息收集与分析阶段，信息收集受到信息成本的影响，消费者收集信息需要花费时间与精力，信息技术的先进性使信息传播更为迅速及时，降低了旅游者的信息收集成本。更重要的是，它改变了以前的电视、广播、报纸和杂志等信息传播媒体只能单向传播的缺点。第三阶段为最终决策阶段，旅游者信息收集与分析完成之后，就要利用分析所得结果进行相关旅游决策，包括旅游目的地选择、线路选择、旅行社选择、时间选择、花费选择等。旅游决策的目标是使旅游效用最大化，感知价值影响消费者的最终决策。第四阶段为游后评价阶段，旅游决策做出之后，旅游者开始旅行，旅游者将旅行中的实际体验与旅游期望相比较，将实际感知利益与决策时的感知利益相比较从而修正感知利益，将实际感知风险与决策时的感知风险相比较，进而修正感知风险，修正后感知利益与感知风险影响感知价值，进而对以后的旅游决策产生影响。

（三）王细芳的旅游消费决策过程模型

王细芳（2019）从消费偏好的角度，运用心理账户理论观点，构建旅游消费者决策过程模型（见图 3－8）。心理账户指在做经济决策时，人们由于对资金来源、保存方式及如何使用等认知上的差异，而导致其对所持资金进行不同的分类、预算、评估和支配等方面的倾向（Thaler，1990）。根据心理账户理论，旅游消费者决策过程按照“消费与否”“消费什么”“消费档次”问题展开。首先，消费与否：旅游消费者是否消费产品，取决于旅游者是否有对应的心理账户。在决策阶段，旅游消费者按照资金用途不同，设立餐饮、住宿、交通、游乐和购物五大心理账户。其次，消费什么：旅游消费者建立的心理账户都涵盖若干相互具有一定替代能力的同类产品，在既定的旅游时间内和预算充足条件下，最影响旅游消费者决策的是消费偏好，旅游消费者依据消费偏好选择消费对象。最后，消费档次：旅游消费者在决策时面临预算和时间的双重约束。在时间约束条件下，旅游消费者只能购买和享用同一心理账户下的某一种旅游产品。因此，旅游消费者虽然不需要确定旅游产品的消费数量，但是需要确定产品的消费档次，心理账户预算规模越大，产品档次越高，反之越低。模型决策结果可以分为有果和无果。旅游决策过程关键因素会极大地影响决策的结果，消费偏好与决策预期结果之间，短时间内会受旅游产品信息和订购产品便利

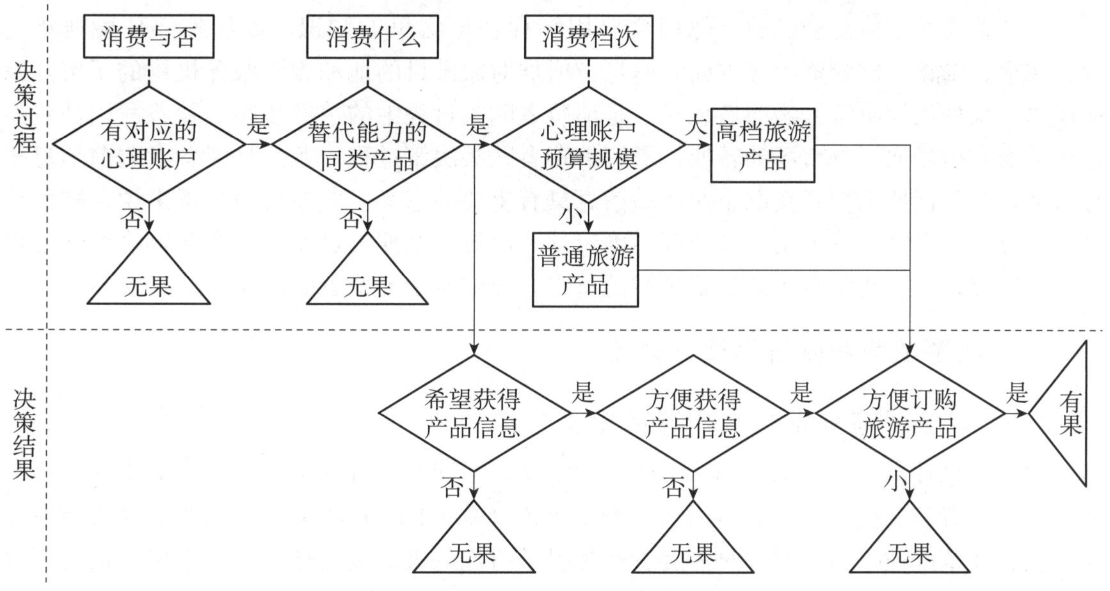

图 3－8 王细芳的旅游消费决策过程模型

资料来源：王细芳．基于心理账户的旅游消费决策机理：以超大城市旅游观演群体为例的研究［J］．经济管理，2019，41（3）：141－155.

性影响。例如，旅游消费者看演出的决策，除了预算和时间外，还会和是否方便获得所喜爱节目的信息和方便获取门票相关。

上面讨论了旅游产品购买决策过程的一些经典模型。这些模型具有较高的创新性、实践性和参考性，为理解旅游者购买决策行为提供了很好的理论基础，但也或多或少地存在一些局限性。

（1）这些理论模型将旅游者的决策看作是理性的逻辑推理过程。但现实中，许多旅游者的购买决策只是部分理性或者是感性的。

（2）总体上而言，这些理论模型缺少实证研究结果的支持。很少有证据表明这些模型能真正代表现实中旅游者的购买决策模式。

（3）这些理论模型将旅游者看作是没有差异的同质性群体。实际情况是，不仅旅游者自身存在很大不同，而且分属不同细分市场的旅游者的购买决策过程也会受到诸多不同因素的影响。

（4）这些理论模型忽略了旅游产品的独特性以及旅游购买决策过程的复杂性，导致模型解释现实的价值有限。

（5）这些理论模型多是描述旅游者决策过程，而未能解释旅游者为什么会做出某些特定决策。

（6）这些理论模型的可操作性较低。在现实中，旅游营销人员难以使用它们来设计、开发相应的营销策略。

第三节　旅游消费决策与购前信息搜寻

当消费者萌生旅游动机后，他们会启用储存在记忆里的知识，或从外部环境搜集交通、住宿、餐饮、旅游资源等方面的信息，增加对旅游目的地和旅游服务机构的了解，以便做出一系列旅游决策。购前信息搜寻是消费者购买过程中的关键步骤。随着我国消费品市场从卖方市场向买方市场的转换，了解消费者购买决策过程，尤其是消费者购前信息搜寻行为，对于促使消费者获取企业产品信息具有重要的意义。对旅游消费者来说，购前信息搜寻可以提升旅游决策质量及降低不确定性，旅游者在搜寻过程中也会获得愉悦性心理体验。因此，本节将结合旅游消费决策的特点，介绍旅游消费者的购前信息搜寻。

一、旅游消费购前信息搜寻概述

（一）旅游消费购前信息搜寻的定义

关于信息搜寻（information search）的定义，不同的学者从不同的角度提出了自己的观点。消费者信息搜寻最早被美国学者考普兰德（Copeland）所关注，他在《哈佛商业评论》发表文章阐述了信息搜寻对消费者行为科学研究的极端重要性。关于消费者信息搜寻的研究自此拉开了序幕，学者们从不同角度界定其概念。斯蒂格勒（Stigler，1961）从经济学角度把信息搜寻界定为消费者为了满足商品购买决策时所需的信息需求，通过各种渠道获取信息，直到已获信息效用超过所支付成本的过程。恩格尔（Engel，1995）认为信息搜寻是旅游者有意识地激活记忆里所储存的信息或在周围环境中获取信息的过程。威尔逊（Wilson，1995）构建嵌入式模型，揭示信息行为、信息搜寻行为和信息搜索行为的关系，认为信息搜寻行为是信息子集，其目的在于探究人们发现和获取不同信息资源的方式。国内旅游学者邹勇文等（2017）认为旅游消费者信息搜寻是旅游消费者为了制定合理旅游决策，从内外信息源搜寻各种相关旅游信息的过程。

随着旅游学研究的深入，部分学者对旅游信息搜寻行为的动机进行研究。赫希曼和霍尔布鲁克（Hirschman & Holbrook，1982）认为旅游者搜寻旅游信息主要是为了满足好奇心、消遣或与他人分享旅游经验。沃格特和费森迈尔（Vogt & Fesenmaier，1998）指出，旅游者搜寻旅游信息除为了拟定旅游决策外，还有休闲娱乐动机，并将搜寻动机细分为功能性、娱乐性、创新性、美学性与符号性等五类。国内对信息搜寻的研究，大多数研究探讨网络旅游信息搜寻行为。李君秩、杨敏（2010）对国内旅游消费者网络信息搜寻行为特征和偏好进行探究，发现旅游消费者喜爱图片、动画、视频等信息表现形式，信息关注具有明显的层次性。胡兴报等（2012）通过网络调查研究，将网络搜寻动机分为规划型、交易型、体验型、娱乐型和消遣型五类。

作为一种特殊的消费类群，旅游消费者的购前信息搜寻，是指旅游消费者为了制定合理的旅游决策，从内外部信息源中搜寻各种相关旅游信息的过程。旅游消费者购前搜寻的目的是减少信息的不对称性和不确定性，制定合理、合算的旅游行程，避免旅游行程中意外的发生，以获得更好的旅游体验和旅游质量。旅游消费者信息搜寻贯穿旅游活动的始终，尤其是在旅游活动前决策的关键环节，而且旅游消费者旅游前信息搜寻行为也较为复杂，因此，本节重点对旅游前旅游消费者信息搜寻行为进行研究。

（二）旅游消费者信息搜寻的分类

旅游消费者信息搜寻的分类，可以按照信息搜寻的时间阶段、来源、主动性进行划分。

1. 按照信息搜寻的时间阶段划分

按照搜索的时间阶段，旅游消费者信息搜寻通常可以分为以下几个阶段：

（1）购前信息搜寻：这个阶段发生在消费者决定是否购买旅游产品之前。消费者可能会搜寻目的地的相关信息、不同旅游服务提供商的比较、价格、服务质量、用户评价等。购前信息搜寻的目的是减少购买决策的不确定性，帮助消费者评估各种选项并做出明智的选择。

（2）购后信息搜寻：尽管这个阶段在购买决策之后，但它也对消费者的满意度和忠诚度有影响。消费者可能会搜寻有关如何最大化旅游体验的信息，比如目的地的旅游攻略、活动建议等。

（3）持续性搜寻：持续性搜寻是指消费者在旅游体验过程中或之后，为了获取更多信息而进行的搜寻。这可能包括对旅游目的地的实时更新、天气情况、当地事件等信息的搜寻。这种搜寻有助于消费者在旅游过程中做出适应性调整，比如改变行程安排或选择不同的活动。

（4）经验后信息搜寻：在旅游体验结束后，消费者可能会继续搜寻信息，比如为了分享体验、撰写游记或为未来的旅行做规划。

2. 按照信息搜寻的来源划分

按照信息搜寻的来源，旅游消费者信息搜寻可以分为内部搜寻和外部搜寻。旅游消费者在识别特定的消费需求之后，首先通过内部调查弄清楚自己已掌握的消费信息是否足以做出决策。只有在已掌握的信息不够完整或不令人满意的情况下，消费者才会求助于外部调查。这种分类反映了消费者在做出旅游决策过程中，首先依靠自己的知识和经验进行内部评估，然后再根据需要从外部获取信息的过程。内部搜寻是指消费者在做出决策之前，首先通过内部调查判断已掌握的消费信息能否支持决策。这一过程主要依赖于消费者的个人经验和知识，是对自身已有信息的整理和分析。外部搜寻是指当消费者发现内部信息不足或需要更详细、准确的信息来支持决策时，他们会转向外部资源进行搜寻。这可能包括向朋友、家人咨询，查阅旅游指南、网站、社交媒体等公开信息，或者联系旅行社获取专业建议。

3. 按照信息搜寻的主动性划分

按照旅游消费者搜寻信息的主动性，旅游消费者信息搜寻可以分为主动搜寻和被动搜寻。主动搜寻指旅游消费者出于自身的需求动机，无须外力推动而进行信息搜寻的行为。被动搜寻指无关旅游消费者意愿，外部环境信息借助信息渠道将信息传递给旅游消费者的过程，此过程旅游消费者接收信息的行为是被动搜寻行为。此类划分需要与上文内部搜寻和外部搜寻进行区分。内部搜寻是旅游消费者主动采取行动的，所以属于主动搜寻范畴。但是外部搜寻不一定都是被动的信息搜寻。例如，潜在旅游消费者主动去相关旅游机构咨询信息或上网搜索信息皆属于主动搜寻范畴，而潜在旅游消费者以非旅游目的通过互联网或电视节目等渠道，无意地浏览旅游相关信息而获取信息行为则属于被动搜寻范畴。

（三）旅游消费购前信息搜寻的主要内容

旅游消费者信息搜寻内容庞杂，包括交通信息、住宿信息、景点介绍、天气情况、旅游指南、旅游目的地风土民情等。从信息内容来看，包括空间维度、时间维度和属性维度。

1. 空间维度信息

空间维度信息指表征旅游实体的空间位置、形状和与其他实体相对位置等信息。空间维度信息可确定旅游实体的空间关系和地理位置，反映其空间分布状况。空间维度信息是旅游消费者安排出游计划的重要影响因素。旅游消费者会根据旅游目的地空间维度信息，预估并安排出游的天数、花费成本及旅行方式等后续计划。信息内容涵盖旅游目的地地理位置、行政归属、景点分布和旅游消费者与目的地的空间距离等。

2. 时间维度信息

时间维度信息指与旅游相关的事件、活动开展的时间或变化规律的时间信息。时间是旅游消费决策的重要考虑因素，旅游消费者需要搜集与旅游目的地相关的各类时间信息，并与自己可支配时间进行衡量，决定出游时间安排，并估计出游的时间成本。信息内容包括旅游目的地淡旺季时间、最佳旅游时间、出游天数、前往目的地的所需时间等。

3. 属性维度信息

属性维度信息指凸显旅游目的地不可或缺的性质和关系的信息。属性维度信息可反映旅游目的地的基本情况，包括旅游资源、旅游产品、环境情况、配套产业四个方面的信息。旅游资源信息包括旅游资源的类型、品质、数量和特色等；旅游产品信息包括旅游线路、旅游纪念品、特色美食、旅游项目等；环境情况信息包括自然环境、经济环境、社会环境等；配套产业信息包括住宿接待设施、交通设施、服务设施等。

二、旅游消费购前信息搜寻的影响因素

（一）旅游市场环境因素

旅游市场环境因素是与出游备选方案的数量、方案的复杂性、方案的旅游市场营销组合、旅游信息的可用性等有关的因素。对同一个旅游决策者而言，旅游市场提供的产品种类越多、旅游产品的价格越高、旅游市场上各类品牌差异越大，消费者信息搜集的数量会越大。反之，当旅游市场上只能提供很少的旅游产品种类或者各种品牌差异不大的时候，旅游决策者倾向于搜集较少的信息。一般旅游消费者对高价产品感知风险大，所以会更多地搜寻信息，而且搜寻信息的努力程度受景区或者酒店的位置等市场状况的影响。这里所指的旅游产品的价格高低是一个心理价位，当旅游消费者对某个产品的心理价位较低的时候，一般倾向于搜集较少信息。

（二）情景因素

情景因素是与旅游消费者感受到的时间压力、财务压力等相关的因素。对旅游消费者而言，时间因素是影响旅游消费者购物行为非常重要的因素。这里的时间因素是指消费者经过考虑对特定产品做出购买决策时，所感知的可用于外部信息搜索的时间量。

旅游消费者购物的时间压力越大，做出的外部搜寻努力就越少。旅游消费者用于外部信息搜寻的时间增加，会导致他们用于旅游决策的外部信息搜寻努力增加。

（三）潜在收益

潜在收益是与旅游产品价格、产品属性和消费者感知风险等有关的因素。收益是与成本相联系的，要建立消费者外部信息搜寻的模型，需要考虑四个变量对外部信息搜寻的影响：知觉能力、动机、知觉成本和知觉收益。

（四）知识与经验

知识与经验是与消费者大脑中储存的知识、前期的信息与经验和品牌忠诚等有关的因素。消费者知识与信息搜寻数量的关系是研究的热点。一些研究者发现消费者的购买经验（消费知识储备）与信息搜寻的数量呈正相关，但同时也有研究发现消费者的购买经验和他们的信息搜寻程度呈负相关。如果综合考虑以上两种截然不同的研究结论，实际上消费者的购买经验与信息搜寻程度的关系应为倒 U 形，即消费者的知识与经验位于较低层次时，二者呈正向关系，表现出更多的信息搜寻行为；当消费者知识位于较高层次时，二者呈负向关系，表现出对已有知识经验的依赖而出现较少的信息搜寻行为。

（五）消费者个体差异

消费者个体差异主要是指消费者决策能力、卷入程度、人口统计特征等存在差异。其中消费者介入程度是影响旅游消费者信息搜集的最重要的因素。当消费者对产品低介入

时，相对不会努力搜寻信息，而消费者对产品高介入时，会较努力搜寻信息。

三、旅游消费购前信息的主要来源

（一）商业性的正式信息

商业性的正式信息是指消费者从广告、商品包装、营销渠道等方面获得的信息。此类信息有助于加深旅游消费者对企业的认识，但由于旅游活动中更多的是具有体验性的产品，因此旅游消费者多数情况下会怀疑此类信息的可靠性。如果旅游企业本身有良好的企业形象和信誉，由该渠道提供的信息也能有效影响旅游消费者的决策。因此，对于产品本身具有无形性的旅游企业而言，通过长期的努力在公众中形成良好的企业形象就显得非常重要。

（二）非商业性的公共信息

非商业性的公共信息是指通过报纸、杂志、电视或者网站等大众传播媒介、政府评审机构发布的信息中获得的信息。有研究表明，当前在移动互联网旅游发展的时代中，相对中立的旅游网站因其专业性亦获得了45.2%用户的青睐，而有44.4%的用户主要通过搜索引擎搜索旅游信息。非商业性的公共信息能否得到旅游消费者的认同在一定程度上取决于该公共信息是否与媒体有利益关系。例如，同样是一个旅游景区的宣传报道，由国家级的媒体和该景区所在的县市媒体报道，旅游消费者对其认知的信任度存在显著差异，旅游消费者更愿意相信国家级媒体的报道，而认为地方媒体的报道因为多少都与之有利益关系而有夸大其词的可能，从而影响对这类信息的处理过程。

（三）通过人际交往获得的商业性信息

通过人际交往获得的商业性信息是指从旅游推销员、旅行社员工或者酒店工作人员这些渠道获得的信息，此类信息的可信度取决于双方的互相信任度，如果旅游从业人员在和旅游消费者交往的过程中能让对方相信自己的人品，尽管其是旅游企业的代言人，但依然有让对方信任从而获得认可的可能。

（四）非商业性的个人信息

非商业性的个人信息是指家庭成员、朋友、邻居、熟人或同事等提供的信息。旅游消费者很依赖这种信息来源。有研究表明，亲朋好友是用户获取旅游信息的最主要途径，有66.6%的旅游消费者主要从亲友那里获取旅游信息。

在非商业性的个人信息来源中，还有一个非常重要的渠道，就是个人经验来源，是指旅游消费者从以前购买或使用的产品、服务中获得的信息以及储存在长时记忆系统中的一些旅游消费经验。例如多数旅游消费者在选择入住的酒店时，一般会优先选择以前入住过、有较好体验的酒店入住。

四、促进旅游消费者购前信息搜寻的策略

通常消费者在做购买决策时，都会先通过内部搜寻（过去购买经验的记忆）获取消费信息，内部的信息搜寻被消费者视为重要的信息来源。当内部搜寻即记忆中的信息无法满足消费者的需要时，便转向寻求消费者记忆以外的信息，此即外部搜寻。因此外部搜寻通

常是指消费者的主动搜寻。

据此，研究者一般把消费者获取信息的来源分为内部来源和外部来源。内部来源主要是记忆扫描，是指从个人的记忆系统中提取一些已经存在的信息。外部来源则可以分为人际来源与非人际来源，并以信息来源是否客观公正作为另外一个维度，将信息来源分为以下四类：

（1）非独立客观的主张（impersonal advocate），如大众媒体；

（2）独立客观的评价（impersonal independent），如消费者评价报告；

（3）非独立的个人主张（personal advocate），如销售人员；

（4）独立客观的个人主张（personal independent），如朋友。

与此类似的是，布莱克韦尔（Blackwell）在1968年以营销人员的“可控制性”和“人际来源”两个维度将信息来源分为四类：（1）可为营销人员控制且属人际来源的信息，如来自销售员的信息；（2）可为营销人员控制且非人际来源的信息，如来自广告和销售点展示的信息；（3）不可为营销人员控制且属人际来源的信息，如亲友之口碑和专家意见；（4）不可为营销人员控制且非人际来源的信息，如社论或新闻等。

知识链接

出游前一周是用户搜集信息的集中期

某机构的调研数据显示，用户通常在出游前一周集中搜集旅游信息，该类用户占比达到49.8%；选择在出游前半个月开始搜集信息的用户占比为30.2%；而选择在出游前一个月即开始搜集信息的用户比例为14.4%。一般来说，出游时间较短、路途较近是用户在出行前一周才开始搜集信息的主要原因。因此对于广告发布商而言，把握好用户搜集信息的时间周期至关重要。

该研究报告还显示，中国用户在获取旅游信息时，更加信赖亲朋好友的建议，而美国用户则更加看重互联网的作用。这一研究结果说明中国用户对互联网上的信息，特别是广告信息还缺乏充分的信任；在中国用户心目中，来自可信任对象的口碑宣传力量最为强大。因此在互联网上，旅游商和消费者的实名制对于提升信息来源的可信度有较重要的意义和作用。

第四节　旅游消费者对目的地的选择

旅游目的地，是指能够对一定规模的旅游者形成旅游吸引力，并能满足其特定旅游目的的各种旅游设施和服务体系的空间集合（王晨光，2005）。从旅游消费者要解决的众多问题来看，目的地的选择最为关键，因为旅游目的地一经选定，旅游活动项目、旅游逗留的时间、旅游花费也可以随之确定下来。从旅游消费的属性和特征来看，旅游目的地是实现旅游消费的最终场所，是旅游消费得以发生的地方。旅游目的地是旅游要素（吃、住、行、游、购、娱）的集合地。从旅游消费者购买决策过程与阶段划分可以看出，旅游消费者购买决策过程中最核心的环节是出游目的地的选择，即旅游消费者选定一个或几个要造访的旅游目的地，然后才有可能再比选各种出游线路，包括住宿方案、餐饮方案、购物计划、娱乐安排等。理解旅游消费者如何选择目的地，对认识旅游决策规律及制定目的地营销战略具有重要的现实意义。旅游消费者对目的地选择的过程涉及诸多环节，因此也形成了不少经典的理论模型。

一、国外旅游目的地选择模型

自 20 世纪 70 年代起，旅游目的地选择便引起众多学者的关注，他们从不同的角度出发，提出了一系列旨在清晰揭示旅游者选择目的地的行为过程和心理特征的概念模型，为后来旅游目的地选择的相关研究和营销实践提供了借鉴。

有一些研究模型将旅游目的地选择行为看作是一个受多因素影响的决策行为过程。旅游目的地决策研究的主流方法是把旅游者的决策制定视为一个连续的、分阶段的过程，以问题识别、信息搜集、评估与决定为线索，将旅游者对目的地的选择行为系统化。但是，相关研究成果中的绝大多数只局限于旅游目的地选择的个别宏观或微观层面，从综合视角出发的模型较少，其中，厄姆（S. Um）和克朗普顿（Crompton）、伍德赛德（A. G. Woodside）和莱松斯基（S. Lysonski）所提出的模型就是综合模型的典型。

（一）厄姆和克朗普顿模型

1977 年，克朗普顿提出了一个模型以解释旅游目的地选择过程。他将旅游者的选择分为两个阶段：人们首先要决定是否去旅游，如果答案是肯定的，接下来便要决定去哪里。旅游者最终确定的目的地取决于旅游者对时间、金钱、旅游经验等限制性因素的感知与目的地形象之间相互作用的结果。旅游者先根据自己的偏好对目的地形象进行排序，然后根据自己对限制性因素的感知加以修正。

在该模型基础上，厄姆和克朗普顿在 1991 年提出了一个更完善的概念模型。他们把目的地选择描述为旅游者整合外部和内部因素，形成意识域及激活域，进而做出决策的过程（见图 3-9）。

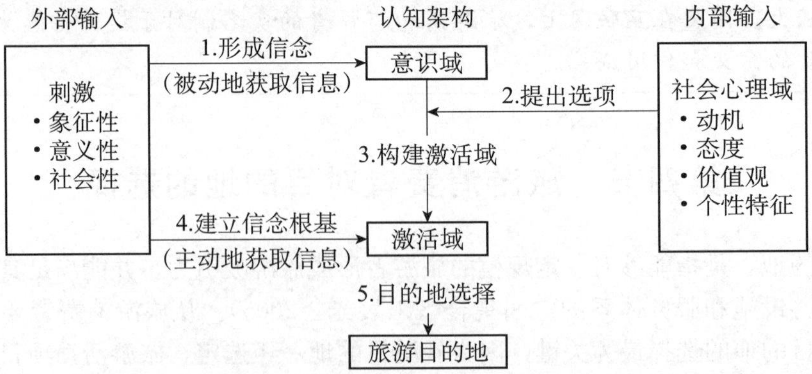

图 3-9　休闲旅游目的地的选择过程模型（S. Um and Crompton）

资料来源：UM S，CROMPTON J L. Development of pleasure travel attitude dimension [J]. Annals of tourism research，1991，18（3）：500-504.

模型中的外部输入因素是指来自社会和市场环境两方面的刺激，包括意义性（目的地属性）、象征性（市场促销方面的信息）和社会性刺激。外部输入因素可以反映一个潜在旅游者所处社会交往和营销沟通环境。内部输入因素来源于潜在旅游者的社会心理特征，包括个性特征、动机、价值观和态度。认知架构描述了旅游消费者将外部输入和内部输入整合成目的地意识域和激活域的过程。这个过程包括五个阶段：（1）旅游消费者通过被动获得的信息或偶然的学习，形成对目的地属性的看法；（2）旅游消费者在做出一般的度假决定之后，结合环境约束性因素，开始对目的地的选择；（3）从目的地的意识域中提炼出目的地的激活域；（4）通过主动的信息搜集，形成对激活域目的地属性的信念和看法；（5）从激活域中挑选出一个特定的目的地。

根据厄姆和克朗普顿的观点，在旅游者对目的地产生初始印象到形成意识域的过程中，旅游者主要依据目的地属性方面的尺度标准来认识备选目的地的形象。在旅游者主动搜集信息，形成激活域，并在激活域中选出最终旅游目的地的过程中，旅游者评估各个备选目的地的尺度标准则主要集中在其感知的限制性因素方面。因此，在目的地选择过程中，限制性因素与目的地形象吸引力之间的相互作用起着关键作用。

（二）伍德赛德和莱松斯基模型

1989 年，伍德赛德和莱松斯基结合心理学、市场营销学和旅游学的研究成果，提出了另一个关于旅游目的地选择的综合模型（见图 3-10）。

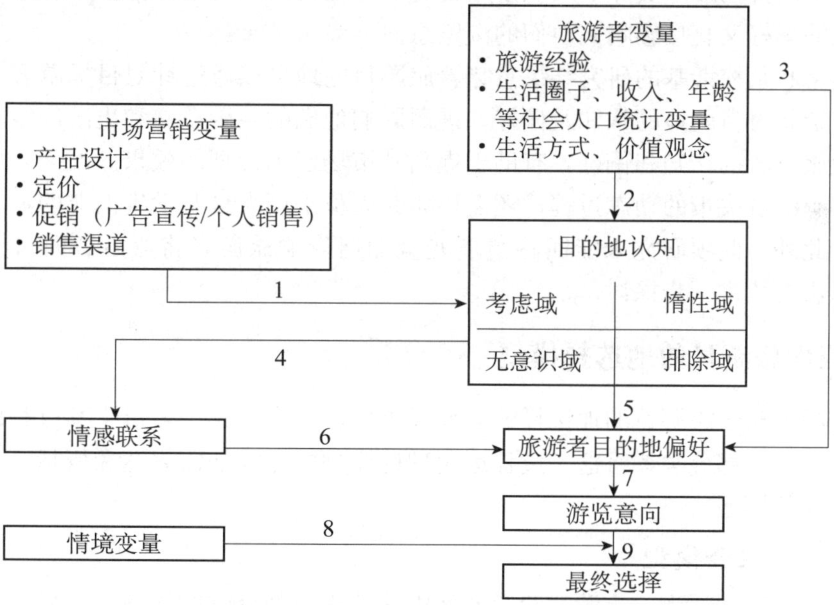

图 3-10　旅游者对目的地的意识和选择模型（Woodside and Lysonski）

资料来源：WOODSIDE A G，LYSONSKI S. A general model of traveler destination choice [J]. Journal of travel research，1989，27 (4)：8-14.

该模型与克朗普顿的模型有许多共通之处。伍德赛德和莱松斯基把市场营销的 4P 组合（产品设计、定价、促销、销售渠道）视为外部输入因素，把旅游者的旅游经验、生活方式、价值观、社会人口统计变量等视为内部输入因素。在分析旅游者如何在意识到的目的地中做出选择时，伍德赛德和莱松斯基把旅游者对目的地的感知过程视为一个心理分类过程，即把目的地归入考虑域（即激活域，能自然而然地激起旅游欲望的目的地）、排除域（旅游者拒绝前往的目的地）、惰性域（旅游者未积极考虑的目的地）、无意识域。除了认知因素外，伍德赛德和莱松斯基认为旅游者与特定目的地相关联的特殊情感、目的地偏好、在特定时间游览特定目的地的意向、所处的情境也是影响目的地决策的重要因素。

伍德赛德和莱松斯基以学生样本进行了一项研究，以检验这一概念模型中各变量之间的关系。他们的研究结果基本上支持上述假设：

（1）营销组合变量和旅游者变量共同决定了旅游者对目的地的意识域和对目的地的分类组织过程（图 3－10 中箭头 1 和箭头 2）。旅游企业的营销和旅游者以往的旅游经历提高了目的地进入旅游者考虑域的可能性。一个有趣的现象是旅游消费者的考虑域范畴通常较小，平均只有三到五个目的地。

（2）旅游者与特定目的地的情感联系可能是正面的，也可能是负面的。旅游者对考虑域目的地通常充满向往之情，如“西班牙的夜生活精彩绝伦，沙滩美妙迷人”；对惰性域目的地的情感很平淡，既无好感也无厌恶之情，如“在奥地利没什么好玩的”；对排除域目的地则比较厌恶，如“讨厌到市郊的小河边钓鱼，又晒又热，蚊子又多”（箭头 4）。

（3）在目的地分类体系和情感因素的共同作用下，旅游者得出对目的地的排序。目的地在考虑域中的排列顺序实际上反映了旅游者对特定目的地的偏好程度（箭头 5），而旅游者对目的地的偏好又直接影响到他们的浏览意向（箭头 7）。

伍德赛德和莱松斯基的研究结果意味着旅游目的地可以通过针对目标游客开展营销活动，影响旅游者对目的地的认知及偏好，进而影响他们的旅游意向和出游决策。旅游目的地企业测量旅游者的认知和偏好，有助于提高其市场营销计划的效果。诚然，要验证这一结论，理解旅游者决策的动态过程，还需要研究人员采用大量非学生人群的典型样本进行纵向研究。此外，此项研究未能回答情境变量如何影响旅游者将旅游意向付诸实践的过程，该问题仍有待进一步探讨。

二、国内旅游目的地选择模型

目前，国内对于旅游目的地选择的研究成果较为丰富，其中，对于其过程的研究是关注热点之一，已有部分学者将这一过程运用理论模型的方式加以表达和概括，下面介绍三个较有代表性的模型。

（一）机会组合模型

吴清津（2006）认为，旅游消费者要从中筛选出一部分进行选择，然后在选择机会组合中再选定旅游目的地。也就是说，旅游消费者通过比较对各个旅游目的地的感知形象，先从现实机会组合中选出考虑的机会组合，再从考虑机会组合中选出若干偏好的旅游目的地，最后在偏好的旅游目的地中决定实际出游的旅游目的地，即为决策机会组合。

1. 感知机会组合、可达机会组合与现实机会组合

假如我们将每个旅游目的地视为一种备选机会，所有客观存在的旅游目的地便构成了

全部备选机会组合。在全部旅游目的地中，只有旅游者意识到的旅游目的地（感知机会组合）和旅游者经济承受能力范围内的旅游目的地（可达机会组合）才能进入旅游决策，成为真正备选的旅游目的地（现实机会组合）。现实机会组合的大小因人而异，在经济收入一定的情况下，如果旅游者愿意牺牲其他方面的享受，把更多的时间和金钱投入旅游，那么可达机会组合就会有所扩张。假如他期望得到更大的旅游满足，愿意花更多的时间、精力进行信息搜集，感知机会组合就会有所增加，相应地，现实机会组合的范围会扩大。

2. 考虑机会组合、选择机会组合与决策机会组合

现实机会组合包含较多的备选旅游目的地。旅游消费者要从中筛选出一部分进行选择，然后在选择机会组合内选定旅游目的地。在筛选过程中，有三个因素起着至关重要的过滤作用。

（1）旅游期望，即旅游消费者期望通过这次旅游获得什么样的旅游经历，为实现这一旅游期望，旅游目的地应具有哪些属性。在这些属性上令人满意的、适宜的旅游目的地构成了旅游消费者的考虑机会组合。

（2）旅游偏好，体现为旅游消费者最重视的属性。在考虑机会组合中，符合旅游消费者偏好的目的地构成了旅游消费者的选择机会组合。

（3）旅游目的地感知形象的比较评价。旅游消费者综合各个旅游目的地的信息，在头脑中形成一幅幅旅游目的地形象图。消费者通过比较他们对各旅游目的地的感知形象，先从现实机会组合和考虑机会组合共同的旅游目的地中，选出若干偏好的旅游目的地构成选择机会组合，最后在选择机会组合中决定实际出游的旅游目的地，即决策机会组合。这个过程实际上是对旅游者的旅游期望、旅游偏好与旅游目的地感知形象三者之间的差异性与同一性进行反复评判的过程。差异性越大，选中的可能性越小；同一性越大，则被选中的概率越大，如图 3-11 所示。

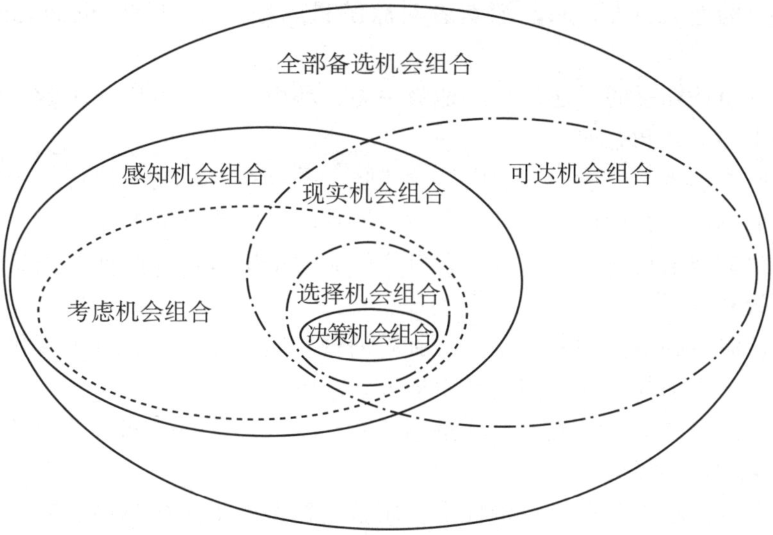

图 3-11 机会组合模型

资料来源：吴清津．旅游消费者行为学［M］．北京：旅游教育出版社，2006.

（二）基于地方情感的旅游目的地选择模型

琼达和赵宏杰（2016）结合地方情感概念中旅游目的地意象和地方依恋，构建旅游目的地选择模型，如图 3 - 12 所示。旅游目的地选择模型过程如下：

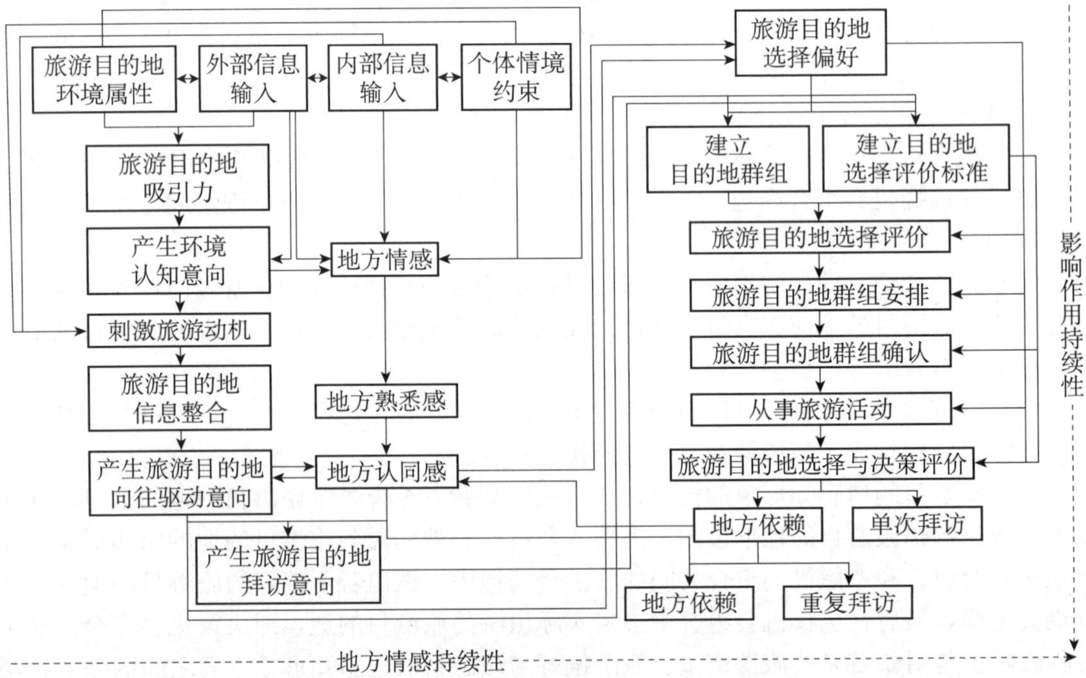

图 3 - 12　基于地方情感的旅游目的地选择模型

资料来源：琼达，赵宏杰．基于地方情感的旅游目的地选择模型建构研究［J］．旅游学刊，2016，31（10）：105 - 112.

（1）旅游目的地吸引力。旅游消费者对旅游目的地产生知觉，进而感受到独特的吸引力。

（2）产生环境认知意向。通过目的地吸引力、环境属性、信息的刺激，旅游消费者对旅游目的地产生环境认知意向。

（3）刺激旅游动机。环境认知意向持续增强，并且在内部输入信息及个体情境约束共同作用下，进而刺激游客产生出游动机和对旅游目的地的地方情感。

（4）旅游目的地信息整合。旅游消费者产生旅游动机后，开始搜集信息，并对搜集到的信息进行比较和分析。

（5）产生旅游目的地向往驱动意向。旅游消费者通过对信息整合，深化对旅游目的地环境认知意向，产生前往意向，同时产生地方熟悉感。

（6）产生旅游目的地拜访意向。旅游消费者产生地方认同感和旅游目的地拜访行为意向并形成旅游目的地选择偏好。

（7）建立目的地群组和选择评价标准。旅游消费者由于向往驱动意向和选择偏好建立旅游目的地群组和选择评价标准。

（8）旅游目的地选择评价。在选择偏好的作用下，旅游消费者将对意向旅游目的地群组内的备选旅游目的地进行初步或多个阶段的选择评价。

（9）旅游目的地群组安排。在选择偏好的作用下，旅游消费者将对备选旅游目的地进行向往、考虑与忽略等群组区分的安排。

（10）旅游目的地群组确认。旅游消费者通过对群组内的备选旅游目的地进行深化评价，区分选择群组和忽略群组，最终确认所欲从事旅游活动的旅游目的地群组。

（11）从事旅游活动。旅游消费者在最终确认所欲前往的旅游目的地群组后，会选择前往该群组内的旅游目的地从事旅游活动。

（12）旅游目的地选择与决策评价。旅游消费者对旅游目的地选择进行综合评价，这存在两个可能结果：一是旅游消费者认为旅游目的地没有符合原先预期而不再到访。二是旅游消费者对旅游目的地产生地方依赖感，并且重复拜访。

（三）旅游目的地选择与购买决策模型

沈涵（2005）认为旅游消费者行为主要表现在对旅游目的地和旅游产品的信息接收、感知、选择与决策过程中，从而构建旅游消费者对旅游目的地选择和购买决策的模型，即游客的旅游地选择与决策模型，如图 3－13 所示。旅游目的地选择和购买决策过程分为三个阶段。第一阶段：旅游消费者对旅游目的地的自然感知。在社会生活中，旅游消费者会构筑对旅游目的地的形象感知，这些感知可以激发人们的旅游意愿，一旦条件具备，旅游消费者的旅游冲动会转化成为现实中的旅游行为。但是如果自然感知不够强烈或丰满，则无法直接刺激旅游消费者行为的完成。第二阶段：旅游目的地形象的修正与旅游出游计划

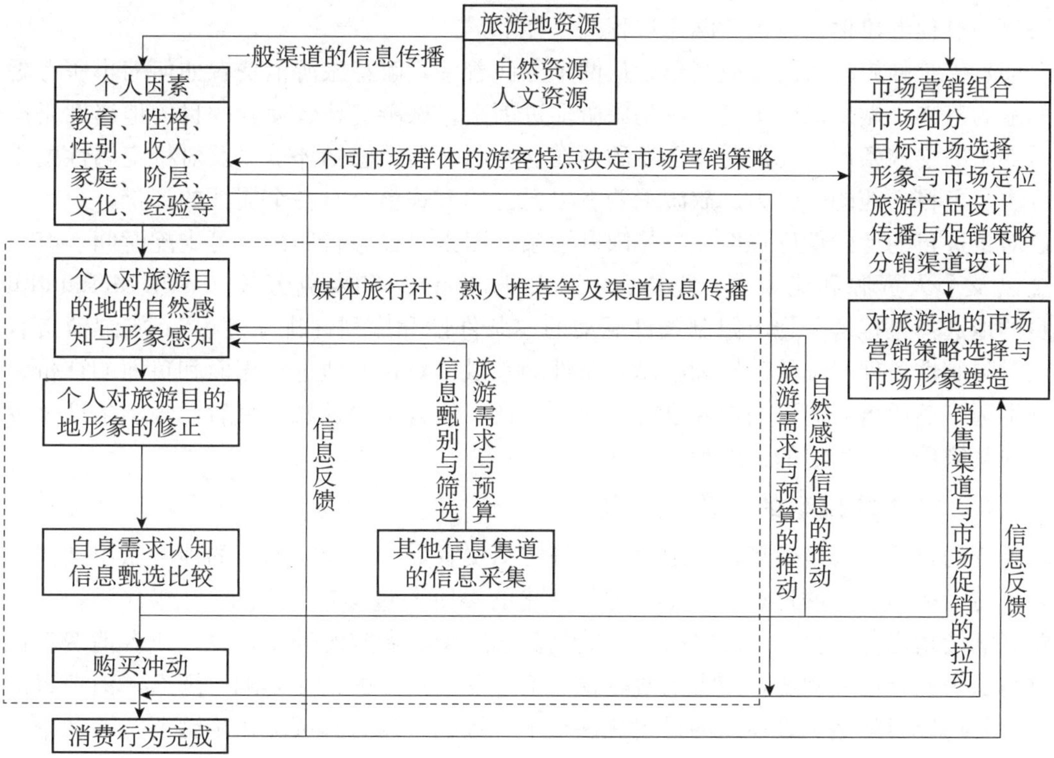

图 3－13　游客的旅游地选择与决策模型

资料来源：沈涵．游客的旅游地选择与购买决策模型分析 [J]．旅游学刊，2005，20（3）：43－47.

的选择。旅游目的地产品会被旅游产品提供商根据潜在的旅游消费者群体特点重新包装。潜在的旅游消费者会通过媒体、旅行社、熟人推荐等渠道获得这些信息，这些信息能够引起旅游消费者的情感共鸣，直接导致强烈的消费冲动。此阶段旅游消费者会有意识或无意识地搜集信息，产生旅游需求，萌发旅游冲动。第三阶段：旅游消费行为的完成。通过外在环境的刺激，如销售渠道便利、市场促销活动等，旅游消费者将消费冲动转化为实际的旅游消费行为。旅游消费行为完成以后，旅游消费者会形成对产品的评价，这些信息积累为个人经验，部分传播给周围人群，成为他们的旅游参考。沈涵认为影响旅游消费者选择与决策的主要因素包括输入变量（个人因素、市场营销和其他信息刺激）、感知过程（完成与购买决定有关的信息处理过程）和输出变量（购买、意向、理解产品和注意产品）。

三、对旅游目的地选择模型的评论与发展

（一）传统旅游目的地决策模型的共同特点

上述模型均属于传统的旅游目的地决策模型，这些决策模型的共同特点包括以下三个方面：

（1）假定旅游消费者是理性的决策制定者，其决策行为是按一定程序进行的。

（2）模型的核心概念是意识域（或称选择域）。决策过程就是旅游消费者遵照个人效用最大化或满意度最大化准则，将可选择目的地的范围不断缩小的过程。旅游者从初步确定的意识域中排除部分目的地，形成激活域，并从激活域中选出最终的目的地组合。有学者将这一过程形象地比喻为“漏斗过程”。

（3）传统的旅游目的地决策模型从两个方面着手，解释旅游消费者如何缩小所考虑的目的地的范围，做出最后决定。一是旅游促进因素。旅游消费者偏爱的目的地属性是产生旅游效用的输入条件。他们对备选目的地在这些属性上的感知评价以及对特定属性的重视程度决定了目的地的吸引力。旅游消费者以自己的方式整合对各个属性的评价，由此确定自己对备选目的地的偏好程度。二是限制性条件因素，如旅行距离、可支配时间、有限的资金以及个人资源和能力等。克鲁普（E. E. Krumpe）和麦克劳林（W. J. McLaughlin）把目的地选择过程解释为由限制条件驱动的“条件性和序列性排除过程”。旅游消费者根据其对限制性条件状况的感知和限制性条件的数量，对目的地进行正面和负面的评价、排序和筛选，然后再对剩下的选项进行排序和筛选，使备选项递减，最后，限制条件最少的备选项就被确定为出游的目的地。

（二）对传统模型的评论及发展

传统的目的地决策模型较好地解释了旅游消费者如何从众多的目的地中做出选择。然而，旅游目的地决策的过程是否是一个程序化的多阶段过程？20 世纪 90 年代后，一些欧美学者陆续指出传统目的地决策模型的缺陷。如果消费者旅游经验较少，或者消费者没有明确地认识到自己的问题，或者消费者在决策中受到强烈的情绪影响，那么，消费者的决策行为与传统目的地决策模型的描述往往是不一致的，而这些情况在旅游消费活动中并不罕见。伍德赛德和麦克唐纳（R. MacDonald）进一步指出，传统目的地决策模型无法解释结伴旅游时同伴之间决策和行为的互动关系，也没有能够把握住旅游同伴对目的地环境的

体验（Woodside and MacDonald，1994）。

研究人员认为，不仅要注重对旅游消费者心理变量的分析，还要关注旅游消费者怎样形成认知、情感判断、意图、实践和购后评价，这样才能真正把握旅游消费者的体验，更好地解释旅游消费者在特定情境下的决策。

案例分析

班级里的“旅游专家”

广州某大学的新生报到了。为了增进同学之间的友谊，增强班级凝聚力，旅游管理系一班的同学们想利用周末外出旅游。可是同学们大多都是刚到广州，对旅游线路和景点缺乏了解，而且几乎都没有独立旅游的经验，对如何组织这次班级旅游感到不知所措。最后，组织班级旅游的重任落到生活委员小丁的肩上。小丁综合考虑了同学们的经济承受能力、时间限制和组织本次旅游的目的，提供了三个可供选择的旅游方案。最后，全班同学选择了其中的番禺××农庄一日游。

同学们从广州大学城出发，乘旅游大巴到达农庄，开始了充满新奇野趣的秋游活动：先是在农庄导游员的带领下险渡铁索桥，领悟“挑战困难，战胜自我”的乐趣，然后组队开展激烈的水枪野战，参加“地道战”，攻打“山海关”；中午到导游员那里领取原料，“自己动手、丰衣足食”——野炊；下午同学们跃进浅水池，参加“多劳多得”的捞金鱼游戏；最后集中在一起，进行别开生面的水上拔河比赛，在紧张激烈的决赛中培养团队精神。由于是全班出游，小丁争取到了优惠价，将同学们的旅游总花费控制在平均每人120元以内。这次活动取得了令人满意的效果。

同学们好奇地问小丁，“你也不熟悉广州，为什么能安排得如此妥当呢？”小丁答道，自己的确没有去过该农庄玩，但是她在挑选旅游方案前，向高年级的学姐们“取过经”，在学校的BBS上仔细搜寻和阅读过其他班级组织旅游的经验，还致电旅游代理公司咨询详细情况，讨价还价，然后才提出这个方案供班委会选择。同学们恍然大悟，一致称赞小丁是“旅游专家”，并决定下次的班级旅游活动还交给小丁来组织。

[讨论]

1. 小丁的信息搜寻渠道有哪些，属于内部搜寻还是外部搜寻？

2. 通过这些渠道搜寻信息有哪些好处？

3. 如果你是小丁，在组织下一次班级旅游活动时，你考虑哪些因素，从何处搜寻信息？

本章小结

（1）旅游消费者购买决策是指个人根据自己的旅游目的，收集和加工相关的旅游信息，提出并选定具体的旅游方案或出游计划，并最终把这些方案或计划付诸实施的过程。

（2）旅游消费者的购买决策过程的基本阶段包括：旅游需要的产生与动机的激发，信息的收集，方案的比选，方案的实施与游后评价。

（3）旅游消费购买决策过程主要包括认识需要、搜集信息、判断选择、购买决策和购后行为五个阶段。旅游消费者购买决策是一个复杂的动态过程，具有复杂性和偶发性。

（4）旅游消费者信息搜寻的分类，可以按照信息获取的时间阶段、信息来源、信息搜寻的主动性进行区分。

（5）从旅游消费的属性和特征来看，旅游目的地是实现旅游消费的最终场所，是旅游消费得以发生的地方。旅游目的地是旅游要素（吃、住、行、游、娱、购）的集合地。

思考题

1. 旅游消费者获取信息的来源主要有哪些？

2. 信息搜寻发生在什么时候？内部搜寻与外部搜寻有何区别？

3. 假设你为你们班级组织一次周末旅游活动，请描述你的意识域、激活域、惰性域、排除域。

4. 在什么情况下，企业希望旅游消费者开展大量的信息搜寻活动？在什么情况下企业希望旅游消费者尽可能少进行信息搜寻活动？

5. 简述经典性旅游消费决策模型，利用国内外旅游消费决策模型分析其在旅游消费者决策过程中的作用。

在线自测

扫一扫　练一练

第四章　营销组合与旅游消费者行为

导入案例

华山组合营销策略

华山以险著称，每年都会吸引全球各地大量的游客来此观赏。为了进一步提高知名度，吸引更多的游客，华山近年来相继采取了一系列的营销措施。

1. 线上互动

随着互联网技术的快速发展，网络平台已经成为企业营销的另一个全新的阵地。华山旅游景区深刻地认识到了这一点，因此注册了官方微博，及时发布信息宣传华山，同时企业内部要求员工开通微博定时发表一些华山美景和有关旅游的信息，从而扩大其宣传面。另外，华山旅游景区在其官方微博上不时开展一系列活动，使参与者在线上活动中了解华山。从目前来看通过网络进行一系列的营销是大有裨益的。

2. 广告策略

广告是企业在推广产品和服务环节中必不可少的一项，作为旅游景区也是如此。华山景区作为5A级风景名胜区已早早导入CIS战略，设置华山形象标识，在央视黄金时段播出推广广告。这些举措都收到了较好的效果。

3. 营业推广

在营业推广方面，华山景区相应地进行了一整套的行动。在省内，华山景区将重点放在省会西安，在西安各大高校举办旅游风光摄影艺术展以及与企业合作举办文艺活动，这些活动对华山的形象推广有着较大的影响。在省外，华山组织了一整套的推介会，在东部一些城市还进行了公交车体广告投放以及其他一些推介。这些营业推广方式都为吸引游客，提高华山景区的客流量提供了保障。

4. 捆绑式营销

华山景区位于华阴市，华阴市除华山景区外还有许多其他大大小小的景点，如仙峪景区、陕西小故宫-西岳庙景区、万亩荷塘观光景区等。为了更好地吸引游客，同时促进其他景区的发展，华山方面积极出台了购买华山旅游票免费赠送仙峪景区和西岳庙景区门票的政策。这样的捆绑式营销策略为提高客流量起到了很好的效果。

第一节　旅游市场细分

一、旅游市场细分的含义、作用和原则

（一）旅游市场细分的含义

市场细分（market segmentation）的概念最早是由美国市场营销学家温德尔·史密斯（Wendell R. Smith）于20世纪中叶提出的。在我国的旅游市场细分研究中，关于市场细分概念的研究趋于一致。赵西萍（2003）等认为市场细分实际上是根据购买者的需要和欲望、购买态度、购买行为特征等不同因素划分市场的行为过程。王洪滨（2004）指出旅游者需求的差异性是市场细分的关键。张俐俐（2004）强调细分就是划分旅游者群的过程。苟自钧（2005）综合学者们的观点，指出市场细分的出发点是区别消费者的不同需求，然后根据消费者购买行为的差异性，把整体旅游市场分成两个或两个以上具有类似需求和欲望的消费者群体。

综上所述，旅游市场细分，就是将整体客源市场按照地理位置、旅游者特征及需求特点等，划分为不同的消费者群体的过程。每个消费者群体就是一个旅游细分市场。

（二）旅游市场细分的作用

市场细分有利于满足消费者的需求，有利于旅游企业制定灵活的竞争策略，有利于企业集中人力、财力、物力、技术和信息，在市场竞争中以小胜大，以弱胜强。小企业可利用市场细分来显示自己的实力地位。在旅游市场细分作用的研究中，旅游市场细分的意义主要是：市场细分有利于识别和发掘旅游市场，开发旅游新产品，开拓旅游新市场；有利于针对性地制定和调整旅游市场营销组合策略；有利于旅游企业优化资源配置和取得良好的经济效益。

旅游企业为了招徕游客，常会通过各种营销方式出奇制胜。近年来出现的分团行的概念，就是把前来报名的游客按照性别、年龄等进行分类，如“非常男女团”“快乐家庭团”“老人团”等。一些旅游企业采用的策略是，从线路设计开始便针对不同的消费群体进行产品设计，围绕特定的目标客户推出各具特色的旅游产品和服务，使行程安排更有针对性。例如，针对儿童假期的夏令营、冬令营；针对女性的丽人行、太太行；针对新婚夫妇的婚礼团；针对青年男女的自助旅游等。

（三）旅游市场细分的原则

旅游企业可根据单一因素，也可根据多个因素对市场进行细分。选用的细分标准越多，相应的子市场也就越多，每一子市场的容量相应就越小。相反，选用的细分标准越少，子市场就越少，每一子市场的容量则相对越大。如何寻找合适的细分标准，对市场进行有效细分，在营销实践中并非易事。一般而言，成功、有效的市场细分应遵循以下基本原则。

1. 可衡量性

可衡量性是指企业在进行市场细分时所选择的细分标准必须是可以识别和度量的，即

细分出来的市场不仅范围明确，而且对其容量大小也能大致做出判断。细分标准要具有客观性，如按年龄、性别、收入、受教育程度、地理位置、民族等标准，就易于确定企业的目标市场。

2. 可进入性

可进入性是指细分出来的市场应是旅游企业营销活动能够抵达的，即通过努力能够使产品进入并对旅游者施加影响的市场。一方面，有关产品的信息能够通过一定媒体顺利传递给该市场的大多数旅游者；另一方面，该企业在一定时期内有可能让产品通过一定的分销渠道进入该市场。否则，该细分市场的价值就不大。

3. 规模性

规模性是指细分出来的市场，其容量或规模要大到足以使企业获利。进行市场细分时，旅游企业必须考虑细分市场上顾客的数量，以及他们的购买能力和购买产品的频率。如果细分市场的规模过小，市场容量太小，细分工作烦琐，成本耗费大，获利小，就不值得去细分。

4. 差异性

差异性是指各细分市场的旅游者对同一市场营销组合方案会有差异性反应，或者说对营销组合方案的变动，不同细分市场会有不同的反应。如果不同细分市场顾客对产品需求差异不大，行为上的同质性远大于其异质性，企业就不必费力对市场进行细分。另外，对于细分出来的市场，旅游企业应当分别制定出独立的营销方案。如果无法制定出这样的方案，或其中某几个细分市场对是否采用不同的营销方案不会有大的差异性反应，便不必进行市场细分。

二、旅游市场细分的标准和方法

（一）旅游市场细分标准

1. 地理环境

以地理环境为标准细分市场就是按旅游者所在的不同地理位置及其他地理变量（城市、农村、地形、气候等）来将市场加以划分，是大多数旅游企业采取的主要标准之一，这是因为这一因素相对其他因素表现得较为稳定，也较容易分析。

地理环境主要包括区域、地形、气候、城镇大小、交通条件等。不同地域的旅游者基于当地的自然条件、经济发展水平、文化和生活方式及消费观念，在旅游消费和购买行为上存在较大的差别。以我国为例，东部与西部的收入和经济水平差距很大，南方和北方的气候条件、生活方式明显不同，同一地区内的旅游者需求具有一定的相似性，不同地区的消费需求则具有明显的差异。按地理环境进行市场细分主要有以下几种形式。

（1）按主要地区细分。

世界旅游组织将国际旅游市场划分为六大区域：欧洲区、美洲区、东亚及太平洋区、南亚区、中东区、非洲区。

（2）按国家和地区细分。

按国家和地区细分是旅游业最为常用的一种细分标准。将旅游者按其国别划分，有助于旅游地或旅游企业了解主要客源国或地区的市场情况，以便有针对性地制定市场营销策略。

（3）按地理气候细分。

各地气候不同，会影响旅游产品的消费，影响旅游者的流向。根据气候特点，旅游企业可将旅游市场划分为热带旅游区、亚热带旅游区、温带旅游区和寒带旅游区等。

（4）按人口密度细分。

按人口密度，可将旅游市场分为都市、郊区、乡村等市场。

2. 人口因素

地理细分解释了处于不同地理位置、气候、地形条件下旅游者需求的差异。居住在同一地理位置的旅游者的需求差异，需要用人口因素来区分。人口细分是按照人口变量（性别、年龄、收入、职业、教育水平、家庭规模、家庭生命周期等）来细分旅游市场的。

旅游者的需求与人口统计变量有着密切的联系，并且这些因素比较容易衡量，有关数据相对容易获取，由此，旅游企业经常以它作为市场细分的依据，具体包括以下方面。

（1）性别。

由于生理上的差别，男性与女性在旅游产品需求与偏好上有很大不同。例如，男性更喜欢冒险类旅游，而女性花在旅游购物中的时间较长。

（2）年龄。

不同年龄的旅游者有不同的需求特点。例如，青年人对旅游产品的需求与老年人的需求差异较大。青年人喜欢新奇的旅游目的地，老年人更喜欢去那些开发成熟的旅游目的地。

（3）收入。

高收入旅游者与低收入旅游者在产品选择上有显著不同。例如，同是外出旅游，在交通工具及食宿地点的选择上，高收入者与低收入者会有很大的不同。正因为收入是引起需求差别的一个直接而重要的因素，在诸如旅游产品的设计上根据收入来细分市场相当普遍。

（4）职业与教育。

按职业与教育细分是指按旅游者职业的不同、所受教育的不同，以及由此引起的需求差别细分市场。例如，农民旅游者喜欢到城市旅游，而大学生、教师则喜欢文化气息浓厚的景区。

（5）家庭生命周期。

一个家庭，按年龄、婚姻和子女状况等不同，可划分为不同阶段的家庭状况。在不同阶段，家庭购买力、家庭人员对旅游产品的兴趣与偏好会有较大差别。

除了上述方面，经常用于市场细分的人口变量还有家庭规模、国籍、种族、宗教等。实际上，大多数旅游企业通常采用两个或两个以上人口统计变量来细分旅游市场。

3. 心理因素

在地理环境和人口状态相同的条件下，旅游者之间存在着截然不同的消费习惯和特点，这往往是旅游者不同消费心理的差异所导致的。根据购买者所处的社会阶层、生活方式、个性特点等心理因素细分市场称为心理细分。尤其是在比较富裕的社会中，消费心理对市场需求的影响更大。所以，消费心理就成为市场细分的又一重要标准。

(1) 生活方式。

生活方式是人们对消费、工作和娱乐的特定习惯。例如，有的追求新潮、时髦；有的追求恬静、简朴；有的追求刺激、冒险；有的追求稳定、安逸。由于人们的生活方式不同，旅游消费倾向及需求也不一样。

(2) 个性。

个性是指一个人比较稳定的心理倾向与心理特征，它会导致一个人对其所处的环境做出相对一致和持续不断的反应。俗语说“人心不同，各如其面”，每个人的个性都会有所不同。通常，个性会通过自信、自主、支配、顺从、保守、适应等性格特征表现出来。因此，个性可以按这些性格特征进行分类，从而为企业细分市场提供依据。

(3) 社会阶层。

社会阶层是指在某一社会中具有相对同质性和持久性的群体。处于同一阶层的成员具有类似的价值观、兴趣爱好和行为方式，不同阶层的成员则在上述方面存在较大的差异。很显然，识别不同社会阶层的旅游者所具有的不同特点，将为很多旅游产品的市场细分提供重要的依据。

4. 行为因素

行为因素是细分市场的重要标准，特别是在市场经济发达阶段和广大旅游者的收入水平提高的条件下，这一细分标准越来越显示其重要地位。不过，这一标准比其他标准要复杂得多，而且也难掌握。行为细分也是一种较深入的细分方法，它与心理细分结合起来，分析效果更好。行为细分依据旅游者购买行为的分类和差别，可以从购买习惯、利益要点、旅游者状况、使用数量、品牌忠诚程度、购买的准备阶段及态度等具体标准出发，细分总体旅游市场。

(1) 购买习惯。

即使在地理环境、人口状态等条件相同的情况下，由于购买习惯不同，仍可以细分出不同的消费群体。如购买时间习惯标准，就是根据旅游者产生需要购买或使用产品的时间来细分市场的。

(2) 利益要点。

旅游者购买商品所寻求的利益往往是各有侧重的，据此可以对同一市场进行细分。一般来说，运用利益细分法，首先必须了解旅游者购买某种产品所寻找的主要利益是什么；其次要了解寻求某种利益的旅游者是哪些人；最后要调查市场上的竞争品牌各适合哪些利益，以及哪些利益还没有得到满足。通过上述分析，企业能更明确市场竞争格局，挖掘新的市场机会。

(3) 旅游者状况。

根据旅游者状况，旅游市场可被细分为旅游产品的非用户、以前的用户、潜在的用户、初次用户和经常用户。对潜在的用户、初次用户和经常用户应采取不同的营销策略。通过用户状况细分，旅游企业可以了解用户的状况和形成的原因，从而研究采取的策略。

(4) 使用数量。

根据使用数量细分是指根据旅游者购买某一旅游产品的数量大小细分市场。通常可分为大量使用者、中度使用者和少量使用者。大量使用者人数可能并不多，但他们的消费量在全部消费量中占很大的比重。很显然，吸引这些旅游者继续购买是旅游企业工作的重点。

（5）品牌忠诚程度。

企业还可根据旅游者对产品的忠诚程度细分市场。有些旅游者经常变换品牌，另外一些旅游者则在较长时期内专注于某一个或少数几个品牌。了解旅游者的品牌忠诚情况，品牌忠诚者与品牌转换者的各种行为与心理特征，不仅可为企业细分市场提供基础，还有助于旅游企业了解为什么有些旅游者忠诚于本企业产品，而另外一些旅游者则忠诚于竞争企业的产品，从而为企业选择目标市场提供依据。

（6）购买的准备阶段。

旅游者对各种产品的了解程度往往因人而异。有的旅游者可能对某一产品确有需要，但并不知道该产品的存在；还有的旅游者虽已知道产品的存在，但对产品的价值、稳定性等仍存在疑虑；另外一些旅游者则可能正在考虑购买。针对处于不同购买阶段的消费群体，企业进行市场细分并采用不同的营销策略。

（7）态度。

旅游企业还可根据市场上旅游者对产品的态度来细分市场。不同旅游者对同一旅游产品的态度可能有很大差异。例如，有的持肯定态度，有的持否定态度，还有的则处于既不肯定也不否定的无所谓态度。企业可针对持不同态度的消费群体进行市场细分并采用不同的广告、促销等方式。

（二）旅游市场细分的方法

目前，多数学者采用单一变数法、综合变数法和系列变数法这三种细分方法。单一变数法，即根据影响旅游消费需求的某一种因素进行市场细分的方法；综合变数法，即按影响旅游消费需求的两种以上的因素进行市场细分；系列变数法，即按照影响旅游消费需求的各种因素进行系列划分。以细分节假日市场为例，以旅游者收入状况（高、中、低）、年龄（老年、中年、青年、儿童）、利益追求（观光、度假、修学等）进行细分。

美国市场学家麦卡锡提出细分市场的一整套程序，这一程序包括七个步骤：选定产品市场范围；了解、列举分类顾客的基本需求；了解不同潜在用户的不同要求；分析潜在顾客的共同要求；根据潜在顾客基本需求上的差异，划分不同的群体和子市场；进一步分析每一细分市场需求和购买行为特点，并分析其原因，以便在此基础上决定是否可以对这些细分出来的市场进行合并，并做进一步细分；估计每一细分市场的规模。

国内多数的学者对麦卡锡提出的七个步骤保持认同，同时提出细分市场的程序在实际的操作中可以根据市场的需要来做灵活的调整，不必拘泥于学者提出的旅游市场细分的步骤。

三、旅游细分市场的开发

（一）不同旅游消费市场的需求特点

1. 家庭旅游市场

不同国家，家庭的结构和形式不同，旅游消费也不同。我国随着家庭结构向小型化转变，越来越多的年轻家庭倾向于选择亲子游、家庭度假等形式的旅游活动。希望通过旅游增进家庭成员间的感情，同时让孩子在游玩中增长见识。在旅游目的地的选择上，他们更倾向于自然风光优美、文化底蕴深厚的景区，如九寨沟、故宫等。

2. 背包旅游市场

背包旅游者享用的旅游产品是独立的、单项的而不是包价旅游产品；拥有使旅游花费降到最小的愿望；偏爱那些令人疲倦的旅行路线；旅行的逗留时间要比通常旅游假期长。背包旅游市场是一个真正的国际市场，其旅游者阅读相同的旅游指南、使用相似的住宿设施、游览同样的旅游吸引物、偏好远程的旅游目的地。

3. 探亲访友旅游市场

探亲访友旅游市场的特点是社会性动机强，人们出于亲情、友情等情感纽带，选择旅游的方式实现与亲友的相聚。这种旅游动机通常带有强烈的情感色彩，旅游过程中往往伴随着深厚的情感交流。探亲访友旅游市场的主力军之一是学生。在地域范围上，探亲访友旅游以国内为主，但也不乏国际范围内的旅行。

4. 短途旅游或一日游旅游市场

短途旅游或一日游市场主要由国内旅游市场构成，其显著特点在于时间有限，通常集中在周末或节假日，因此消费者更倾向于选择近距离、短时间的旅游目的地。这类旅游大多为自发性决策，以汽车为主要出行方式，便于消费者自由安排行程。例如，城市周边的自然风光、农家乐等，因交通便利、游玩时间适中，成为短途旅游市场的热门选择，满足了消费者在短时间内放松身心的需求。

5. 修学旅游市场

修学旅游市场的特点是在大学期间的学生互换项目；年轻人在国外参加语言学校；有为度假活动所设定的主题。

修学旅游市场呈现出多元且独特的需求特点。大学期间的学生互换项目成为修学旅游的重要组成部分，推动了不同文化背景下的学术交流与融合。同时，年轻人选择在国外参加语言学校，以旅游的方式提升语言能力，体验异国文化。修学旅游还常常围绕特定主题展开，如历史文化、艺术体验等，为度假活动增添了深度与意义。这些特点共同构成了修学旅游市场的丰富内涵，吸引了越来越多追求知识与体验的年轻消费者。

6. 候鸟式旅游市场

候鸟式旅游是指老年人出于自身健康的考虑，前往更适合的地方的旅行和游览活动。候鸟式旅游的产生有自然、经济和社会等方面原因。随着老年人消费观念及居家养老观念的逐渐改变，候鸟式旅游将成为老年旅游市场中的一种新兴旅游产品和旅游热点。候鸟式旅游市场非常考验一个地区的综合服务能力，需要产品、安全、医疗、养生等服务的配套，要满足老年生活多方面的需求。

7. 社会旅游市场

社会旅游的主要市场在欧洲，由于基于公民的社会权利或每个人的社会福利，所以会以一些津贴或国家支持的形式开展。社会旅游市场的形式多样，包括温泉旅游、低收入者支付度假产品、非营利度假中心等。如英国度假营，既提供传统的旅游胜地具备的一切设施，又不断开辟和发展新的风景区域，组织大群游人观赏，建造特别设计的低消费接待设施，并经常就地提供娱乐和其他服务。

(二)旅游消费市场的开发策略

1. 无差异市场营销策略

无差异市场营销策略是指企业将产品的整个市场视为一个目标市场,用单一的营销策略开拓市场,即用一种产品和一套营销方案吸引尽可能多的购买者。

由于无须细分市场、只生产单一产品、实行一种市场营销组合,因此营销活动开支减少,成本降低,单一产品和一种市场营销组合有利于大批量生产,销售渠道也可相对简化。对那些垄断性强、吸引力大的旅游产品,如故宫、长城、秦始皇陵兵马俑和埃及金字塔等世界自然文化遗产,使用这一策略可以吸引更多的旅游者前往观光,取得事半功倍的效果。

无差异市场营销策略的局限性有以下几方面。首先,消费者需求客观上千差万别并不断变化,一种产品长期为所有消费者和用户所接受非常罕见。其次,当众多企业如法炮制,都采用这一策略时,会造成市场竞争异常激烈,同时在一些小的细分市场上消费者需求得不到满足,这对企业和消费者都是不利的。再次,易于受到竞争企业的攻击。当其他企业针对不同细分市场提供更有特色的产品和服务时,采用无差异营销策略的企业可能会发现自己的市场正在遭到蚕食,但又无法有效地予以反击。

2. 集中性市场营销策略

集中性市场营销策略是指集中力量进入一个或少数几个细分市场,实行专业化服务和销售。这一策略特别适合于资源力量有限的中小旅游企业。中小旅游企业由于受财力、人员等方面因素制约,在整体市场上可能无力与大企业抗衡,但如果集中资源优势在大企业尚未顾及或尚未建立绝对优势的某个或某几个细分市场上进行竞争,成功可能性更大。

集中性市场营销策略的局限性体现在两个方面。一是市场区域相对较小,企业发展受到限制。二是潜伏着较大的经营风险,一旦目标市场突然发生变化,如消费者兴趣发生转移,或强大的竞争对手进入,或新的更有吸引力的替代品出现,都可能使企业因没有回旋余地而陷入困境。

3. 差异性市场营销策略

差异性市场营销策略是指将整体市场划分为若干细分市场,针对每一细分市场制定一套独立的营销方案。

差异性市场营销策略的优势是品种多、市场覆盖面宽,产品机动灵活、针对性强,使消费者需求更好地得到满足,由此促进旅游产品销售。另外,由于企业是在多个细分市场上展开经营,一定程度上可以减少经营风险;一旦企业在几个细分市场上获得成功,有助于提高企业的形象及提高市场占有率。

但由于产品品种多,开发和营销成本将增加。由于企业必须针对不同的细分市场发展独立的营销计划,会增加企业在市场调研、促销和渠道管理等方面的营销成本。另外,可能使企业的资源配置不能有效集中,顾此失彼,甚至在企业内部出现彼此争夺资源的现象,使拳头产品难以形成优势。

(三)开发旅游消费市场应考虑的因素

1. 注重市场调研

我国旅游企业在产品设计与生产过程中市场调研是薄弱环节,市场调研的目的是了解消费者的需求，保证设计出的产品能被旅游者认可，具有长久的生命力。注重市场调查和旅游者需求趋势预测，树立消费者至上的营销观念，是第一要务。

2. 注重产品种类与深度的开发

中国绝大多数旅游企业的实力和规模较小，产品种类单一，价格竞争激烈。企业应该根据自身的经营实力选择观光旅游、度假旅游、专项旅游不同的产品类型开发生产；或者选择某一种产品类型深度开发，提供富有特色的服务，形成自己的品牌优势，增大旅游产品的差异性与科技含量，使竞争者难以仿冒。

3. 采用多种市场营销策略

旅游产品的市场营销，可以同时使用波士顿矩阵和产品生命周期分析产品结构，能够帮助企业更好地认识产品特性，得出更加全面、合理的营销策略。企业应该在市场调研的基础上，突出产品的差异化，制定合理的价格，采用多种促销方式，利用多种渠道，重视产品的质量与售后服务，树立起产品良好的品牌形象，不断提升顾客满意度，使旅行社获得强大的竞争力。

第二节　产品与旅游消费者行为

无论在哪个行业，产品都是市场营销的基石。由于它在满足消费者需求方面的核心作用，人们通常将产品放在4P营销组合（产品、价格、渠道、促销）的首位。这充分说明产品作为市场营销手段的重要性，它对于企业的成功起着至关重要的作用。深入理解和把握产品营销策略，对于旅游企业来说至关重要。通过精心设计和推广产品，企业能够更有效地吸引和满足旅游消费者的需求，从而在激烈的市场竞争中脱颖而出。

一、旅游产品生命周期策略

产品生命周期理论在现代营销管理中扮演着重要角色，尤其对于旅游业来说。这个理论为旅游企业提供了宝贵的指导，能帮助企业更有效地利用资源、创造独特的旅游产品，并制定有效的营销策略。

人们的旅游需求总是随着社会生活的不断发展和变迁而发生改变，因此旅游产品也经历着兴盛衰败的变化。旅游产品生命周期，其实就是一个旅游产品从进入市场开始、发展流行到最后被淘汰、退出市场的完整过程。这个过程就是旅游产品的市场寿命，它涉及对销售额和利润的分析与判断。通过了解这一规律，旅游企业可以更好地把握市场动态，做出明智的经营决策。

（一）旅游产品生命周期理论

旅游产品在市场营销过程中，都有一个由产生、发展到被淘汰的过程，就如同任何生物都有其出生、成长到衰亡的生命过程一样。所谓旅游产品生命周期理论，是指旅游产品从进入市场到最后被淘汰退出市场的过程，包括投入期、成长期、成熟期、衰退期4个阶段。典型的旅游产品生命周期是呈S形正态分布的，分布曲线如图4－1所示。

1. 投入期

它是指旅游产品刚刚进入市场的时期。这一时期的旅游产品的设计与生产都有待于进

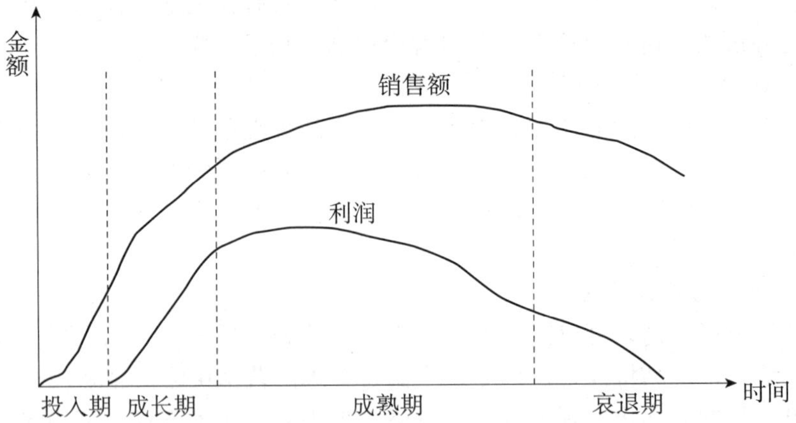

图 4-1　产品生命周期曲线

一步完善，旅游服务质量不稳定。在这一阶段，旅游者对旅游产品还不甚了解，旅游者的购买行为不够踊跃，只有少量追求新奇的旅游者可能做尝试性购买，旅游产品的销售量很低并且增长速度缓慢。而且，由于旅游产品在这一阶段的生产成本以及对外广告与宣传的销售费用较大，旅游企业的利润较低，甚至存在一定程度的亏损。

2. 成长期

它是指旅游产品逐渐被旅游者接受、销售量迅速增长的时期。这一时期的旅游产品设计与生产都已趋完善，服务质量大大提高，旅游企业的利润大幅度提高，同时广告费用也随着产品的畅销而降低。在这一阶段，由于旅游产品的销售状态良好，可能会出现其他竞争者。

3. 成熟期

它是指旅游产品在市场上普遍销售的饱和阶段。这一时期旅游产品已成为名牌产品或老牌产品，在旅游市场中享有较高的知名度，旅游产品的销售量逐渐达到顶峰而趋于饱和状态，旅游产品的成本降至最低点，旅游企业的利润也达到最高水平。在这一阶段，竞争者大量涌现，旅游企业间的竞争日趋激烈。

4. 衰退期

它是指旅游产品逐渐退出旅游市场的阶段。这一时期旅游产品的内容与形式都显陈旧，其他更为先进的旅游产品层出不穷，旅游消费者对原旅游产品的兴趣已逐渐下降，转而倾向购买其他类型的旅游产品。因此，旅游产品此时的销售量大幅度下降，旅游企业的利润甚微，甚至在竞争中被淘汰。

从销售额和利润来看，旅游产品生命周期曲线一般像倒 U 形，如图 4-1 所示。

（二）旅游产品生命周期各阶段的营销策略

旅游企业必须了解旅游产品目前所处的生命周期阶段，并采取相应的营销策略。

1. 旅游产品投入期营销策略

在投入期，旅游企业应将销售力量投向最有可能的购买者，使旅游消费者尽快了解旅游产品的内容和特点，尽量缩短投入期的时间，可采取的具体策略有以下几种。

（1）加强广告宣传。旅游产品在投入期，应以产品知晓、创造产品知名度为营销重点。旅游企业可以借助社会重大活动和造成广泛影响的事件，适时进行旅游产品宣传，以引起社会的广泛关注，从而吸引旅游者的注意和激发旅游者的购买热情。

（2）拓展旅游产品市场。旅游产品的市场开发是一项独立的创造活动，它不限于一般性的宣传，还包括全方位扩展旅游产品的销售渠道，通过价格策略占领市场份额或获取理想利润等。

（3）注重旅游产品的质量。旅游产品初入市场，旅游者对其产品质量的印象和口碑宣传，将影响该旅游产品今后的发展，因此，旅游企业要继续改进旅游产品的生产设计，完善其配套服务，逐步提高旅游产品的质量。

2. 旅游产品成长期营销策略

旅游企业为了维持旅游产品的市场增长率，提升利润率，在成长期的营销策略有以下几种。

（1）提高产品服务质量，增加旅游产品特色。

改进旅游产品，进一步完善基础设施建设，提高旅游地可进入性。增加产品新的功能和品种，以系列化的产品满足不同目标市场的需求。不断完善产品质量，提高产品的服务，获得更好的市场信誉，以吸引更多的潜在旅游者。

（2）开拓并采用新的销售渠道。

加强销售渠道管理，协调好成员，挖掘市场深度，将市场更加细化；采取多种销售形式，增加新的销售渠道。

（3）开拓新市场。

在分析市场价格发展趋势和竞争者价格策略的基础上，努力提高旅游产品的规模生产能力，以此降低单位产品成本，可适当降低原有价格，以吸引对价格敏感的潜在购买者，以此主动开拓新市场。

（4）加强旅游宣传力度、增加促销方式。

把产品宣传中心从介绍产品转移到建立产品形象上，树立产品品牌，培养忠实客户，吸引新客户。在适当时候开展促销活动，吸引对价格比较敏感的消费者购买产品。另外，借助媒体，对外宣传，重点由介绍旅游产品转为树立产品形象，宣传产品特色，提高产品知名度，走向名牌产品的销售策略。

（5）培养产品品牌。

旅游企业要努力在产品成长期，改进产品的生产设计，突出产品特色，形成鲜明的产品特色，在旅游消费者心目中建立良好的品牌形象。

3. 旅游产品成熟期营销策略

这一时期旅游产品已基本定型，市场营销活动日趋成熟，市场已趋于饱和状态，产品销售量难以快速增长。如不是具有独特历史文化内涵的旅游产品，可能会面临同类竞争产品不断涌现的情景，由此市场竞争异常激烈，企业为了延长成熟期的销量和利润，可采取以下营销策略。

（1）市场改进策略。

通过市场细分，企业应找出新的尚未满足的市场，争取新的消费者，进行新的市场开发，进一步挖掘市场潜力，稳定和扩大产品的销售量。

（2）产品改进策略。

旅游产品的改进主要集中在两个方面，一是产品质量改进，增加产品的独特性、新颖性，技术的先进性、时代感等，以吸引不同需求的旅游消费者。二是服务数量改进，规范服务技巧，使旅游接待服务标准化，以此来稳定服务质量，同时，尽可能增加服务项目，以此吸引旅游消费者。

（3）营销组合改进策略。

对原有的营销组合产品、定价、渠道、促销等因素的调整、变革，稳定市场，刺激销售量回升，继续提高市场占有率，如降价或增加销售过程中的服务内容，开辟多种销售渠道等。

（4）新产品的研制和开发。

产品的市场营销进入成熟期，即意味着市场营销工作开始下降。旅游消费者日益变化的旅游需求，使企业无法确知现有产品的衰退期何时到来。为使企业永远居于市场主动地位，旅游企业应着手研发新的旅游产品和项目。

4. 旅游产品衰退期营销策略

市场营销一旦进入衰退期，对于旅游企业而言，将面临一次严峻的考验，企业能否果断地调整产品营销策略，直接关系企业未来的生存和发展。通常企业会尽可能地延缓产品进入衰退期。如果旅游产品已明显落后，旅游企业应该果断淘汰老产品或更新换代。其主要措施有以下几种。

（1）立刻放弃策略。

如果旅游产品市场销售量急转直下，甚至连变动成本也无法补偿，那么企业宜采用此策略。

（2）撤退和淘汰疲软产品。

为维持疲软产品可能使企业发展受阻，占用企业的人、财、物，还会影响企业的市场声誉，因而对于此类产品，企业应果断撤退并予以淘汰。

（3）逐步放弃策略。

改善和扩充滞销旅游产品。滞销产品面对同类产品或其他替代产品的竞争，市场销售量有所下降，但在旅游市场上仍具有一定的潜力。对于这类产品，企业不应盲目放弃，开发一个新的市场需要大量人力、物力、资金的投入，企业应当分析当前旅游产品滞销的原因，对症下药，改善旧的旅游服务，增加新的旅游项目，改进旅游宣传方式，提升旅游产品销量。

（4）自然淘汰策略。

旅游企业不主动放弃某一产品，而是依据旅游产品的生命周期，继续使用过去的市场细分、销售渠道、价格策略和促销手段，直至旅游产品的完全衰竭。进入市场的旅游产品多种多样，其生命周期各异，即使是同时进入衰退期的同类产品，其旅游企业退出市场的时刻也不一样，有的企业较早退出市场，而继续留在该市场中的企业可以承继退出企业空闲的消费能力，由此获利。

二、旅游新产品策略

旅游新产品是指由旅游生产者初次开发设计，或者在原产品基础上对其功能、内容、服务方式等方面有重大改进的产品。旅游新产品的开发，是旅游业存在发展的必要条件，是企业保持活力和竞争优势的重要途径。要保证旅游新产品在市场上获得成功，除要设计出满足消费者需求的产品外，还要运用正确的推广策略，使得消费者充分感知和理解新旅游产品的优越性，这样才能使新旅游产品为更多消费者所接受。旅游企业通常采用以下几种策略实行新产品的开发和推广。

（一）资源重组策略

以市场需求为基础组合旅游资源。在了解市场需求的基础上，整合旅游资源以激发旅游者的旅游动机，满足或创造旅游需求。这种整合方式基于对旅游市场的深入调查和对旅游者消费行为仔细分析的基础之上，具有灵活性强的特点，易于新产品的开发。

以文化为纽带组合旅游资源。通过文化组合，例如以自然要素为对象的生态文化、以民俗为主体的传统文化，以高新科技和新文化为代表的现代文化等多种类型的文化特色来组织开发旅游产品。

从经济效益的角度组合旅游资源。旅游资源的组合要能够实现旅游资源价值增值和利润回报，提高产业贡献率，这也是旅游业作为经济产业发展的内在需求与动力。

（二）产品升级策略

随着新科技的发展和旅游需求的升级，消费者对旅游产品的期待会不断更新和提升。相对于开发全新的旅游产品来说，这时产品升级既简单可行，又非常必要。

1. 提升旅游产品形象

旅游产品形象影响着人们对产品的心理感知程度。提升旅游产品形象是指在原有旅游产品形象的基础上提炼新形象，从而使旅游者从一个崭新的角度来认识原有旅游产品，并产生强烈的兴趣。

2. 提高旅游产品品质

提高旅游产品品质的一个重要途径是保持对旅游产品生产设计与管理的不断完善与改进，对产品所依托的旅游资源进行深度开发，丰富原有旅游产品的内容。

3. 提高旅游产品科技水平

高科技可促进旅游资源的内涵不断延伸，使一些过去不能被开发的潜在旅游资源被利用起来，如深海、太空、智能互动旅游资源等。在旅游新产品开发中要促进高科技转化为现实的旅游生产力，重视遥感（RS）、全球定位系统（GPS）、地理信息系统（GIS）的3S技术及虚拟现实技术（VR）等在旅游产品开发中的运用。

例如，随着数字技术的发展，数字文旅消费规模不断扩大。很多旅游企业运用增强现实、虚拟现实、人工智能等数字科技，融合文化创意等元素，让游客深度参与互动体验。旅游不再是过去的走走看看，观光式旅游正在向沉浸式、体验式旅游转变，数字技术成为传统旅游行业迭代升级的重要抓手。

（三）新产品营销策略

从价格和促销的角度来考虑，旅游企业在产品的投入期有四种营销策略可供选择，如

图 4－2 所示。

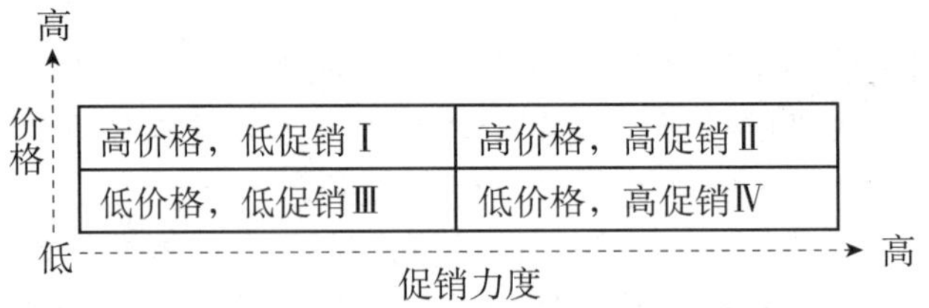

图 4－2　投入期旅游产品促销策略

1. 缓慢撇脂策略——高价低促销

在市场上推广新的旅游产品，可以通过高定价来塑造其形象，以此来弥补促销力度上的不足。高价格的设定旨在增加利润，并通过减少促销活动来降低销售成本。这种策略短期内能带来巨大利润，迅速回收旅游产品的生产投资，但必须具备以下基本条件：(1) 产品的规格档次高，服务质量好，基础设施齐全；(2) 旅游市场规模小，潜在旅游消费者愿意出高价；(3) 大部分潜在消费者已基本了解这类产品；(4) 潜在的竞争对手少，使旅游产品具有很大的垄断性。

2. 快速撇脂策略——高价高促销

以较高的价格树立旅游产品市场形象，同时支出大量的促销费用，加大促销的力度，在市场上树立高质量的形象，以弥补高价格的不足，从而扩大市场占有率。这种策略适应于以下类型的市场：(1) 潜在市场上的大部分旅游消费者还不知道该旅游产品；(2) 人们消费水平较高，市场上有一批重质量而轻价格的成熟消费者；(3) 旅游产品更具个性化、趣味性和健康性，与同类产品比较，具有明显的优势；(4) 旅游企业面临潜在的竞争对手，必须尽快培养消费者的品牌偏好。

3. 缓慢渗透策略——低价低促销

企业以一种低姿态进入旅游市场，目的在于促使市场尽快接受这类产品，随着产品知名度的提高，慢慢地提高产品的价格，以收回企业的投资。采取该种策略的条件是：(1) 市场上对该产品的价格弹性较大；(2) 市场有较大的开拓余地；(3) 基础设施能稳步配套建设；(4) 有相当数量的潜在竞争者；(5) 产品的知名度较高，常应用于"民俗文化游""乡村旅游"等。

4. 快速渗透策略——低价高促销

以较低的价格加上较高的促销，全力推出该产品。这种策略常使产品在最短的时间内进入市场，迅速提高产品的市场占有率。采取该策略出于以下原因：(1) 市场规模较大，有众多的潜在旅游消费者；(2) 旅游消费者大多对价格敏感，对该旅游产品不了解；(3) 存在强大的潜在竞争的威胁；(4) 旅游产品因规模生产或新技术而使生产成本大大降低。

三、旅游产品品牌策略

（一）旅游产品品牌的功能

严格地讲，从市场营销的意义上解释品牌时，不仅需要考虑生产者或企业的认识，而且需要考虑消费者市场的认识，因为对于生产者而言，品牌所代表的是该产品的本体——

该产品的自我形象，对于消费者而言，品牌所代表的则是该产品的市场形象——消费者市场对该产品所实际持有的形象或印象。但就其通常意义而言，品牌一般是指用作某一产品或某一组群产品之标识的名称和符号，其目的在于使该产品与其他同类产品有所区别。简单地说，品牌就是产品的象征性标识。

品牌并不单纯是用来与其他厂商的产品进行区别的标签，而是一种反映多项概念和品质的综合性标记。它可以将很多有关该产品的情况告知消费者，其告知方式不仅是通过其字面含义本身，更重要的是通过一段时期之后在公众中建立起来的一系列联想。所形成的实质结果则是一种公众形象、一种特征或个性。与该产品的很多技术指标相比，这一形象或个性对于实现该产品的市场地位更加重要。

旅游产品品牌，是指用以识别某旅游产品（包括目的地、旅游线路、特种旅游项目、单项旅游服务等）的名称、标记、符号、图案或其组合，以便消费者能识别旅游企业或旅游地的产品和服务，将其与竞争对手区分开来，获得旅游者的购买和参与。对于旅游市场而言，品牌最持久的特性是旅游产品的价值、文化和个性。

具体地讲，旅游产品品牌的核心功能在于，它可以向消费者市场传递某一旅游产品在档次、价格、品质、服务地点，以及其他为旅游消费者所看重的主要因素等信息。也就是说，一个品牌可以告知消费者该产品能够满足他们的哪些期望。旅游消费者仅仅需要通过品牌，就可以知道该航空公司、该旅行社、该旅游景点能够为自己提供哪些价值。这些价值是为旅游消费者所看重的因素，例如该产品供给的可靠性（如航班的正点率等）、所涉及活动的冒险程度、消费者在开展活动方面的自由度、该产品在同类产品中的地位等。

一个品牌的市场知名度以及该品牌作为产品象征的美誉度往往是这一品牌好坏的综合表现。一个好的品牌有助于提升人们对该产品的购买价值的认识。因此，在成熟的旅游市场中，旅游消费者往往主要根据品牌而不是单纯根据对价格的考虑，去选择是否购买有关旅游产品。

包括旅游业在内，各行各业的营销者都非常重视品牌工作。出现这一情况的原因很多。从需求方面分析，这主要是因为市场供大于求以及竞争者的增多，为消费者购买产品提供了更多的选择。但与此同时，随着现代社会生活节奏的加快，消费者只有十分有限的时间能够用于进行购买决策。因此，我们不难发现，人们在挑选和购买产品时，越来越多地根据品牌进行决策。对于生产者或企业而言，这意味着在实现产品的销售方面，品牌的重要性日益凸显，因为品牌有助于消费者简化其决策过程、降低购买风险，并有助于满足消费者的预期。正是由于这些情况及其仍将继续发展的趋势，很多市场营销专家预言，未来的市场营销将是“品牌之战”。从供给方面分析，旅游营销者对品牌化工作的日益重视，主要是基于几个方面的原因。第一，旅游营销者越来越多地认识到品牌作为一种资产所具有的价值。第二，由于旅游供应商往往需要借助零售代理商的力量来完成销售工作，而零售代理商所代销的同类产品很多，因而对于旅游供应商而言，拥有并突出自己的品牌变得十分重要。第三，随着广告价格的不断攀升，旅游营销者用以开展促销宣传的方式越来越多地转向非广告手段，而品牌在这方面所起的作用越来越突出。第四，随着全球化的发展，实施品牌扩张的机会不断增多。

（二）品牌与旅游消费者行为

品牌与旅游消费者行为是产品整体概念的重要组成部分，具有深刻的内涵和丰富的市场信息。要把握品牌的深刻内涵，可以从六个层次加以理解，即属性、利益、价值、文化、个性、用户。

品牌的塑造需要不断地关注旅游消费者行为，了解旅游消费者的需求。只有了解旅游消费者需求，才能推出旅游消费者认可的品牌。多数旅游消费者又有一定的品牌仰慕心理，而且购买名牌旅游产品可以减少旅游消费者的感知风险。知名品牌使得旅游企业有能力向目标旅游消费者提供恰当的信息，利用品牌吸引旅游者并体现出对他们需求的人性设计。

（三）具体的旅游产品品牌策略

旅游企业主要有三种品牌策略可供选择，具体如下。

1. 品牌延伸策略

品牌延伸策略，是指企业利用市场上已有一定声誉的品牌，推出改进型产品或新产品。采用这种策略，一方面可以加快新产品的定位，保证新产品投资决策的快捷准确；另一方面还有助于减少新产品的市场风险，节省新产品的推广费用，迅速打开产品的销路，强化品牌效应，增加品牌的经济价值，同时能够增强核心品牌的形象，提高市场占有率，发展规模经济，实现收益最大化。

品牌延伸策略的实施有一个前提，即扩展的品牌在市场上已经具有较高的声誉，受到广大消费者的青睐，扩展的产品也必须是与之相适应的质量优良的产品。否则，会影响产品的销售或者降低已有品牌的声誉。此外，在采用品牌延伸策略时，企业应该具有一定的风险意识，正确对待品牌延伸领域与原有品牌的不同关系，避免陷入简单化、雷同化的境地。企业不能想当然地认为只要把已成功的品牌用上去，就会为本企业带来巨大的经济价值，并且品牌也会增值，这种认识在经营实践中表现出来就是一种短期的急功近利行为，其结果必然会得不偿失，将自己的金字招牌亲手砸掉。

2. 多品牌策略

多品牌策略，是指企业根据各目标市场的不同利益分别使用不同品牌的品牌决策策略，即同时拥有两种或者两种以上互相竞争的品牌。例如，美国洲际酒店集团就拥有洲际、皇冠假日、假日、快捷酒店等多个国际知名酒店品牌。

多品牌策略之所以取得成功，是因为这种策略有助于企业针对每一项产品分别设计最合适、最贴切的品牌。企业在将某些品牌的产品定位于低档市场时，不至于对其他品牌产品的高端形象造成伤害。一旦媒体出现对本企业某一产品的不利报道，其他品牌的产品不会因此而受到牵累。也就是说多品牌策略成功靠的不仅是品牌的创建，更重要的是品牌的保持，使产品在顾客心目中具有明确的差异性，这样就要为产品提供独一无二的特征。多品牌策略的主要缺点在于，由于本企业需要针对各个品牌分别开展营销传播，因而需要足够大的经费预算，否则难以成功打造各个品牌的知名度。

3. 统一品牌策略

统一品牌策略，是指旅游企业的每种旅游产品都使用统一品牌。世界上很多知名饭店都采用这一品牌策略，如香格里拉酒店集团。香格里拉的设计一贯以清新的园林美景、富有浓厚亚洲文化气息的大堂特征闻名于世。同样，就目前的情况而言，我国旅游企业在其产品经营中，所使用的品牌几乎无一例外都是统一的公司品牌。

采用统一品牌策略的最大优点在于可以使得本企业旗下的各产品间实现促销费用的资源共享和宣传活动的利益均沾。也就是说，针对每一项产品开展的促销宣传，客观上都会带来使本公司所有其他产品也能得到推广的效果，从而降低推广新产品的成本，节省大量广告费用。采用统一品牌策略的另一个好处是，对于每一项产品的销售业绩，都可以依据整个家族产品的总销售业绩进行测量和评价。在没有明显的其他特殊原因的情况下，如果管理者发现整个家族产品总的销售业绩与某一项产品的销售业绩之比，随着时间的推移呈现出不断增大的趋势，则意味着该项产品已经到了需要更新换代的时候。当然，采用统一品牌策略的潜在问题是，由于所有各项产品都使用同一个品牌，一旦其中任何一项产品的市场名声受损，将对其所有其他产品造成一定的不利影响。因此，在采用统一品牌策略时，企业管理者必须注意对每一项产品认真执行质量控制。

知识链接

细分市场消费趋势变化与旅游产品的演变

2024 年 7 月，“世界旅游联盟·中欧旅游对话”在匈牙利首都布达佩斯成功举办。与会嘉宾围绕“细分市场消费趋势变化与旅游产品的演变”进行了分享，主要内容整理如下。

中国消费者的消费模式已经发生了明显的转变。如今，中国游客更倾向于探索和体验新事物，对文化的兴趣日益浓厚。比斯特系列首席品牌与国际传播官洛朗·维纳表示，与伦敦国家美术馆合作，为游客提供独特体验，使其近距离观察艺术品修复过程。提供多样的产品，包括休闲咖啡馆和高品质餐厅，旨在为顾客打造难忘的体验。不仅希望顾客因商品而记住比斯特，还希望他们享受这里多样的美食和烹饪体验。

当前，旅游业发展的关键在于把握消费趋势。欧盟旅游科技秘书长伊曼钮尔·慕尼尔表示，将重点关注可持续性和个性化。据调查，超过八成的旅行者在规划旅行时都将可持续性视为关键驱动因素，这不仅决定了旅游企业满足客户需求的产品策略，也促使供应商采取更可持续的做法。旅行个性化趋势明显，旅行者需处理大量数据，企业需要提供工具简化搜索过程。毫无疑问，新的 AI 工具将根本改变向消费者提供旅行服务的方式，企业需要提供适当的工具来适应这一变化。

关于入境游市场中，中欧旅游消费者需求不同，中国旅游集团旅行服务有限公司副总经理孙承龙表示，入境旅游呈现强劲复苏态势。以中旅集团为例，2024 年入境游客人数比 2023 年同期增长了 743%，呈现出显著的增长趋势。客人对旅游产品的需求也趋向多元化，商务旅游、文化交流、文艺演出、文化教育等领域需求明显增长。同时，客人对旅游健康和安全方面的关注也在增加，超过 70%的欧洲客人对安全和健康有特殊要求。出境游方面，中国客人和欧洲客人在消费取向上有许多相似之处，如个性化的小包团和定制服务需求大幅增长。除传统的意大利、法国、瑞士和德国等热门旅游目的地外，对东欧小众目的地的需求也在迅速增长。如何跟踪这些优势并开发更多适合消费者的产品将是未来关注的重点。

资料来源：https：//m. thepaper. cn/baijiahao _ 28117664. 有删改 .

第三节　价格与旅游消费者行为

美国营销学家科特勒曾说过，在营销组合中，价格是唯一能产生收益的因素，也是营销组合中最灵活的因素，也是最具有刺激性的因素之一。深入研究价格对旅游消费者心理的影响，把握旅游消费者的心理特征，是旅游企业有效制定价格策略，进行成功营销组合的前提条件。

一、旅游消费者的价格心理

旅游消费者的价格心理是消费者在购买旅游产品过程中对价格刺激的各种心理反应及其表现。它是由消费者自身的个性心理和对价格的知觉判断共同构成的。

（一）习惯性心理

习惯性心理是指旅游消费者根据自己以往的购买经验，对某些旅游产品的价格反复感知，从而决定是否购买的习惯性反映。虽然产品价格的制定具有一定的客观标准，但在实际生活中，由于各种因素影响，旅游消费者很难对旅游产品价格的客观标准了解清楚，很难对旅游产品价格的合理性、准确性做出严格的判断。因此，对价格的认知，只能根据多次购买的经验，形成衡量旅游产品价格的一个心理尺度。如果价格在这个尺度内，则被认为是合理的，可以接受的；反之，超出这个范围则被认为是不合理的，难以接受的。

旅游消费者的价格习惯心理一旦形成，是较难以改变的。当商品价格变动时，对消费者的心理会造成一定的冲击，消费者会经历一个从不适应到适应的过程。因此，企业在进行价格调整的时候，应充分考虑到价格习惯心理对旅游消费者购买行为的影响，尽量把价格调整幅度限定在消费者可接受的范围内，对于那些超出习惯价格的调整，应十分谨慎。

（二）敏感性心理

旅游消费者对价格的敏感性就是价格意识，是指旅游消费者对旅游产品价格变动的反应程度。旅游产品价格的高低和变动直接关系旅游消费者的切身利益。旅游企业在进行价格调整时，对于敏感性较大的旅游产品，如固定很久的门票价格，一次调价的幅度不宜过大，以免引起消费者心理上的过度反应。另外，消费者对价格变动敏感心理的反应程度，会随着价格变动的习惯性适应而降低。

（三）感受性心理

感受性心理是指旅游消费者对旅游产品价格高低的感受和知觉程度。旅游消费者对旅游产品价格的高与低的认识和判断，不完全基于某种旅游产品价格是否超过或低于他们认定的价格尺度，他们还会通过与同类旅游产品的价格进行比较来认识。

（四）倾向性心理

倾向性心理是指旅游消费者在购买过程中对旅游产品价格进行选择的倾向。旅游产品有高、中、低价格，一般来说，标志着旅游产品的不同价值和品质档次。由于社会地位、经济收入、文化水平、个性特征、价值观存在不同，旅游消费者会出自不同的价格心理，对旅游产品价格档次产生不同的选择倾向。

二、旅游消费者对价格的诉求

从消费者的视角出发，价格的高低主要取决于他们对产品质量与性价比的期待。消费者需要清晰地认识到价格与产品质量之间的紧密联系。有些旅游企业会设定较高的价格，以此来凸显其旅游产品在设计、服务等方面的独特优势。

在旅游业里，价格常常被当作一种竞争策略，它能在多个方面对旅游消费者的行为产生深远影响。表 4-1 归纳了旅游业利用价格影响消费者行为的方式。不同的价格策略能够激励消费者选择不同的市场，或者在特定情境下增强他们对某个企业的忠诚度。价格策略不仅可以引导消费者做出市场选择，还能有效防止消费者对自然资源和设施的过度消耗。

表 4-1　旅游业利用价格影响消费者行为的方式

商业技巧	实例	对于消费者行为的作用
宣传期低价位	旅游经营商	吸引消费者开拓新市场
整体低价位	经济的空中旅行	吸引主要对低价位感兴趣的消费者
最后一分钟购买折扣	中档饭店	刺激消费者购买
针对特殊细分市场优惠	博物馆	吸引相对贫困的消费群参观
奖励价格	豪华酒店	吸引追求地位、价值与独特性的消费者

资料来源：约翰·斯沃布鲁克，苏珊·霍纳．旅游消费者行为学［M］．俞慧君，等译．北京：电子工业出版社，2004.

最终决定旅游产品是否适合还在于旅游者对产品价格与价值的认知。旅游产品有其独特性，它的价值产生都是通过消费者体验、认知和感受表现出来的。旅游企业应把产品的价格建立在消费者对旅游产品的认知价值上，因为随着科学的迅速发展，社会生产率得到了极大的提高，许多产品定价的关键，不再单单去考虑卖方的成本，还要注重买方对所需产品的价值认知程度。当产品的价格水平与消费者对产品价值的理解和认知程度大体一致或低于理解与认知程度时，消费者就会比较容易接受这种产品；反之，这种产品就很难顺利流向市场，会被消费者所摒弃。

三、旅游产品的价格策略

旅游企业在制定价格时，会考虑消费者购买时的心理因素，有意将产品价格定得高些或低些，以诱导消费者的购买来扩大市场销售量。它是一种价格策略，是旅游企业营销组合的重要组成部分。制定合理的价格，是旅游产品成功走向市场、满足顾客需求的重要手段。

（一）新产品定价策略

旅游企业为了使自己的产品能够顺利进入市场，或能够圆满完成营销目标，会为新产品制定合适的定价策略。在对产品定价时，企业通常要考虑三个基本因素，即成本、需求和竞争，并深入考虑消费者的价格心理表现。一般情况下，旅游企业会采用以下几种定价策略。

1. 撇脂定价策略

在新产品初入市场时，设定一个远高于其实际价值的价格，以期迅速攫取高额利润。随着时间的推移，再逐渐降低价格，让新产品渗透到更广阔、更具弹性的市场中。这种策略特别适用于那些独具新意、拥有垄断性生产技术或资源、风靡一时且市场压力较小、生产能力难以迅速扩张的旅游新产品。采用撇脂定价策略，易于吸引消费者的目光，激发他们的购买欲望。对于旅游企业而言，这不仅是快速占领市场的捷径，更是获取高额利润、加速投资回报的黄金法则。而且，由于这种策略预留了较大的降价空间，当市场竞争加剧时，企业可以灵活调整价格，既有效阻挡新竞争者的涌入，又顺应了消费者价格心理从高到低的自然变化。然而，实施这一策略的前提是市场上存在对高价位或时尚旅游产品的强烈需求，并且高价策略不会诱发更多竞争者涌入市场。

2. 渗透定价策略

在新产品初入市场的关键时期，旅游企业利用消费者追求物美价廉的心理，有意将价格设定得很低，让新产品以“质优价廉”的形象闪亮登场，轻松吸引顾客，迅速占领市场，从而为长远的稳定利润打下坚实基础。这种定价策略的精妙之处在于，对于那些特色不明显、易于被模仿的旅游产品，通过实施低价策略，可以有效阻挡其他旅游企业的跟风，减轻本企业的竞争压力。然而，这种策略也有其局限性，它可能会导致投资回收期变长，并且在面对实力强大的竞争对手时，可能会遭受较大的损失。

3. 满意定价策略

满意定价策略是一种折中的艺术，它介于撇脂定价与渗透定价策略之间，寻找那个最完美的平衡点。具体来说，就是旅游企业在推出新产品时，会根据旅游消费者在购买旅游产品时愿意支付的价格，来精心制定新产品的价格。这样一来，旅游产品投放市场后，既能确保旅游企业获得一定的利润，又能让旅游消费者感到物有所值，欣然接受，因此得名“满意定价策略”。这种策略贴合大多数旅游消费者的购买能力和购买心理，易于建立起稳定而良好的商业信誉。

（二）心理定价策略

心理定价策略可以说是一场关于消费者内心的精妙博弈。它深入分析消费者的购买心理，巧妙利用消费者对价格数字的敏感度和由此产生的各种联想，而采取的一系列定价技巧。

1. 尾数定价策略

尾数定价策略被形象地称为“非整数定价策略”，即给旅游产品定一个带有零头的非整数价格，这样一来，旅游者就会觉得这是经过精心计算后的最低价格，感觉上更为诱人。这种定价的小窍门，特别适用于那些价格相对较低的旅游产品或服务。比如，旅游饭店里一道标价 29.8 元的菜肴，相比 30 元的菜肴，看起来就更有吸引力。

2. 整数定价策略

整数定价策略是旅游企业将旅游产品的价格定为整数的一种策略。这种策略能够凸显旅游产品本身的价值，让旅游消费者容易产生“一分钱一分货”的购买观念，对于旅游企业在市场竞争中脱颖而出和提高经济效益都大有裨益。对于那些高档、名牌的旅游产品，比如精致的工艺品、高星级饭店的客房等，通常会采用这种整数定价策略。

对于那些无法明确显示其内在质量的商品，消费者总是通过其价格的高低对其质量的好坏进行判断。但是，在整数定价方法下，价格的高只是凭借整数价格来给消费者造成高价的印象，这并不是绝对的高。整数定价常常以偶数，特别是“0”作尾数。例如，旅游景区的工艺品店可以将艺术品的价格定价为 2 000 元，而不必定为 1 998 元。

整数定价策略适用于需求的价格弹性小、价格高低不会对需求造成过大影响的商品，如星级宾馆、高级文化娱乐城等，由于其消费者都属于高收入阶层，也甘愿接受较高的价格，所以就很适合用整数定价。例如，价格为 5 000 元一天的总统套房不宜改为 4 950 元。

3. 声望定价策略

声望定价策略是一种专为高价目标服务的定价策略。它利用了旅游消费者“价高质必优”的心理，对于在旅游消费者心中已经建立起良好信誉的产品，制定一个相对较高的价格。这种策略特别适合那些名优旅游品牌，或者那些产品质量不容易一眼看出、购买风险较大的旅游产品。它的目的不止是让旅游企业从旅游产品中获得最高的利润，更重要的是，通过出售高价但优质的旅游产品，进一步提升旅游企业的声望。同时，这也满足了旅游者购买这种旅游产品后，想要提升自身价值和社会地位，以及求名和炫耀心理。

4. 招徕定价策略

招徕定价策略是一种巧妙利用消费者冲动性购买和从众心理的定价策略。在市场营销活动中，旅游企业有时会有意给旅游产品标上低价或者打折，就是为了迎合旅游者“贪图便宜”的心态。这样一来，就能趁机吸引旅游消费者，顺便带动和扩大其他旅游产品的销售。但要让招徕定价策略发挥最大效果，还得配上相应的广告宣传，才能事半功倍。

（三）折扣定价策略

为了扩大销售、抢占市场，或为了巩固和加强与中间商的合作关系，旅游企业常常会在已经定好的价格基础上，给顾客或中间商让利性减价，具体策略如下。

1. 数量折扣策略

数量折扣策略指根据购买数量的多少，分别给予不同的折扣，购买数量越多，给予的折扣越大。其目的是鼓励大量购买，或团队购买。数量折扣包括以下两种形式。

（1）累计数量折扣。

累计数量折扣规定消费者在一定时间内，购买商品如果达到一定数量或金额，则按其总量给予一定的折扣，其目的是鼓励消费者经常向本企业购买。在旅游企业中，常见的累计数量折扣有团体价、会议价、公司价。

（2）一次性数量折扣。

一次性数量折扣是指旅游企业根据旅游购买者每次购买达到一定的数量或购买多种产品达到一定金额时所给予的价格折扣，一次性购买量越多，享受到的折扣就越大。比如，一次性购买某旅游产品 100 件，则旅游企业按价格的 95%收款，若一次性购买 200 件以上按 90%收款，若一次性购买 1 000 件以上按 80%收款。采用这种定价策略能够极大地刺激旅游消费者的大量购买，增加盈利，同时减少交易的次数和时间，节约人力物力等，实际上降低了旅游产品的营销成本。

2. 现金折扣策略

现金折扣是对在规定的时间内提前付款或用现金付款所给予的一种价格折扣，其目的是鼓励消费者尽早付款，加速资金周转，减少财务风险，同时还能够降低销售费用。采用现金折扣一般要考虑折扣比例、给予折扣的时间限制、付清全部款项的期限三个因素。在西方国家，典型的付款期限折扣表示为“3/20，net60”，其含义是在成交后 20 天内付款，买者可以得到 3%的折扣；超过 20 天，在 60 天内付款不予折扣；超过 60 天付款要加付利息。因为旅行社交易往往没有担保，旅行社一般为规模较小的企业，其所具有的信誉通常较差。为鼓励客户及早付款，可以采取现金折扣的方式给予优惠。现金折扣的力度要大于当时银行利息，否则客户不会选择预付款。

3. 季节折扣策略

季节折扣策略是指旅游企业在销售淡季时，为鼓励旅游者购买旅游产品而给予的一种折扣优惠策略。在旅游淡季，为解决大量旅游服务设施，如客房、餐厅、飞机等的闲置问题，就可以采用这种策略。

有些产品的生产是连续的，而其消费却呈现出显著的季节性。为了调节供需矛盾，这些企业便采用季节性折扣的方式，对在淡季购买产品的消费者给予一定的优惠，使企业的生产和销售在一年四季都可以保持相对稳定的状态。例如，在淡季时由于客流量少，宾馆和饭店都愿意以较低的价格向目的地旅行社提供服务，因此旅行社可以极大地降低成本，从而将其中一部分利润让给合作伙伴，以确保对方在淡季时能够多送团。

旅游行业存在明显的季节性特点，节假日或某些季节游客数量较多，而另一些季节则相对较少。为了平衡淡旺季的客流差异，旅游企业采取季节折扣策略，以吸引更多游客在淡季旅游，能提升资源使用率，提高淡季时的经营效益，还有助于保持游客忠诚度。

4. 功能折扣策略

中间商在产品分销过程中所处的环节不同，其所承担的功能、责任和风险也有所不同，旅游企业据此给予不同的折扣称为功能折扣。功能折扣的比例，主要考虑中间商在分销渠道中的地位，对旅游企业产品销售的重要性、购买批量、完成的促销功能、服务水平、承担的风险，以及产品在市场上的最终售价等。功能折扣的结果是形成购销差价和批零差价。比如，美国雷迪逊旅馆公司为了增加来饭店的旅行者人数，给予旅行社 10%的佣金；奥埃特旅馆公司规定旅行社为旅行者每预订 24 间客房，该公司就免费向旅行社提供 1 间客房。

（四）差异定价策略

差别定价法又称区分需求定价法，是指某一产品可根据不同需求强度、不同购买力、不同购买地点和不同购买时间等因素，采取不同的售价。例如，消费者在商店的小卖部喝一杯咖啡要付 20 元，在一个小餐厅则要付 25 元，而在大旅店的咖啡厅就要付 30 元，如果要送到旅店的房间内食用则要付 35 元。价格一级比一级高并不完全是产品的成本所决定的，而是附加服务和环境气氛增添了产品的价值。

旅游企业采用差异定价策略，就是相同的旅游产品以不同的价格出售的策略，其目的是通过形成若干局部的旅游市场而扩大销售，增加旅游企业的盈利来源。

1. 地理差价策略

旅游企业的地理差价策略是一种灵活且实用的定价方法，旨在通过调整不同地区的价格来平衡旅游供求关系，进而优化旅游资源的配置和企业的经济效益。该策略的核心思想是根据地区的经济发展状况、旅游资源的丰富程度、市场需求以及运营成本等因素，制定不同的价格水平。

例如，国内西部某旅游景点在经济发达的一线城市推出了高端旅游套餐，价格相对较高，但服务质量和体验更为出色，包括豪华酒店住宿、私人导游服务、高端餐饮等，满足了高端游客对于舒适度和个性化的需求。通过高价策略，该企业不仅实现了较高的利润回报，还提升了品牌形象和市场地位。而在三四线城市，它提供更具性价比的旅游产品和服务，包括经济型酒店住宿、当地特色美食体验等，让游客在有限的预算内也能享受到愉快的旅行体验。

2. 时间差价策略

时间差价策略是指旅游企业对相同的旅游产品或服务，根据旅游者需求的时间而制定不同的价格。在旅游旺季，对旅游产品的需求会大幅度提高，因此，旅游产品价格会高于旅游需求下降的旅游淡季。采用这种定价策略，有利于鼓励旅游中间商和消费者增加购买的频率和力度，特别是在淡季时更为明显，同时还可以减少旅游企业仓库费用和加速资金周转，从而保证企业长期处于市场竞争的优势地位。

3. 对象差价策略

旅游企业针对不同旅游者的需要和购买的数量等因素，对同一旅游产品实行不同的价格。对象差价策略是指旅游企业针对不同的旅游者的需求和购买的数量等因素，以不同的价格销售同一旅游产品或服务。采用这种定价策略，目的在于稳定客源，维持旅游企业基本的销售收入。有时也常常应用这个策略来开拓新的旅游市场，增加销售收入。比如，针对青年旅游者不断增加的趋势，旅行社为争取客源，就会根据其收入偏低、支付能力较弱的特点，往往通过适当降低产品价格以吸引这些旅游者；旅店为了稳定客源，总是对常住客人按其住宿的期限，分别给予不同比例的优惠价；对一些团队旅游者按其规模的大小等给予一定比例的价格优惠。

4. 质量差价策略

高质量的产品，包含较多的社会必要劳动量，应该实行优质优价。例如，在相同旅游产品中会存在旅游高端和旅游低档产品，就是因为采用质量差价策略，旅游产品中所包含的质量水平存在差异。

（五）价格调整策略

旅游企业处在一个动态变化的市场环境中，旅游产品的价格需要进行不断的调整。调整价格，可采用如下策略。

1. 产品降价策略

旅游企业通常在以下两种情况下，选择降低产品的价格。

第一，企业的生产能力过剩，特别是服务类旅游产品不能库存，在这种情况下，企业就要考虑降价。

第二，企业的成本费用比竞争者低，企图通过降价来掌握市场占有率，从而扩大生产和销售量，降低成本费用。

第三，在强大的竞争者的压力下，企业的市场占有率下降。在这种情况下，企业就要考虑降价，以争取更多的消费者。

2. 产品提价策略

旅游企业通常在以下几种情况下，选择提高产品的价格。

第一，通货膨胀或交通价格上涨引起企业成本增加，在这种情况下，企业就要考虑上调产品的价格。因为企业无法自我消化增加的成本，只能通过提高售价才能维持正常的生产经营活动。成本上升使利润减少，这使企业不得不提价。

第二，企业产品供不应求，不能满足消费者的要求。在这种情况下，企业就必须提价。比如，旅游黄金周期间，由于旅游者成倍地增长，旅游饭店房价迅速上涨，交通、景区门票也有所上调。

至于价格调整的幅度，则要充分考虑消费者的反应。因为调整产品价格的目的是促进产品的销售，实质上是要促使消费者做出购买决策，将此产品购买到手中。如果忽视了消费者的反应，销售就会遭遇挫折，只有根据消费者的反应对产品的价格进行适当的调整，才能收到良好的效果。

（六）基于网络消费行为的定价策略

在旅游产品的网络销售渠道中，旅游产品的价格往往受设施建造成本、运营成本、网络宣传成本、市场供求状况、竞争状况、顾客需求状况等多种因素的影响和制约。因此，旅游企业应当充分考虑这些因素，来采取合理的定价策略。以下是一些基于网络消费行为的旅游产品定价策略。

（1）竞争定价策略。根据旅游者需求状况和竞争对手价格策略确定旅游产品的价格。

（2）个性化定价策略。利用网络互动性和消费者的需求特征来确定旅游产品的价格。

（3）自动调价议价策略。根据市场供求状况、竞争状况、产品性能及其他因素，在计算收益的基础上，设立自动调价并与消费者直接在网上协商旅游产品的价格。

（4）声誉定价策略。根据旅游企业的网上商店在消费者心中享有的声望进行定价。

总之，在具体的网络营销实践中，旅游企业应当根据实际状况综合采取灵活多样的定价策略。

知识链接

经济型饭店的客房优惠计划

某经济型饭店有200间客房。经分析，该饭店每间客房的日均固定成本为6美元，变动成本为4美元。

最初，该饭店实行的房价为32美元/间夜。后来，该饭店管理部门从营业统计中发现，该饭店一年当中有4个月的时间客房出租率从未超过50%。这意味着，在这4个月里，该饭店的客房不仅有半数闲置，而且每间客房每天还须支出6美元的固定成本。

为此，该饭店营销部门在对市场需求进行全面分析的基础上，设计了一项优惠计划，旨在为这4个月的时间招徕业务。这一计划的主要内容是，凡是在这些淡季月份前来下榻的顾客，如果停留时间为3到6夜，可享受优惠房价20美元/间夜；如果停留时间为7到10夜，可享受优惠房价18美元/间夜；如果停留时间为11夜以上，则可享受优惠房价15美元/间夜。

这一计划的实施效果是，这4个月的客房出租率上升到68%。虽然这一计划的实施使得该饭店所实现的年平均房价有所下降，却使得该饭店的实际利润有了很大的增长。

资料来源：李天元，曲颖．旅游市场营销［M］．北京：中国人民大学出版社，2013.

第四节 渠道与旅游消费者行为

旅游产品要想更好地实现销售，不仅需要使自身更符合旅游者的需求，使自身的价格更容易被旅游者所接受，还应当有更合适的销售渠道。本节在了解旅游者行为特征的基础上，学习旅游产品销售渠道相关的内容。

旅游产品销售渠道，是指旅游产品从旅游企业转移到旅游消费者身上这一过程中所经过的一切取得使用权或协助使用权转移的中介组织或个人。简单来说，旅游产品销售渠道就是旅游企业将旅游产品销售给旅游者的途径。旅游产品销售渠道是一个具有较为宽泛的内涵的概念。它既包括旅游企业在生产现场直接向旅游者销售其产品，也包括旅游企业借助自身力量在生产地点以外的其他地方销售其旅游产品，还包括旅游企业借助中间商向旅游者出售其旅游产品。

分销渠道对于旅游消费者而言至关重要，因为旅游消费者可能会喜欢此种产品，能够并且乐于付款购买，但是如果旅游消费者无法了解和获得产品，销售就不可能发生。

一、旅游产品销售渠道的类型

科特勒曾在他的《营销管理》一书中，将产品的销售渠道分为四大类：一是零层次销售渠道，主要指产品从生产者向消费者转移其产品的过程中不涉及中间环节或中间商的销售途径；二是单层次销售渠道，主要指产品在向消费者转移过程中只通过一个中间环节或中间商的销售途径；三是双层次销售渠道，主要指产品在向消费者转移过程中通过两个中间环节或中间商的销售途径；四是多层次销售渠道，主要指产品在向消费者转移过程中通过三个或更多个中间环节或中间商的销售途径。

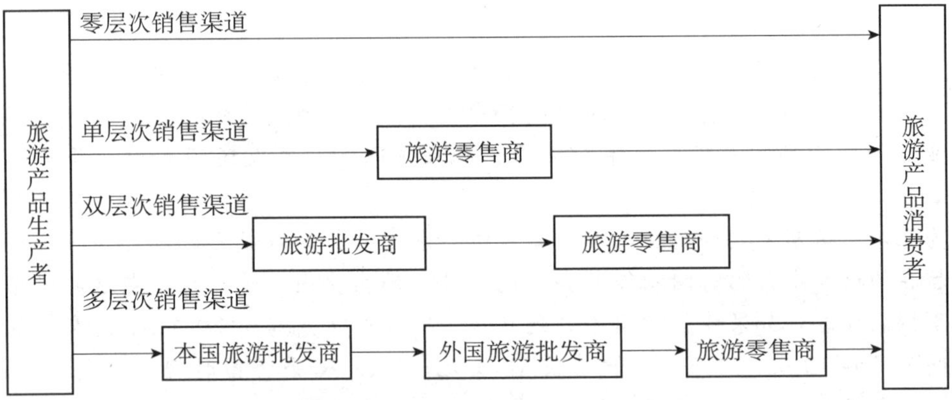

图 4－3　旅游产品销售渠道的类型

科特勒的这种关于产品的销售渠道划分基本上适用于旅游产品的销售渠道，但并不是最贴切的。因为与实物产品有所不同，旅游产品大多是无形的，旅游者购买旅游产品很多时候购买的是一种预期的旅游经历和体验，其有时间、地点限制，甚至有资格限制。不管是旅游景点、旅行社、饭店，还是旅游线路，旅游者都必须在指定的时间和地点进行消费。所以，根据旅游产品的特点，可将旅游产品的销售渠道分为以下两大类。

（一）直接销售渠道

旅游产品的生产者或供给者不通过任何中间环节，直接向旅游者销售其产品的销售途径，就是旅游产品直接销售渠道。如果与科特勒的产品销售渠道对应，则属于零层次销售渠道。这种销售渠道具有直接性，能够节省支付给中间商的费用，从而帮助旅游企业降低成本，使其有可能以较低的价格将产品销售给旅游者，从而获得价格上的竞争优势。此外，直接销售渠道还有利于旅游企业及时了解和掌握旅游者的购买态度和其他相关市场需求信息，从而根据市场需求尽快改进产品，使旅游产品的质量得以控制，旅游企业的形象得以强化。

在旅游产品直接销售量大和旅游者购买力较稳定的情况下，旅游产品生产者可以省去中间商的分销费用，以降低成本、提高效益。从旅游企业的销售实践来看，直接销售渠道有以下三种模式。

1. 旅游产品生产者—旅游消费者（旅游者到生产现场购买）

旅游产品生产者向前来生产现场购买的旅游消费者直接出售产品，是最早出现的旅游产品销售模式。在这种模式中，作为生产者的旅游企业在其生产地点同时也扮演零售商的角色。至今仍然有很多旅游企业使用这种销售方式，如酒店、餐馆、旅游景点、娱乐场所等。

2. 旅游产品生产者—旅游消费者（旅游者通过各种直接预订方式购买）

这一模式是指远在客源地的旅游消费者通过电话、信函、传真、互联网、预订系统等方式直接向旅游产品生产者预订产品或服务。在这一模式中，作为生产者的旅游企业通过互联网或预订系统等同时扮演零售商的角色。目前，由于互联网技术的普及，互联网和计算机预订系统被旅游企业广泛使用在直销中。

3. 旅游产品生产者—自设销售网点—旅游消费者（旅游者通过旅游产品生产者的自设零售系统购买）

这一模式是指旅游产品生产者通过在目标客源地自设销售网点，直接面向消费者出售自己的产品。由于这些销售网点是由旅游产品生产者自己设立和运营的，因此这种销售模式仍然属于直销。采用这种销售模式的有很多不同类型的企业。例如，航空公司在目标市场所在区域设立自己的分公司或售票处；铁路部门在许多地点设立售票处、订票处开展销售活动；大中型旅游公司通过自设的销售网点销售旅游产品等。

（二）间接销售渠道

就旅游产品的销售而言，间接渠道是指旅游生产者或者供应商借助中间商的力量将自己的产品转移至最终消费者的流通途径。这里所称的中间商，是指那些从事旅游产品生产的转售业务、具有法人资格的经济组织或个人。根据其业务性质或主营业务，旅游中间商主要包括经销商、代理商、批发商、零售商等。在旅游产品的间接销售渠道中，也有三种形式。

1. 旅游产品生产者—旅游零售商—旅游消费者

这种模式为单层次销售渠道，即旅游产品生产者向代销其产品的旅游零售商支付佣金，由旅游零售商把旅游产品销售给旅游者。该模式在以欧美为典型的外国旅行业中非常普遍。除了专门从事批发业务的旅游企业完全通过这一模式的渠道进行销售和组团之外，众多类型的旅游产品生产者（如饭店、航空公司、游轮公司等）将这一模式作为自己销售产品的主渠道。在我国的旅游业中，这种模式也存在。例如，很多旅行社的门市不但代理预订交通票据，而且可代客预订酒店房间、机票，代办租车等。

与科特勒的产品销售渠道对照，这一模式可被称为单层次销售渠道。它所涉及的中间商只有一个，一般是旅行代理商以及其他代理旅游零售业务的预订机构。欧美国家运用这一模式较为普遍。专事批发业务的旅游企业往往通过这一模式进行销售，除此之外，饭店、航空公司、邮轮公司等也以这一模式作为销售产品的主渠道。旅游供应商需要向中间商支付代理佣金。

在我国，这一模式运用得较少，但也同样存在。例如，一些旅馆和饭店多以外包形式在店内提供同类的代理服务业务；旅行社的门市代理预订交通票据，或代理饭店预订、代办租车等。需要注意，我国有关企业和机构在经营上述旅行代理业务时，一般不从被代理企业处获得佣金，而是向旅游消费者收取服务费。他们与旅游消费者之间存在一定的委托关系，但并不构成法律意义上的委托关系，这还有待进一步明确。

2. 旅游产品生产者—旅游批发商—旅游零售商—旅游消费者

与科特勒的产品销售渠道对照，这一模式为双层次销售渠道，涉及两个层次的旅游中间商。这种渠道模式是旅游服务业中较为流行的销售方式之一，尤其是度假地饭店、假日营地、航空包机公司等类型的旅游企业喜欢采用。

第一个层次的中间商是旅游批发商，主要是一些从事团体包价旅游批发业务的组团旅行社。它们经常大批量地购买航空公司、住宿企业、旅游景点，以及地接旅行社等各方的单项产品或服务，并对这些产品或服务进行打包组合，形成包价旅游线路产品或包价度假集合产品，最后通过客源地的旅游零售商将产品出售给消费者。

在欧美国家，从事团体包价旅游批发业务的组团旅行社一般分为两类：一类是完全通过以旅行代理商为代表的旅游零售商面向消费者销售其产品；另一类既委托独立的旅游零售商销售其产品，也自己设立和经营零售网点，直接面向消费者出售其产品。

第二个层次的中间商是旅游零售商。

3. 旅游产品生产者—本地旅游批发商—客源地旅游批发商—客源地旅游零售商—旅游消费者

与科特勒的产品销售渠道对照，这一模式为多层次销售渠道，多见于入境旅游业务。它的中间商至少有三个。这是国际旅游业中广泛采用的一种销售渠道。我国很多旅游企业限于自身实力及海外客源地环境因素的制约，在面向海外旅游市场开展经营方面，常常既没有能力去海外客源地设立自己的直销网点，也难以与海外客源地的旅游零售商开展稳定的业务合作。因此，他们面向海外旅游市场销售产品时，一般都是以协议价格将产品批量出售给我国的国际旅行社，由国际旅行社将这些产品编排组合为团体包价旅游产品，然后将其转包给海外客源地的组团旅行社，最后由海外客源地的组团旅行社委托当地旅行代理商及其他零售代理机构将产品出售给消费者。如果海外客源地的组团旅行社设有自己的零售机构，也可以自己扮演旅游零售商的角色，直接将产品出售给消费者。

上述是旅游行业中比较常见的销售渠道模式。事实上，很多旅游企业都不限于采用一种销售渠道模式。尤其是那些规模较大的旅游生产企业，会同时采用多种模式销售旅游产品。很显然，旅游产品销售渠道的选择是旅游营销实践中需要关注的一个问题。

（三）直接和间接销售渠道的对比

一般情况下，如果不考虑其他方面的因素，单纯比较直接销售渠道和间接销售渠道，那么直接销售渠道要优于间接销售渠道，原因主要表现在以下两个方面。

第一，直接销售渠道能够节省旅游供应商向零售代理商支付的佣金，从而有助于降低旅游供应商的流通成本。如果旅游供应商将节省下来的部分资金让利给消费者，又会增加旅游供应商的价格竞争优势。

第二，直接销售渠道有利于旅游供应商及时了解和掌握消费者对有关产品的态度和其他方面的需求信息，从而有助于不失时机地根据消费者的需要和目标市场的需求变化情况，改进自身的经营工作。

直接销售渠道虽然具备很明显的优点，但在目前看来，很多中小型旅游企业限于资金问题，还没有能力构建自己的计算机预订系统，也没有能力在客源地域设立自己的销售网点，加之消费者行为习惯等方面的因素，旅游产品供应商完全采用直接销售渠道还不太现实，还需要与有关的中间商合作，借助中间商的力量去拓宽本企业销售渠道，以获得更好的营销效果。

二、影响渠道选择的因素

旅游产品生产者在决定分销渠道的类型和模式时，会受到多种因素的影响。通常情况下，旅游产品本身的特性、旅游市场的状况、旅游产品生产者自身的条件，以及宏观的营销环境，是决定旅游产品分销渠道选择的主要因素。

（一）旅游产品

旅游产品的性质、种类、档次、等级等因素，对旅游产品分销渠道的选择起着决定性的作用。一般来说，旅游景点、餐馆、商务性饭店、汽车旅馆、旅游汽车公司等旅游企业，主要依赖直接分销渠道来销售自己的旅游产品。而游船、机场旅馆、度假饭店、包机公司等，尤其是那些经营国际业务的旅游企业，往往采用间接分销渠道作为他们销售的主要方式。

对于高档型旅游产品，价格昂贵，因此市场相对较小，购买者也少，而且多为回头客。这类产品的销售，往往采用直接分销渠道，以便更好地满足客户的需求。而较低档次的大众化旅游产品，市场面广，购买者众多。采用间接分销渠道，能更容易地在更大的市场空间内吸引、争取广大的客源。

（二）旅游市场

旅游市场中对旅游产品分销渠道类型的选择影响较大的因素为旅游消费者、旅游中间商和同类产品竞争者。

1. 旅游消费者

旅游消费者对旅游产品需求的热度，以及他们的地域分布，直接决定着旅游分销渠道的长度和宽度。换句话说，如果很多旅游消费者对某个产品特别感兴趣，他们又来自四面八方，那么分销渠道就得相应地又长又宽。另外，旅游者的消费习惯，比如他们购买旅游产品的频率，也影响着旅游中间商的数量设置。简单来说，如果旅游者经常购买旅游产品，那么中间商的数量就得跟上节奏，确保供应顺畅。

2. 旅游中间商

旅游中间商的性质、功能及对各种产品的销售服务是旅游分销渠道选择的影响因素。具有高水平服务和设备的旅游中间商适合销售高品质的旅游产品。零售商的实力较强、规模较大，旅游产品生产者才可以直接通过零售商经销产品；反之，旅游产品生产者只能通过批发商或自行销售其旅游产品。

3. 同类产品竞争者

旅游产品生产者的分销渠道选择还受到竞争者使用的渠道的影响，因为有时旅游产品生产者希望在与同类产品竞争者相同或相近的经销处与竞争者的产品抗衡；有时同类产品竞争者所使用的分销渠道反倒成为旅游产品生产者避免使用的渠道。

（三）旅游产品生产者自身状况

旅游产品分销渠道的选择受旅游产品生产者自身状况的影响，其中，主要受旅游产品组合的广度和深度以及旅游产品生产者控制分销渠道的愿望与能力的影响。一般情况下，如果旅游产品生产者生产的旅游产品组合面太窄、产品单一，则需要通过批发商进行分销，采用的分销渠道长而窄；反之，如果旅游产品组合面较广且较深，则适合零售商分销，采用的分销渠道短而宽。旅游产品生产者的实力越大、资金实力越雄厚、营销管理能力越强，旅游企业在选择分销商方面就有更大的主动权，其选择分销渠道的灵活性就越强，甚至可以自行组织分销系统。

（四）宏观营销环境

旅游宏观营销环境对于旅游产品生产者分销渠道的选择也有不同程度的影响。例如，国家在旅游市场方面的优惠政策或限制条件，以及宏观经济状况的变化，都会影响分销渠道的长度与宽度。另外，旅游目的地或旅游产品的地理条件也是重要的环境因素之一。若旅游产品地处交通便利的地区，开展直接分销的可能性就较大；若旅游产品地处偏远的地区，则只能采取较长的分销渠道。

实际上，绝大多数旅游产品生产者所采用的销售渠道都不限于一种。特别是那些规模较大的旅游生产企业，往往同时采用多种模式的销售渠道。

三、旅游零售商对旅游消费者行为的影响

分销渠道的中间商可以对消费者产生影响。通常，零售商对消费者的购买过程起决定性的作用。例如，旅游零售商具备的一个基本职能就是，连接旅游经营商或旅游批发商与消费者。霍纳和斯沃布鲁克（Horner and Swarbrooke）对此职能进行了归纳，如图 4-4 所示。从图 4-4 中可以看出，旅游零售商在与消费者的关系上执行着重要的职能。他们在说服消费者做出购买决策时扮演着关键的角色。同时，当旅游产品有问题时，他们还会成为消费者投诉的对象。

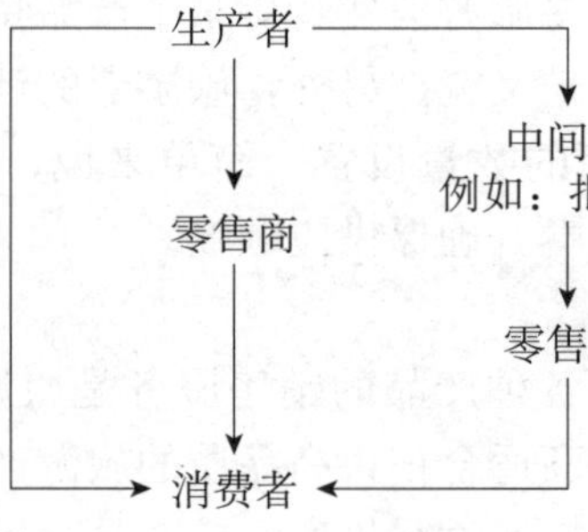

图 4-4 旅游零售商的作用

资料来源：约翰·斯沃布鲁克，苏珊·霍纳．旅游消费者行为学［M］．俞慧君，等译．北京：电子工业出版社，2004.

需要强调的是，旅游零售商对旅游消费者购买决策具有重要的影响，尤其在帮助旅游消费者制订旅游计划和选择旅游产品两个方面。很多调查表明，旅游零售商的这一作用并未因现代信息技术的发展而削弱。以北美的调查为例，在旅行代理商接待的顾客中，相当多的人对于自己要去何处旅游通常只是一个大致的想法。例如，他们可能已经决定要去某一个地方旅游，但对于具体去哪个旅游目的地并未拿定主意，因而需要并且愿意寻求旅游零售商的指导和建议。即使是那些已经选定旅游目的地的顾客，其中大多数人也往往会就某些具体的问题寻求旅游零售商的建议和指导，如选择哪条旅游线路，游览哪些景点，住

哪些饭店或者选择购买哪些包价旅游产品等。旅游零售商不仅会影响消遣型旅游者的出游选择，而且对差旅型旅游者的旅行安排也有一定的影响。例如，北美有关调查表明，虽然商务旅游者的旅行目的地已定，但在具体的旅行安排上，超过 1/3 的人会征求旅游零售商的指导和建议。

另外，旅游零售商还起着方便旅游消费者购买的作用。除了地点上的便利，旅游消费者还可通过旅游零售商一次性同时预订行、宿、食、娱等单项旅游产品，并且一次性地向旅游零售商支付，从而可以简化购买手续和节省时间。

四、旅游销售渠道策略

在着手规划销售渠道时，首要任务是明确目标，这可以通过深入分析以下几个关键方面来实现：旅游产品的种类是否丰富，数量是否充足，质量是否上乘，旅游企业所瞄准的目标市场位于何方，市场的需求量呈现出怎样的趋势，消费者购买这些产品的背后动机是什么，他们更倾向于哪种购买方式，市场的整体结构是如何构建的，竞争激烈程度如何，市场正在经历哪些变化，产品的发展趋势是什么，旅游产品在市场中应聚焦哪些重点区域或消费群体，计划采取何种策略来切入市场，企业的销售额与利润目标具体是多少，等等。

（一）直接销售渠道或间接销售渠道的决策

直接销售渠道有利于直接获取消费者的信息，有助于提高旅游产品质量，有助于控制旅游产品的发展过程，有助于提升旅游企业的形象。但是，直接销售渠道有时建设和运营成本太高而收益却很小，销售的旅游产品种类有限，消费者选择的余地不大，销量小，而且不稳定。间接销售渠道则相反，旅游市场拓展的可能性加大，但企业对产品销售的控制力和信息反馈的清晰度较差。一般来说，企业实力越小，对间接销售渠道的依赖性越大，而当目标市场广阔或想进入新的市场时，或想要提高销量以及市场竞争加剧时，也必须建立间接渠道，充分利用间接渠道才能取得良好的销售效果。

（二）销售渠道长度的决策

旅游产品销售渠道的长度，通常是指该旅游产品从生产者向最终消费者转移过程中所经过的中间环节的多少。所经过的中间环节越多，销售渠道就越长。例如，某度假酒店大部分住宿产品实现销售的渠道为：先批发给当地的组团旅行社，由这些旅行社将这些住宿服务纳入它们所组织的包价旅游产品，并将这些包价旅游产品转包给外国的旅游批发商，然后由这些旅游批发商委托该国的旅游零售商将产品销售给最终的消费者。这就是一个较长的销售渠道。

一般情况下，销售渠道越短，旅游生产者承担的销售任务越多，但信息传递快，销售及时，对渠道控制较有力；销售渠道越长，则信息传递缓慢，流通时间较长，旅游生产企业对渠道的控制力就弱。在旅游消费者批量不大并且十分分散的地方，应选择层次较多的长渠道；在旅游产品购买者众多并且相对集中的地方，应选择层次较少的渠道。如果中间商经销实力较强，有丰富的销售经验，可选择短渠道，价格低廉，而且批量较大的情况下则应选择长渠道。

很显然，直接销售渠道属于短渠道，而间接销售渠道属于长渠道。在旅游产品的营销实践中，如果旅游企业的营销资源条件允许，短渠道一般比长渠道好，原因如下。

第一，从消费者心理来分析，旅游产品的生产者直接销售产品意味着价格较低，因而消费者就愿意从旅游生产者处直接购买或直接预订。可见，短渠道符合旅游者的消费心理。

第二，从市场控制方面来分析，较短的销售渠道有利于旅游企业迅速掌握市场供求关系和竞争状况的变化，从而及时调整市场营销策略。

第三，从旅游产品流通的实际情况来分析，旅游企业采用较长的销售渠道，需要支付给中间商一定的佣金，因而会减少旅游企业的收入。另外，旅游批发商往往会出于自身利益考虑，在批发的价格上进行加价出售。这又有可能影响产品的市场占有率，阻碍产品的顺利销售。

第四，从信息沟通情况来分析，较长的销售渠道所经过的中间环节多，会不可避免地影响旅游供应商与旅游消费者之间信息沟通的速度和质量，甚至可能会因中间商方面的原因发生信息误传。

对大部分旅游企业来说，到底选用何种长度的销售渠道为宜，应当充分考虑前面所述的影响因素，同时应当认识到，在某些因素的制约下选出来的销售渠道并不是“最佳”的渠道，通常只是相对比较适合的渠道。

（三）销售渠道宽度的决策

旅游产品销售渠道的宽度，主要指一个旅游企业所依靠的直接经销和代销旅游产品的中间商数目。一般来说，直接经销和代销旅游产品的中间商越多，其产品的销售渠道就越宽。

旅游产品销售渠道的宽度选择策略，就是对选择哪一种宽度的销售渠道进行决策。当前，旅游企业关于旅游产品销售渠道宽度的选择策略主要有以下三种。

1. 限制性选择策略

所谓限制性选择策略，是指旅游企业根据自己的销售实力和目标市场的地域分布格局，在一定的客源地域范围内选择有限的几家信誉好、服务水平高的中间商经销或代销自己的产品。如果旅游企业要销售那些价格较高或市场供给量不大的旅游产品，如海上巡游度假产品，可以采取这种策略。这一策略有利于旅游企业更好地控制销售渠道，以保持旅游产品的口碑。

2. 无限制选择策略

所谓无限制选择策略，是指旅游企业在自身没有足够实力设置销售网点的情况下，为了扩大产品销路而广泛使用中间商。这一策略不需要旅游企业对中间商进行挑三拣四，只要中间商愿意经销或代销旅游企业的产品并接受双方商定的利益条件，就可以达成合作关系。

旅游企业采用这种策略时，虽然会广泛选用中间商，不过于挑选，但它们会根据自身的销售实力给予不同程度的重视，如对不同中间商采用不同的报价，给不同中间商支付不同的佣金。例如，旅游饭店企业在借助中间商销售其住宿产品方面，在销售其特价优惠产品或是某些特殊产品时，会有不同的对待。

3. 独家销售策略

所谓独家销售策略，是指旅游企业在销售产品时只选用一家信誉好、销售能力强的中间商。实际上，这是一种极端的限制性选择策略，当然销售渠道也最窄。这种策略一方面能够使旅游企业与中间商有较为密切的合作，提高中间商销售积极性，另一方面能够帮助旅游企业更好地控制营销渠道。一些特殊的高价旅游产品就非常适合这种策略。当然，这种策略也存在一定的局限性，如灵活性小、不利于旅游消费者选择购买，中间商一旦出问题，会极大地影响旅游产品的销售情况。

（四）旅游中间商的选择

旅游中间商，是指处于旅游产品生产者与旅游消费者之间的具有法人资格的经济组织或个人。根据中间商的业务方式可将中间商分为旅游批发商和旅游零售商；根据中间商是否拥有旅游产品的所有权分为旅游经销商和旅游代理商。总体上而言，旅游中间商有利于加快旅游产品的流通，提高旅游产品的销售；有利于旅游产品供求双方之间的信息交流，促使供求关系尽可能趋于平衡；有利于增加客源，提高旅游生产者的销售量。

鉴于旅游中间商发挥着多个方面的有利作用，旅游企业在开辟间接销售渠道时一定要注意选择理想的旅游中间商。这决定着旅游企业的销售渠道是否合理、有效。一般来说，选择旅游中间商应当着重注意以下几点。

1. 经济效益

在所有的营销决策中，经济效益始终是旅游企业所追求的一个重要目标。因此，在选择旅游中间商的过程中，也不能忽视这一点。

从销售收入和销售成本的角度考虑，旅游企业使用旅游中间商既可以增加销售收入，又可以减少直接销售费用，貌似只有利没有弊。其实不然。旅游产品供应给旅游批发商时，旅游产品供应者往往只能得到“供应价”，因而与直接销售相比，在价格上有较大的差异；如果旅游产品由旅游零售商代理销售，产品供应者需要向旅游零售商支付佣金。如此看来，旅游企业使用旅游中间商就存在一个经济效益比较的问题。

在选择旅游中间商的时候，旅游企业一定要考虑以下问题：由旅游中间商产生的销售收入的实际增长是否大于直接销售的收入？旅游中间商产生的销售收入是否能够补偿和超过有关维持费用？这个旅游中间商能否比其他可供选择的旅游中间商带来更大的经济效益？

2. 适应性原则

旅游中间商并不是受雇于旅游产品生产者，只是销售渠道中的一个环节。它是一个独立的经济实体。因此，对旅游产品生产者而言，考虑旅游中间商的适应性问题也很重要。

在选择旅游中间商的过程中，坚持适应性原则，需要旅游生产者注意以下几个方面。

第一，考虑旅游中间商的所在区域、该区域的消费水平、购买习惯、市场环境等是否与该产品的销售和消费相适应。

第二，考虑旅游中间商政策是否与旅游产品不同时期的销售情况相适应。

第三，考虑旅游中间商的服务对象是否与旅游产品生产者的目标市场相一致。

第四，考虑旅游中间商是否具备相应的规模、资源和技术服务力量、销售能力等。

第五，考虑旅游中间商与旅游产品生产者是否相适应，即与旅游产品生产者合作，能否发挥其最大的优势与能力。

3. 可控性因素

虽然对于旅游产品的生产者来说，旅游中间商属于不完全可控因素，但由于其在旅游产品销售渠道中占据重要位置，对旅游产品的生产者实现长远目标具有特殊影响。因此，旅游产品生产者在选择旅游中间商的过程中，应当考虑利用有关协议或合约，如旅游产品的价格限度、销售量的约束等，对旅游中间商实施不同程度的控制。

第五节　促销与旅游消费者行为

旅游促销，是旅游营销领域中不可或缺的传播环节。旅游企业运用促销活动，与目标消费者建立起双向互动的对话通道，让旅游产品的魅力得以展现，进而激发消费者的兴趣与好奇心，最终实现购买行为。旅游促销的基本形式划分为人员推销与非人员推销两大类。非人员推销包括广告、销售促进及公共关系等多种的形式。

一、旅游促销的概念

旅游促销是指旅游企业或旅游目的地为了树立自己或产品的形象，或者为了使消费者市场注意和了解自己的产品，引诱和激发消费者的购买行为，而展开的营销传播或市场宣传活动①。简而言之，旅游企业或旅游目的地促使旅游者对旅游产品产生消费愿望的活动，就是旅游促销。

旅游促销的本质在于旅游企业与旅游目的地精准地将旅游资讯传递给每一位旅游消费者。旅游营销者运用多样策略，以广告为媒介，展现旅游产品的独特内容；通过销售促进活动，施予短期激励，增加购买频率；借助公共关系，塑造并优化公众形象，赢得广泛信赖与好评；还可派出推销员，面对面地与潜在顾客交流，耐心解答，细心引导，促成每一次美好旅行的启程。

二、旅游促销的作用

旅游企业或旅游目的地通过促销组合所起到的具体作用有以下几个方面。

（一）提供旅游产品的信息，促进旅游企业或目的地与旅游者的沟通

旅游促销的直接作用是进行信息传递，实现旅游产品生产者与旅游最终消费者之间的沟通。旅游企业或旅游目的地以各种促销手段向旅游者传递在何时、何地和何种条件下，提供何种旅游产品信息等。旅游者通过这些信息，了解和熟悉旅游企业或目的地的产品，对旅游产品产生兴趣，产生旅游欲望和需求，最终形成旅游动机和购买行为。

（二）突出旅游产品的特点，强化竞争优势

相互竞争的同类产品往往差别不是很明显，尤其是作为无形服务的同类旅游产品的差别更不易被旅游消费者分清。旅游促销恰恰是传播旅游产品市场定位特色的主要手段，它通过对同类旅游产品某些差别信息的强化传递，对不同具体产品的特色起到聚焦、放大的作用。即使对于没有实际差别的同类旅游产品，也可赋予其不同的象征性形象差别，以使

① 李天元，曲颖．旅游市场营销［M］．北京：中国人民大学出版社，2012．

潜在旅游消费者认识到何种旅游产品更可能带给自己实际所需和精神所需的特殊效用和利益，并由此对某种旅游产品形成购买偏好。

（三）树立良好的形象，确立和巩固市场地位

由于旅游是一种高层次的消费与审美活动，通过生动而有说服力的旅游促销活动，往往可以塑造友好、热情、服务周到以及其他人格化的良好旅游服务形象，赢得更多潜在旅游消费者的厚爱。旅游市场风云多变，一旦出现有碍旅游企业或旅游目的地发展的因素时，就可通过一定的宣传促销手段，改变自身的消极印象，重塑自身的有利形象，以达到恢复、稳定，甚至扩大其市场份额的作用。

（四）刺激旅游需求，引导旅游消费

旅游产品的消费需求弹性较大，波动性强，通过生动、形象、活泼、多样的旅游促销手段，可以唤起旅游消费需求，强化旅游消费需求，甚至创造和引导特定旅游产品的消费需求。从而增加旅游企业或目的地旅游产品的市场销售量，获取更多利润，如露营旅游、房车营地、康养旅游、工业旅游、海洋旅游等新业态的兴起，可以说都与相应的旅游促销活动有关。

（五）冲销淡旺季差异，稳定销售

旅游产品的脆弱性决定了旅游产品较易受到各种因素的影响，诸如政治因素、自然条件等。旅游产品在淡季和旺季的需求差别较大。如果旅游经营商经营多种旅游产品，而这些产品又分布在不同的季节，就可以在不同的季节都有适时的旅游产品供应，并对其进行大规模的宣传、促销，使淡季与旺季需求差别缩小，稳定销售，并且促进自身经营活动的发展。

三、旅游促销的方式

促销策略是用来影响消费者行为的方式，因此对于任何一个旅游企业或旅游目的地来说，促销策略都是企业或目的地发展的重要动力。旅游企业或旅游目的地利用多种方式来进行这种沟通式的营销。其中，广告、销售促进、人员推销和公共关系是促销活动中主要的形式。具体促销方式如表 4-2 所示。

表 4-2 促销方式及其对消费者行为的影响

促销方式	对消费者行为的影响
广告	通过鲜明的视觉图像对广大消费群体进行宣传 对大众市场和批量产品有明显效果 消费者和潜在消费者可以反复接受广告的刺激
销售促进	刺激消费者第一次尝试购买产品或服务 保持消费者的忠诚度
人员推销	说服或者强迫潜在消费者或现有消费者多次购买 给消费者留下服务良好的印象
公共关系	使消费者或者股东对企业或产品留下良好的印象 在消费者心目中建立起高品质的印象 为产品和服务在潜在消费者范围内增加知名度

续表

促销方式	对消费者行为的影响
宣传册	确保满足消费者期望 确保消费者区分不同的服务与产品
重点宣传材料	刺激消费者购买一种产品或接受服务 刺激消费者在特殊情况下多次购买 在消费者心目中增加产品或服务的知名度
赞助	在潜在消费者的心目中营造公司的正面印象 即使宣传受到限制时，同样能增加在消费者范围内的产品知名度 在消费者心目中，将产品与时尚人物相联系
邮寄广告	吸引潜在消费者 刺激以往消费者重复购买 吸引消费者使用个性化产品

资料来源：约翰·斯沃布鲁克，苏珊·霍纳．旅游消费者行为学［M］．俞慧君，等译．北京：电子工业出版社，2004.

（一）广告

广告是一种以付费的形式通过一定媒体对产品或企业进行宣传的促销手段。广告具有覆盖面广的优势，因此它是旅游企业或目的地吸引广大消费者十分有效的一种方式。通常情况下，广告会以一种吸引人的方式不断重复营销沟通的信息，来影响旅游消费者的购买决策，激发旅游消费者购买产品的欲望。

（二）销售促进

销售促进又称营业推广，是指通过各种具有短期刺激作用的特定活动促使潜在中间商或消费者更快或更多地购买某一产品的促销方式。销售促进经常被旅游企业或旅游目的地用于鼓励潜在消费者，进行第一次尝试购买或者吸引重复购买。很多旅游企业或旅游目的地在其营销策略中广泛使用销售促进的方式来进行营销。比如，旅行社在促销旅游线路时，采取赠送景点门票、送保险、赠送餐券等方式。

（三）人员推销

人员推销是所有促销方式中唯一依靠人员的促销方式，具有针对性、人情味和灵活性的特点。通常是指通过销售人员直接与消费者接触，向目标顾客进行产品介绍、推广，促进销售的沟通活动。人员推销对于旅游业十分重要，因为服务的性质决定效果，服务中必然涉及很多与顾客进行面对面销售的活动。旅游企业或旅游目的地利用人员推销说服潜在消费者初次购买或者鼓励现有消费者多次购买。

（四）公共关系

公共关系是企业利用各种传播手段，沟通内部关系，塑造自身良好形象，从而促进产品销售的一种促销方式。旅游企业或旅游目的地常用的公关活动开展方式包括新闻发布会旅游展览（销）会、旅游交易会、承办重大活动等。通过利用这些公关活动，旅游企业或旅游目的地可以在消费者心目中树立一个良好的形象。

（五）宣传册

旅游宣传册主要是向目标市场提供有关某些旅游产品的信息详情，供消费者选购时参考。另外，特别是对于初次购买者来说，在其购买或预定行为的发生地，旅游（产品）宣传册等同于该旅游产品的品质和价值反映了该旅游产品的定位和形象。

（六）重点宣传材料

重点宣传材料是指利用户外标志、橱窗展示和宣传栏来吸引消费者，同时刺激零售商对特定产品进行销售的一种销售宣传手段。重点销售的宣传材料有助于旅游企业刺激消费者开始购买或者更多地购买某种产品或服务。重点宣传材料和产品材料一定要基本满足消费者的需求。宣传材料的风格和色调要求吸引消费者并能够反映旅游企业或目的地的形象和品牌。根据消费者理念的转变，宣传材料的风格也应更新为时尚的主题和色彩。

（七）赞助

赞助是指旅游企业或旅游目的地通过货币或实物的方式为节事、活动、个人、组织或产品提供赞助。

（八）邮寄广告

邮寄广告是旅游企业或旅游目的地和旅游消费者沟通的技巧之一。许多旅游企业或目的地非常重视这种方式，因为技术成熟的数据库可以提供个性化的促销策略。

四、旅游促销策略

营销本身是一个整合的过程，而促销同样需要通过组合，才能发挥更大的效用。所谓旅游促销组合，是指旅游企业或旅游目的地将广告、销售促进、公共关系与人员推销等促销方式进行灵活选择、有机组合和综合应用的一种有效的促销策略。这种策略可以使企业的全部促销活动互相配合、协调一致，最大限度地发挥整体效果，从而顺利地实现企业或目的地的目标。

旅游促销应根据旅游产品、市场环境、促销预算、竞争状况等多方面因素的影响，灵活地选择、搭配各种促销手段，制定旅游促销组合策略，以期提高促销的整体效果。例如，在旅游产品生命周期的不同阶段，应采取不同的促销组合方式，如表 4－3 所示。

表 4－3　旅游产品生命周期与促销组合方式

旅游产品生命周期	促销重点	促销组合方式
投入期	提高产品知名度	1. 采用广告及公共关系促进消费者对旅游产品的了解 2. 采用销售促进作为辅助手段
成长期	宣传产品特色、扩大市场占有率	以广告和公共关系促销为主
成熟期	稳定客源，吸引潜在旅游消费者	1. 以人员推销和广告为主 2. 更新广告，配合销售促进
衰退期	保留老顾客，促进旅游消费者购买	1. 针对固定旅游消费者保留提示性广告 2. 采用销售促进吸引旅游消费者购买

资料来源：马勇，刘名俭，旅游市场营销管理 [M]. 3 版 . 大连：东北财经大学出版社，2008.

从表 4 - 3 中可以看出，旅游产品处于不同的生命周期阶段，所使用的促销方式的侧重点也不一样。旅游促销组合中，每种手段都有各自的优势，同时每种手段之间又存在着一定的替代性。因此，为实现旅游营销目标，旅游企业或旅游目的地应综合考虑影响组合的因素，根据实际需要协调使用各种手段，以制定出理想的促销组合策略。

知识链接

他山之石：洛杉矶旅游营销模式

洛杉矶旅游发展的成功不仅与其电影文化背景下丰富的旅游资源、完善的交通体系、优质的旅游配套服务密切相关，有针对性的目的地营销模式也是推动洛杉矶入境旅游快速增长的动力。

针对中国游客的出游特征以及个性化和多样化需求，洛杉矶旅游局不仅在旅游营销方式上实现整合创新，而且为中国游客量身定制各类旅游产品与服务，打造洛杉矶旅游品牌。精准的目标市场选择、多样化的目的地品牌形象推广、国内外业界合作、领袖人物现身说法，形成了独特的“洛杉矶旅游营销模式”，为我国旅游目的地的海外营销提供借鉴。

1. 中国北上广——精准的营销目标市场选择

洛杉矶旅游局锁定中国庞大的出境旅游市场，依托北京、上海、广州直飞航班的交通枢纽优势，将中国出境游客量较大的北京、上海、广州作为目标市场，有针对性地开展旅游营销活动。为了实现更加全面和精准的旅游营销，洛杉矶旅游局于 2006 年、2013 年和 2015 年分别在北京、上海和广州设立办事处，成为全美第一个在中国开设全职办事处的市级旅游营销机构。洛杉矶旅游局驻华办事处成为沟通洛杉矶与中国游客的重要桥梁，是洛杉矶旅游营销活动的主要执行机构，为洛杉矶有针对性地对北京、上海、广州开展城市线上线下营销提供了便利。

2. 线上线下互动——目的地品牌形象推广

线下推广直观生动地将巨型的好莱坞标志、星光璀璨的红毯、时尚动感的购物场景等洛杉矶形象标识遍布在北京、上海和广州的各大交通枢纽站，有效提升目的地的知名度。

线上推广方面，洛杉矶旅游局中文官网 HelloLA 于 2014 年年初正式上线，从食、住、行、游、购、娱等多个角度全方位展现活力四射的娱乐之城洛杉矶，网站创新性地引入第三方“旅游达人体验”分享平台，借旅游达人的“口”，实现旅游营销的真实性与说服力，成为展示洛杉矶旅游品牌与形象的重要窗口。

洛杉矶旅游宣传片《电影带你去旅行》，生动形象地展示洛杉矶的电影文化底蕴，将这座国际化娱乐大都市展现在人们面前。洛杉矶旅游局官方微博与微信公众号更是洛杉矶旅游形象推广的重要阵地。

3. 拓宽产品销售渠道——国内外业界合作与推广

加强与旅游业内同行的合作，拓宽旅游产品的销售渠道，是洛杉矶旅游局对华营销的另一法宝。洛杉矶旅游局拥有美国亚洲旅行社、美国旅游国际公司、中美旅游等16家会员旅行社，并与洛杉矶国际机场、美国运通、好莱坞环球影城在游客输送、游客支付以及旅游营销方面紧密合作，共同为中国游客提供优质服务。同时，洛杉矶旅游局加大与中国旅游业内同行旅行社、线上OTA、旅游营销机构联合，借助同行平台实现旅游产品的销售与推广。

4. 市长访华行——领袖人物现身说法

洛杉矶旅游局于2014年11月举办的“市长中国行”活动，借助节事营销与领袖人物的轰动效应，引入新媒体营销方式，在与民众互动中实现“发现洛杉矶”营销与推广，树立目的地品牌形象。市长作为领袖人物，其访华活动引起了国内外媒体的关注与争相报道，其友善亲切的形象、风趣幽默的谈吐和学贯中西的文化底蕴成为人们对洛杉矶旅游形象的初次认识。

洛杉矶旅游局抓紧市长访华的契机，通过微信公众平台新浪微博等新媒体在前期对活动进行预热，在市长访华期间进行实时播报，扩大事件的影响力。为实现与中国大众更好的互动，洛杉矶旅游局采取有奖竞答与有奖转发的方式植入式介绍洛杉矶旅游景点，让人们伴随着市长访华一起“发现洛杉矶”。

市长访华并未随着活动的结束就淡去，而是随着优酷平台上《老友记》的播出持续升温。贾塞提市长作为洛杉矶最年轻的市长，他在节目中与观众分享的洛杉矶旅游体验，以及他在洛杉矶旅游宣传片中才华横溢的形象都展示着洛杉矶这个国际大都市的文化底蕴与魅力。

5. 优质产品与服务——旅游营销的持续动力

优质的产品与服务是旅游目的地吸引游客的持久动力，为吸引更多的中国游客赴洛杉矶旅游并实现更高的游客重游率，洛杉矶旅游局针对中国游客开展“乐购洛杉矶”活动，推出医疗旅游产品，并开展“China-Ready”旅游项目认证活动。

洛杉矶旅游局为满足全球奢侈品消费的主力军中国游客的海外购物需求，推出“乐购洛杉矶”活动，精心准备了4万份纸质版“乐购洛杉矶”购物指南，并提供高品质的购物环境，以刺激游客在洛杉矶的购物冲动，同时提升洛城购物天堂的形象。

游客在洛杉矶可以享受中文讲解、中文导购、中文导览等全方位的优质服务，令游客产生归属感与独特的地方依恋。该项目的实施不仅鼓励中国游客延长逗留时间，确保其在洛杉矶获得高质量的旅游体验，而且帮助洛杉矶旅游从业者从接待中国游客的业务中获得更大的利益，实现洛杉矶旅游业的可持续发展。

资料来源：江璐虹．洛杉矶旅游营销模式带来的启示［N］．中国旅游报，2016-03-14．有删改．

案例分析

“旅行青蛙”

最近，一只爱旅行的小青蛙在朋友圈迅速蹿红。小青蛙不旅行时会在家中，看书、写字、吃饭、思考下一场旅行。小青蛙出去旅行时，会给你寄明信片或小礼物。作为一款日本游戏，这只小青蛙旅行的目的地只限于日本国内，它的足迹遍布名古屋城、草津温泉、天桥立、善光寺等风景名胜。

一只小青蛙的爆红让我们在不知不觉中对日本文化和日本旅游有了更多的了解，数量众多的中国玩家就是潜在的旅游消费者。在这只小青蛙的背后，我们看到了人们在现实的牵绊、生活的重压之下对旅行的渴望，感受到了旅游景区植入式营销润物细无声的魅力。让我们看到了旅游与科技、娱乐融合的巨大威力，也让我们想到了内涵丰富的“旅游+”的广阔前景。

“旅游+游戏+互联网”为我们打开了融合共赢的一扇窗，旅游是核心，游戏是载体，互联网是工具，三者互为依托又相互促进。每个人的心中都渴望可以随时开始一场说走就走的旅行，你去过或想去的地方，游戏都能替你走遍，互联网都能为你呈现。海量用户决定了手机游戏是营销植入的绝佳载体，精神需求和美好体验是旅游与游戏的相通之处，通过精心设计逻辑关系将真实的旅游巧妙置入游戏之中，旅行用品、旅游交通、风土人情、名胜古迹、特产美食、节庆活动、旅途体验等均能得到全方位展示。

互联网时代为旅游营销带来无限可能，影视、游戏之后还有更多的旅游营销植入载体等待我们去挖掘、去发现、去实践、去整合。在全社会积极推进旅游与其他行业深度融合的大背景下，一个共同繁荣的大旅游时代正在向我们走来。

资料来源：刘骊平．从“旅行青蛙”走红看营销植入［N］．中国旅游报，2018-02-14.

问题：

1. 该案例中的营销策略有哪些？
2. 该案例营销组合中的营销策略是怎么反映和体现消费者需求的？

本章小结

（1）旅游新产品是指由旅游生产者初次开发设计，或者在原产品基础上对其功能、内容、服务方式等方面有重大改进的产品。旅游企业主要采用资源重组策略、产品升级策略及提高旅游产品科技水平来开发新产品。

（2）旅游产品品牌是指用以识别某旅游产品（包括目的地、旅游线路、特种旅游项目、单项旅游服务等）的名称、标记、符号、图案或其组合，以便消费者能识别旅游企业或旅游地的产品和服务，将其与竞争对手区分开来，获得旅游者的购买与前往参与。

（3）旅游产品品牌策略主要包括品牌延伸策略、多品牌策略、统一品牌策略。

（4）旅游消费者的价格心理，即习惯性心理、敏感性心理、感受性心理及倾向性心理。

（5）旅游产品的价格策略主要包括新产品定价策略（撇脂定价、渗透定价和满意定价）、心理定价策略（尾数定价、整数定价、声望定价和招徕定价）、折扣定价策略（数量折扣、现金折扣、季节折扣和功能折扣）、差异定价策略（地理差价、时间差价、对象差价和质量差价）。

（6）旅游销售渠道是指旅游产品从旅游生产企业向旅游消费者转移过程中所经过的一切取得使用权或协助使用权转移的中介组织或个人。旅游销售渠道划分为直接渠道和间接渠道。

（7）旅游产品、旅游市场、旅游产品生产者自身状况和宏观营销环境是影响旅游产品分销渠道选择的主要因素。

（8）旅游零售商对旅游消费者购买决策具有重要的影响，尤其在帮助旅游消费者制订旅游计划和选择旅游产品两个方面。

（9）旅游销售渠道策略主要包括直接销售渠道或间接销售渠道的决策、销售渠道长度的决策、销售渠道宽度的决策、旅游中间商的选择等策略。

（10）旅游促销是指旅游企业或旅游目的地为了树立自己/产品的形象，或者为了使消费者市场注意和了解自己的产品，引诱和激发消费者的购买行为，而展开的营销传播或市场宣传活动。

（11）旅游促销的作用包括提供旅游产品的信息，促进旅游企业或目的地与旅游者的沟通；突出旅游产品的特点，强化竞争优势；树立良好的形象，确立和巩固市场地位；刺激旅游需求，引导旅游消费；冲销淡旺季差异，稳定销售。

（12）旅游促销的方式包括广告、销售促进、人员推销、公共关系、宣传册、重点宣传资料以及赞助及邮寄广告。

（13）旅游促销组合，是指旅游企业或旅游目的地将广告销售促进、公共关系与人员推销等促销方式进行灵活选择、有机组合和综合应用的一种有效的促销策略。

思考题

1. 旅游产品生命周期的各阶段，旅游营销策略的侧重点是什么？
2. 旅游产品的价格策略有哪些？
3. 阐述旅游销售渠道的类型，每种类型有哪几种渠道模式？
4. 阐述旅游零售商对旅游消费者行为的影响。
5. 简述促销在旅游营销中的作用。
6. 旅游促销方式有哪些？

在线自测

扫一扫　练一练

第五章　不同业态的旅游消费者行为

导入案例

景点吃进嘴巴，文创雪糕成出游“标配”

2023年“五一”假期，全国国内旅游出游合计2.74亿人次，同比增长70.83%，实现国内旅游收入1 480.56亿元，同比增长128.90%。随着喜人数字的出现，一种新型旅游打卡方式开始流行起来。

大三在读的文雅（化名）分享了她的五一陕西之行经历：“我的旅行计划完全围绕文创雪糕展开，大唐不夜城的多色团扇雪糕、大唐明光铠雪糕；秦始皇陵的‘冰’马俑；陕西历史博物馆的文创雪糕，如杜虎符、金怪兽、唐兽首玛瑙杯和鎏金舞马衔杯壶；西安博物院的云纹高足玉杯文创雪糕……每一款我都品尝过，跟着文创雪糕探索陕西，太酷了！”

2023年“五一”假期，各类文创新品持续引发消费热潮，各大公园结合春季赏花持续推新，假日前两天共推出文创新品5大类、30余款，其中文创雪糕成为各大景区发力的一大重点。颐和园文创雪糕重装上线，推出两款4种口味，上市两天销售突破一万支；在北京动物园北极熊文创店推出的毛绒玩具、饰品、挂件、冰箱贴和冰激凌5款“白熊”新品之中，北极熊雪糕凭实力斩获店内销量第一名；玉渊潭樱花冰激凌、天坛祈福冰激凌、香山文创雪糕也成为假日公园里的最热单品，备受前来游玩的消费者们的青睐。文创雪糕风光无限，跟着文创雪糕去旅行这种“甜蜜”的新型旅游打卡方式，正持续走热。

随着旅游业的迅速发展和多元化，不同业态的旅游产品和服务不仅满足了消费者的需求，还对消费者的行为产生了一定的影响。本章将从各个业态的角度，探讨旅游消费者在不同业态下的行为特点和影响因素。学完本章后，你将能够从旅游六要素——食、住、行、游、娱、购的角度，深入理解不同业态的旅游消费者行为，并且能够分析观光旅游、旅游住宿、旅游交通、旅游餐饮、旅游购物、旅游娱乐休闲等领域中的旅游消费者行为，从而制定出针对不同业态的旅游消费者的营销策略。

第一节　观光旅游与旅游消费者行为

一、观光旅游的概念及特点

（一）观光旅游的概念

观光旅游是一种传统的旅游形式，指人们去自己向往的地方进行短暂停留，游览自然山水、鉴赏文物古迹、领略风土民情等，从中获得自然美、艺术美、社会美的审美情趣，以达到消遣娱乐、积极休息和愉悦身心的效果。随着社会进步和人们生活水平的提高，越来越多的人开始选择观光旅游作为他们休闲娱乐和文化交流的方式。

（二）观光旅游的特点

观光旅游是一种以游览、观赏为主要活动形式的旅行方式，对经济发展和环境保护都有重要影响。

1. 旅游目的地

观光旅游的目的地通常是具有自然景观、人文景观或特定文化遗产的地方，如名胜古迹、自然保护区、度假胜地等。

2. 游览活动

观光旅游主要以游览、观赏为主要活动形式，游客可以参观历史建筑、博物馆、艺术展览、文化节庆等，也可以进行户外活动如远足、漂流、滑雪等。

3. 文化交流

观光旅游提供不同地区、不同文化之间的交流机会，游客可以与当地居民互动，了解当地的风俗习惯、传统文化以及当地人民的生活方式。

4. 经济效益

观光旅游对于经济发展有积极的影响，旅游业可以创造就业机会、促进地方经济发展，并且吸引外汇流入，提高当地居民的生活水平。

5. 环境保护

观光旅游在发展过程中需要注意环境保护，保护自然环境、文化遗产的可持续性是观光旅游的重要原则。

6. 旅游产品

观光旅游提供文化旅游、生态旅游、冒险旅游、休闲度假等丰富多样的旅游产品，以满足不同游客的需求，游客可以根据自己的兴趣和需求选择合适的旅游产品。

二、观光旅游与旅游消费者行为

旅游消费者在旅行中会选择不同的旅游项目和景点参观，他们可能会参加旅行团、自助游、参观名胜古迹、体验当地文化等。影响旅游项目和景点参观选择的因素包括以下几个：

（一）旅游目的地特点与旅游消费者行为

旅游消费者通常会根据个人的兴趣、需求和偏好，综合考虑目的地自然和文化景观、交通便利程度、旅游设施和服务质量、安全性和安宁感、旅游推广和口碑等因素，来选择适合自己的旅游目的地。

1. 目的地的自然和文化景观

旅游消费者通常希望在旅行中欣赏到独特的景观、体验到地道的文化，美丽的自然景观和丰富的文化遗产往往吸引旅游者前往目的地。例如，张家界以其奇峰、怪石、溶洞、森林、湖泊、瀑布和文化景观而闻名，美丽的风景和丰富的文化底蕴让人流连忘返；八达岭长城号称天下九塞之一，风光集巍峨险峻、秀丽苍翠于一体，是明长城景色中的精华，“不到长城非好汉”，很多国内外游人以这一诗句来表达一定要亲自登上长城一览的愿望。

2. 目的地的形象和声誉

目的地的形象和声誉对消费者的旅游决策产生重要影响，消费者通常会根据目的地的形象和声誉来评估其吸引力、可靠性和文化价值，从而决定是否选择该目的地进行旅游。以 2023 年 8 月为例，中国赴日旅游市场经历了一场波动不定的变化。8 月 10 日，文化和旅游部办公厅发布了《关于恢复旅行社经营中国公民赴有关国家和地区（第三批）出境团队旅游业务的通知》，其中包括日本，这一消息的发布，使得日本成为国庆期间搜索量最高的旅游目的地之一，赴日旅游团的咨询量和订单量大幅增加。然而，转折点出现在 8 月 24 日，随着日本核污染水入海事件的发展，国内游客开始集中取消赴日游的订单，赴日旅游热度开始下降。

3. 目的地的性价比以及设施和服务

旅游者通常会比较不同目的地的价格，并选择在价格合理且物有所值的目的地进行旅行。此外，目的地设施和服务质量、安全性和安宁感也会直接影响旅游消费者的满意度和消费行为，如果目的地提供高质量的住宿、餐饮、交通和旅游活动等服务，旅游者更有可能选择该目的地并愿意支付更高的费用。例如，带孩子外出旅行一直以来都是出游的热点，很多父母都希望能与孩子一同外出游玩，但又担心会带来许多困扰和安全问题，然而，若选择前往一处设有 Med Club 亲子酒店的旅游目的地，这些烦恼将会迎刃而解，大大提升了带孩子的家庭外出旅游的意愿。这样的酒店不仅提供了安全、舒适的环境，为妈妈们带宝宝出行提供便利和放心保障，还提供一系列专门为孩子设计的娱乐活动，可以让父母和孩子们一起度过一个愉快的假期。

4. 目的地的旅游推广和口碑

目的地的宣传和口碑也会影响旅游消费者的行为，如果目的地得到积极的推广和口碑，旅游者更有可能选择该目的地进行旅行。以杭州亚运会为例，在亚运会期间，杭州政府通过举办各种文化活动和推广旅游宣传，成功提升了杭州作为旅游目的地的形象，吸引了超过 2 000 万名游客前往杭州进行旅游观光。

（二）观光旅游的形式与旅游消费者行为

观光旅游的形式多种多样，可以是自由行、跟团游、文化体验旅游等，不同的人有不同的旅游需求和偏好，个人需求和偏好的不同会导致旅游者在选择旅游形式和活动时有所差异。

1. 自由行

指旅游者根据个人兴趣和时间，自主规划行程、预订交通和住宿，同时自由选择景点和活动，这种独具灵活性和探索性的旅游形式，非常适合那些喜欢自由自在的旅行者。

2. 跟团游

指旅游者通过旅行社或旅游平台参加团队旅游，按照预定的行程和时间参观景点，通常有专业导游带领，可以提供更全面的解说和服务；这种形式的观光旅游适合那些对目的地不熟悉、希望有人安排行程的旅游者。

3. 文化体验旅游

指旅游者通过参观博物馆、艺术展览、传统节日等方式，深入了解当地的文化、传统和历史，与传统的旅游方式相比，文化体验旅游更注重游客与目的地之间的互动和沟通，强调参与性和互动性。这种形式的观光旅游适合那些对文化和历史感兴趣的旅游者。例如，“跟着书本去旅行”在 2023 年成为亲子人群的最爱，很多高考毕业生们相互招呼着去毕业旅行的时候，脑子里面想到的候选目的地，不少也是从课本里看来的。与更多侧重于出行感受的旅游攻略相比，课本里的旅游地，文学底蕴与文化内涵更为丰富，课文里的地点和路线，往往藏着许多饱含特色与故事的旅游资源，想要感受《升国旗》《开国大典》，必须去天安门；在井冈山上，可以看到毛主席曾经居住的八角楼和朱德同志的扁担；想要更理解鲁迅，要去一趟绍兴，听一听《故乡》的《社戏》，把读书和旅行结合起来，身临其境，让原来只能在书本上看到的美景尽收眼底，细细领略课文中描述美景的每一字、每一句。

（三）个人兴趣爱好与旅游消费者行为

过去，观光旅游以参观名胜古迹和风景名胜为主，旅游者们通过观赏景观来满足他们对美的追求和对文化的探索。随着旅游业的发展和人们需求的日益多样化，观光旅游的形式发生了一系列的变化，更多的人开始追求独特、个性化的旅游体验，他们渴望通过亲身参与地方的文化活动、体验当地的生活方式来了解一个地方的文化底蕴。人们在选择旅游目的地时更加注重个人兴趣和需求、旅游产品的质量、服务的满意度以及旅游的安全和便利性，他们通常会综合考虑自然景观是否美丽、文化遗产是否丰富、拍照出片是否大气、路线制定是否满足出游需求等诸多因素，以此做出合理的决策，以确保旅行的愉快和满足。

想深入了解中国革命历史的人，可能会选择红色基地，深入了解革命先辈们的英勇事迹，品味红色文化的独特魅力。喜欢自然风光的人，可能会选择拥有壮丽的山川河流，各种野生动植物的国家公园，享受大自然的美景，感受神奇的自然奇观。喜欢户外活动的人可能会选择参加徒步旅行，在美丽的山脉、森林或沿海地区进行徒步，与大自然的亲密接触，享受运动的乐趣。喜欢购物和城市文化的人，可能会选择市区游览，畅享购物的乐趣、品味不同城市的独特魅力。喜爱放松和享受美食的游客，可能会选择度假村，尽情享受沙滩、游泳池和水疗中心等设施，品味当地的特色美食，满足味蕾的愉悦。

一些年轻人则开始“反向旅游”，他们关注一些非热门的旅游小城，这些城市因为人流不那么拥挤、消费也较为合理以及可以随时起程的特点，成为新兴的“冷门好去处”。比如以螺蛳粉闻名的柳州、被称为“宇宙尽头”的铁岭、石油小城克拉玛依、卫星发射基地西昌、离三亚不远的万宁，都成为反向旅游潮流中备受瞩目的目的地。

（四）社交媒体平台的兴起与旅游消费者行为

新兴的社交媒体平台给旅游消费者带来了全新的旅行方式和体验，为消费者提供了更多的信息来源和交流渠道，使他们能够更加方便地获取有关旅行的各种信息，对旅游消费者行为产生了深远的影响。旅游博主们积极地在各种社交媒体平台上分享他们的旅行经验，包括实用的旅行技巧、交通指南、餐厅推荐，吸引人们的关注。随着时间的推移，越来越多的人开始跟随旅游博主踏上他们的旅程，留下了宝贵时光。通过社交媒体平台的交流，消费者们不仅可以获取相关信息，还能够与其他游客互动交流，他们可以在评论区中留下问题，其他游客也会乐于回答。这种互动交流的方式不仅让消费者们感到更加亲近，还能够通过分享彼此的旅行故事，加深对目的地的认知，提高旅行的乐趣。

第二节　旅游住宿与旅游消费者行为

一、旅游住宿的概念及特点

（一）旅游住宿的概念

旅行是一种令人兴奋和愉悦的体验，能够带给我们宝贵的回忆和放松身心的机会，在旅行中，住宿是一个重要的环节，影响着我们的旅行体验。旅游住宿是指旅游者在旅行过程中选择并入住的住宿场所，包括酒店、旅馆、民宿、青年旅社、家庭旅馆、度假村、露营地等，旅游者选择住宿方式时通常会考虑价格、位置、设施、服务质量等因素。

（二）旅游住宿的特点

旅游住宿是旅行过程中不可或缺的一部分，它提供了方便、舒适和安全的居住环境，为游客的旅行体验增添了色彩，其特点如下。

1. 临时性

旅游住宿通常是游客在旅行期间暂时居住的地方，不同于长期居住的住宅，游客在旅行结束后会离开。

2. 服务性

旅游住宿提供各种服务，包括客房、卫生间、餐饮、娱乐、接待等，以满足游客在旅行过程中的休息、餐饮和娱乐需求。

3. 多样性

旅游住宿形式多样，包括高星级酒店、经济型酒店、度假村、民宿等，以适应不同游客的需求和预算。

4. 地域性

旅游住宿分布在各个旅游目的地，通常会根据目的地的特点和需求，提供不同类型和风格的住宿选择。

5. 便利性

旅游住宿通常位于旅游景点附近或交通便利的地段，方便游客的出行和观光。

6. 安全性

旅游住宿通常会提供安全设施和服务，确保游客在住宿期间的安全和舒适。

7. 价格性

旅游住宿的价格因地区、季节、星级等因素而异，游客可以根据自己的预算选择适合的住宿方式。

二、旅游住宿与旅游消费者行为

旅游住宿与旅游消费者的行为密切相关，消费者在选择住宿时会从多个方面进行考虑。旅游住宿的选择不仅受到旅游者的经济实力和消费能力的影响，还受到旅游者的个人偏好、文化背景、旅游目的和旅游季节等因素的影响。为了吸引更多的旅游消费者，旅游住宿业需关注消费者的需求和期望，可以通过提供优质的服务和个性化的体验来引导旅游者的消费行为，从而推动旅游产业的发展。例如，一些酒店会根据旅游者的偏好和需求提供定制化的旅游活动和服务，从而吸引旅游者选择他们的住宿场所，并增加旅游者的消费；另一些酒店可能会与当地旅游景点、餐厅等合作，为旅游者提供套餐优惠，从而促进旅游者在旅行过程中的消费。

（一）旅游消费者选择住宿时考虑的因素

旅游住宿体验直接影响着旅游者的旅行体验和满意度，消费者根据自己的经济能力、旅行目的地的特点和个人偏好，综合考虑位置、设施、服务、评价、口碑、安全性等因素，来选择适合自己的住宿。通常旅游消费者在选择旅游住宿时会考虑以下因素。

1. 预算

住宿价格不仅包括住宿费用本身，还可能包括早餐、网络连接等额外费用，旅游消费者通常会根据预算来选择适合自己的住宿类型，如豪华酒店、经济型酒店、民宿或青年旅舍等。从供需角度来讲，假期作为旅游旺季，住宿需求较为旺盛，房间供不应求，多数旅游住宿的经营者会通过旺季涨价以补贴旅游淡季收入，维持正常运转，假期住宿涨价是正常现象，但当涨价的幅度超出游客心理预期的时候，消费者会精打细算地选择更具性价比的旅游套餐。2023 年中秋、国庆假期叠加，8 天的长假让公众出行有了更多的选择，旅游市场迎来井喷，酒店预订量暴增，酒店价格也大涨，超出了不少游客的心理预期。面对暴涨的酒店价格，假期出游的人做出不同的选择，有的改变了旅游路线，另择符合自己预算的地方作为旅行目的地；有的选择去距离景区比较近的城市租房。

2. 位置

选择住宿时要考虑到旅游目的地的位置是否便利，旅游者通常会选择靠近旅游景点、交通便利的住宿，以方便出行。例如，露营爱好者通常会选择靠近自然景点或户外活动场所的露营地，他们希望能够方便地参与徒步旅行、钓鱼、划船等各种户外活动。

3. 舒适度

住宿舒适度是旅游消费者对酒店整体感受的重要因素，包括房间大小、床铺舒适度、噪声等环境因素，住宿的品质和服务水平会影响旅游者的旅游体验和消费行为。旅游者通常会了解住宿设施和服务的情况，比如房间设施、餐饮服务、健身设施、接送服务等，根据自己的需求选择能够提供舒适环境的合适住宿。例如，有些消费者可能更注重住宿的游泳池、健身房等硬件设施，有些消费者可能更关注早餐、接送服务等服务质量；对于选择露营的旅游消费者来说，尽管露营住宿通常没有酒店那样的奢华设施，他们仍然希望能够享受洗手间、淋浴、电力供应等基本的设施和服务。

4. 评价和口碑

旅游消费者通常会通过旅游网站、社交媒体或旅游论坛查看其他旅游者对住宿的评价和口碑，以了解该地点的质量和服务，他们会参考其他人的经验，以做出最终的决策。还有一些旅游者会更倾向于选择知名品牌的酒店，因为这些品牌通常有较高的信誉度和服务质量。

5. 安全性

旅游者在选择住宿时，通常会关注住宿地点的安全性，包括酒店的安全措施、消防设施等，他们通常会选择能够提供安全保障的住宿，希望能够在一个安全、无风险的环境中度过假期。

6. 可取消政策

在预订住宿时要注意取消政策，尽量选择可以免费取消或灵活调整的住宿，以防行程变动或取消。

7. 促销和优惠

旅游者通常会关注酒店的促销活动和优惠，以获取更好的价格和价值。

8. 个人喜好

消费者会根据是否有免费 Wi-Fi、是否有停车位等个人喜好和需求，来选择符合个人需求的住宿。例如，一些消费者喜欢与大自然亲近，享受户外活动，可能更喜欢露营，而另一些消费者更注重住宿的豪华设施和服务，可能更喜欢度假村；如果旅游者在旅行过程中对购物消费有较高的需求，可能会选择靠近购物中心或商业区的住宿场所。

（二）旅游住宿的类型与旅游消费者行为

经过改革开放 40 多年的发展，我国的住宿业已经进入大住宿业时代，除了星级酒店，还有精品酒店、主题酒店、经济型酒店等酒店形态，民宿、帐篷、集装箱酒店等非标住宿业态也不断涌现，旅游住宿的接待能力和条件与过去已是天壤之别。随着消费升级，游客的需求呈现多样化、个性化的趋势，不同年龄人群在旅游住宿消费偏好上存在差异。年轻消费者更愿意尝试新事物，追求个性化、特色化产品；中年消费者经济状况良好，更加注重品质；老年消费者具有较高的品牌忠诚度。根据自己的需求和偏好，选择适合自己的住宿类型也是很重要的，不同的住宿类型具有各自的特点和优势。度假酒店通常提供全方位的服务和设施，但价格相对较高；民宿则更具家庭氛围，适合喜欢亲近大自然的旅行者；青年旅社则提供经济实惠的住宿选择，并且可以交到来自世界各地的朋友。

旅游住宿的类型与旅游消费者行为之间存在着密切的关系，不同类型的住宿选择会直接影响旅游消费者的行为和决策。

1. 酒店住宿与旅游消费者行为

酒店是最常见的旅游住宿类型，提供各类房间和设施，如餐厅、游泳池、健身房等，从经济型到豪华型都有。酒店的类型与旅游消费者行为之间存在着密切的关系，不同类型的酒店会吸引不同类型的旅游消费者，并对其行为产生影响。

（1）豪华度假酒店。

高级酒店经常提供高品质的服务和豪华的设施，吸引着富裕的旅游消费者。这些消费者通常追求奢华和享受，在旅行中更倾向于选择高价位的客房和附加服务，他们可能会在酒店内享用高档餐饮、水疗、健身房等设施，并参加酒店组织的豪华活动，对服务质量和体验的要求相对较高，酒店需要提供一流的服务水平。而近年来，国际度假酒店品牌如安缦、万豪等已经开始改变人们对酒店的固有观念，酒店本身成为一个旅行的目的地。因此，有一些中国消费者，特别是那些在外企担任高级管理职位的人，愿意在休假或周末的时候选择住在万豪、安缦、松赞等品牌酒店，享受精美的客房、大堂和泳池，放松两天后再返回家中。这种趋势也在中国国内的高级酒店市场上得到了体现，越来越多的国内高级酒店开始注重提升服务质量和提供豪华设施。酒店不再是仅仅提供住宿的地方，而是一个奢华和享受的旅行目的地。通过提供高品质的服务和豪华的设施，满足消费者对奢华和享受的需求，成为让消费者在旅行中放松身心、享受奢华体验的理想选择。

（2）经济型酒店。

经济型酒店通常提供基本的住宿设施和服务，价格相对较低。这种类型的酒店主要吸引预算有限的旅游消费者，如背包客等。这些消费者对价格敏感，他们更注重住宿的基本需求，如舒适的床铺、干净的卫生间等。他们可能会更多地在外面用餐，而不是选择在酒店用餐。对于经济型酒店来说，提供良好的性价比是吸引这类旅游消费者的关键。

（3）主题酒店。

主题酒店是一种特殊类型的酒店，其设计和装饰都围绕特定的主题展开，如海洋、动漫、历史等。这种类型的酒店吸引那些对特定主题感兴趣的旅游消费者。他们可能会选择这样的酒店，以便在旅行中获得独特的体验和记忆。他们会更愿意在酒店内参加与主题相关的活动和娱乐项目，购买与主题相关的纪念品。对于主题酒店来说，提供与主题相关的服务和设施是吸引这类旅游消费者的关键。

2. 民宿住宿与旅游消费者行为

民宿是指由当地居民提供的住宿，通常是他们自己的房屋或者类似家庭环境的住宿，这种住宿方式与传统的酒店或度假村不同，可以提供更加亲密和个性化的服务。旅游者可以与当地居民交流，了解当地的风土人情，品尝当地的特色美食，感受真实的当地生活，民宿逐渐成为旅行目的地。

在选择旅游民宿住宿时，旅游者可以根据自己的需求和喜好进行选择，有的旅游民宿提供独立的房间和浴室，有的则是与居民共享空间，旅游者可以根据自己的预算、住宿设施和位置等因素进行选择。

旅行玩乐社区马蜂窝数据显示，2022年，年轻人在民宿的选择上更趋向品质化，超千元的民宿占比涨幅达13.7%。和以前出门旅行赶路程、赶景点不同，越来越多的年轻人选择随性出行，民宿早已不再是旅行中简单的落脚点，而是被赋予很多期待，逐渐成为旅行的目的地，每到节假日，找一处城郊的民宿包院或包栋，和家人共度其乐融融的团圆时光，成为不少都市家庭的过节新方式。

(1) 传统民宿：传统民宿通常是由当地居民提供的住宿服务，房屋风格和设施较为简单，价格相对较低。这种类型的民宿更适合预算有限的旅游消费者，他们更注重住宿的实用性和性价比。

(2) 主题民宿：主题民宿是根据特定主题设计的，例如农家乐、海滨别墅、艺术家工作室等。这种类型的民宿更吸引那些追求独特体验和特定主题的旅游消费者，他们更愿意为独特的住宿体验支付更高的价格。例如，昆明、大理、丽江等地的热门民宿，不是建于山峦之中、便是面朝大海，这些民宿和环境相得益彰的独特设计与特色体验，深受年轻人喜爱。

(3) 豪华民宿：豪华民宿通常是高档别墅或度假屋，配备高级设施和服务，价格较高。这种类型的民宿主要吸引那些追求奢华和舒适的旅游消费者，他们更注重住宿的品质和服务。

3. 青年旅社与旅游消费者行为

青年旅社是专为年轻旅行者提供经济实惠的住宿选择的旅社。由于青年旅社的住宿价格相对较低，因此吸引了许多预算有限的年轻旅行者。这类旅社通常提供共享宿舍房间，每个房间可以容纳多位旅客，床位通常是上下铺的形式；旅社还提供共用的浴室、厨房和休息区等公共设施，以及免费的Wi-Fi和洗衣设施等服务。

青年旅社的优势是价格相对较低，适合预算有限的年轻旅行者，此外，旅社也是一个很好的社交场所，旅客可以认识来自世界各地的旅行者，分享旅行经验和建议。不足之处在于，由于房间是共享的，可能会有一定的噪声和隐私问题，旅社的设施和服务相对简单，可能不如高端酒店提供的舒适和便利。总体而言，青年旅社是一种经济实惠的住宿选择，适合那些注重交流和省钱的年轻旅行者。

4. 度假村与旅游消费者行为

度假村是为追求奢华和豪华体验的旅游者设计的，为游客提供了一个全方位的休闲度假体验。度假村通常位于风景优美的地区，如海滩、湖泊、山脉等，提供休闲放松的氛围。住宿设施包括独立的别墅、套房、客房等，配备私人泳池、按摩浴缸、阳台等设施。度假村还提供各种娱乐设施和活动，如高尔夫球场、水上运动、SPA中心、健身房、儿童俱乐部等。此外，度假村还提供多种餐饮选择，包括自助餐厅、酒吧、咖啡厅等，以满足不同口味的游客需求。

5. 露营住宿与旅游消费者行为

带“家”出游，以帐篷为家，近年来，露营热持续升温，户外旅行多以“精致露营、风格露营”的形象出现在大众眼前，曾经的小众户外休闲旅游项目，如今引领了都市人时尚运动的新潮流，对于不少露营玩家来说，露营的帐篷不仅是旅行中随遇而安的落脚点，更是感受自然、亲近自然最好的方式，越来越多的人开始喜欢露营，尤其是那些热爱户外活动和冒险的年轻人。

旅游露营住宿是一种在旅途中选择以露营方式作为住宿的方式，可以选择在露营地、国家公园、河边、湖边、山区等自然环境中露营。此外，还有多种露营方式可供选择，如帐篷露营、房车露营、徒步露营等，游客可以根据个人喜好和需求进行选择。

露营住宿可以与大自然亲密接触，享受独特的体验和乐趣。而且，相比传统的酒店住宿，露营更经济实惠。在露营地，通常会有提供露营用品租借、帐篷搭建、卫生间、淋浴设施、篝火、烧烤设备等基础设施，以满足旅行者在舒适的夜晚中的需求。

第三节 旅游交通与旅游消费者行为

一、旅游交通的概念及特点

（一）旅游交通的概念

旅游交通是指人们在旅游过程中所使用的交通工具和交通服务，包括航空、铁路、公路、水路等各种交通方式，旅游交通对于旅游行业的发展和旅游消费者行为有着重要的影响。

（二）旅游交通的特点

旅游交通是旅游活动的重要组成部分，在旅游活动中扮演着重要的角色，不仅提供了便捷和高效的出行方式，也对旅游体验和旅游产业的发展起到了重要的推动作用。其特点如下：

1. 弹性需求

旅游交通需求具有一定的弹性，受旅游季节、节假日等因素的影响较大。人们在旅游时通常会根据自身的时间安排和预算选择合适的交通方式。

2. 多样性

旅游交通方式多样，包括航空、铁路、公路、水路等多种交通工具。人们可以根据旅游目的地的距离、时间、经济等因素选择最合适的交通方式。

3. 便捷性

旅游交通的发展使得人们的出行更加便捷和高效。现代交通工具的快速发展和交通网络的完善，使得人们可以更加方便地到达目的地，节省时间和精力。

4. 安全性

旅游交通的安全性是人们选择交通方式时重要考虑的因素之一。现代交通工具的安全性大大提高，相关法规和管理也更加完善，保障了旅游者的安全。

5. 环境友好性

旅游交通对环境的影响成为人们关注的焦点之一。现代旅游交通越来越注重环保和可持续发展，推广绿色交通方式，减少对环境的负面影响。

二、旅游交通与旅游消费者行为

旅游交通对旅游业的发展起到至关重要的作用，它为旅游者提供了便捷、快速的出行方式，缩短了旅游的时间和距离，提高了旅游的效率和舒适度。同时，旅游交通也为旅游目的地带来了更多的游客和旅游消费，促进了当地经济的发展，旅游交通的发展和改善对于提升旅游消费者的满意度和促进旅游业的发展具有重要意义。

旅游交通对旅游行为有重要影响，旅行者选择的交通方式会直接影响其旅行的时间、成本和舒适度。消费者会关注交通的便利程度、交通方式的舒适度、价格、行程时间等因素，根据个人的出行计划选择合适的交通方式，旅游交通对旅游消费者行为的影响主要体现在以下几个方面。

（一）旅游目的地选择

旅游交通的便利性和舒适性是旅游消费者选择目的地的重要因素之一。例如，如果某个旅游目的地没有直达的交通工具或者交通工具不舒适，旅游者可能会选择其他目的地。

（二）旅游路线规划

旅游交通的选择也会影响旅游消费者的路线规划。例如，长途国际旅行通常会选择飞机作为主要交通工具，而短途城市旅行则可能选择地铁、公交车或步行。

（三）旅游时间安排

旅游交通的时间安排也会影响旅游消费者的旅游时间安排。例如，如果旅游消费者选择坐火车前往目的地，那么他们可能需要考虑火车的发车时间和到达时间，从而合理安排旅游时间。

（四）旅游消费预算

旅游交通的价格也是旅游消费者考虑的重要因素之一。不同交通工具的价格差异很大，旅游消费者在选择交通工具时需要根据自己的经济实力和旅游预算做出合理的选择，旅游者如果希望节省旅行成本，可能会选择更经济实惠的交通方式。过去，有人为了省钱，通宵达旦乘坐夜班火车，越野拉练般穿梭于各大景点；而今，思维活络的年轻人已经发现了一种更具性价比的旅游方式——“中转式旅行”，即坐最便宜的中转航班，将中转城市作为新的旅游目的地，策划一场既不影响旅行本身又能充分利用资源的“一鱼多吃”。一方面，航空公司会在特定时期提供优惠的中转票价，不仅价格便宜，还有免费的中转餐和中转住宿等隐形福利，让游客在不牺牲舒适度的前提下降低旅行成本；另一方面，中转停留时间通常在 4 小时以上，对喜欢深度游的游客有较大吸引力，较长的停留时间意味着可以探索新城市、去附近品尝当地美食，体验和平时不同的生活。

（五）旅游体验感受

旅游交通的舒适性和便利性也会直接影响旅游消费者的旅游体验感受。如果旅游交通不舒适，旅游消费者可能会感到疲劳和不满意，从而影响其对旅游目的地的整体评价。

第四节　旅游餐饮与旅游消费者行为

一、旅游餐饮的概念及特点

（一）旅游餐饮的概念

旅游消费者在旅行过程中会选择不同的餐饮方式，如在酒店用餐、去当地餐厅品尝当地美食、购买食品零食等，旅游餐饮是指旅游过程中涉及的餐饮服务，包括餐厅、酒吧、咖啡馆、快餐店等。

（二）旅游餐饮的特点

旅游餐饮是在旅游过程中提供给游客的餐饮服务，与普通餐饮服务相比，具有以下特点。

1. 地理位置特殊

旅游餐饮通常位于旅游景区、旅游城市或旅游线路的重要节点，如风景名胜区、机场、火车站等，这样可以方便游客在旅途中就餐，满足他们的需求。

2. 服务对象多样化

旅游餐饮消费者类型多种多样，包括个人旅行者、家庭游客、团队游客和商务旅行者等，不同类型消费者在餐饮需求和偏好方面存在明显差异，因此需要提供多样化的餐饮选择，以满足不同人群的口味和需求。例如，个人旅行者和家庭游客更注重餐饮的特色和体验，而团队游客和商务旅行者更注重餐饮的实用性和效率。此外，消费者的地理位置、年龄、性别和职业等因素也会对餐饮偏好产生影响。

3. 时效性要求高

旅游餐饮通常需要在有限的时间内提供快速、高效的服务。游客通常希望能够迅速就餐，以便继续他们的旅游行程。

4. 体验性要求高

旅游餐饮不仅要提供美味的食物，还要提供独特的用餐环境和体验。通过营造独特的就餐氛围、提供特色菜品或文化表演等方式，可以增加游客的满意度和记忆深度。

5. 与旅游业结合紧密

旅游餐饮通常与旅游业密切相关，可以通过与旅行社、景区等旅游相关机构的合作，提供套餐、优惠等服务，吸引游客。

6. 环境保护意识强

旅游餐饮通常位于自然景区或文化遗址等特殊的环境中，因此对环境保护有较高的要求。餐饮企业需要采取相应的环保措施，减少对环境的污染。

二、旅游餐饮与旅游消费者行为

旅游餐饮与旅游消费者行为之间存在相互影响的关系。餐饮服务的质量和体验对于旅游者的整体旅游体验有着重要的影响，同时旅游者的需求和行为也会对餐饮服务商的经营策略和产品开发产生影响。

（一）餐饮选择

餐饮文化是旅游目的地的重要吸引因素之一，旅游者在选择旅游目的地时，可能会考虑当地的饮食文化和特色菜肴，这将直接影响他们对当地餐饮场所的选择。一些游客出于对目的地文化的兴趣和好奇，选择前往具有独特文化特色的目的地进行旅游，通过参观历史遗迹、参与传统节日庆祝、品尝当地特色美食、传统餐饮等活动，感受目的地独特的文化氛围和魅力。以长沙为例，不仅拥有岳麓山、橘子洲头、湖南省博物馆等丰富的历史文化和自然风光，还有茶颜悦色奶茶等独特的旅游资源，吸引着众多游客前往旅行，无论是欣赏文化艺术还是品味美食，都能给游客带来独特的体验和记忆，让人们在旅行中尽情享受长沙的魅力。

（二）餐饮体验

旅游者在旅游过程中，餐饮体验往往是其中重要的一部分，他们会根据自己的口味和偏好选择餐厅，并期望享受到美味的食物和舒适的用餐环境。餐饮场所的服务质量、菜品质量和环境氛围等因素都会影响旅游者的满意度和消费行为。舒适、宜人的环境和高品质的餐饮产品可以吸引更多的消费者，增强他们的用餐体验和满意度，从而促进消费行为和忠诚度；游客得到满意的旅游体验，他们会对目的地的形象和服务印象更好，可能会再次选择该目的地进行旅游，或者向他人推荐。2023 年火爆“出圈”的淄博烧烤，凭借“烤炉小饼加蘸料，烧烤灵魂三件套”，让淄博成为“网红”城市，天南海北的网友专程坐高铁到淄博感受“吱吱冒油的烟火气”，好客山东越热情，去的人就越多，去的人越多，就越验证这种热情的口碑，口碑越好，淄博人和山东人就越热情，人就又越多，就变成了一个正循环。

（三）餐饮消费

餐饮服务的价格直接影响着消费者选择餐饮服务的决策。一方面，价格对消费者的购买力和消费预算有着直接影响，旅游消费者会根据自己的经济状况和预算选择适合的餐饮服务。如果价格过高，超出消费者的预算范围，消费者可能会选择其他更经济实惠的餐饮选项，或者减少在餐饮上的消费。例如，面对旅游热潮，有些游客采取一些特殊的省钱方式，比如选择商务舱、高档酒店，但在餐食方面却选择泡面和凉白开。另一方面，价格也会影响消费者对餐饮服务的期望值和满意度，如果消费者支付了较高价格，他们往往会对所获得的服务和品质有更高的期望，如果餐饮服务无法达到消费者的期望，消费者可能会感到失望，并对该餐饮品牌产生负面印象；而如果价格较低，消费者可能会对餐饮服务的质量和体验持怀疑态度。因此，价格的设定需要与餐饮服务的质量和价值相匹配，以满足消费者的期望。

（四）餐饮评论和推荐

在旅游中，消费者的消费行为和偏好会直接影响他们对餐饮场所的选择以及消费支出的决策，而餐饮场所的服务质量和口碑也会直接影响旅游者的满意度和消费行为的形成。旅游者在选择餐饮场所时，往往会参考其他旅游者的评论和推荐，社交媒体和旅游网站上的餐饮评论和评分可以为旅游者提供有价值的信息，帮助他们做出更明智的选择。因此，旅游餐饮服务商需要认真研究旅游者的消费行为和需求，以提供更好的服务和产品来满足旅游者的期望和需求。此外，在旅游餐饮业中，提供独特的餐饮体验和创新的菜品是吸引旅游者的重要因素，旅游者的习惯和偏好也会影响餐饮服务商的经营策略和产品开发，旅游餐饮服务商不仅要通过积极的口碑和推荐吸引游客前来消费，还要密切关注旅游市场的变化和趋势，根据旅游者的偏好和需求调整经营策略和产品开发方向，以吸引更多的旅游者消费。例如，如果旅游者更倾向于健康饮食，餐饮服务商可以提供更多的有机食材和健康菜单选项。

第五节 旅游购物与旅游消费者行为

一、旅游购物的概念及特点

（一）旅游购物的概念

旅游购物是旅游过程中的一种活动，指的是游客在目的地或途中的商业区购买纪念品、特色商品、服装饰品、美食小吃等物品或服务的行为。旅游购物具有娱乐性和休闲性，旅游者可以在购物过程中放松心情，享受购物的乐趣。

（二）旅游购物的特点

旅游购物是一种具有趣味性和消费性的旅游活动，可以丰富旅行的体验和留下美好的回忆，其特点如下：

1. 旅游购物是旅游活动的重要组成部分

旅游购物是游客旅行中的一项重要活动，往往可以增加旅行的乐趣和满足感。

2. 旅游购物具有地域性

不同地区的旅游购物具有各自独特的风格和特色，游客可以通过购物来感受当地的文化和风情。

3. 旅游购物有多种形式

旅游购物可以包括购买当地特色产品、纪念品、艺术品、手工艺品、服装饰品等，也可以是享受当地的特色美食和餐饮服务。

4. 旅游购物对经济的影响

旅游购物对当地经济有着积极的推动作用，可以刺激消费、促进就业和增加税收。

5. 旅游购物存在消费陷阱

一些商家会采取各种手段吸引游客购买，包括夸大宣传、虚假陈述等，游客在购物时应保持理性，避免陷入消费陷阱。

6. 旅游购物的价值是主观的

旅游购物的价值因人而异，有些人认为购物是旅行的重要目的，有些人则认为购物只是旅行的一个附带活动。

二、旅游购物与旅游消费者行为

旅游购物是旅游消费者行为的一部分，旅游者在选择购物的过程中会考虑自己的需求和偏好，也会受到周围环境和推荐的影响。旅游购物可以满足旅游者的个人需求和情感需求，也可以成为旅行的一部分，留下美好的回忆。同时，旅游购物也是旅游目的地的经济来源之一，可以促进当地经济的发展，旅游购物和旅游消费者行为是相互关联的。

（一）旅游购物动机与旅游消费者行为

旅游购物动机是指旅游者在旅行过程中购物的动机和目的，包括实用性动机、情感性动机、社交性动机等，旅游购物动机与旅游消费者行为密切相关，了解旅游购物动机可以帮助旅游从业者更好地满足旅游者的需求，提供更好的购物体验。

1. 实用性动机

实用性动机是指消费者购买某个产品或服务的主要原因是为了满足自身的实际需求或解决实际问题，比如购买日常用品、礼品、纪念品等。旅游消费者可能因为某个地方有特别的景点、文化活动或者特色美食等实际需求而选择进行旅游消费，他们希望通过旅游来获得实际的享受和满足。

2. 情感性动机

情感性动机是指旅游者购买商品或服务是出于情感需求的动机，比如购买奢侈品、纪念品、艺术品等。这种购物动机主要是为了满足旅行中的情感需求，如追求享受、满足个人爱好、展示身份地位等。以景区的文创雪糕为例，如今，文创雪糕已经成为各个景区、博物馆、旅游目的地的标配，一些雪糕还暗藏玄机，比如莫高窟文创雪糕，不仅造型别致，而且雪糕签子清洗后就是一枚九色鹿书签，游客可以把这份惊喜带回家；江西滕王阁文创雪糕的签子上，附有“落霞与孤鹜齐飞，秋水共长天一色”的名句；杭州西湖“断桥相会”款文创雪糕由两部分组成，还原了白娘子和许仙在断桥相会的场景，情侣们买上一对，合起来象征着幸福圆满，别有新意。只在景区售卖的文创雪糕，不仅将唯一性以及稀缺性的感知感直接拉满，还将景区文化内涵融入文创雪糕开发的做法，为传统文化赋予了新的内涵和时代趣味，使举着文创雪糕在景点拍照，成为不可或缺的新型旅游打卡方式，吸引了一批一辈子可能只来特定景区一次的消费者。

3. 社交性动机

社交性动机是指人们在旅游过程中因为社交性需求而产生的购物行为和消费行为。一方面，社交性动机可以促使旅游者在旅游过程中进行购物活动，游客在购物过程中可以与其他旅游者或当地居民进行交流，了解当地文化和生活方式，增加旅游体验的乐趣。另一方面，社交性动机也可以影响旅游者的消费行为，旅游者可能会选择购买一些独特、有代表性的商品作为纪念品或礼物，以展示自己的旅游经历和品位，以便在回国后与他人分享旅游经历，增加社交话题。

（二）影响旅游消费者购物决策的因素

旅游购物的决策受到多种因素的影响，包括个人特征（如年龄、性别、收入水平等）、旅游经历、文化背景、目的地特色、产品品质和价格等，以下是一些常见的影响因素和行为。

1. 旅游目的地的文化和风俗习惯

旅游者通常会受到所在目的地的文化和风俗习惯的影响，选择购买与目的地相关的特色商品或纪念品。而一些旅游目的地则以购物为主要吸引点，例如香港、新加坡等地，消费者可能会更倾向于在这些地方购物。

2. 个人需求和偏好

旅游者的个人需求和偏好也会影响其购物行为。例如，一些消费者可能更喜欢购买纪念品或礼物，而另一些可能更关注购买实用的日常用品；一些人喜欢购买当地特色产品或手工艺品，而另一些人可能更喜欢购买奢侈品或国际品牌。

3. 价格和优惠

旅游消费者的经济状况和购买力会直接影响其购物行为，消费者的收入水平、职业和财务状况都会对购物决策产生影响。旅游者通常会比较不同商家的价格和提供的优惠，以选择最合适的购物地点。

4. 商品质量和品牌认知

旅游消费者对产品或服务的质量也非常关注，他们会考虑产品或服务的品牌声誉、口碑和评价等因素，以确定产品或服务的质量是否符合他们的需求和期望。例如，一些旅游者更倾向于购买知名品牌的商品，因为他们相信这些品牌的产品质量更可靠。

5. 旅游者的购物态度和行为

旅游者的购物态度和行为也会影响其购物行为，一些旅游者可能更愿意花费时间在购物上，而另一些人可能更喜欢快速购物并继续其他旅游活动。

6. 旅游消费者的社交圈子和口碑影响

旅游消费者通常会受到他们的社交圈子和口碑影响，包括朋友、家人、同事的推荐和评价。如果他们的社交圈子中有人推荐某个产品或服务，他们可能更倾向于购买。

（三）旅游购物地点选择与旅游消费者行为

消费者在旅游过程中会选择不同的购物地点，并在这些地点进行消费，消费者的需求和偏好、经济实力、文化背景和教育水平以及旅游目的地和旅游行程等因素都会影响消费者在旅游过程中购物地点的选择和消费行为。

首先，旅游购物地点的选择与消费者的需求和偏好密切相关，消费者在选择购物地点时，会考虑到自己的购物需求和偏好。例如，有些消费者喜欢购买奢侈品，他们可能会选择一些高档的购物中心或奢侈品专卖店作为购物地点；而有些消费者则更注重购买当地特色产品，他们可能会选择一些传统市场或工艺品店作为购物地点。例如，成都的西村大院是一座非常典型的，自带强烈风格的商业景观，它的风格非常市井、非常朋克，里面有很文艺的茶馆，同时又有充满元气的足球场，足球场二楼的走廊上，还有很多街坊邻居边吃酸辣粉边围观小孩们踢球。西村大院对“生活”这个主题的呈现非常立体，在设计的时候就直接带有强烈的原生主题和风格，让人想要置身其中感受一下氛围。

其次，旅游购物地点的选择与消费者的经济实力密切相关，消费者的经济实力会影响他们在旅游购物中的消费水平和购物地点的选择。一些消费能力较强的游客可能会选择一些高端购物地点进行消费，另一些消费能力较弱的游客可能会选择一些价格相对较低的购物地点。

再次，旅游购物地点的选择与消费者的文化背景和教育水平密切相关，不同文化背景和教育水平的消费者对购物地点的选择有不同的偏好。一些消费者可能更喜欢购买具有当地文化特色的商品，他们可能会选择一些传统市场或民俗村作为购物地点；而一些消费者则更注重购买国际品牌的商品，他们可能会选择一些高档购物中心或奢侈品专卖店作为购物地点。

最后，旅游购物地点的选择还与消费者的旅游目的地和旅游行程相关，不同的旅游目的地和旅游行程会提供不同的购物选择。一些旅游目的地可能以购物为主要吸引点，他们会提供丰富多样的购物地点供消费者选择；而一些旅游目的地可能以自然景观或历史文化为主要吸引点，购物地点可能相对较少。

第六节　旅游娱乐休闲与旅游消费者行为

一、旅游娱乐休闲的概念、类型及特点

（一）旅游娱乐休闲的概念

旅游娱乐休闲是指在旅游过程中，旅游者参与的各种娱乐和休闲活动，包括观看演出、参加体育比赛、游乐园游玩等。

（二）旅游娱乐休闲的类型

旅游消费者在选择旅游目的地时，往往会考虑该地的休闲娱乐活动种类和质量，他们希望通过参加各种活动，丰富旅行体验，满足自己的休闲娱乐需求。以下是一些常见的旅游娱乐休闲活动，这些活动可以根据个人的兴趣和偏好进行选择。

1. 观光旅游

参观名胜古迹、自然景观、博物馆等，了解当地的历史、文化和风土人情。

2. 水上活动

如游泳、浮潜、冲浪、帆板、划船、钓鱼等，适合在海滩、湖泊或河流等水域进行。

3. 登山和徒步旅行

徒步穿越山脉、森林或沙漠等自然地形，享受大自然的美景和挑战。

4. 野外露营

在自然环境中搭帐篷、生火、烧烤等，与家人朋友共度美好时光。

5. 乡村旅游

到农村地区体验农耕生活、品尝农家美食，感受乡村文化和自然风光。

6. 主题公园

到迪士尼、环球影城等主题公园游玩，便享受刺激和娱乐。

7. 文化体验

参加传统节日、民俗活动、手工艺制作等，了解当地的文化传统。

8. 美食之旅

品尝当地特色美食，了解不同地区的饮食文化。

9. 温泉和水疗

享受温泉浸泡、按摩、SPA 等，放松身心。

（三）旅游娱乐休闲的特点

旅游娱乐休闲是一种多样化的休闲方式，通过旅行和参与各种娱乐活动，人们可以放

松身心、增加快乐和满足感，同时也能够提升自己的知识和体验世界的多样性，其特点如下：

1. 旅游性质

旅游娱乐休闲是以旅行为主要手段的休闲方式，人们通过前往不同的地方，探索不同的文化、风景和体验新鲜事物来获得乐趣和放松。

2. 多样性

旅游娱乐休闲涵盖多种不同的活动和体验，包括观光旅游、户外运动、文化交流、参观博物馆和艺术展览、购物等，人们可以根据自己的兴趣和需求选择适合自己的方式来休闲娱乐。

3. 互动性

旅游娱乐休闲通常是一种社交活动，人们可以与家人、朋友或其他旅游者一起参与，分享快乐和体验。这种互动可以增强人际关系，加深感情。

4. 放松身心

旅游娱乐休闲可以帮助人们暂时远离日常的压力和工作，享受大自然的美景和宁静，放松身心，缓解压力，提高生活质量。

5. 体验和学习

旅游娱乐休闲不仅是一种放松和娱乐的方式，也是一种学习和体验的机会。通过旅行和参与各种活动，人们可以了解不同地区的文化、历史和风俗习惯，扩展自己的知识和眼界。

二、旅游娱乐休闲活动与旅游消费者行为

旅游娱乐休闲活动是旅行者在旅途中追求放松、娱乐和休闲的方式之一。他们会根据个人兴趣、经济状况、旅行目的地、时间限制和地理位置等多个因素来选择参加娱乐活动的方式。此外，消费者可能会考虑亲友、媒体和社交媒体的评价和推荐，更倾向于选择受欢迎和口碑良好的娱乐活动。

（一）旅游消费者预算与娱乐休闲活动

在旅行中，选择适合自己的娱乐活动，不仅能够让旅行更加丰富多彩，还能够增加旅途的乐趣和满足感，无论选择何种活动，旅游者在选择参与旅游娱乐休闲活动时，会考虑活动的性价比，他们会比较不同活动的价格和质量，然后做出决策。对于注重价格的消费者来说，他们可能会比较不同娱乐活动的价格和价值，选择性价比较高的活动。

（二）旅游消费者偏好与娱乐休闲活动

在旅行中，选择适合自己的娱乐活动，不仅能够让旅行更加丰富多彩，还能够增加旅途的乐趣和满足感，无论选择何种活动，旅行者们都会根据自己的喜好和需求来进行选择，以求获得真正的娱乐和休闲的乐趣。不同的旅行者有不同的娱乐和休闲需求，有些人喜欢刺激的户外活动，如滑雪、冲浪、漂流和攀岩；有些人则更喜欢文化娱乐活动，如参观博物馆、参加音乐会和观看演出，无论选择何种活动，旅客们都会寻求娱乐和休闲的乐

趣；还有一些旅行者喜欢参加温泉浴、SPA按摩和泡脚养生等活动，这些活动能够帮助他们放松身心，缓解旅途的疲劳，让他们在旅行中得到全面的休息和放松。不同的旅游娱乐休闲活动能够满足不同旅行者的需求，既能够让他们体验到刺激和挑战，又能够让他们感受到文化和艺术的魅力，更能够让他们得到身心的放松和恢复。以下是一些常见的消费者偏好与旅游娱乐休闲活动内容的关系。

1. 自然与户外活动

许多消费者喜欢到自然景区、国家公园或海滩等地旅游，进行徒步、登山、野营、观鸟、钓鱼、冲浪、滑雪等户外活动，以便更好地欣赏和体验自然美景。

2. 文化与历史体验

对于那些更注重文化娱乐的旅行者来说，他们喜欢参观历史古迹、艺术展览和民俗文化村，这些活动能够让他们深入了解当地的历史和文化，同时也能够享受到艺术和人文的熏陶。

3. 主题公园与游乐园

主题公园与游乐园提供各种游乐设施和娱乐项目，是一种受欢迎的休闲娱乐活动，适合家庭和朋友一同游玩。许多消费者喜欢去迪士尼、环球影城、海洋公园、乐高乐园、野生动物园等主题公园和游乐园，享受过山车、旋转木马、水上乐园等娱乐设施。

4. 美食和美酒体验

许多消费者喜欢品尝当地美食和美酒，他们倾向于选择参观当地市场、品尝当地美食、参加美食节、葡萄酒品鉴等活动，很多旅游目的地也提供美食之旅，为旅游消费者提供丰富的美食体验。

5. 购物和奢侈品体验

一些消费者喜欢购物和奢侈品体验，他们选择到购物中心、名牌店、奢侈品专卖店等。

6. 快节奏与冒险活动

对于喜欢刺激和挑战的旅行者来说，他们可以选择参加一些极限运动，如跳伞、高空秋千和蹦极跳等，这些活动不仅能够满足他们对刺激的需求，还能够让他们感受到独特的冒险体验。

7. 健康与养生活动

一些消费者注重健康和养生，他们喜欢参与瑜伽、冥想、辟谷、温泉浴SPA按摩、泡脚养生等活动，这些活动能够帮助他们放松身心，缓解旅途的疲劳，让他们在旅行中得到全面的休息和放松。

8. 艺术和表演

一些消费者对艺术和表演感兴趣，他们选择参观剧院、音乐会、舞蹈表演、演唱会等。演唱会作为文化和音乐的盛会，不仅带给人们精彩的演出和音乐体验，还能让旅游者感受到城市文化的魅力；演唱会期间，城市将充满欢乐和兴奋的氛围，街道上人声鼎沸，各类商业活动也开始热闹起来。如今，越来越多的人愿意为一场演唱会安排一次旅行，参加演唱会的旅游者将会花费大量时间在城市中，不仅购买演唱会门票，还会选择在当地体验各类旅游景点、品尝当地美食以及购买纪念品等，这些都为城市带来了新的商机和就业机会，推动了城市旅游经济的发展。

9. 农村旅游和生态旅游

一些消费者喜欢体验农村生活和自然环境，他们选择参观农庄、农田、农家乐、生态园等。

10. 城市漫步

是一种随性行走，感受城市风貌的方式，生活节奏越来越快的今天，城市漫步（city walk）正成为年轻人热衷的解压方式之一，在城市的大街小巷里漫步，用脚步去感知城市温度，深度体验该城市的历史、人文、景观，进而去与这座城市“深交”。

本章小结

（1）旅游消费者行为是指游客在旅游过程中所展现出来的行为。本章通过研究旅游的六个要素——食、住、行、游、娱、购，从不同业态的角度出发，探讨了旅游消费者在各个领域的行为特点和影响因素。同时，分析了观光旅游、旅游住宿、旅游交通、旅游餐饮、旅游购物、旅游娱乐休闲等领域中的旅游消费者行为。通过这些分析，我们可以掌握如何为不同业态的旅游消费者制定相应的营销策略。

（2）观光旅游是旅游消费的核心环节之一，旅游者在选择旅游目的地时，会受到景点知名度、景点特色、旅游活动等因素的影响，同时也会考虑自身的兴趣爱好和预算限制。各景区和旅游目的地需要在产品设计和服务方面不断创新，以吸引更多的旅游消费者。

（3）消费者在选择住宿时，会考虑酒店的品牌知名度、设施服务、价格等因素。同时，旅游住宿也受到旅游目的地的影响，不同的目的地具有不同类型的住宿设施，例如海滨度假村、山间别墅等，旅游住宿的选择也与旅游者的需求和预期密切相关。

（4）旅游者在选择交通工具时，会考虑交通的便利性、舒适度、价格等因素。随着交通网络的不断发展和完善，旅游者的出行方式也越来越多样化，如高铁、航空等，这对旅游消费者的行为特点产生了一定的影响。

（5）旅游者在外出旅游时，不仅会享受当地的美食文化，还会购买一些纪念品或者特产。因此，各地的旅游餐饮和购物商业街区需要不断提升服务质量和产品创新，以满足旅游消费者的需求和期望。

（6）娱乐活动也是引领旅游消费者行为的重要因素之一。旅游者在旅途中会选择参与各种娱乐活动，如观光表演、体验式游览等。娱乐活动的丰富多样化可以吸引更多的旅游消费者，同时也能增强旅游目的地的吸引力。

（7）不同业态下的旅游消费者行为特点和影响因素是一个复杂而多样化的课题，通过深入了解食、住、行、游、娱、购六个方面的旅游消费者行为，我们可以制定出针对不同业态的旅游消费者的营销策略，以提升旅游业的发展和消费者的满意度。

思考题

1. 影响旅游消费者选择旅游目的地的因素有哪些？
2. 影响旅游消费者选择旅游住宿的因素有哪些？
3. 影响旅游消费者选择旅游交通的因素有哪些？
4. 影响旅游消费者选择旅游餐饮的因素有哪些？
5. 影响旅游消费者选择旅游购物的因素有哪些？
6. 影响旅游消费者选择娱乐休闲活动的因素有哪些？

在线自测

扫一扫　练一练

第六章　旅游消费者体验

导入案例

国家级沉浸式文旅案例，带你解锁文旅新玩法

一场别开生面的演出，让观众打破与演员的边界，走进剧中世界；一个古色古香的街区，让人们“穿越”进入一段历史岁月……随着信息技术发展、体验经济兴起，沉浸式文旅成为关注热点，新业态、新模式、新产品不断涌现，游客在身临其境的新奇体验中领略文化的魅力。

2023 年 7 月，文化和旅游部发布 20 个沉浸式文旅新业态示范案例，从夜游锦江、大唐不夜城，到《又见平遥》《遇见大庸》《知音号》等经典演出，各种类型的沉浸式项目成为文旅业态创新的标杆。

《又见平遥》是印象团队在演艺创新取得新突破的原创性项目，实现了从室外实景演出走向室内情境体验模式创新。项目充分运用现代化声光电技术，采用戏剧、舞蹈、音响、音乐制造奇特空间，将山西的根文化、大院文化、面食文化整体贯穿于剧中，观众步行穿过若干不同形态的主题空间，表演者也在观剧人群中往来穿梭，并与观众对话，使观演者感受跨越时空的穿越感。

《重庆·1949》以 1949 年重庆解放前夕为历史背景，用创新的艺术手法和先进技术手段，在同一时间内，多维度展现出不同的叙事场景，每分每秒，眼前的景物都在变化，观众置身在变换空间，同一时间里，不同的角度，不同的场景，用 360 度旋转式舞台营造沉浸式体验，展现了先烈们坚定的信仰、不惜牺牲的斗志和对未来的希望。

《知音号》是湖北省推动旅游发展的重点创新文旅项目，也是武汉市重点文化项目、武汉市长江主轴文化轴亮点项目。作为长江上的首部漂移式多维体验剧，自公演以来，已成为武汉城市文化旅游新名片和新地标。《知音号》以知音文化为灵魂，以大汉口长江文化为背景，在演出中使用了倒叙、插叙及人景互动等电影表现手法，用电影的方式打造互动体验剧，生动展现了大武汉的当年文化。

第一节　旅游体验概述

体验是指通过个体的亲身实践所获得的经历、经验和感受，本质上是一种个体主观的内心活动（Lofman，1991），也指个体基于已有的经验或知识对亲身经历的事物或事件所

做出的认知和评价，并伴随着个体的情感、思考等心理和行为反应（Holbrook 和 Hirschman，1982；李建州，范秀成，2006；王馨，2013）。事实上，人们对体验的关注由来已久，但直到未来学家阿尔文·托夫勒预言体验将成为经济发展的新支柱，体验经济才真正成为研究的焦点。他认为人们正在从满足物质需要迅速过渡到心理需要的创造与满足，体验由原来的作为某种产品或服务的附属物转变为按其本身的价值提供给顾客，体验经济将成为继服务经济之后的未来经济发展的支柱，企业要在未来市场竞争中取胜，依赖于能否为顾客提供卓越的顾客体验（阿尔文·托夫勒，1987）。随后，Pine 和 Gilmore（1998）对体验研究做出了重要贡献，他们提出在体验经济时代，体验已不同于传统的产品和服务，而是特殊的经济提供物，企业也将不仅仅为顾客提供产品或服务，而是以企业为舞台、产品为道具、服务为过程，为顾客提供独特的消费体验，这种体验不仅是一种消费过程，更是一种难忘的经历，成为企业为顾客创造价值的新途径，也是企业实现差异化竞争优势的关键。

一、旅游体验的概念

20 世纪 70 年代，美国著名未来学家阿尔文·托夫勒在它的经典著作《未来的冲击》中首次提出体验经济的理论框架，标志着体验经济及体验作为经济提供物的开端。1998 年约瑟夫·派恩和詹姆斯·吉尔摩在《体验经济》中指出，体验经济是继农业经济、工业经济、服务经济之后的人类经济生活发展的第四个阶段，其核心特征是消费和生产的个性化。从此，体验经济引起了国内外研究者和业界人士的广泛关注，体验经济的理念也逐渐渗透到各个行业，成为推动经济发展和创新的重要力量。

旅游与体验经济紧密相连，构成了一个独特的经济现象。随着人们基本生理和物质需求的满足，他们开始追求更高层次的精神满足。旅游不仅是一种简单的旅行活动，更是一种追求愉悦和快乐的经历，本质上是一种审美和暂居的体验。在这种背景下，旅游者在选择旅游产品时，不再仅仅关注其功能性，而是更倾向于寻找和享受那些能够带来独特体验的感性产品和服务，追求文化和精神上的满足。那么，究竟什么是旅游体验呢？根据史蒂芬·佩吉等人的观点，旅游体验是由一些复杂因素构成的综合体，这些因素包括个人感知、地方印象、所消费的产品等。同时，这些因素还受到个人特质、环境、形势、个性以及旅游者与他人的沟通程度等多重因素的影响。正是这些因素的相互作用，共同塑造了完整的旅游体验。谢彦君认为，“当旅游者离家踏上出游的旅途后”便开始了旅游的体验。旅游体验是一个过程，即旅游者通过与外部世界取得联系从而改变其心理水平并调整其心理结构的过程。这种体验是旅游者的内在心理活动与旅游客体所呈现出表面形态和深刻含义之间相互交流和相互作用的结果，是借助于观赏、交往、模仿和消费等活动方式实现的一个时序过程。旅游从本质上讲就是人们离开惯常环境，到其他地方去寻求某种体验活动，体验是旅游者的核心需求。邹统钎则从另外一个角度定义旅游体验，“旅游体验是旅游者对旅游目的地的事物或事件的直接观察或参与过程以及形成的感受。”

综上所述，旅游体验是一种独特的心理活动，是旅游者积极参与并与旅游客体相互作用的结果，它体现着浓厚的旅游者个人情感，这种情感既包含旅游者对旅游地及其提供的旅游产品与服务的预期和满意度，也包含旅游者与他人沟通和交流的某种认知程度。

从心理学的角度看，旅游体验是一个充满“想象”领悟过程。这里的想象不是凭空的幻想，而是基于旅游者个人过去的经历和对未来的期待。例如，旅游者来到黄山，身处云山瀑布前，可能会唤起他们对庐山的记忆，产生一种似曾相识的感觉。而对于没有庐山经历的旅游者来说，他们对黄山的感受和印象则会完全不同。总之，旅游体验是旅游者通过想象，用内在心灵和精神世界领悟旅游世界的价值与意义，构成自身美好记忆，达到旅游愉悦，然后再作用于内在心灵与想象的螺旋形循环过程，如图 6-1 所示。

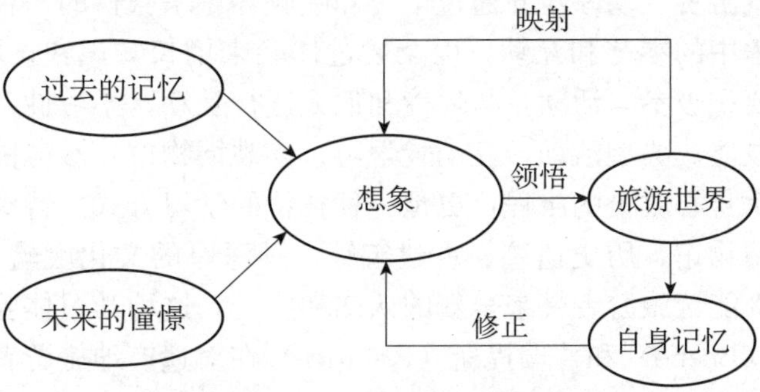

图 6-1　旅游体验的心理过程

简而言之，旅游体验是旅游者在旅行过程中，通过与旅游目的地的环境、文化、社会互动以及个人内在心理活动的综合作用，形成的一种深刻的、多感官的、情感丰富的心理和情感状态。这种体验不仅涉及旅游者对旅游目的地的直接感受和认知，还包括他们对旅行过程中所经历事件的个人理解和情感反应。

二、旅游体验的类型

（一）根据旅游者参与的主动性与投入程度划分

派恩与吉尔摩根据旅游者参与的主动性与投入程度，将旅游体验划分为娱乐型体验、教育型体验、逃避型体验和审美型体验四种类型，认为每个旅游者的旅游经历都是以上四类体验的不同程度结合。四类体验的中心集合点就是美好的甜蜜地带，在这个地带，活动对象达到一种“畅爽”境界（见图 6-2）。

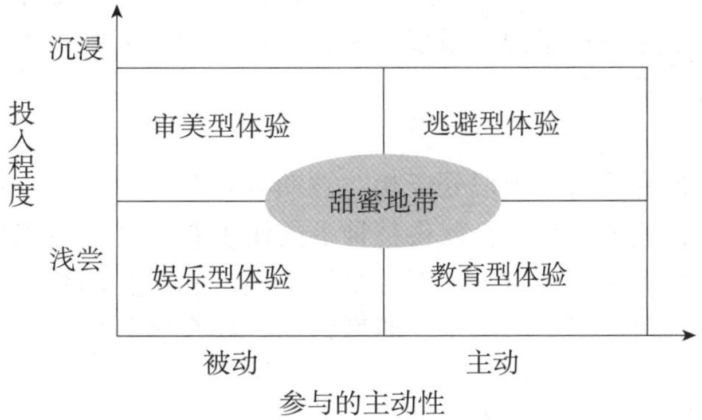

图 6-2　旅游体验的类型

1. 娱乐型体验

娱乐型体验是旅游者被动参与并主要通过感官吸收的一种体验。在这种体验中，旅游者往往处于较为消极的状态，主要通过观看、聆听等方式享受活动带来的乐趣。它的特点是被动性：旅游者主要作为观众或听众参与，不需要过多的主动投入；感官享受：强调视觉、听觉等感官的刺激和享受。典型活动：观看演出、听音乐、观看电影等。

2. 教育型体验

教育型体验是旅游者主动参与并通过学习和吸收知识来获得的一种体验。这种体验注重旅游者在活动过程中的参与和互动，以及通过体验来增长知识和技能。它的特点包括：主动性：旅游者需要积极参与活动，与环境和他人进行互动；学习性：强调通过体验来学习和掌握新知识或技能。典型活动：互动式学习、参观博物馆、参与科学实验等。

旅游不仅是一次身心放松的旅程，更是一种独特的学习方式。特别是对于那些富有人文气息的景点，如博物馆、历史遗迹、古建筑等，其深厚的文化底蕴、悠久的历史传统、精湛的建筑技艺，都能给旅游者带来全新的认知和感受，这种学习体验贯穿于旅游者的整个旅行过程。比霍（Beeho）和普瑞提斯（Prentice）在对遗产地旅游者的旅游体验调查中发现，游客主要获得有益的学习体验，此外，还获得情感和思想上的体验。因此，教育型体验是一种将旅游的娱乐性和教育的深度性相结合的方式，它不仅能够提供愉悦的旅游体验，还能够促进参与者的个人成长和终身学习能力的培养。研学旅行就是这样一种特殊的旅游业态，以教育为目的，通过组织学生到特定的旅游目的地进行实地考察和学习的活动。它不仅是一种旅游体验，更是一种教育过程，强调通过实践活动获取知识和技能，达到寓教于乐的效果。

3. 逃避型体验

逃避型体验是旅游者主动参与并完全浸入其中，以暂时摆脱现实生活压力和束缚的一种体验。这种体验强调旅游者对环境的深度参与和情感的完全投入。特点包括：主动性：旅游者需要积极投入到活动中，成为体验的一部分；沉浸性：强调旅游者情感的完全投入和与现实生活的暂时隔离。典型活动：户外探险、主题乐园游玩、角色扮演游戏等。在现代社会，人们常常被工作的压力、日常琐事和复杂的人际关系所困扰，很少有机会停下来审视自己内心的真实需求。因此，许多人渴望通过旅游活动，暂时逃离日常生活中的各种角色和压力，寻找一个能够放松身心的环境。旅游提供了一个机会，让人们可以放下工作，抛开日常琐事，享受一种宁静和温馨的体验。在这种环境中，人们可以重新发现那个不受日常生活束缚的真实自我。

4. 审美型体验

审美型体验是旅游者浸入其中但处于相对被动状态的一种体验。在这种体验中，旅游者通过欣赏自然美景、艺术作品等，获得精神上的愉悦和享受。特点包括：被动性：虽然旅游者需要亲自到场并沉浸在环境中，但主要处于欣赏和感受的状态；审美性：强调对美的感知和欣赏，以及对精神层面的满足。典型活动：参观名胜古迹、欣赏自然风光、参观艺术展等。

对美的体验贯穿于旅游者的整个活动中。旅游者首先通过感觉和知觉捕捉美好景物的声色、形，获得感观的愉悦，继而通过理性思维和丰富的想象深入领会景物的精髓，身心俱沉迷其中，心驰神往，从而获得由外及内的舒畅感觉。自然景物中的繁花、绿地、溪水、瀑布、林木、鸟鸣、动物、蓝天等，人文景物中的雕塑、建筑、岩绘、石刻等都是旅游者获得美感体验的源泉。此外，景区布局合理，营造出天人合一的整体环境氛围，以及旅游从业人员、景区居民的友好、和善、热情也是游客获得审美体验的途径。

综上所述，派恩与吉尔摩的四种旅游体验类型各有其独特的特点和表现形式，涵盖旅游者在旅游过程中可能经历的各种体验类型。这些分类有助于我们更深入地理解旅游体验的本质和多样性。

国内许多学者也对旅游体验的类型进行了研究，其中，邹统钎在以上 4 种类型的基础上，提出旅游体验还有第 5 种体验，即移情。

旅游中的移情，是指旅游者把自己置身于他者的位置之上，将自己变化为意想中的对象，从而实现情感的转移和短暂的自我逃离。从《庐山恋》中的山水，到《少林寺》中的古刹，《乔家大院》让人们想去山西看看大院里那幽怨的红灯笼，湘西的无名小镇因电影《芙蓉镇》成为旅游的热点，《非诚勿扰》让人们认识了西湖边上的西溪湿地，电视剧《似水年华》吸引了大批游客到乌镇领略江南水乡的古朴与恬静。旅游者被影视作品所展现的内容吸引，亲身到这些旅游地进行体验，这就是一种移情的体验。

（二）根据旅游者的动机划分

1. 情感体验型

根据马斯洛需求层次理论，对于情感的需求是人们感情需求的重要组成部分。旅游体验中的情感体验主要是满足人们对于亲情、友情、爱情等情感的渴求。情感体验型旅游是指旅游者通过旅游活动来寻求情感上的满足和共鸣，如浪漫之旅、家庭团聚、怀旧回忆等。这类旅游体验强调情感层面的交流和体验，旅游者可以通过参观具有特殊意义的地方、参与特定的活动或与重要的人共度时光来增强情感联系，从而获得情感上的满足和愉悦。

2. 文化体验型

领略异域风情与文化是旅游者求新、求异心理体验的主要目的之一。文化体验型旅游是指旅游者为了深入了解和体验异国或异地文化而进行的旅游。这类旅游体验注重文化层面的交流和互动，旅游者可能通过参观博物馆、古迹，参加当地文化活动，品尝地方美食等方式来感受和学习不同的文化习俗、历史传统和艺术形式，从而拓宽视野、丰富精神生活。随着人民生活水平的提高，人民群众的文化需求迅速增长，文化型旅游体验主要满足旅游者对于历史文化等的认知和对旅游目的地的文化等的好奇，有助于人们把握人生的价值。

3. 生存体验型

生存体验型旅游可理解为探险或野外生存旅游，旅游者通过参与具有挑战性的户外活动来体验生存技能和环境适应能力。这类旅游体验通常与极限运动、徒步旅行、野外探险等活动相关，旅游者需要面对自然环境中的种种挑战，通过实践和学习来提升自己的生存技能和心理素质，帮助旅游者真正认识自身和生命的价值，同时享受挑战带来的成就感和刺激感。

4. 民族风情体验型

民族风情体验型旅游是指旅游者为了了解和体验不同民族的风俗习惯、生活方式和文化特色而进行的旅游体验。这类旅游体验注重民族文化的展示和体验，旅游者可以通过参观民族村落、参与民族节庆活动、学习民族手工艺等方式来深入了解不同民族的历史、文化和生活方式，从而增进对不同文化的理解和尊重。

5. 学习体验型

学习体验型旅游是指旅游者以学习为目的而进行的旅游活动，如学术考察、专业培训、语言学习等。这类旅游体验主要满足人们对于自我发展和丰富知识的需要，也满足现代人在娱乐中学习的需求，学习体验的设计有助于人们更轻松地学习到新的东西。

6. 生活体验型

生活体验型旅游是指旅游者为了体验不同于自己日常生活方式而进行的旅游活动。生活体验型旅游方式为旅游者提供了亲近旅游目的地居民、社区居民、融入目的地生活文化圈的机会，反映了旅游者对于自我完善的需求，希望通过了解他人完善自己的需求，也反映了人们对另一种生活的好奇。

7. 娱乐体验型

娱乐体验型旅游是指旅游者为了寻求娱乐和休闲而进行的旅游活动。娱乐的体验发展已久，随着人们生活的变化，旅游者在娱乐中需求的不仅仅是刺激，还有其他更深的含义。这类旅游体验注重娱乐和休闲的享受，旅游者可能通过参观主题公园、游乐场、海滩度假村等地方来放松身心、享受乐趣。这类旅游体验通常与旅游者的休闲动机紧密相关，旨在为他们提供轻松愉快的休闲时光。

三、旅游体验的特征

（一）价值性

旅游体验的价值性特征是多维度且深层次的，它不仅仅关乎于外在的景观欣赏或活动的参与，更是心灵与文化的深刻交流，是个人成长与情感共鸣的过程。

文化沉浸与认知拓展：旅游是文化交流的桥梁。通过亲身体验不同地域的风土人情、历史遗迹、民俗活动，旅游者能够深入了解并感受到不同文化的魅力，从而拓宽视野，增进对多元文化的理解和尊重。这种文化沉浸不仅丰富了游客的知识储备，也促进了跨文化交流和理解。

情感共鸣与心灵放松：旅游往往能触发人们的情感共鸣，无论是面对壮丽的自然风光，还是体验人文景观的深厚底蕴，都能激发内心深处的情感反应，如震撼、感动、宁静或兴奋等。这种情感的释放和共鸣有助于缓解日常压力，达到心灵的放松和治愈，提升个人的幸福感和满足感。

自我发现与成长：旅游是一个自我发现和成长的过程。在陌生的环境中，游客需要面对新的挑战，解决问题，这有助于培养独立思考、解决问题的能力以及适应新环境的能力。同时，旅游中的所见所闻也能激发个人对生活的思考，促进自我反思和价值观的重塑，从而实现个人成长和蜕变。

社交与人际关系的建立：旅游不仅是个人的行为，也是社交的契机。在旅途中，游客可能会遇到来自世界各地的旅行者，共同的兴趣爱好和经历使他们有机会建立深厚的友谊和联系。这种跨地域、跨文化的社交体验有助于拓宽人际交往圈，增进对世界的理解和包容。

经济价值与地方发展：旅游体验还具有显著的经济价值。它促进了旅游业的繁荣，带动了当地餐饮、住宿、交通、购物等相关产业的发展，为当地居民提供了就业机会和收入来源。同时，旅游活动也促进了地方文化的传播和保护，推动了地方经济社会的全面发展。

综上所述，旅游体验的价值性特征体现在文化沉浸、情感共鸣、自我发现、社交价值以及经济价值等多个方面，这些特征共同构成了旅游体验的独特魅力和深远意义。

（二）高参与性

参与性是旅游体验的核心所在，旅游经历就是旅游者参与旅游活动的结果。在旅游过程中，旅游者与当地居民、景观、其他游客之间所产生的互动行为，最终形成了属于旅游者自身的旅游体验。这种参与性不仅体现在物理空间上的移动和接触，还包括情感、认知和文化层面的交流与融合。在旅游的世界里，游客不仅仅是旁观者，更是积极的参与者与创造者。游客通过参与当地的活动、与当地人交流、体验不同的生活方式等，使旅游过程更加丰富和有意义。

从服务营销的视角来看，将游客视为合作的伙伴而非单纯的消费者，是提升旅游服务质量的关键一环。游客的积极参与，不仅能够直接促进服务流程的顺畅与高效，更能在无形中激发服务提供者的创造力与热情，共同打造出超越期待的服务体验。同时，游客的主观能动性在参与过程中得到充分释放，他们有机会在探索与发现中收获意外的惊喜与满足，使旅游体验达到新的高度。因此，游客在旅游过程中的参与程度，与旅游体验的效果直接相关，参与程度越高，体验效果越好；反之，则越差。在旅游规划与服务设计中，如何激发并引导游客的积极参与，成为一个值得深入探索与实践的重要课题。

（三）综合性

一方面，旅游产品的综合性，决定了旅游体验的综合性，它涵盖了旅游活动的多个方面，包括吃、住、行、游、购、娱等多个环节。游客在与这些要素的接触与互动中，产生了丰富多样的体验，它们共同形成旅游体验的整体。另一方面，这种体验给旅游者带来的是一种深刻而综合的内心感受，这种内心感受，不仅受到旅游目的地的自然风貌、文化特征等旅游客体的影响，还深受旅游环境氛围、服务质量等条件的影响；游客在体验的过程中既会经过感性的认识，也会经过理性的思考，是理性和感性的融合。

因此，旅游体验的综合性特征体现在其构成要素的全面覆盖与游客内心感受的复杂交织上。它既是旅游活动各个环节的综合体现，也是游客在感性与理性之间融合、在内外环境间交融的深刻体验。

（四）主观性

旅游体验的主观性是其独特性的核心。它是一种个人化的感知，当个体在情绪、体力、智力乃至精神层面达到某种特定的状态时，便在意识中涌现出一种独特的美好感受。这种感受是旅游者在旅途中获得的，它是一种深刻而富有个人意义的综合体验。由于每个人的背景、期望和情感反应都不尽相同，即使在相同的旅游环境中，每个人的体验和感受也会有所差异。这种体验是独一无二的，不可复制、不可转移，具有强烈的个人色彩。因此，旅游体验的主观性意味着它是一种私人的、个性化的内心体验，每一次旅行都是一次全新的、专属于个人的探索和发现之旅。

（五）无形性

旅游产品的核心消费价值，最终归结为一次深刻而独特的体验。在这场体验之旅中，游客收获的并非实体商品那样触手可及的物品，而是一种珍贵而难以量化的经历。这种经历超越了物质形态的束缚，它是一种内在的心理认知与情感反应的交织，无形却强烈地影响着每一位旅者的心灵。

旅游体验，作为一种纯粹的心理感受，其独特之处在于它的无形与个性化。它不像商品和服务那样可以直观展示或衡量，而是深深植根于每个游客的内心世界，是身体力行、情感共鸣与知识启迪的综合体现。这种体验，唯有亲历者方能真切感知，其细腻入微之处，即便是最亲密的旁观者也无法全然体会。

因此，旅游体验成为旅行中最宝贵的财富，它创造出的不仅是回忆，也是心灵的触动与成长的印记。在旅游的过程中，游客通过亲身经历与深度参与，构建了一个专属于自己的、难以忘怀的心灵旅程。

（六）文化性

旅游体验的文化性特征是其独特魅力的重要组成部分。它以深厚的文化底蕴为依托，将文化元素巧妙地融入旅游的每一个环节，从而为游客提供一种超越物质层面的精神享受。旅游体验的文化性不仅体现在对目的地历史、艺术和传统的深入探索，更在于它能够激发游客的情感共鸣和认知思考，满足人们对于文化认同和精神追求的需求。

在旅游体验中，文化性特征表现为对当地生活方式的亲身体验、对传统文化的现代诠释以及对多元文化差异的尊重和欣赏。这种文化体验不仅丰富了游客的知识视野，也促进了不同文化之间的交流与理解。同时，旅游体验的文化性还具有创新性，它鼓励对传统文化的创新应用和现代表达，为文化的传承与发展注入了新的活力。

总之，旅游体验的文化性特征是其价值的核心，它通过文化与体验的深度融合，为游客提供了一种独特的、富有内涵的精神之旅。

知识链接

何谓沉浸式旅游体验？沉浸式旅游体验即通过全景式的视、触、听、嗅觉交互体验，使游客有一种“身临其境”的感觉。互联网技术的崛起，高科技的应用，将使人类进入“时空穿梭”和“虚拟世界”时代，旅游产业也将迎来体验化的新时代。

2023洛阳河洛文化旅游节落幕，来自河南省洛阳市文化广电和旅游局的数据显示，节会举办期间，洛阳共接待游客1 290.14万人次，旅游收入110.04亿元。

立足数千年的历史文化积淀，洛阳发挥汉服经济的长尾效应，突出“颠覆性创意、沉浸式体验、年轻化消费、移动端传播”，持续培育全产业链与文旅资源的深度融合，让洛阳汉服火爆“出圈”。例如，洛阳推出的满城汉服秀、全城剧本杀、夜宿博物馆等活动，靠的正是“人无我有，人有我新”的颠覆性创意。走好新文旅产业发展之路，洛阳乘势而上、御风而行，加快打造全国沉浸式文旅目的地。

一、全产业链打造沉浸式“穿越”体验

据统计，洛阳市共有400余家汉服体验店，形成了涵盖汉服设计、制造、租售、妆造、跟拍等服务的产业链，让整个城市都成了汉服的“秀场”。

除了推出汉服配饰，研发汉服盲盒、手办等文创产品，洛阳还全力打造“沉浸式”汉服体验：唐代酒楼、宋代商铺、明清建筑，多民族文化在此融合；小桥流水、青砖黛瓦，“一步一景”让洛邑古城、应天门、天堂明堂、九洲池等景区成为天然的摄影棚；“梦里隋唐·尽在洛邑”汉服文化节、“神都华裳”国风走秀，让一批批游客乐此不疲……

“服装＋造型＋拍摄＋修图”，“一条龙”服务成为不少游客的选择。此外，洛阳将汉服元素融入其他产业链节点，打造出“汉服＋演艺”“汉服＋研学”“汉服＋节会”，多维度、持续地丰富着游客的汉服体验。

二、爆款IP与城市营销的“狂欢

扑朔迷离的剧情、烧脑跌宕的推理、尘封千年的文物、神秘刺激的古墓、雍容华贵的牡丹……在“神都奇幻志”全城剧本杀活动中，洛阳打造《神都诡事录》《无上龙门》等40多个沉浸式剧本娱乐项目，让游客穿上汉服、选择身份进入剧本情节中，通过NPC（非玩家角色）演绎、互动，创新剧本新玩法，吸引大批游客慕名而来。

“汉服＋剧本杀”只是洛阳市抢抓文旅产业新机遇的一个缩影。从《唐宫夜宴》到《洛神水赋》，从《登场了！洛阳》到《风起洛阳》，多个文旅爆款IP让洛阳频频出圈，形成独具特色的城市标识。“通过爆款IP，推动汉服体验与其他业态的跨界融合，形成新业态新服务，让游客在多样化体验中强化旅行记忆。同时，通过线上渠道推动热点话题与城市营销交互传播，持续推高城市热度，是洛阳‘汉服经济’火爆出圈的又一密码。”业内专家表示。

三、引爆“Z世代”的消费热情

第40届中国洛阳牡丹文化节期间，洛阳推出了“神都奇幻志”全城剧本杀、“隋唐洛阳城国风穿越节”、博物馆奇妙夜等一系列特色文旅活动，将目光投向青年。“洛阳不仅抓住了移动端传播平台、短视频传播载体、交互式传播方式，更重要的是，抓住了‘Z世代’主流消费群体追求个性愿意为兴趣买单、为体验付费的心理需求和消费需求，抓住了年轻人的‘胃口’，引爆了消费热情。”有专家表示。

资料来源：“古镇＋剧本杀”看上去很美：资本入场，实景沉浸式体验，这些古镇找到“财富密码”. 文旅规划设计联盟. 2021-09-11. 有删改。

四、旅游体验的层次

旅游体验的层次性是理解其丰富性和深度的关键。旅游体验有不同的表现形式，在表现形态上可通过不同的层次表现出来，了解旅游体验的层次性有助于把握旅游体验的产生、发展过程及其本质。旅游体验可分为三个层次：处于初级的停留于感官的刺激、高级层次的心灵的超越与升华以及终极层次的物我相忘、身心和谐。见图6-3。

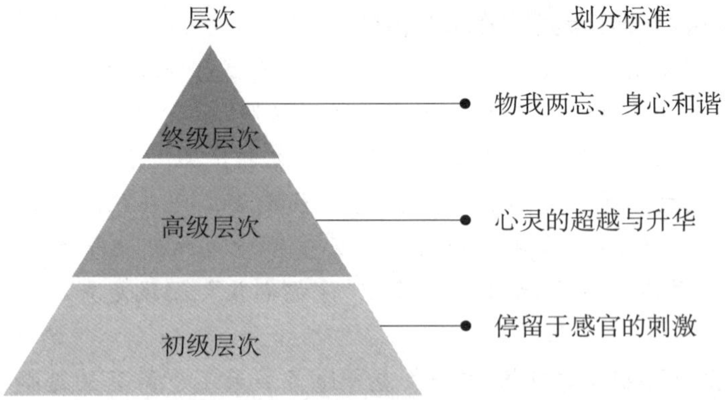

图6-3 旅游体验的层次图

（一）初级层次——停留于感官的刺激

旅游体验是一个复杂过程，由于旅游者个性不同，旅游对象丰富多彩，旅游需求多种多样，因此每个人的旅游体验都是不一样的。在旅游过程中，并非每一位旅游者都能够用心去体会旅游景物的超然之美，更多的是关注于对感知对象的功利性认识上，比如穿上一件漂亮衣服、品尝一顿美餐、沉浸在某种游戏或运动的快感等，这些感官感受是建立在“占有”理念基础上的，主要表现为对感官的刺激。通常发生在日常生活之中，世俗愉悦产生的快感直接来自我们自身的活动和努力，带有明显功利性，因此它也是旅游体验的初级层次。

旅游体验中这种建立在感性层面之上的文化价值和理想以感性欲望为人的自然本性，以感性欲望的充分满足和自由表现为理想，它只有内在肯定的层面，没有外在超越的层面，但也是旅游过程中不可缺少的，它在促进人的审美解放方面有着积极的作用，旅游体验的感官刺激要求旅游经营者把握好旅游产品开发设计各个环节，避免旅游产品的媚俗化和庸俗化。

（二）高级层次——心灵的超越与升华

旅游审美愉悦，正如谢彦君教授所说，是旅游者在欣赏美的自然、艺术品和其他人类人文现象时所产生的一种心理体验，是一种在没有利害感的关照中所得到的心理享受。这种体验能给予人的快乐是一种纯粹快乐，也是日常休闲体验所不能够体验到的快感和愉悦。因此这种审美愉悦高于日常生活中的审美，做到了精神上的超越。审美愉悦是对美的欣赏和愉悦，是一种没有利害关系的、自由的愉悦，既没有感官方面的利害感，也没有理性方面的利害感来强迫我们去赞许。这里面的“无利害关系”表明审美愉悦是情感的自然流露，不带有任何功利色彩：“自由”表明审美愉悦是纯粹的。

旅游审美愉悦是在视、听感官基础上，通过多种心理因素（情感、想象、理解）发生自由的相互作用，产生出一种既轻松自由、又深沉博大的快乐体验。只有当人们在欣赏壮阔崇高或优雅别致的自然景色或艺术品时，才能真正体会到审美的快乐。这种快乐，既有对形式的赞美和对情感意味的共鸣，也有洞察各种含蓄展现出来的“真理”时的欣慰，还有对日常生活中某些压抑情绪的净化和消除。当人们怀着浓厚的兴趣去欣赏一件艺术品或某种自然美时，并不是为了满足一种基本的生理需要，而是为了满足一种精神上的追求，从而沉浸到一种无比愉快的精神境界中。审美愉悦的途径来自崇高体验与优美体验，崇高体验缘于旅游者对自然之壮美而产生的震惊、崇敬、叹服的激情心理，优美体验则缘于旅游对象本身的美学特性及其与旅游者之间在心理上的某种契合与呼应。

（三）终极层次——物我相忘、身心和谐

在旅游的本质规定性上，将出自愉悦目的、暂时前往异地的个人活动定义为旅游，这就强调了旅游体验充盈于旅游活动的全过程。旅游活动属于休闲活动的一部分，休闲的最高境界可用三句话来形容：人与物谐、人与人谐、身与心谐。概括地说，只有心与物谐，才是最高境界。因为物既可指世界，也可指人身。这就是说，只有摒弃人世欲念，才能看到“物自身”；而一旦人与“物自身”合为一体，便进入体验的极乐境界。人不仅要关心人，还要关心动物和植物，关心所有生命，也即儒家所倡导的“和谐”，在这个和谐的整体氛围中，寻求超越的快感。对于出于逃逸角度而外出旅游的旅游者来说，由于他们长期置身于压抑、紧张、麻木或者空虚的工作当中，即使到了旅游世界，可能还要依然停留在他们的生活圈子无法自拔，这就无法使他们达到“三和谐”。或者如诗人谢灵运当初那样兴师动众地游山玩水，也只能是借助山水以发牢骚，也不能说是旅游体验的最高境界，因为他是心灵受伤之后的“疗伤”，和自己不喜欢的人同时体验旅游，或者心神不定地旅游，虽然身在体验旅游，但心未在，因此这也不是旅游体验的最高境界。只有旅游者摒弃世俗的约束，与自然、与外在的物质世界融为一体，才能达到旅游体验的终极层次，即人与物、人与景、人与人、人的身与心的和谐。

第二节　旅游体验的影响因素

旅游体验的影响因素有很多，包括旅游目的地特点、旅游产品和服务质量、旅游者主观因素、相关人群因素。

一、旅游目的地特点

旅游目的地的特点对旅游体验产生深远的影响，包括其自然景观、文化遗产、地理位置、气候条件等，这些因素不仅为游客提供视觉上的享受和心灵上的放松，还丰富了他们的知识并增加了体验的深度。同时，当地的文化和社会习俗、旅游基础设施的完善程度、安全稳定性以及环境保护和可持续性等，都直接关系游客的便利性、舒适度。因此，旅游目的地管理者和规划者需综合考虑这些要素，以创造一个积极、吸引人的旅游环境，确保为游客提供丰富而高质量的旅游体验。

二、旅游产品和服务质量

旅游产品和服务的品质和水平会直接影响旅游体验的好坏。好的旅游产品设计和高质

量的服务将提供更好的旅游体验。旅游体验产品是旅游者参与旅游体验过程、理解各种可能的体验结果的基础。旅游体验产品的主题特性、可参与程度、活动内容的丰富程度、文化含量及旅游环境氛围等都是旅游体验的重要影响因素。

第一，主题特性是旅游体验产品的核心。只有主题独特、风格新颖的体验产品才能抓住旅游者的“眼球”，才能打动旅游者的心。

第二，可参与程度是衡量旅游体验产品质量的关键指标。只有可参与度高、互动性强的旅游体验产品才能更好地满足旅游者亲身体验的心理需求。

第三，活动内容的丰富程度是旅游体验产品特性的重要表现因素。参与的旅游活动和参观的景点也会对旅游体验产生影响，不同的活动和景点提供的体验有所不同，旅游者可以根据自身兴趣和需求进行选择；只有内容丰富、形式多样的旅游体验产品才能为旅游者所钟爱。

第四，文化含量是旅游体验产品的灵魂。只有文化含量高、文化内涵深厚的旅游体验产品才能使旅游者获得精神上的高度满足。

第五，旅游环境氛围也是旅游体验产品的重要元素之一。只有环境良好、氛围融洽的旅游体验产品才能向旅游者提供赏心悦目的旅游体验感受。

三、旅游者主观因素

（一）个人因素

旅游体验受到旅游者个人需求、态度和期望的深刻影响，与教育程度和年龄等个体特征紧密相关。受教育程度影响旅游体验的深度和层次，教育程度较高的旅游者倾向于在旅游活动中寻求更深层次的精神满足和知识获取，因为他们能够更深刻地理解和欣赏文化、历史和艺术。而年龄差异则体现在生理特征、心理状况、个性特点和兴趣爱好上，不同年龄段的旅游者在追求体验的主动性和积极性方面表现出明显的差异。年轻旅游者可能更追求新鲜刺激的体验，而年长者可能更偏好宁静和有深度的文化体验。因此，旅游服务提供者在设计和提供旅游产品时，应考虑到这些个性化的需求和特征，以确保每位旅游者都能获得符合其期望的、丰富而有意义的旅游体验。

（二）心理因素

(1) 旅游感知与领悟力。旅游感知与领悟力是个体对客观事物的直接感受和理解，这种能力使游客在面对同一旅游产品时产生不同的体验。知觉的选择性、理解性和恒常性特点意味着每个人对旅游地的形象感知可能存在显著差异，并且一旦形成，这种感知往往难以改变。

个体之间的领悟力差异显著，这决定了每个人在面对美景时的体验深度。有些人能够深刻领悟美景所蕴含的真正意义，从而获得一种超越日常的幸福感；而另一些人可能对美景视而不见，无法意识到其内在价值，导致美景在他们眼前悄然流逝，却未能留下深刻印象。这种领悟力的差异，不仅影响个人对旅游体验的享受，也体现了旅游者对美的感知和欣赏能力的不同层次。

(2) 参照群体对旅游者个人心理体验的影响。旅游虽然是一种个人活动，但它本质上是群体性的，因为旅游者在体验过程中会与各种社会群体互动。这些群体包括亲属、朋友、旅游伙伴，甚至是其他游客，他们的言行和反应都可能对个人的感受产生影响。在面对相同的旅游景观时，如果个人最初未能领会其独特之处，周围群体的洞察和欣赏可能会激发和引导个人的感受。群体的共享体验和交流可以开启个人对景观的新视角，帮助他们发现并感受到最初可能忽略的美和意义。这种群体影响不仅能增强旅游者对景观的感知，还能丰富他们的旅游体验，使其更加深刻和多维。

（3）旅游动机。旅游体验的获得，很大程度上还依赖于游客的旅游动机。旅游者参与旅游活动的动机多种多样，简单而言，可以分为两种：一种是纯粹的旅游动机，另一种是附带其他目的的旅游动机。

当游客出于纯粹的旅游动机参与旅游活动时，他们的主要目的是探索和享受旅游本身带来的乐趣和魅力。这类游客通常心情愉悦，对旅游体验抱有高度的期待和热情，因此他们更容易沉浸于旅游过程中，体验到深层次乃至最高级的精神享受。而对于那些非纯粹为旅游而旅游的游客，他们的旅游动机可能包含商务、探亲、教育等多种因素。这类游客的旅游体验可能不如前者那样专注于旅游本身，但他们同样能够在旅游过程中获得独特的体验和收获。

（4）以往的旅游经历。这是旅游者搜集旅游信息的来源，对旅游期望的形成、旅游方案的选择、旅游活动的体验有着深远的影响。当游客拥有过愉快的旅游经历时，他们往往会对新的目的地抱有更高的期望，期待能够复制或超越以往的美好体验。然而，如果以往的经历不尽如人意，游客在选择新的旅游目的地时可能会更加谨慎，注重细节，以规避可能的问题。以往的旅游经历还会影响旅游者的旅游偏好和兴趣。例如，曾经游览过历史名城的游客可能更倾向于探索古老的文化和建筑；而享受过海滨度假的游客可能更偏爱阳光和海滩。以往的旅游经历还会影响旅游者的旅游决策过程。例如，如果游客曾在某个目的地遇到交通、语言或服务上的问题，他们可能会在再次选择时更加慎重，或提前做好更充分的准备。相反，如果之前的体验是积极的，他们更可能向他人推荐该目的地。以往的旅游经历也会影响旅游者的旅游体验质量。良好的经历能够使游客更容易适应新环境，享受旅游过程；而不愉快的经历则可能导致游客在新的旅游中感到担忧或失望，影响整个旅游体验。

所以，以往的旅游经历对旅游体验有很大的影响。旅游者之前的经历会改变他们的期望和需求、偏好和兴趣、决策过程以及体验质量。因此，在旅游过程中，我们应该注重了解自己的偏好和兴趣，合理规划旅游行程，并从之前的经历中学习经验教训，以获得更加美好的旅游体验。

四、相关人群因素

旅游体验过程离不开与他人的交往。从旅游服务人员的全程服务，到与旅游地居民的互动，再到与旅游同伴及其他游客的交流，这些人际交往对旅游体验的质量有着显著的影响。因此，旅游体验的结果与质量，除旅游者本人外，还受旅游服务人员、旅游地居民、旅游同伴和其他旅游者的影响。

（一）导游人员的影响

导游人员是旅游体验中至关重要的一环，他们不仅负责带领游客参观景点，更通过提供历史、文化、自然等方面的讲解，为游客的旅程增添知识和乐趣。优秀的导游人员能提供更加生动、有趣和专业的讲解，例如故宫之旅中，专业导游的详细讲解能够让游客对宫殿的历史和文化有更深刻的认识。

（二）旅游团的影响

旅游团是旅游体验中一个重要的相关人群因素。旅游团的成员通常是来自不同背景和文化的人，来自不同背景的团员带着各自的期望和需求，他们之间的互动可以丰富旅程，但也可能出现由于需求和期望差异导致的不和谐，影响整体的旅游体验。如在饮食、住宿或活动选择上，团员的个人需求可能与团队的统一安排不匹配。有特殊饮食要求的团员如果没有得到适当的关照，可能会感到不便和失望。

（三）当地居民的影响

当地居民是旅游体验中另一个重要的相关人群因素。当地居民的态度和行为也会影响旅游体验，他们对游客的友好或不满直接关系游客对目的地的感受。友好的当地居民可以增强游客对当地文化的亲近感和体验深度。例如，一些当地居民在旅游旺季时，可能会对游客产生不满和抱怨，这会给游客带来不必要的困扰和不愉快。相反，一些当地居民可能会对游客表示友善和热情，增强游客对当地文化和历史的了解和体验。

（四）其他旅游者的影响

其他游客也是旅游体验中一个重要的相关人群因素。他们的行为和态度也会影响旅游体验，他们在景点的行为可能对周围游客产生正面或负面的影响，影响整体的旅游氛围。例如，一些游客在参观博物馆时，可能会对文物和艺术品进行破坏或不当拍摄，这会给其他游客带来不良的印象和体验。相反，一些游客可能会对其他游客提供帮助和鼓励，提升旅游体验质量。

总之，相关人群因素对旅游体验的影响是不可忽视的。导游人员、旅游团、当地居民和其他游客的行为和态度都会影响旅游体验的质量和收获。因此，在旅游过程中，我们应该注重与相关人群的沟通和交流，尊重当地文化和习俗，保持良好的旅游礼仪和行为举止，以获得更加美好的旅游体验。

第三节　旅游体验的满足过程及对旅游者的影响

一、旅游体验满足及满足过程

（一）旅游期望

旅游期望，是指旅游者对某次旅游经历所能获得的旅游体验的心理预期，对在旅游过程中亲身感受同预先的期望相符的渴望。旅游期望受到旅游者个性、社会地位、生活习惯、过去的旅游经验以及接触到的旅游信息的丰富度与准确度等因素的影响，旅游期望是旅游体验过程中的第一阶段，它反映了游客对目的地和旅程的整体印象和期待。这种期待不仅包括对旅游产品和服务等的期望，还涉及对旅游体验质量的标尺。旅游者的期望得到满足时，他们会感到满意，并更有可能再次选择该旅游目的地或旅游活动。反之，如果期望得不到满足，旅游者会感到失望或不满，从而降低他们的忠诚度。

（二）旅游体验满足

旅游体验满足是旅游者在旅游体验中，需要得到满足后的一种心理反应，是旅游者对产品和服务的特征或产品和服务是否达到个人需求的一种评估。旅游体验满足有两种情况：一种是旅游者对单次旅游消费经历的即时满足感，即旅游者对单次消费经历的满意程度；另一种是旅游者的累积性满足感，即旅游者对旅游企业的总体及长期性满意程度。

从旅游者自身感知的角度来看，旅游体验满足分为三个层面：生理层面的满足，这是最基本的满足层次，主要涉及旅游者对旅游服务和产品的直接感官体验，如舒适度、便利性等；心理层面的满足，位于中间层次，这种满足感源自游客对旅游服务和产品的认知评价，包括对服务的功能性、可靠性和期望的匹配度的理解；精神层面的满足，是旅游者最高层面的满足，涉及旅游者的内在价值实现和自我超越，如文化体验、个人成长或精神启迪等，为旅游者带来最深刻的满足感。

（三）旅游体验满足的过程

旅游体验满足贯穿从旅游准备到活动参与，再到旅游记忆和下次旅游期待整个周期。旅游体验满足的形成过程包括旅游者在旅游出行之前的一系列准备活动、旅游参与过程中的众多体验性因素的注入、旅途结束之后的回想与比较并形成记忆，如图 6-4 所示。在此过程中，旅游体验的满足状况会受到诸多主客观因素的影响，同时，与出行前的旅游期望相比较，会产生期望匹配、期望超越、期望未达成、期望调整等不同的结果。

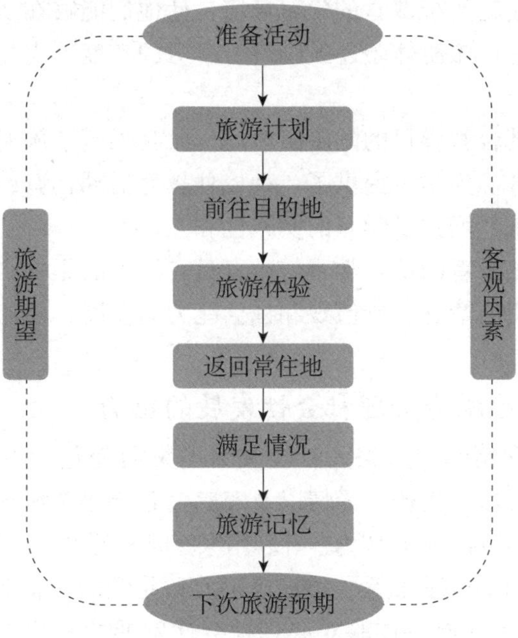

图 6-4　旅游体验满足的过程

二、旅游体验对旅游者的影响

（一）旅游体验对旅游者健康的影响

人的生理发展包括身体、大脑、感官能力、运动技能及健康等多个方面。尽管旅游体验对旅游者生理发展的影响是一个广泛的话题，但现有研究多聚焦于健康层面。实证研究证明，旅游体验对旅游者健康水平具有积极影响，包括生理和心理两个层面。例如，Chen和Petrick（2013）深入探讨了旅游度假如何提高旅游者的身体健康。Gump和Matthews（2000）通过研究指出，经常旅行的人较少患非致命性心血管疾病和冠心病。此外，学界也在探索旅游体验如何提升生活质量、幸福感，减少压力，并促进积极心态和健康生活方式的形成，尤其是在公司雇员、老年人和较少旅游经历的群体中。

然而，部分旅游者在旅行度假结束之后可能暂时患有“假期综合征”，具体表现为精神不振、浑身无力等。这主要是由旅行度假的“兴奋状态”转变为“日常生活”的状态所引起，一般休息后可自行恢复。

（二）旅游体验对旅游者认知学习与教育的影响

旅游体验是一种强大的认知学习与教育工具，它通过丰富旅游者的感官体验，激发他们的好奇心和探索欲，从而促进知识的获取和深层次学习。在旅游过程中，旅游者不仅通过视觉、听觉等感官接收环境刺激，形成对目的地的直观印象，而且通过情感和认知反应，对这些印象进行解码和加工，产生更深层次的理解和认识。这种体验有助于培养旅游者的同理心、尊重多元文化的能力，同时也可能影响他们的价值观和生活态度。

旅游体验还促进了旅游者的认知发展，包括注意力、记忆力、思维力等能力的提升。它为旅游者提供了一种超越传统课堂的学习环境，使他们能够在实际情境中应用和扩展知识，实现知行合一。此外，旅游体验还鼓励终身学习的态度，支持旅游者在不断变化的环境中适应和成长。

研学旅游作为一种结合教育目的的旅游活动，尤其强调了旅游的教育功能。它将研究性学习和旅行体验相结合，为学生提供了一种校外教育活动，有助于他们将课堂上学到的知识与现实世界联系起来，增强了学习的实践性和互动性。

总之，旅游体验对旅游者的认知学习与教育具有深远的影响，它不仅丰富了旅游者的知识结构，还促进了他们的情感、价值观和社会能力的发展，使旅游成为一种综合性的个人成长和发展的途径。

（三）旅游体验对旅游者心理社会性发展的影响

心理社会性发展包含情绪、人格及社会关系的发展变化，主要包含自我意识、独立性、自尊、人格特征、友谊、道德、爱情以及家庭关系等多个维度。国外旅游学界较早关注到了旅游体验对家庭的影响。旅行作为一种利用家庭时间的方式，可以有助于强化沟通、减少离婚可能性、强化毕业生的家庭联系、增加成年人和儿童的幸福感等（Durko & Petrick，2003）。国内学者也开始关注旅游体验对心理社会性发展的影响。例如，黄向（2014）认为，旅游体验是旅游研究的核心问题，从心理学的角度看，旅游体验是旅游情境中的主体幸福感。旅游体验由孤独体验、成就体验和高峰体验三个因子构成，呈现“橄榄形”结构。孤独体验反映旅游者离开熟悉环境时的安全感与孤独感，是模型的基础层面。高峰体验则是旅游者在达到自我实现和超越自我时所体验到的最完美的心理状态，位于模型的高端。成就体验则位于两者之间，涵盖旅游过程中的宁静、愉悦、满足感，以及旅程结束后的怀念与向往。旅游体验对心理社会性发展的多个方面，如家庭和友谊等，具有深远的影响。简而言之，旅游体验不仅丰富了旅游者的内心世界，还促进了他们在社会关系和个人成长方面的发展，增强了生活的幸福感和满足感。

（四）旅游体验对旅游者人际关系的影响

1. 旅游体验对家庭关系的影响

旅游体验对家庭关系具有积极的影响，尤其在现代社会中，它为家庭成员提供了一个加强联系和深化感情的机会。尽管经济压力和工作繁忙可能削弱家庭成员间的相处时间，导致家庭关系面临挑战，但旅游体验却能够作为一种有效的缓解方式。

旅游作为一种家庭活动，不仅能够创造共享的回忆，还能够增强家庭成员间的沟通和理解。它提供了一个放松的环境，让家庭成员能够暂时摆脱日常生活的压力，专注于彼此的陪伴和交流。这种共同度过的时光有助于提升家庭成员间的亲密度和信任感，从而增强家庭的凝聚力。

研究表明，旅游体验能够对家庭关系产生正面影响。例如，有调查指出，工作与个人生活的不平衡可能导致家庭关系紧张，而旅游活动能够为家庭成员提供必要的休闲和放松时间，有助于缓解这种紧张状态。通过旅游，家庭成员能够共同体验新的文化和环境，这种新鲜的体验能够激发家庭成员之间的共同兴趣和话题，进一步加深彼此的理解和感情。

此外，旅游还能够作为一种教育手段，帮助家庭成员，特别是儿童和青少年，学习和成长。在旅游过程中，家庭成员可以一起解决问题，共同探索未知，这种经历不仅能够提升家庭成员的适应能力和解决问题的能力，还能够加强家庭成员之间的合作精神。

总之，旅游体验对家庭关系的影响是多方面的。它不仅能够为家庭成员提供共享的快乐时光，还能够促进家庭成员间的沟通、理解和合作，从而有助于建立一个更加和谐、亲密和幸福的家庭环境。因此，鼓励家庭成员共同参与旅游活动，对于维护和加强家庭关系具有重要的意义。

2. 旅游体验对其他社会关系的影响

旅游体验对旅游者其他社会关系产生的影响包括旅游者原来人际关系的改变和新的社会关系的建立。

首先，可以改变旅游者的原来人际关系。在旅游过程中，旅游者往往与家人、朋友、同事等熟人结伴而行，共同度过的旅途时光可能会加深彼此的情感联系。特别是自助游中，共同规划决策和分享愉悦体验能够加强关系纽带。然而，密切的相处也可能暴露出彼此的缺点，有时可能导致关系紧张。此外，旅游体验还会影响旅游者的心理状态，进而影响他们与他人的社会关系。

其次，旅游有助于缓解工作压力和生活单调，提升情绪，从而可能改善与同事等社会关系。例如，教学机构职员的旅游经历可能提高工作效率和改善同事关系。同时，旅游中的自我反思和对“他者”的接触可能改变旅游者对原有社会关系的态度，促使他们重新审视自我意识和世界观。此外，旅游体验也可能导致旅游者对原有社会准则和文化的不适应，影响他们回归日常生活后的人际关系。一些旅游者在体验极端自由后可能难以适应规律生活，甚至难以与朋友建立亲密关系。在某些情况下，旅游者可能选择留在旅游目的地，融入当地生活，放弃原本的生活状态。

最后，旅游过程中旅游者还会构建新的社会关系，尤其是与目的地居民的交往。旅游者与旅游者之间的关系也可能从陌生到熟悉，甚至建立起新的友谊。这些新的社会关系丰富了旅游者的社交网络，也可能对他们的生活和工作产生积极影响。

综上所述，旅游体验通过改变旅游者的心理状态、自我意识和世界观，对他们的原有社会关系和新的社会关系都产生了深远的影响。

第四节　旅游体验的管理与提升

旅游消费者体验的管理和提升非常重要，以下是一些管理和提升旅游消费者体验的方法，包括了解目标市场、提供高质量的产品和服务、加强员工培训和教育、与当地社区合作。

一、了解目标市场

了解目标市场的需求、偏好和期望，通过市场调研和分析来确定目标市场的旅游体验需求，并据此进行产品和服务的设计。

游客期望是指游客在以往旅游的相关经验、各种信息渠道（广告、口碑、宣传促销等）以及自身心理偏好的共同作用下，所形成的对本次旅游的预期。游客的旅游期望与旅游后实际感知的服务质量之差，就形成游客对旅游服务质量的评价。因为游客期望是经过间接方式获得的信息产生的，与实际体验有一定的差距。因此，游客期望往往会影响游客的满意度和忠诚度。当实际感知与游客期望相差很大时，游客的失望感油然而生，满意度就会明显下降。在遇到游客期望与实际感知发生冲突时，游客不会因为旅游目的地的条件与期望之间的矛盾而放弃旅游，他们会被迫调整，以缩小游客期望与体验之间的差异，来获得尽量大的满足感。通常他们会根据具体情况改变旅游线路、旅游活动等，重新建立起一个游客期望，以从其他的旅游活动中获得新的满足感。游客期望影响游客对旅游地的忠诚度。所以，提高对游客期望的管理水平，是提高游客满意感的重要措施。

二、提供高质量的产品和服务

提供高质量的产品和服务，本质上是提高产品的附加值和注重服务细节，产品附加值是一种能够使消费者在消费产品时获得“额外”身心满足的效用。提高产品附加值可以增加产品的整体价值，有助于激发消费者产生购买欲望和购买行为，同时也是增强旅游体验、提高旅游满意度的一种十分有效的手段。细节决定成败，旅游企业在对游客提供旅游服务的过程中，任何服务细节的差错都会影响游客对整体服务质量的满意度。

根据旅游者的兴趣爱好、需求和特殊要求，提供个性化的旅游产品和服务，让旅游者感受到个性化关怀和尊重；优化目的地设施和基础设施建设，改善交通、住宿、餐饮、娱乐等设施的质量和便利性，提供良好的旅游体验；通过提供优质的客户服务，包括友好的服务态度、专业的知识、及时的响应和解决问题等，来提高旅游消费者的满意度和体验质量；利用科技创新，如虚拟现实、增强现实、智能导览等技术手段，为旅游消费者提供更丰富、便捷和互动的旅游体验。

三、加强员工培训和教育

培训员工，提升其专业能力和服务技能，使其能够更好地满足旅游者的需求，并为旅游者提供专业的知识和信息。

加强员工培训和教育提升员工的专业知识和技能，通过培训和教育，员工可以掌握更多的专业知识和技能，从而能够更好地为旅游者提供服务。这可以包括语言沟通、旅游景点知识、客户服务技巧等方面。

（1）增强员工的主动性和服务意识。通过培训和教育，员工可以更加明确自己的职责和使命，增强主动性和服务意识。这可以帮助员工更好地理解旅游者的需求和期望，并提供更加贴心和个性化的服务。

（2）提高员工的服务态度和礼貌。通过培训和教育，员工可以学会更好地与旅游者沟通和交流，提高服务态度和礼貌。这可以让旅游者感到更加受欢迎和尊重，并提高他们对旅游服务的满意度。

（3）培养员工的解决问题能力。通过培训和教育，员工可以学会更好地解决问题和应对突发情况。这可以帮助员工更好地应对旅游者在旅游过程中遇到的问题和困难，并提供更加及时和有效的帮助。

（4）提升员工的团队协作能力。通过培训和教育，员工可以学会更好地协作和配合。这可以帮助员工更好地为旅游者提供服务，并提高整个团队的服务效率和质量。

总之，通过加强员工培训和教育，可以提升员工的专业素质和服务意识，提高员工的服务态度、礼貌、解决问题能力和团队协作能力，从而为旅游者提供更好的服务，提升旅游者体验质量。另外，定期收集旅游消费者的反馈和建议，倾听他们的声音，根据反馈结果进行持续改进和优化，不断提升旅游体验的质量。

四、与当地社区合作

与当地社区和服务提供商合作，促进本地文化和社区参与旅游活动，提供更加真实、丰富和有意义的旅游体验。

（1）了解当地文化和历史。在提供旅游服务之前，要了解当地的文化和历史，包括当地人的传统、风俗习惯、信仰等。这样可以帮助旅游从业者更好地融入当地社区，为旅游者提供更加贴心和原汁原味的旅游服务。

（2）与当地居民建立良好的联系。可以让旅游从业者更好地了解当地人的生活和文化，并获得更多的信息和支持。这可以通过组织社区活动、提供就业机会、开展文化交流等方式实现。

(3) 尊重当地环境和资源。在开发旅游资源的同时，要注重保护当地的环境和资源，确保旅游活动的开展不会对当地环境和生态造成破坏。这可以通过制定环保措施、推广绿色旅游、开展生态保护宣传等方式实现。

(4) 支持当地经济发展。通过与当地企业合作，为旅游者提供当地的特色产品和服务，可以促进当地经济的发展。这可以通过与当地企业签订合作协议、推广当地特色产品、为当地企业提供客源等方式实现。

(5) 组织社区参与的活动。组织社区参与的旅游活动，可以让旅游者更好地融入当地社区，体验当地的文化和生活。这可以通过组织文化体验活动、民俗活动、农民市场等方式实现。

(6) 建立反馈机制。收集当地居民和旅游者对旅游服务的意见和建议，及时处理和改进服务中存在的问题和不足。这可以通过设立投诉电话、开展满意度调查、组织座谈会等方式实现。

(7) 与当地社区共同开发旅游产品。与当地社区共同开发旅游产品，可以更好地融入当地文化和生活元素，并提高旅游产品的质量和独特性。这可以通过与当地居民合作设计旅游路线、开发特色景点、推广当地美食等方式实现。

(8) 开展跨文化交流活动。与当地社区共同开展跨文化交流活动，可以让旅游者更好地了解当地文化和历史，并促进不同文化之间的交流和理解。这可以通过组织文化展览、民俗表演、手工艺体验等活动实现。

总之，与当地社区合作，提升旅游者的体验需要从多个方面入手，包括了解当地文化和历史、建立联系、尊重环境和资源、支持当地经济发展、组织社区参与的活动以及建立反馈机制等。这些措施可以帮助旅游从业者更好地融入当地社区，为旅游者提供更加贴心和原汁原味的旅游服务，并提升旅游者的体验。

通过以上的管理和提升方法，旅游企业可以更好地满足旅游消费者的需求，提供更好的旅游体验，增强旅游者的满意度和忠诚度，并在竞争激烈的市场中获得竞争优势。

本章小结

(1) 旅游体验是一种特定的心理体验活动，是旅游者积极参与并与旅游客体相互作用的结果，它体现着浓厚的旅游者个人情感，这种情感既包含旅游者对旅游地及其旅游产品与服务的预期和满意度，也包含旅游者与他人沟通和交流的某种认知程度。

(2) 旅游体验的影响因素有很多，包括旅游目的地特点、旅游产品和服务质量、旅游者主观因素、相关人群因素。

(3) 旅游目的地或者旅游企业营销部门针对目标人群，设计出差异化的旅游产品，提供良好的消费者体验，已成为现今旅游市场的新方向。

(4) 综合体验策略是指旅游企业要为消费者提供多种类型的旅游体验，从不同角度、不同层面满足消费者需求。

思考题

1. 旅游体验的影响因素有哪些？
2. 简述旅游体验式消费行为的类型。
3. 旅游体验对旅游者产生的影响有哪些？

在线自测

扫一扫　练一练

第七章 旅游消费者的满意度和忠诚度

导入案例

捷诚旅游公司提升旅游企业顾客忠诚度的策略

1. 加强旅游企业的品牌效应

目前，我国旅行社在品牌建设方面还存在着许多不足。为了营造旅游企业客户的忠诚度，企业品牌建设是至关重要的。因为品牌在一定程度上来讲就是企业的信誉，它可以直接代表旅游企业向客户销售的旅游产品的特征，是利益还有服务的保证。例如，旅行社的路线是很容易被竞争对手模仿的，企业的品牌可以让其客户直接了解他们的业务的具体细节。品牌本身的建立是复杂的，并不是一步到位的过程，必须运用科学的管理体系以及合理的营销计划来完成。目前，中国的旅游业主要包括“国旅”和“中国旅游”，酒店主要是“锦江”和“白天鹅”。景区内的“泰山”“张家界”等一些知名旅游品牌企业正在实施企业的改革重组战略，垂直的跨区域大型旅游集团的建立，体现了中国旅游业品牌建设的重要性，也是提升顾客忠诚度的重要方法之一。捷诚旅游公司需要给自己树立一个准确的品牌形象，它可以从路线设计方面来突出自己的品牌，运用良好的宣传，起到该品牌的推广作用。

2. 树立良好的旅游企业信誉

旅游企业的道德行为规范准绳一定要与企业的顾客和消费者的内心理念保持一致。企业需要确定顾客对于旅游企业经营道德的体会及感受，旅游企业应当制定对于顾客的私人信息使用的隐私保护规则与政策，并把这种规则与政策告知旅游企业的消费者与企业内部的员工以及股东，分析研究旅游企业的景区对于社区的贡献、对于环境保护贡献的情况，以及针对员工实行的用工政策，改进旅游企业有待改进和提高的方面。缺乏信誉的旅游企业是无法在旅游市场竞争中立足的，旅游企业应当有良好的自觉意识，保证自身提供给旅客的旅游产品的质量，杜绝宰客或者强买强卖等行为的出现，要保障消费者应享有的权利与利益，不为了一时的利益去欺骗消费者，才能获取顾客与消费者的信任，提升顾客对企业的忠实度，保证企业未来的长久发展。捷诚旅游公司需要对旗下的员工做出不可以强买强卖的要求，也不可以随意减少项目以及服务时间，要实事求是，只有这样才会增加忠诚顾客。

3. 培养企业优质的服务意识

早在2003年就有人做过顾客的忠诚度的相关调查。在进行调查的时候，58%的人认为服务的质量是关键，有39%的人选择产品的质量，仅有3%的人选择了品牌的信任，这个结果值得我们去思考，旅游自身就是归结于第三产业的服务行业，服务是很重要的一部分，服务质量的好坏关乎旅游的收益，大大影响了顾客的忠诚度。

每个正规的大型旅游公司都会有顾客满意度的调查，其中服务质量是很重要的一个指标。顾客的忠诚度指标也同样包含着它，它的评价指标不尽相同。有这样一个真实的案例，某先生在一个星级酒店住宿，他走到前台跟服务人员说："麻烦给我找一张本地的地图。"随即服务人员微笑着回答了他，并且按照要求给了他一张地图。此时这位先生达到要求会很满意，然后当服务人员把地图交到先生手上的时候没有立刻离开而是继续微笑地问道："先生您是要哪儿旅游吗?"然后，这位先生立马回答说："是的。"服务人员回答说："这几天是旅游的旺季，车票很难买到，您最好提前几天订票，我们可以帮您预订，该地区下午有很美丽的风景和大型的演出，所以我们建议您最好早点到，这样可以看到演出。早上的时候温度比较低，我们建议您带点厚的衣服，先生您如果有别的需要，可以随时联系我们。"经过一番谈话，这位先生感到很温暖，随即表示以后有机会还会住在这里。

服务是永无止境的。也许快速、高效地完成自己分内的事，顾客就会感到满意，但是，时常能设身处地地替顾客着想，一切以顾客的快乐与便利为目的的服务，已经超脱了工作的束缚，那是一种心与心的交流，这种服务会让顾客感动，忠诚度自然会大大提高。

4. 采取更加科学的会员制度

旅游企业采取适当的奖励制度以及会员制度可以提升旅游企业和顾客的关系价值。在一般情况下，企业对于长期的购买者和顾客设计并实施老顾客的回报会员活动，或者根据消费的经历时间长短积分兑换一些奖励还有奖品，或者给予会员一些打折的优惠活动，都是十分有效的旅游企业的营销手段，可以很大程度地提升旅客的购买欲望以及长期重复购买的欲望，有助于旅游企业更好地满足消费者的心理需求。旅游企业如果能够采取顾客会员制度，就能够使旅游企业的旅客感受到相对比较高的消费回报率，能够帮助旅游企业拥有稳定长期消费的顾客，能够提升旅游企业的顾客忠诚度。

第一节 旅游消费者的满意度

一、旅游消费者满意度的概述

（一）顾客满意度的基础理论

自1965年理查德·卡多索（Richard N. Cardozo）首次将"顾客满意度"概念引入营销领域以来，它已被广泛认为能够驱动顾客行为。进入20世纪80年代，顾客满意度成为营销和消费者行为研究的核心议题。随着旅游市场的竞争日益加剧，以"游客为中心"的理念逐渐受到重视，旅游者满意度研究也受到了越来越多的关注，并取得了显著成果。

在顾客满意度研究文献中，美国学者奥立佛（Oliver）提出的"期望不一致模型"、伍德洛夫（Woodruff）等提出的"顾客消费经历比较模型"、韦斯洛克（Westbrook）和雷利（Reilly）提出的"顾客需要满足程度模型"，是最著名的三个理论模型。

（1）期望不一致模型（期望—实绩模型）。该模型由美国学者奥立佛（1980 年）提出。该模型认为顾客在购买产品或服务之前先通过过去的经历、广告宣传等途径，形成对产品或服务特征的期望，然后在购买和使用中感受产品和服务的绩效水平，最后将感知的产品或服务绩效与期望进行比较，当感知绩效符合顾客的期望时，顾客既不会满意也不会不满意；当感知绩效超过顾客的期望（积极的不一致）时，顾客就会满意；当感知绩效低于顾客的期望（消极的不一致）时，顾客就会不满意。可见，顾客满意度依赖于顾客对企业服务质量的感知，顾客满意是服务性企业质量管理的最终目标，只有满意的顾客才能重复购买企业的产品和服务，才能对企业产生良好的宣传作用，也会对顾客忠诚度的培养产生积极的影响。

（2）顾客消费经历比较模型。20 世纪 80 年代至 90 年代，伍德洛夫等学者从心理学、管理学的角度进行研究，提出需求也是顾客满意度的基本决定因素，进一步扩展和补充了期望不一致模型。1987 年，伍德洛夫等人首次提出了以顾客消费经历作为标准的顾客满意形成模型。他们认为，顾客对某产品或其他同类产品的消费经历会影响顾客的满意形成过程。顾客会根据以往消费经历，逐渐形成三类标准：一是以最佳的同类产品或服务绩效为标准；二是以一般的同类产品或服务绩效为标准；三是以某企业产品或服务的正常绩效为标准，即顾客根据自己对某企业产品或服务的一般消费经历来评估自己即将消费的产品或服务的绩效。

（3）顾客需要满足程度模型。韦斯洛克和雷利于 1983 年提出了顾客需要满足程度模型。他们认为顾客满意度是一种喜悦的心理状态，这种心理状态源于顾客消费某一产品或服务获得的满足感。相反，顾客不满意是一种不愉快的心理状态，这种心理状态源于顾客没有从产品或服务的消费行为中得到满足。市场营销的一个基本理念就是满足顾客需求。除此之外，顾客需求的变化也可以解释为什么顾客对某一产品的评价可能随时间变化，即使产品的表现能够一贯符合其期望。

（二）旅游消费者满意度的概念

旅游消费者满意度，也称为游客满意度，从顾客满意度发展而来，自 20 世纪 70 年代起，众多学者从不同理论角度对游客满意度进行了定义和探讨。美国学者皮赞姆（Pizam）对游客满意度的研究奠定了该领域的理论基础，他将游客满意度定义为旅游者期望与实际旅游体验相比较的结果。如果旅游体验达到或超越了游客的期望，游客会感到满意；否则，他们会感到不满意。贝尔德（Beard）和拉格赫伯（Ragheb）认为旅游满意是积极的感觉或感知，是建立在游客期望与实地体验相比较的正效应基础上的。这些定义都是以期望不一致理论为基础，重点强调游客对旅游过程的期望与实际旅游体验的比较。此外，也有一些学者以“顾客需要满足程度模型”为基础对游客满意度进行了界定，重点强调在旅游过程中游客的旅游体验满足其需求的程度。例如，贝克曼和克朗普顿将游客满意度视为游客对旅游目的地的景观、环境、基础设施、接待服务和娱乐活动等能否满足其旅游需求的综合评价。

综上所述，本书认为旅游消费者满意度是旅游消费者基于旅游期望与实际感知相比较后形成的评价。简言之，旅游消费者满意度反映了旅游消费者对目的地或旅游企业在满足其期望或需求方面的整体评价。

(三) 旅游消费者满意度的特征

由于影响旅游消费者满意度的因素非常复杂，这导致旅游消费者满意度具有全面性、主观性、动态性、模糊性等特点。

1. 全面性

旅游消费者满意度是一个综合性的评价指标，它涵盖了旅游过程中的各个方面，包括但不限于旅游目的地的吸引力、旅游服务的质量、旅游产品的性价比、旅游体验的丰富性以及旅游过程中的便利性和舒适性等。这种全面性要求旅游服务提供者关注旅游体验的每一个细节，以确保消费者的整体满意度，任何质量特性或服务环节出现问题，都可能导致游客不满意。

2. 主观性

旅游消费者满意度归根结底是游客的一种主观感知活动的结果，具有强烈的主观色彩因素。对旅游消费者来说，满意与否以及满意的程度，首先受主观因素的影响，如经济地位、文化背景、需求和期望及评价动机，甚至受地方性的好恶、性格、情绪等非理性因素的影响。由于每个人的价值观、期望和偏好不同，即便是相同的旅游产品或服务，也可能得到不同的满意度评价。这种主观性意味着旅游服务提供者需要了解并尊重消费者的个性化需求。

3. 动态性

旅游消费者满意度是一个动态变化的过程，它随着旅游消费者在旅游过程中的体验而变化。旅游消费者满意度一旦形成，并非一成不变。相反，由于旅游消费者需求具有变化性，旅游消费者满意度会随着时间的推移、技术的进步、整体素质的提高等发生变化。同时，旅游地或旅游企业的优势也会相应地发生变化。一般来说，随着社会经济和文化的发展，旅游消费者的需求和期望也会相应提高，旅游消费者满意度也会发生变化，甚至从满意转变为不满意。旅游地或旅游企业要把旅游消费者满意度维持在一个既定的水平上，须认真钻研旅游消费者需求的变化态势，不断提高旅游产品的供给能力。

4. 模糊性

旅游消费者满意度是一种主观感知的判断，富含情感因素，带有许多“亦此亦彼”或“非此非彼”的现象，即模糊现象。由于满意度受到多种因素的影响，并且每个人的评价标准可能不同，因此满意度具有一定的模糊性。这种模糊性可能导致旅游消费者在评价时出现不确定性，使得满意度的测量和分析具有一定的复杂性。

二、旅游消费者满意度的测评

旅游消费者满意度的测评研究一直是旅游研究领域的热点问题，主要聚焦于评价指标的构建和测评工具的开发。目前，旅游消费者满意度测评使用的方法主要有 SERVQUAL（服务质量）、SERVPERF（服务绩效）、IPA（Importance-Performance Analysis，重要性-绩效分析）。

(一) SERVQUAL 方法

SERVQUAL 方法由帕拉休曼（Parasurannan）等人提出并改进，由 5 个因子 22 个测量量表构成，主要用于评估顾客对服务质量的感知。该方法特别适用于服务行业，包括旅游业和酒店业，因为它关注于顾客的期望和实际服务体验之间的差距。

SERVQUAL 是 Service Quality（服务质量）的缩写，是衡量顾客对服务质量感知的有效工具。该方法完全建立在顾客感知的基础之上，即以顾客的主观认识来衡量服务质量。首先度量顾客对服务的期望，然后度量顾客对服务的感知，最后通过顾客对服务的感知与期望的差异进行比较，得出企业的服务质量，将其作为判断服务质量水平的依据。

SERVQUAL 方法将服务质量分成 5 个层面。（1）有形性（Tangibles）：外观感受，包括实际设施设备及服务人员的外表等。（2）可靠性（Reliability）：有可靠、准确地履行服务承诺的能力。（3）响应性（Responsiveness）：也称回应性，指对顾客的要求能迅速做出反应或解决。（4）保证性（Assurance）：也称确实性，是指员工所具有的知识、礼节及表达出自信与可信的能力。（5）移情性（Empathy）：也称关怀性，关心顾客并为其提供个性化服务。

每个层面又被细分为若干问题，通过调查问卷的方式，让顾客对每个方面的期望值、实际感知值及最低可接受值进行评分，由此确定相关的 22 个具体因素，然后综合计算得出服务质量的分数。

SERVQUAL 量表（见表 7-1）包括两个部分：第一部分记录了顾客对特定服务行业中优秀公司的期望；第二部分度量消费者对这一行业中特定公司（即被评价的公司）的感受。然后把这两部分得到的结果进行比较，就得到 5 个维度的每一个“差距分值”，SERVQUAL 的分数＝实际感受分数－期望分数。差距越小，服务质量的评价就越高；差距越大，服务质量的评价越低。

表 7-1　SERVQUAL 量表

将受试者的感受、反应及认同程度作为评定指标，采用 7 点量表级分方法。其标准为“①”表示非常不同意；“②”表示不同意；“③”表示有点不同意；“④”表示无意见；“⑤”表示有点同意；“⑥”表示同意；“⑦”表示非常同意。其中第 10、11、12、13、18、19、20、21、22 题为反向计分。

一、有形性

1. 有现代化的服务设施

①非常不同意　②不同意　③有点不同意　④无意见　⑤有点同意　⑥同意　⑦非常同意

2. 服务设施具有吸引力

①非常不同意　②不同意　③有点不同意　④无意见　⑤有点同意　⑥同意　⑦非常同意

3. 员工有整洁的服务和外表

①非常不同意　②不同意　③有点不同意　④无意见　⑤有点同意　⑥同意　⑦非常同意

4. 公司设施与所提供的服务相匹配

①非常不同意　②不同意　③有点不同意　④无意见　⑤有点同意　⑥同意　⑦非常同意

二、可靠性

5. 公司向顾客承诺的事情能及时地完成

①非常不同意　②不同意　③有点不同意　④无意见　⑤有点同意　⑥同意　⑦非常同意

6. 顾客遇到困难时，能表现出关心并提供帮助

①非常不同意　②不同意　③有点不同意　④无意见　⑤有点同意　⑥同意　⑦非常同意

7. 公司是可靠的

①非常不同意　②不同意　③有点不同意　④无意见　⑤有点同意　⑥同意　⑦非常同意

续表

8. 能准确地提供所承诺的服务
①非常不同意 ②不同意 ③有点不同意 ④无意见 ⑤有点同意 ⑥同意 ⑦非常同意
9. 正确记录相关的服务
①非常不同意 ②不同意 ③有点不同意 ④无意见 ⑤有点同意 ⑥同意 ⑦非常同意
三、响应性
10. 不能指望他们告诉顾客提供服务的准确时间
①非常不同意 ②不同意 ③有点不同意 ④无意见 ⑤有点同意 ⑥同意 ⑦非常同意
11. 期望他们提供及时的服务是不现实的
①非常不同意 ②不同意 ③有点不同意 ④无意见 ⑤有点同意 ⑥同意 ⑦非常同意
12. 员工并不总是愿意帮助顾客
①非常不同意 ②不同意 ③有点不同意 ④无意见 ⑤有点同意 ⑥同意 ⑦非常同意
13. 员工因为太忙以至于无法立即提供服务，满足顾客的需求
①非常不同意 ②不同意 ③有点不同意 ④无意见 ⑤有点同意 ⑥同意 ⑦非常同意
四、保证性
14. 员工是值得信赖的
①非常不同意 ②不同意 ③有点不同意 ④无意见 ⑤有点同意 ⑥同意 ⑦非常同意
15. 在从事交易时顾客会感到放心
①非常不同意 ②不同意 ③有点不同意 ④无意见 ⑤有点同意 ⑥同意 ⑦非常同意
16. 员工是有礼貌的
①非常不同意 ②不同意 ③有点不同意 ④无意见 ⑤有点同意 ⑥同意 ⑦非常同意
17. 员工可以从公司得到适当的支持，以提供更好的服务
①非常不同意 ②不同意 ③有点不同意 ④无意见 ⑤有点同意 ⑥同意 ⑦非常同意
五、移情性
18. 公司不会针对不同的顾客提供个性化的服务
①非常不同意 ②不同意 ③有点不同意 ④无意见 ⑤有点同意 ⑥同意 ⑦非常同意
19. 员工不会给予顾客个性化的关怀
①非常不同意 ②不同意 ③有点不同意 ④无意见 ⑤有点同意 ⑥同意 ⑦非常同意
20. 不能期望员工了解顾客的需求
①非常不同意 ②不同意 ③有点不同意 ④无意见 ⑤有点同意 ⑥同意 ⑦非常同意
21. 公司没有优先考虑顾客的利益
①非常不同意 ②不同意 ③有点不同意 ④无意见 ⑤有点同意 ⑥同意 ⑦非常同意
22. 公司提供的服务时间不能符合所有顾客的需求
①非常不同意 ②不同意 ③有点不同意 ④无意见 ⑤有点同意 ⑥同意 ⑦非常同意

（二）SERVPERF 方法

SERVPERF 方法于 1992 年由克罗宁（Cronin）和泰勒（Taylor）提出。与 SERVQUAL 方法不同的是，这种方法只针对服务绩效评价，并不和顾客期望进行比较。

SERVPERF 方法继承了 SERVQUAL 方法相似的有形性、可靠性、响应性、保证性和移情性 5 个维度，但摒弃了 SERVQUAL 方法中的差异比较理念，认为单一的质量感知评价已经能够反映服务质量，因此在测量中以顾客感知绩效评价分值作为测量标准，使用起来更加便捷。其计算公式为：

$$S = \sum_{1}^{n}(W_i \times P_i)$$

其中，S 为服务质量；W_i 为第 i 个指标的权重；P_i 为顾客对第 i 个指标的实际感知得分；n 为指标总数。

SERVPERF 方法是一种直接、简洁、高效且准确的服务质量评价方法，它专注于评估服务的实际绩效，是为企业提供提升服务质量和顾客满意度的有力工具。

（三）IPA 方法

IPA 方法于 1997 年由马提拉（Martilla）和詹姆斯（James）提出，最先应用于评价汽车销售商的服务绩效，因其评价方法的便捷高效性和测量成本低而被广泛应用于各个领域，应用范围可以涵盖品牌形象、服务质量、顾客感知、满意度、产品表现、地区竞争力、旅游政策制定等方面。该评价方法的基本思想是通过比较服务评价因子的重要性和顾客感知服务的绩效，以确定服务质量改进的轻重缓急。如图 7－1 所示，根据重要性和绩效的组合，可分为 4 个象限，通过测量将每个因子依照其重要性和绩效的数值绘于坐标图上，即可得到四象限点阵图。

“Ⅰ”区为表现良好区，是重要性和绩效表现都高的区域，需继续保持；

“Ⅱ”区为额外资源区，是重要度低、绩效表现高的区域，不需要过多的投入；

“Ⅲ”区为缓慢改进区，是重要性和绩效表现都低的区域，优先级别最低；

“Ⅳ”区为重点改进区，是重要性高、绩效表现低的区域，需要重点改进。

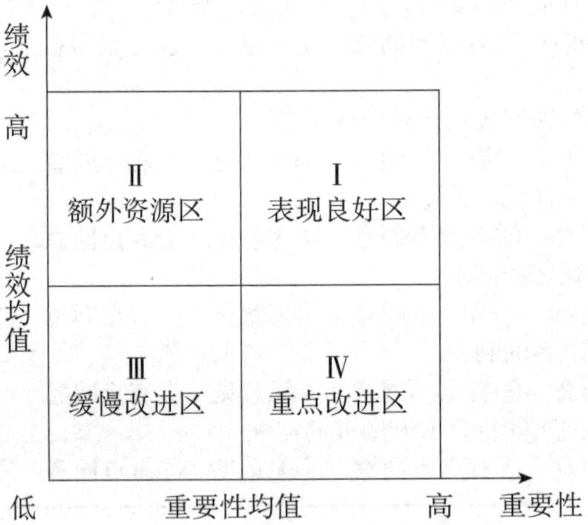

图 7－1　IPA 四象限点阵图

当把分析指标绩效表现改为满意度测量时，把绩效表现评价替换成满意度评价即可，与感知对比方面相关的分析与研究均可采用 IPA 分析法。

此外，还有学者运用灰色理论、模糊综合评价等方法对游客满意度进行测评研究。

三、旅游消费者满意度的影响因素

旅游消费者满意度是一个多维的概念，受到认知、产品、环境、人员、形象、情感等多种因素的影响。

（一）认知因素

认知是指通过形成概念、知觉、判断或想象等心理活动获取知识的过程。旅游者的认知会影响旅游者的满意度，因为满意度在很大程度上与旅游的需求、目的和期望相关。因此，旅游者的动机、期望和感知等均影响旅游者的满意度。

从旅游者的动机来看，对于同一个旅游目的地，旅游者的动机和需求存在差异。目的地的产品和服务可能满足具有某种动机和需求的旅游者，而不能满足具有另一种动机和需求的旅游者。由于需求得不到满足，旅游者就会产生不满。具有不同动机的旅游者，其满意度就可能存在差异。

从期望来看，根据奥立佛的“期望-实绩”模型，旅游者的满意度直接受两个因素的影响，即旅游者的预期与旅游者的实绩感知。如果旅游者的期望过高而实绩感知又过低，将直接降低旅游者的满意度。

从旅游者的感知来看，旅游者的感知是指旅游者在旅游目的地游览和接受服务的具体感知，也包括出行前对距离、形象的感知。旅游者感知的内容与形式，取决于对距离本身的感知行为。地理学认为，对于旅游目的地的吸引力真正起影响作用的是感知距离而不是客观距离。旅游者的满意度是一种情感行为，其高低直接受旅游者的心情和情绪的影响。

（二）产品因素

旅游产品具有综合性、无形性、不可转移性、不可存储性、生产交换与消费同步性等特点，是能够满足旅游活动多样需要的服务性产品，也是影响旅游消费者满意度的首要因素。在当前竞争激烈的旅游市场，旅游产品提供者必须把核心旅游产品和服务做好，这是毋庸置疑的。

1. 旅游产品质量

旅游产品质量是旅游消费者满意度的重要因素之一。如果旅游产品的质量不高，旅游者会对整个旅游过程感到失望和不满意。例如，如果酒店设施陈旧、卫生状况差、服务态度不好，旅游者会感到不舒服和不满意。相反，如果旅游产品质量高，旅游者会更加满意和愉快地度过整个旅游过程。

2. 旅游产品特色

旅游产品特色也会影响旅游消费者满意度。如果旅游产品没有特色，旅游消费者可能会感到无聊和失望。例如，如果一个旅游目的地的景点和活动与其他地方大同小异，没有独特的文化和风俗，旅游消费者可能会感觉不值得一看；相反，如果旅游产品具有独特性，旅游消费者会更加感兴趣和兴奋。

3. 旅游产品服务

旅游产品服务也是影响旅游消费者满意度的重要因素之一。如果旅游产品的服务不好，旅游消费者会对整个旅游过程感到不满意。例如，如果导游服务态度不好、讲解不专业或不负责任，旅游消费者会感到不满意和失望。相反，如果旅游产品服务好，旅游消费者会更加满意。

4. 旅游产品价格

如果旅游产品的价格过高或过低，旅游消费者可能会对整个旅游过程感到不满意。如果价格过高，旅游消费者可能会认为自己被欺骗或不值得；如果价格过低，旅游消费者可能会认为自己错过了很多精彩的内容或体验。因此，合适的价格设置能够提高旅游消费者的满意度。

总之，旅游产品因素是影响旅游消费者满意度的重要因素之一。旅游产品的质量、特色、服务和价格都会影响旅游消费者的满意度。因此，在设计和提供旅游产品时，应该注重提高产品质量和服务水平，增强产品的独特性，并合理定价，以提高旅游消费者的满意度。

案 例

黄山是中国著名的旅游胜地，被誉为“天下第一奇山”。为了提高游客的满意度和忠诚度，黄山景区致力于提升旅游产品质量。

首先，黄山景区注重提升旅游产品的安全性。他们在旅游设施建设和维护方面投入了大量资金，加强了对旅游线路的巡查和维护，确保游客的安全。同时，他们还加强了对旅游产品的宣传和推广，让更多的游客了解和认识黄山。

其次，黄山景区注重提升旅游产品的品质。他们加强了对旅游服务人员的培训和管理，提高了服务水平。同时，他们还加强了对旅游景点的保护和开发，增加了新的旅游项目和活动，如徒步穿越、露营、摄影等，以满足不同游客的需求。

最后，黄山景区注重旅游产品的特色。他们加强了对当地文化的保护和传承，增加了具有地方特色的旅游项目和活动，如徽州文化、黄山民俗等，让游客更好地了解和体验当地的文化和风土人情。

通过以上措施的实施，黄山景区的旅游产品质量得到了显著提升，游客的满意度和忠诚度也得到了显著提高。据统计，黄山景区的重游率达到了30%以上，许多游客都成为黄山的忠实粉丝。

这个案例表明，提升旅游产品质量是提高游客满意度和忠诚度的重要途径之一。通过加强旅游设施建设、提升服务水平、增加新的旅游项目和活动以及保护和传承当地文化等措施的实施，可以有效地提高游客的满意度和忠诚度，从而实现旅游业的可持续发展。

（三）环境因素

由于旅游活动的综合性，旅游消费者除了看重核心旅游产品和服务，还看重旅游目的地的整体环境，包括治安环境、基础设施环境、旅游政策环境、地理区位环境等。良好的治安环境、完善的基础设施、宽松的旅游政策、优越的地理区位等，会对旅游消费者满意度产生正强化的效果；反之，则会降低旅游消费者的满意度，阻碍其实现旅游价值的最大化。

案例

让景区有热度更有满意度

2023年中秋国庆8天长假，被称为“史上最热黄金周”。长沙再次入围全国十大到达城市。大量游客涌入长沙，岳麓山、橘子洲等热门景点更“热”，不少冷门、小众目的地也一夜爆红。不少游客在社交平台分享旅游体验，对景区细化、优化服务提出了新要求。

在某社交平台，笔者看到一位北方网友中秋国庆假期到南方旅游时，分享了一张桂花照片，询问网友这“好闻的花”是什么品种。有网友惊讶于十里飘香的桂花竟然有人不认识，有网友替其解释，说北方不常种桂花，更有网友说自己这两天也看到很多没见过、认不出来的花草……细细想来，各个城市的景区特别是公园里，花草树木繁多，有的还随季节经常更换花卉品种，令人常看常新。然而，很多花木的品名、特性，一般游客并不知晓，若想弄个明白，只能借助百度识图等工具。这对于较真的游客来说，多少有些令人扫兴。若景区对花草树木设置品名标识牌，游客在观赏时“知其然更知其所以然”，必然会获得一种更充实、更满意的观赏体验。这对于提升景区品位，也是一个看得见的“加分项”。

类似贴心、细心服务产生的“加分项”，可以有很多。比如，一些景区的指路牌，被游客吐槽“提示了但没完全提示”，特别是岔路口标识不够鲜明，游客一不小心就可能走错。如果设指路牌时，站在陌生游客的角度观察思考，不仅指路而且标注方向，就更加细致周到、一目了然。

有道是“细节决定成败”，特别是在如今全域旅游时代，很多游客不只是单纯打卡拍照、看山看水，更在追求“有什么体验”与“能怎么体验”。而这些体验，往往是在许多服务细节中产生的。一个细节也许不起眼，多处细节的体验感累加起来，可能在很大程度上决定着游客对景区的满意度，甚至影响其对城市形象的认知。

优化服务无止境。要让公园景区有热度更有满意度，就不能满足于其软硬件是“标配”，还要在优化、细化服务上不断下功夫，尽量升级成“顶配”。这需要进一步强化服务意识，不只考虑“我想建立配备什么”，还要换位思考，揣摩游客来到陌生景点“需要配备什么”，如此方能做深做细景区的每一处服务，让游客来的头一遭就感到宾至如归，把文旅的“流量”转化为城市的“留量”。

资料来源：付臣欢．让景区有热度更有满意度．长沙晚报，2023-10-05.

（四）人员因素

旅游消费者的满意度受其在消费旅游产品时与旅游从业者和其他旅游消费者互动等人员因素的影响。在与旅游从业者，也就是旅游产品提供者互动的过程中，旅游消费者看重的是服务过程以及在服务过程中的服务水平，关注服务的质量，看重自己是如何被服务和接待的。在与其他旅游消费者的互动过程中，旅游消费者看重的是自我利益的保护与实现，以及与其他旅游消费者的互动是否属于良性互动。例如，在十一黄金周这样的旅游旺季，旅游消费者很可能因为景区游客过多，自身的旅游利益受到其他游客的侵害（如过于拥挤，食宿设施竞争激烈等）而对景区产生较低甚至负面的满意度。

（五）形象因素

旅游消费往往被视为一种更高层次的消费体验，许多游客在选择旅游活动时，不仅期望获得实际的旅游体验，还希望通过这些活动展现自己的社会地位和品味。因此，旅游产品提供者的形象和品牌价值在很大程度上影响着消费者的选择。例如，知名的旅游目的地（如峨眉山或黄山），常常能为游客带来更强烈的满足感和自豪感，这不仅是因为这些景区的自然美景或文化背景，更因为它们所代表的国际知名度和品牌效应。

选择知名的旅游产品，往往能使游客感受到更多的关注和认可，从而让他们觉得自己的投资获得了更高的回报。然而，这也带来了一定的挑战。游客对那些拥有良好整体形象的旅游地、景区或企业往往有更高的期望。这种高期望值使得旅游产品提供者在满足游客的期望和提升游客的满意度方面面临更大的压力和挑战。

值得注意的是，旅游产品提供者的形象和游客的满意度之间并不是简单的正相关或负相关关系。这种关系是复杂的，需要根据具体的旅游产品、服务和游客的个人偏好来综合考量。因此，旅游产品提供者在设计和推广旅游产品时，不仅需要关注自身的品牌形象，还应深入了解游客的需求和期望，从而提供更符合他们期望的旅游体验。

（六）情感因素

情感营销作为一种新兴的市场营销策略，近年来备受关注。在当前的消费环境中，消费者购买产品时，不再仅仅关注产品的数量、质量或价格，而是更加追求情感上的满足和心理上的认同。对于旅游产品而言，旅游产品提供者需要从多个角度出发，不仅要考虑产品的数量、质量、价格等因素对旅游消费者满意度的影响，还应深入挖掘旅游消费者的情感需求。

旅游产品的设计和包装应当注重情感元素的融入，通过情感化的包装和设计，激发游客的情感共鸣。通过这种方式，旅游产品不仅能够满足旅游消费者的基本需求，更能触动他们的心灵，从而提升旅游消费者的满意度。旅游产品提供者应当将情感营销的理念贯穿于整个营销过程中，用富有情感的营销策略赢得旅游消费者的青睐和忠诚。

案 例

让游客乘兴而来满意而归——各地多举措提升旅游体验

2023 年中秋国庆假期，旅游业复苏势头强劲。文旅部数据显示，假期国内出游人数达到 8.26 亿人次，按可比口径同比增长 71.3%；实现国内旅游收入 7 534.3 亿元，按可比口径同比增长 129.5%。面对集中释放的旅游消费需求，热门旅游城市纷纷结合本地特色，推出一系列举措提升出游体验，让游客乘兴而来、满意而归。

推出多元产品

为丰富游客体验，优化旅游产业结构，多地打造更多旅游精品，在满足多元化旅游需求方面下功夫。

这个假期，海南省发挥“旅游十”效应，推出滨海游乐、休闲康养、美丽乡村、红色传承、体育运动等旅游路线超 30 条，举办各类旅游文体活动 204 场，为不同偏好的游客群体推荐各具特色的文旅线路。

避开同质化、结合当地资源和产业特色的文旅产品，越来越受到消费者欢迎。河北省秦皇岛市依托滨海旅游和长城文化两大核心资源，着眼供给侧结构性改革，推动旅游与体育、康养、研学、农业等产业深度融合，延长旅游产业链，推动旅游产业差异化发展，优化假日产品供给。

优化公共服务

如何在假日期间保障出行安全、提升公共服务质量，是各热门旅游城市面临的共同考验。

“双节”假期，河北省秦皇岛市共接待游客 433.9 万人次，同比增长 1 245.01%；实现旅游收入 49.77 亿元，同比增长 2 492.52%，创历史新高。

面对庞大的客流人群，北戴河机场完善大客流保障预案，通过增开安检通道、缩短航班截载时间、提供行李免费寄存等方式，确保假日期间机场运行平稳有序。秦皇岛铁路部门成立服务队，加强在进出站口、站台、扶梯等重点处所的广播提示及旅客引导，共发送旅客 47.96 万人。

专家认为，完善的基础设施、公共服务，是旅游城市的重要基础资源，也是城市旅游的强大吸引力。

也有景区通过分流参观人群、延长闭馆时间等方式，满足游客参观需求，助力公共文化服务水平不断提升。

规范经营秩序

热门景点周边酒店“一房难求”、经营场所擅自提价……针对以往假期旅游出行痛点，各地积极维护市场秩序，保障游客权益，增强旅游消费信心。

海南省持续开展旅游市场整治，用好旅游消费投诉先行赔付机制，确保广大游客在海南游得安心、玩得舒心。三亚市政府有关负责人表示，三亚加大力度优化旅游消费环境，提升旅游服务质量，实现安全、秩序、质量、效益的目标，促进三亚旅游高质量持续发展，助力三亚国际旅游消费中心建设。

消费权益和旅游安全是提升游客满意度的重要因素。中秋国庆假期，多地行政执法、市场监管、交通运输等部门联合行动，全面规范景区旅游市场秩序，通过各有特色的举措让游客玩得安心，助推文旅业持续增长。

资料来源：番世鹏，耿丹丹，王胜强．让游客乘兴而来满意而归：各地多举措提升旅游体验．经济日报，2023-10-15.

第二节　旅游消费者的忠诚度

一、旅游消费者忠诚度的内涵及测量

（一）旅游消费者忠诚度的概念及其组成成分

1. 消费者忠诚度的定义

在早期的消费者忠诚度研究中，许多学者侧重于研究消费者忠诚度的行为表现，从消费者的再购率、消费者与企业关系的持久性、消费者的购买方式和购买频率、消费者从本企业购买的产品数量在他们购买的同类产品总量中所占的比例、消费者对企业的口头宣传等方面计量消费者忠诚度。他们强调忠诚的消费者会反复购买某个品牌的产品，并且只考虑该品牌的产品，不寻找其他品牌的信息。这种对消费者忠诚度的理解，实际上混淆了习惯性重复购买与忠诚度的区别，忽略了消费者忠诚度的心理含义。

1969 年，美国著名营销学者德因（George Day）首先提出，真正忠诚的消费者不仅会反复购买某企业的产品和服务，而且还真正喜欢该企业的产品和服务。因此，企业应综合考虑消费者忠诚度的行为成分和态度成分。美国学者狄克（Alan S. Dick）和巴苏（Kunal Basu）根据消费者对企业的态度和消费者的购买行为，提出了如图 7－2 所示的消费者忠诚度分析框架。他们认为，消费者忠诚度是由消费者对本企业产品和服务的续购率与消费者对本企业的相对态度共同决定的。只有那些续购率高，且偏爱本企业的消费者才是本企业的真正忠诚者（如图 7－2 中的 A）。

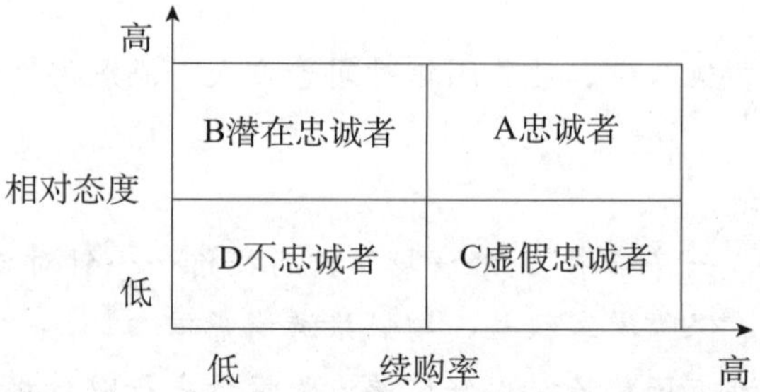

图 7－2　狄克和巴苏对忠诚消费者的分类

资料来源：DICK A，BASU K. Customer loyalty：toward an integrated conceptual framework [J]. Journal of the academy of marketing science，1994 (2)：102.

1997 年，奥立佛对他于 1980 年提出的消费者忠诚度定义进行了修改和完善。他指出，消费者忠诚度是指消费者长期购买自己偏爱的产品和服务的强烈意愿，以及消费者实际的重复购买行为。真正忠诚的消费者，不会因外部环境的影响或竞争对手企业的营销措施而“跳槽”。这个定义得到了国内外学术界的普遍认同。

2. 旅游消费者忠诚度的特点

学术界对消费者忠诚度的研究，始于对有形产品的品牌忠诚度的探讨。20 世纪 70 年代末至 80 年代初，美国航空运输业纷纷推行常客计划，给整个行业造成了巨大的冲击。与此同时，学术界也逐渐开始研究旅游企业的消费者忠诚度问题。许多学者指出，由于产品（狭义）和服务之间的区别以及产品营销策略和服务营销策略之间的差异，工业企业培育消费者忠诚度的措施对旅游企业并不完全适用。这些学者认为：（1）与工业企业相比，旅游企业更可能与消费者建立密切的联系。（2）旅游消费者比有形产品消费者更可能对某个企业形成忠诚度。（3）在旅游服务消费过程中，旅游消费者与服务人员接触的机会较多，因此，旅游企业有更多的机会培育消费者忠诚度。服务人员能够扮演营销人员的角色，维系旅游消费者与企业之间的关系。（4）与有形产品相比，旅游消费者觉得旅游服务的购买风险更大。为了降低购买风险，消费者更可能忠诚于某家旅游企业。（5）对于旅游企业，旅游消费者既可能忠诚于旅游企业的某个销售网点，也可能忠诚于旅游企业的某位员工。

由于上述原因，旅游消费者的忠诚度不同于其他消费者对品牌和销售网点的忠诚度。消费者对品牌的忠诚度，是指消费者喜欢某个品牌的产品，并长期购买该品牌的产品，忠诚于某个品牌的消费者，可以到该品牌竞争对手的销售网点去购买自己偏爱的品牌产品。消费者对销售网点的忠诚度，是指消费者喜欢某个销售网点，并长期到这个销售网点购买产品。忠诚于某个销售网点的消费者，可以在他们偏爱的销售网点购买多种品牌的产品。然而，旅游消费者必须到自己偏爱的旅游企业或目的地购买服务，也就是说，忠诚的旅游消费者既是“销售网点忠诚者”，也是“品牌忠诚者”，这是旅游消费者忠诚度的最大特点。

3. *旅游消费者忠诚度的组成成分*

1999 年，奥立佛进一步指出，消费者忠诚度按其形成过程可以划分为行为性忠诚度、情感性忠诚度、认知性忠诚度和意向性忠诚度。

（1）行为性忠诚度。

行为忠诚的消费者会反复购买某个品牌的产品和服务，他们的购买决策行为是一种习惯性反应行为，他们不留意竞争对手企业的营销活动，不会特意收集竞争对手企业的信息。行为性忠诚度反映消费者的实际消费行为，但它无法揭示消费者反复购买某种产品和服务的深层次原因。真正忠诚的消费者不仅会反复购买某个企业的产品和服务，而且在众多同类企业中更偏爱这个企业。出于惰性、折扣、有奖销售或因某个企业的市场垄断地位而反复购买该企业产品和服务的消费者，并不是真正的忠诚者。

（2）情感性忠诚度。

情感性忠诚度包含消费者对买卖双方关系的情感投入，是消费者在多次满意的消费经历的基础上形成的对企业的偏爱和情感。巴诺斯（James G. Barnes）发现，真正忠诚的消费者能够感受到他们与企业之间的情感联系，而这种情感联系正是消费者与企业保持长期关系，继续购买该企业的产品和服务，并向他人大力推荐该企业的产品和服务的真正原因。与企业缺乏情感联系的消费者，不是企业真正的忠诚者。但是，出于种种原因，喜欢某个企业的消费者不一定就会购买这个企业的产品和服务，他们可能是潜在的忠诚者。

（3）认知性忠诚度。

早在 1980 年，美国学者李（B. A. Lee）和泽斯（C. A. Zeiss）就指出，除行为成分和情感成分之外，消费者忠诚度还应包含认知成分。具有认知性忠诚度的消费者在购买决策过程中会首先想到和选择本企业产品和服务，并能承受产品和服务价格的轻微上浮。与竞争对手企业相比，认知忠诚的消费者更偏爱本企业，但同时他们也非常关心自己能够获得的利益、产品和服务的质量和价格，追求物美价廉，不太考虑品牌因素。

（4）意向性忠诚度。

消费者的意向性忠诚度，既包含消费者与企业保持关系的意愿，也包含消费者追寻自己偏好品牌的动机。与消费者目前的态度和行为相比，意向性忠诚度更能预示消费者将来的行为。但是，出于种种原因，消费者的购买意向并不一定会转变为消费者的实际购买行为。因此，消费者的意向性忠诚度并不等同于消费者真正的忠诚度。

综上所述，只有在认知、情感、意向和行为 4 个方面都对企业忠诚的消费者才是企业真正的忠诚者。根据消费者态度理论，在消费者态度形成过程中，消费者会首先收集产品和服务的信息（认知）；然而对这些零碎而复杂的信息进行重新整理、加工，对产品和服务做出肯定或否定的综合评估（情感评估）；并在这一综合评估的基础上产生某种行为意向。行为意向作为态度的一个组成成分，可能会转化为实际行为，也可能不转化为实际行为。但大多数学者的实证研究结果都表明，消费者的购买意向对消费者的实际购买行为有显著影响。所以，奥立佛指出，消费者忠诚度的形成过程是首先产生认知性忠诚度，其次是情感性忠诚度，再次是意向性忠诚度，最后是行为性忠诚度。

在消费者行为领域，忠诚度常常是通过操作化定义来界定的，并存在三种界定忠诚度的视角和方法，即行为、态度和复合的测量方法。早期的忠诚度研究主要采用行为的角度，将忠诚度界定为消费者的重复购买行为，最常用的测量指标有购买强度或比例、购买概率和购买次序。但是这种方法只关注重复购买行为，而不探求行为背后的原因及消费者内在心理状态。自 20 世纪六十七年代开始，从态度的角度对忠诚度的界定越来越引起学术界的重视，忠诚度被定义为对品牌的态度偏好或情感依赖，并出现了各种不同的态度忠诚度测量工具。与忠诚度的行为测量一样，单纯的态度忠诚度测量也存在一些缺陷，因此从 20 世纪 70 年代开始，越来越多的研究者将态度和行为结合起来，采用复合忠诚度的概念进行忠诚度研究。

国内外学者对于游客忠诚的理解和定义不尽相同，多数是建立在品牌忠诚的理论基础上的。1991 年，贝克曼和克朗普顿提出的游客忠诚“行为＋态度”二维结构受到了旅游学界普遍的认可。其中，行为是指旅游者参与特定活动、使用设施、接受服务的频次，表现为旅游者多次参与的一致性；态度是指游客情感上的偏好程度。贝克曼（Backman）和凡尔德卡姆普（Veldkamp）将游客忠诚定义为游客明显地偏好参与特定游憩活动的坚持行为。奥普曼（Oppermann）则指出旅游者忠诚反映在他们重游意图和对其他人的口碑宣传上。国内学者邹益民与黄晶晶认为，游客忠诚是旅游者对某一旅游产品或服务有高强度的心理依恋，并在此基础上产生的再次购买行为，是内在心理依恋与重购行为的有机结合。

总体来说，我们可以发现旅游消费者忠诚度的概念一般通过两个角度来评估，即旅游者重复游览或重复购买和旅游者对旅游目的地或旅游产品的态度。

（二）旅游消费者忠诚度的成因

20 世纪 90 年代初，哈佛大学的雷奇汉（Frederick F. Reichheld）和赛塞（W. Earl Sasser. Jr.）根据对服务业长时间的观察、分析、估计，当企业忠诚的常客增加 5％时，利润可上升 25％～85％。这是因为忠诚的消费者乐于重复购买，愿意为该企业的服务支付较高的价格。更重要的是，忠诚的消费者还会努力向他人推荐该企业的服务，从而使该企业逐年获得更大的收益。这一论断激发了许多学者探讨“消费者的忠诚度从何而来”的兴趣。从现有的研究成果来看，消费者满意度是旅游企业培育消费者忠诚度的一个必要的前提条件，却不是充分条件。许多学者指出，旅游企业要培育真正忠诚的顾客，必须在消费者满意的基础上，逐渐增强消费者对本企业的信任感和归属感。

1. 消费者满意度与忠诚度

虽然学术界对消费者满意度与忠诚度之间的关系尚未完全达成共识，但越来越多学者认为，消费者满意度最终会发展为消费者忠诚度（Gremler et al，2001；韩小芸等，2003）。如果消费者对自己以往在某个服务性企业的消费经历感到非常满意，他们再次购买同类服务时就可能会首先想到这个企业。因此，消费者满意度会直接影响消费者的认知性忠诚度。此外，满意的消费者往往愿意再次购买该企业的产品和服务，愿意为该企业做有利的口头宣传，愿意向他人推荐该企业的产品和服务。因此，消费者满意度会直接影响消费者的意向性忠诚度。如果企业能满足消费者不断变化的需求，始终为消费者提供满意的消费经历，就有可能把满意的消费者转变为忠诚的消费者。

然而，有趣的是，满意的消费者，甚至非常满意的消费者也经常会选购不同企业的产品和服务。一些旅游消费者为了求新、求异，不再到访他们感到满意的景点或购买同一企业的旅游服务。雷奇汉、琼斯、赛塞等人发现，消费者满意度对忠诚度的直接影响很小，对自己的消费经历满意的消费者不一定就忠诚于企业。雷奇汉指出，在声称自己满意或非常满意的消费者中，65%～85%的消费者会“跳槽”，改购竞争对手企业的产品和服务。换言之，消费者满意并不一定就能增加企业的经济收益。因此，雷奇汉提出企业应跳出“顾客满意度陷阱”，尽力培育顾客的忠诚度。

根据美国学者锡博特（John W. Thibaut）和凯利（H. H. Kelley）提出的社会交换理论，人们是否愿意保持某一关系并不是由他们对这一关系的满意程度决定的。如果人们能从其他关系中获得更大的利益，他们就可能会终止现有关系。旅游消费者与企业之间的关系也是如此，对某个旅游企业的产品和服务满意的消费者不一定会长期购买该企业的产品和服务。如果其他旅游企业能够为消费者提供更大的利益，消费者就可能会改购其他旅游企业的产品和服务。因此，旅游企业提高消费者的满意程度，也不一定能够提高消费者的忠诚度和再购率，为企业增加收益。

尽管在雷奇汉等人的研究中，消费者满意度不直接影响行为性忠诚度，但消费者满意度对忠诚度的重大影响仍是不可否认的。因为大量学者的实证研究结果表明，消费者满意度对消费者的归属感、消费者与企业之间的社交联系、消费者与服务人员之间的关系、消费者的认知性忠诚度和意向性忠诚度都有显著的影响，并通过这些因素间接地影响消费者的购买行为。

综上所述，旅游企业应当意识到消费者满意度是消费者忠诚度的一个重要的驱动因素，但仅有消费者满意度是不够的。企业必须赢得旅游消费者的信赖，提高旅游消费者“跳槽”的心理代价，才能巩固与旅游消费者之间的服务关系。

2. 消费者信任感与忠诚度

美国著名营销学者贝里指出，消费者的信任感是忠诚度的基础。消费者相信企业有能力兑现其所做的隐性承诺和显性承诺，并真诚地关心消费者的利益，消费者就会愿意与企业保持长期合作关系。当需要购买产品和服务时，消费者会首先想到他们认为值得信赖的企业。如果消费者确信该企业的产品和服务能够满足他们的需要，消费者就会有继续购买该企业产品和服务的意向，而不是花费大量的时间和精力，收集竞争对手企业的信息。此外，消费者还愿意为他们信任的企业做有利的口头宣传。因此，雷奇汉认为，企业要赢得顾客的忠诚，首先必须取得顾客的信任。国内外一些学者对旅游消费者的实证研究结果也表明，旅游消费者对旅游企业的信任感是旅游企业培育消费者忠诚度必不可少的条件，可以为旅游企业带来竞争对手企业难以模仿的竞争优势。

3. 消费者归属感与忠诚度

消费者归属感与忠诚度，是两个既有联系又有区别的概念。归属感是一种信念。对旅游企业有归属感的消费者重视两者之间的长期关系，甚至愿意为了保持这种关系所蕴含的长期利益而做短期的牺牲。它反映了消费者与企业之间关系纽带的强度，是消费行为的驱动因素，而并非实际的消费行为。忠诚度包含了旅游消费者对企业的态度和购买行为，它是由消费者的实际消费经历决定的。

国内外许多学者认为，旅游消费者与企业之间的关系是建立在他们对企业的归属感的基础上的。在其他条件相同的情况下，消费者对旅游企业的归属感越强，对旅游企业就越忠诚，对旅游企业缺乏归属感的消费者是不可能表现出忠诚度的。其中，旅游消费者的持续性归属感会促使其对企业产生认知性忠诚度。如果旅游消费者觉得自己不易或无法到其他企业消费，那么当他需要购买产品和服务时，往往首先想到特定的企业，并且对该企业能为自己提供的利益有较充分的认识。情感性归属感是消费者对旅游企业的依恋感。消费者可能会因这种依恋感而喜欢购买和消费某旅游企业的产品和服务。在酒店等旅游企业中，由于消费者与企业和服务人员的接触时间相对较长，如果旅游企业能够让消费者产生宾至如归的感觉，消费者对企业的情感性归属感就会很强烈，并愿意再次到该企业消费(韩小芸等，2003)。因此，旅游消费者的归属感也是旅游企业培育消费者忠诚度的一个必要的前提条件。

（三）旅游消费者忠诚度的测量与分类

1. 旅游消费者忠诚度的测量

在操作化定义上，与消费者行为学中的“忠诚度”类似，旅游消费者忠诚度也存在行为、态度和复合测量三种测量方式。行为忠诚度通常通过对目的地的游览次数或对旅游产品的购买次数来衡量；关于态度忠诚度的测量，则存在很大的差异性，几乎每个研究者都会采用不同的态度测量工具，但总体而言，重游意向（重购意愿）和口碑推荐是以往研究中使用频率较高的测量指标，两者能够较好地反映旅游消费者的忠诚态度。在旅游消费者忠诚度的综合测量中，指标往往比较复杂，兼顾了行为和态度两个方面。

此外，随着对游客忠诚研究的不断深入，有不少学者从新的角度对忠诚度进行阐释。例如，有学者采用认知忠诚、情感忠诚、意向忠诚三个维度来测量旅游者忠诚度。

旅游企业必须认识到消费者对企业的忠诚度是相对的。在竞争激烈的市场中，企业很难拥有只购买本企业产品和服务的绝对忠诚顾客。艾仁贝格（Andrew s. c. Ehrenberg）和阿克勒斯（Mark D. Uncles）发现，99%的汽油购买者都会购买几种品牌的汽油，88%的消费者会在多家零售店购买商品，而乘飞机的旅行者往往会参加多家民航公司的“忠诚者奖励计划”，旅游企业从不同的消费者那里获得的经济收益是不同的。因此，旅游企业有必要对忠诚者分类，以便采取有针对性的管理措施，提高企业的经济收益。目前对忠诚消费者的划分方法主要有以下几种：

（1）忠诚度钻石。

英国学者诺克思（Simon Knox）根据消费者购买的产品和服务的品牌数量和消费者的投入程度将消费者划分为忠诚者、习惯性购买者、多品牌购买者和品牌改换者（见图7-3）。

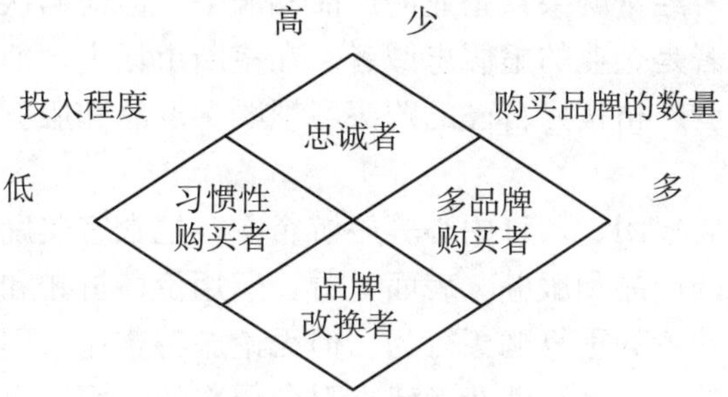

图7-3 忠诚度钻石

资料来源：KNOX S. Loyalty-based segmentation and customer development process [J]. European management journal，1998，16（6）：733.

忠诚者和习惯性购买者往往只选购少数几个品牌的产品和服务，表现出较高程度的行为忠诚。因此，企业为这两类消费者服务往往最能获利。但是，忠诚者和习惯性购买者的购买方式不同。习惯性购买者每次购买的产品和服务基本上没有什么区别。他们之所以购买某企业的产品和服务，是因为该企业能提供他们需要的产品和服务，而不是因为他们对该企业有深厚的感情。一旦该企业不能提供他们需要的产品和服务，他们就会改购其他企业的产品和服务。忠诚者的投入程度较高，并能够感觉到自己与企业或品牌之间的情感联系，愿意花费时间和精力与企业保持关系。当企业没有他们需要的某种产品和服务时，他们会暂时改购其他企业的产品和服务，一旦该企业能够提供这种产品和服务，他们又会继续购买该企业的产品和服务。有时候，忠诚者甚至因为企业暂时没有他们需要的产品和服务而推迟购买。由于消费者对企业的忠诚是相对的，因此，忠诚者偶尔也会表现出暂时性的“跳槽”行为。

多品牌购买者和品牌改换者的购买行为比较相似，他们都购买多种品牌的产品和服务。企业为这两类消费者服务往往获利不多。这两类消费者的购买动机有所差别。多品牌购买者积极寻找各种品牌的产品和服务，并为不同的消费场合购买不同品牌的产品和服务。品牌改换者一般对价格优惠比较感兴趣，他们的购买策略是以最低的价格购买自己需要的产品和服务，他们会为了一点点的价格优惠而改购其他企业的产品和服务。

（2）狄克和巴苏的划分方法。

狄克和巴苏根据消费者对企业的产品和服务的续购率与消费者对企业的相对态度把消费者划分为忠诚者、潜在忠诚者、虚假忠诚者、不忠诚者。消费者对企业的相对态度是指消费者偏好本企业的程度，以及消费者对本企业与其他企业的态度差异。

续购率高、偏爱本企业的忠诚者是企业和营销人员追求的对象。有些消费者对某企业有强烈的偏好，但受环境因素限制，他们购买该企业产品和服务的频率较低，这类消费者是企业的潜在忠诚者。例如，消费者可能非常喜欢某个餐厅，但他们可能因经济收入有限或为了品尝多种不同风味的食品而不经常到这个餐厅就餐。有些消费者认为各个企业的产品和服务没有什么差别，也很少重复购买同一企业的产品和服务（不忠诚者）。这类消费者对任何企业都不忠诚，出于各种原因，这类消费者经常改换品牌，选择多个品牌。

此外，还有些消费者经常购买某企业的产品和服务，但他们认为各个企业的产品和服务差别不大，这类消费者是企业的虚假忠诚者。在垄断市场中，消费者只能向某企业购买产品和服务。有些消费者严格按照自己的购买习惯购买产品和服务。这些消费者很可能是企业的虚假忠诚者。

不少航空公司、饭店集团、预订中心等旅游企业，把常客奖励计划作为忠诚计划，鼓励消费者长期购买自己的产品和服务。表面上看，运用价格折扣和积分奖励计划可能会使营业收入增加，刺激消费者的重复购买行为。但无论旅游企业采用哪种形式的常客奖励计划，企业都是通过让利的方法，与消费者建立财务层次的联系。可以说，旅游企业实际上是在“购买”常客，而由此获得的大多数“常客”并不是真正的忠诚者。原因在于，各旅游企业所推出的这些常客奖励计划在性质上是雷同的，没有致力于解决消费者的需要，故而难以与旅游消费者建立起情感和心理上的联系。在常客奖励计划的刺激下，即使旅游消费者对企业没有好感，他们也可能会经常购买该企业的服务，从而表现出“虚假的忠诚”。随着购买次数的增加，这类旅游消费者可能会变得更加难以满足。当竞争对手企业提供更丰厚的奖励时，他们很快就会改购其他企业的产品和服务。

简而言之，常客奖励计划也许可以留住旅游消费者，却难以买到旅游消费者的情感性忠诚度。此外，奖励常客计划的费用会增加旅游企业的运营成本。为了维持利润额，企业往往要提高售价，将这笔费用分摊到没有得到奖励的消费者身上，故而，常客奖励计划反而有可能减少对企业有价值的潜在顾客。旅游企业应尽力为消费者提供符合他们需要的产品和服务，让常客喜欢企业的产品和服务，培养真正忠诚的消费者。

（3）雷纳兹和库玛的划分方法。

长期以来，我们都假定只要消费者经常惠顾企业，就能为企业带来更多收益。然而，2002 年，雷纳兹（Wemer Reinartz）和库玛（V. Kumar）在美、法、德三国展开的一项研究表明，消费者的购买频率和购买的长期性对服务性企业的利润只有轻度到中度的影响。许多常客并不像设想的那样愿意为企业的产品和服务支付较高的价格。他们熟悉企业的产品和服务，对价格相当敏感，知道应该向企业要求什么，而且比其他消费者要求得更多。所以，企业为他们服务，只能获得较低的收益，而不能获得较高的利润。在这项研究的基础上，雷纳兹和库玛根据企业为消费者服务所能获得的利润和消费者与企业保持关系的时间长短，将消费者划分为陌生人、花蝴蝶、真正的朋友和藤壶（Bamacle）4 种类型（见图 7－4）。

1）“陌生人”，指那些对企业不忠诚，企业为他们服务不能赢利的消费者。企业应尽

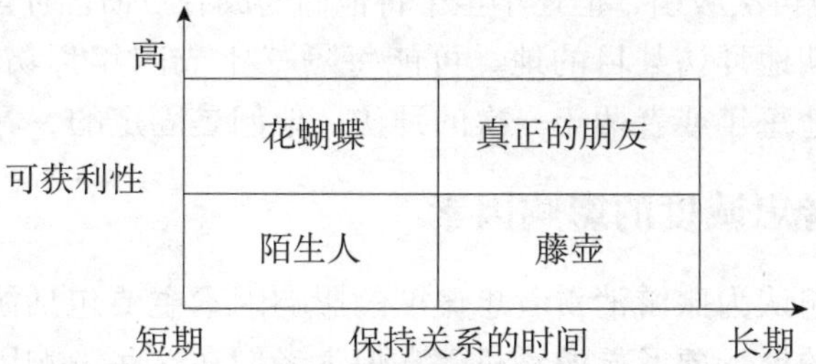

图 7-4　雷纳兹和库玛对消费者的分类

早识别“陌生人”，不要花费过多的时间和精力为他们服务。

2）“花蝴蝶”，指那些对企业不忠诚，却可使企业赢利的消费者。企业可对这类消费者进行短期的硬性推销，尽可能从他们那里获取最大的短期利润。

3）“真正的朋友”，指那些对企业忠诚，且能使企业赢利的消费者。这类消费者对自己与企业的关系比较满意。企业为“真正的朋友”服务，能获得最大的经济收益。因此，企业应采取适当的措施，回报他们的忠诚，以便增强“真正的朋友”的忠诚度。

4）“藤壶”，指那些对企业高度忠诚却无法使企业赢利的消费者。由于这类消费者与企业的交易规模太小，交易次数太少，就像依附在货轮表面的藤壶只能增加货轮的额外负担一样，他们只会增加企业的负担，而不能使企业获得满意的回报。对于这类消费者，企业应首先判断他们的购买能力。如果他们的经济收入低，不可能增加消费量，企业就不值得继续为他们服务。如果他们有较强的购买力，但企业目前对他们的钱包占有率较低，企业就应继续为他们服务。

综上所述，旅游企业从不同的旅游消费者那里获得的经济收益是不同的。在各类旅游消费者中，旅游企业可从真正的忠诚者那里获得最大的经济收益。

2. 旅游消费者忠诚度的分类

目前关于旅游消费者忠诚度的分类主要有两种：一种是依据态度倾向的强弱和行为取向的高低这两个维度的结合来划分的，具有代表性的是贝克曼（Backman）和克朗普顿（Crompton）的分类法；另一种是依据旅游消费者过去的旅游频次、概率来划分的，由奥普曼（Oppermann）首先提出。

贝克曼和克朗普顿根据态度和行为的简易矩阵将忠诚度分为四类：（1）高度忠诚，即有强烈的情感偏好和较高的购买频率；（2）伪忠诚，即有较高的购买频率却没有心理上的偏好；（3）潜在忠诚，即购买频率较低却有强烈的情感偏好；（4）低度忠诚，即购买频率和心理认可度都较低。

奥普曼在品牌忠诚理论的基础上，依据过去一段时间内游客的旅游经历，提出了旅游消费者忠诚度的七种类型：（1）非购买者，从不旅行者，或者没有注意到该目的地或缺乏资源等；（2）幻想破灭型，先前有过一次不满意的旅游经历，这个负面的经历可能与他们旅游的任何方面都有关联，但也足够改变他们对整个目的地的看法；（3）不稳定型，持续努力获得新事物或新体验，就算有正面的旅游经历他们也不会再回来；（4）非忠诚型，即追求新颖的事物，但相对于不稳定型的游客，他们可能再回来这个目的地，如果时间延迟越久，他们真正回来的可能性就会越低；（5）有一点忠诚型，在某个目的地有两次以上的旅游经历，被该目的地再次吸引，但还不至于将他们变成有习惯性拜访行为的游客；（6）忠诚型，有规律地、定期地拜访某目的地，可能每隔三年或四年拜访一次；（7）非常忠诚型，固定地、习惯性地每年或者两年一次的拜访，他们是固定的、习惯性的旅游消费者。

二、旅游消费者忠诚度的影响因素

目前，学者们普遍认为旅游消费者忠诚度的影响因素主要包括游客满意度、服务质量和感知价值、旅游目的地形象及旅游动机等。但学者们在这些影响因素对游客忠诚度的影响机理和影响程度方面尚未达成一致。

（一）游客满意度

游客满意度在旅游消费者行为领域被普遍认为是直接影响旅游目的地旅游消费者忠诚度的最主要的因素。满意度是消费者对旅游产品或服务的总体评价，反映了消费者对旅游体验的满意程度。高满意度通常意味着消费者对旅游产品或服务感到满意，他们的积极评价有助于增加旅游目的地的声誉和吸引力。忠诚度则是指消费者对某一品牌或公司的产品和服务持有持续的积极态度和行为倾向。高忠诚度的消费者更有可能在未来选择相同的产品和服务，并愿意为此支付更高的价格。

满意度与忠诚度之间存在相互影响的关系。高满意度可以促进消费者对旅游目的地或品牌的忠诚度，因为消费者对旅游产品和服务的期望更高，他们会更加容忍服务的不足，并积极寻求和提供反馈，以改善服务质量。同时，通过提高满意度，旅游从业者可以增加消费者的忠诚度，实现长期经营和发展的目标。

另外，游客满意度对游客忠诚的影响作用主要体现在态度方面。法伊奥（Fyall）和凯劳德（Callod）曾指出，受寻求改变和某些情景因素的影响，游客满意度与旅游目的地重游之间的联系较一般服务项目更加薄弱，但游客满意可以促使其积极地推荐宣传该旅游目的地。这一观点得到了与旅游者忠诚度相关的实证研究的证实。

知识链接

顾客满意度与忠诚度

顾客满意度和忠诚度是做市场调研经常遇到的一种项目类型，像汽车、酒店、航空、金融理财等服务类或高价值产品的行业会经常做这种类型的调研，因为这些行业除了基础的产品和服务外，顾客体验很大程度上与人息息相关。

首先要了解满意度和忠诚度是两回事，满意度是一种态度，忠诚度是一种行为。满意度高不一定代表忠诚度高，中间会受到竞争和市场环境等因素的影响。

从大方向来看，顾客忠诚度是一种自上而下的项目类型，聚焦的是群体，作为重要的行为指标，了解是什么驱动了顾客忠诚度，更具战略性。

顾客满意度是一种自下而上的项目类型，基于每个人在每一次交易中产生的满意度，聚焦的是个人而非群体，通过追踪不同体验上的触点，通过闭环式反馈致力于优化和改善顾客体验，更具战术性。

关于顾客忠诚度的研究，业内应用最广泛的一个指标是 NPS，即 Net Promoter Score（净推荐值）。

问的问题也很简单，就一道题目：从 0 到 10，你多大程度上愿意将该品牌推荐给自己的亲朋好友？0 代表不愿意推荐，10 代表非常愿意推荐。

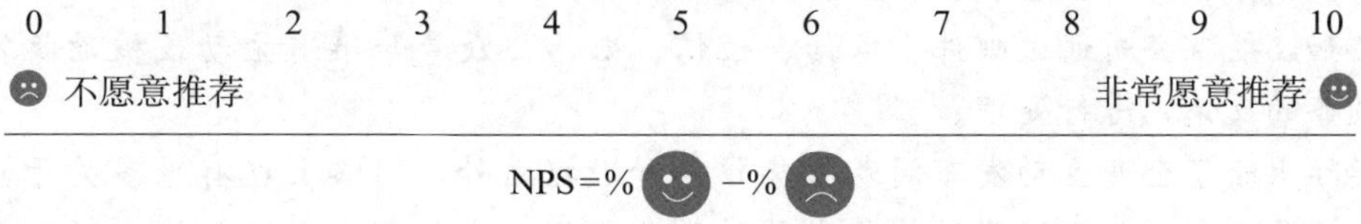

NPS 是一个很简单、纯粹的指标，我们要了解它聚焦的是一群人而非个人，最后呈现的是一个现象或现状，无法在个人层面解析现象背后的原因，也无法对如何优化结果提供启示。另外，NPS 的结果可能受被访者单次很负面或正面体验的影响。

关于 NPS 的一些常见误区：

受访者的要求与实际行为未必一致；

不同用户打分的价值不一样，如同一款产品名人推荐的效果比普通人推荐的效果要好很多；

在某些竞争激烈、潜在顾客更需要建议的行业更能发挥价值（如对于新手妈妈的奶粉推荐）；

只考虑用户，忽视了一些非用户或者流失用户的评价，不够全面；

没有考虑分值的排布，只看结果会带有一些误导性，比如，30%～70%和 0%～40%的 NPS 值一样，没有进一步分析；

这个指标过于单纯，对打分 0～6 的一概而论，数据颗粒度分析比较粗糙。

关于用户忠诚度的驱动因素分析，有另一种思考方式。

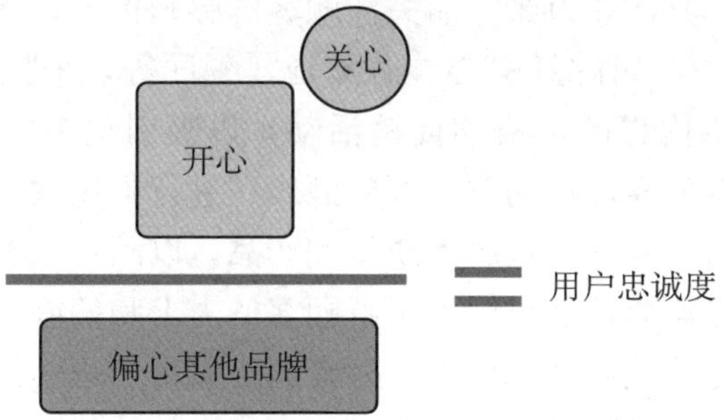

“开心、关心、偏心”是三种用户关系的心态。

开心：某品牌越是能够满足用户体验，用户会越开心，忠诚度也越高。

关心：鉴于开心的用户也可能会流失，不开心的用户未必会放弃这个品牌，所以用户对品牌的关心程度也是影响用户忠诚度的重要因素。

偏心：关心某品牌的开心用户忠诚度固然高，但也会有可能流失，因为他们更偏心其他品牌。

> 顾客满意度的调研不是为了问而问，最终是要能够优化体验，而CLF（Close Loop Feedback，闭环反馈系统）这个概念就是为了帮助企业在不同触点上优化顾客体验。
>
> 顾客在体验过程中的各种触点上会产生不同的满意度指标，触点可以分得很细，像产品、服务、价格、包装、物流、沟通……
>
> 比如，航空公司通过邮件、电话、短信、微信公众号等渠道主动或被动收集用户关于服务的反馈，进行处理。
>
> 实际上除了企业主动发布问卷收集信息和数据之外，网络上也有很多关于产品或服务的评论内容，关于这些结构化或非结构化数据，我们可以通过数据分析工具提炼有价值的信息，包括声量多大、从什么渠道来的、情感分类……这也是丰富顾客满意度与忠诚度研究的重要数据来源。

（二）服务质量和感知价值

很多学者认为服务质量和感知价值也是影响旅游者忠诚度的重要因素。其中，大部分学者认为服务质量是通过一些中介变量（如游客满意度、感知平等、活动参与、感知价值等）对旅游者忠诚度有间接的影响。另外，大多研究也证实了感知价值不仅对旅游忠诚度具有直接的影响，还通过满意度的中间作用对旅游者忠诚度起到间接影响的效果。

比如，万豪酒店（Marriott Hotels）在全球范围内提供高品质的酒店服务，通过不断提升服务质量和顾客感知价值，赢得了顾客的信任和忠诚度。首先，万豪酒店注重提供优质的服务体验。工作人员接受过专业的培训，会提供热情周到的服务。工作人员会主动为顾客提供帮助，并确保顾客的需求得到满足。这种个性化的服务体验让顾客感到舒适，从而提高了顾客的满意度。其次，万豪酒店关注顾客的感知价值。通过提供高品质的住宿和设施，以及各种附加服务，如健身中心、游泳池、餐厅等，来提高顾客的感知价值。此外，万豪酒店还注重提供优惠的价格和促销活动，以吸引更多的顾客并提高他们的忠诚度。为了更好地了解顾客的需求和期望，万豪酒店还进行市场调研和顾客调查。通过收集和分析顾客的反馈和建议，不断改进服务质量和产品，以满足顾客的需求和期望。这种与顾客的沟通和互动让万豪酒店能够更好地了解顾客的需求和偏好，从而提供更个性化的服务。总之，通过提升服务质量和感知价值，万豪酒店赢得了顾客的信任和忠诚度。这种策略不仅提高了顾客的满意度和忠诚度，还为万豪酒店在全球范围内的扩张提供了支持。

（三）旅游目的地形象

旅游目的地形象是影响游客满意的关键因素，建立和提高目的地形象有助于培养旅游者忠诚度，是旅游目的地成功发展的关键。比格内（Bigne）的研究发现旅游目的地的形象对知觉感受、满意度、重游意愿、推荐意愿有正向的影响，旅游目的地形象对旅游者态度和行为有直接和间接的作用，并影响游客的满意度和忠诚度。

比如，新西兰旅游局（Tourism New Zealand）为了提升新西兰作为旅游目的地的形象，采取了一系列措施来提高顾客的满意度和忠诚度。首先，新西兰旅游局通过多种渠道和方式向消费者展示新西兰的美丽风光和独特的文化。他们通过广告、宣传片、旅游指南等方式，向消费者展示新西兰的自然风光、历史遗迹、文化和美食等元素。这些宣传活动不仅激发了消费者对新西兰的兴趣，还提高了消费者对新西兰旅游的期望值。其次，新西兰旅游局通过与旅游行业的合作，提供高质量的旅游产品和服务。他们鼓励旅游公司和文化机构等成为合作伙伴，为消费者提供独特的旅游服务，如徒步旅行、漂流、文化之旅等。这些个性化的旅游产品和服务，不仅满足了消费者的需求和期望，还提高了消费者对新西兰旅游的满意度和忠诚度。此外，新西兰旅游局还通过顾客调查和反馈来了解消费者的需求和期望，并不断改进服务。他们通过电话、邮件、在线调查等方式，收集消费者的反馈和建议，并及时采取措施解决问题和改进服务。这些措施有助于提高消费者对新西兰旅游局的信任和满意度，进而提高消费者的忠诚度。总之，提升旅游目的地形象是提高顾客满意度和忠诚度的重要手段之一。

（四）旅游动机

旅游动机往往是影响旅游消费者忠诚度的重要因素之一。旅游动机是指促使旅游者进行旅游活动的内在动力和原因，它包括个人动机、社交动机、经济动机、健康动机等。不同的旅游动机会对旅游消费者忠诚度产生不同的影响。

（1）个人动机通常是旅游消费者最强烈的动机之一，它包括探索、冒险、新体验等。当旅游消费者追求个人动机时，他们通常会寻找能够满足自己兴趣和爱好的旅游目的地和活动。如果旅游目的地能够持续地满足他们的个人动机，那么他们可能会成为忠实的回头客。

（2）出游动机为社交动机的旅游消费者可能会选择参加团队旅游，与朋友或家人一起旅游，或者参加社交活动等，以增强社交体验和互动。如果旅游目的地能够提供良好的社交体验和互动机会，那么旅游消费者可能会更愿意推荐该目的地给其他人，并再次前往该目的地。

（3）经济动机也影响着旅游消费者忠诚度。旅游消费者可能会选择价格低廉的旅游产品或目的地，或者在旅游时选择节省开支的方式。如果旅游目的地能够提供价格合理的旅游产品和体验，同时能够提供高质量的服务，那么旅游消费者可能会更愿意再次选择该目的地。

（4）出游动机为健康动机的旅游者可能会选择健康旅游，如温泉疗养、瑜伽课程、健康饮食等。如果旅游目的地能够提供符合健康需求的旅游产品和服务，那么旅游消费者可能会更愿意再次前往该目的地。

总之，旅游动机是影响旅游消费者忠诚度的关键因素之一。旅游企业应该了解不同类型的旅游动机，并根据不同的旅游动机提供相应的产品和服务，以提高旅游消费者的满意度和忠诚度。

（五）其他因素

影响旅游消费者忠诚度的因素还有社会人口统计特征、过去的旅游经历、旅游行为特征、地方依恋、期望、旅游产品、目的地选择偏好、活动参与、感知限制因素、对重游的态度、感知吸引力等。

三、忠诚度对旅游消费者行为的影响

20 世纪 90 年代后，关系营销盛行的一个重要原因是实业界发现企业的赢利能力实际上是由消费者的忠诚度决定的。1998 年，美国学者鲍恩（John T. Bowen）和舒麦克（Stowe Shoemaker）在高档宾馆对商务旅客进行了一次调研。他发现：（1）忠诚的旅客在预订客房时很少询问房价；（2）与其他旅客相比，忠诚的旅客更可能购买宾馆的其他服务（如洗衣、餐饮服务等）；（3）忠诚的旅客还会为宾馆做正面的口头宣传，平均每个忠诚旅客会向 12 个人推荐自己忠诚的宾馆，约有 25％的忠诚旅客会向朋友和同事推荐自己忠诚的宾馆；（4）与不忠诚的旅客相比，忠诚的旅客更可能向宾馆管理人员反馈意见。

总的来说，忠诚的消费者通常会持续购买他们青睐的企业所提供的产品和服务，并且他们对价格的敏感度相对较低。这意味着他们愿意为高质量的产品和服务支付更高的价格。当他们对某个产品或服务感到满意时，他们往往会对企业的其他产品或服务也给予积极的评价。真正忠诚于某企业的消费者一般不会因其他企业的促销措施而改购其他企业的产品和服务，相反，他们还会愿意为本企业做有利的口碑宣传。因此，如果某企业能赢得消费者的忠诚度，这个企业就能扩大市场占有率，增加营业收入，并降低营销及服务成本。

（一）旅游消费者的购买决策行为

忠诚度在旅游消费者购买决策中扮演着关键角色。它不仅增强了消费者对特定旅游品牌或目的地的偏好，促使他们进行重复购买，还降低了他们对价格的敏感度，使他们更愿意为高质量的服务支付更高的价格。忠诚的消费者通常对促销活动的反应不如新客户敏感，更注重长期的品牌关系和服务质量。他们还更有可能通过口碑传播积极推荐他们喜欢的品牌，简化决策过程，并在面对负面信息时表现出更强的抵抗能力。此外，忠诚的消费者对旅游服务的期望更为稳定，很少因期望不符而产生不满。因此，旅游企业应重视通过提供优质的旅游产品和服务、增强客户体验、建立有效的客户关系管理机制来培养和维护消费者的忠诚度，从而提升企业的市场竞争力和经济效益。

（二）旅游消费者在旅游目的地的活动

在活动选择上，忠诚的旅游消费者往往会重复到访他们喜爱的旅游目的地，他们更可能参与那些他们熟悉和喜欢的活动，而不是尝试新的或不熟悉的项目。这些旅游消费者在旅游目的地的消费模式往往更为稳定和可预测。他们更倾向于在他们信任的企业和品牌消费，而不是频繁更换消费场所。尽管忠诚的消费者更倾向于重复参与熟悉的活动，但他们也更愿意尝试同一旅游目的地提供的新活动。他们对目的地的信任和满意度使他们更愿意给予新活动机会。因此，旅游目的地管理者应通过提供优质的服务、增强客户的体验和建立有效的客户关系管理机制，培养和维护消费者的忠诚度，从而提升市场竞争力和经济效益。

（三）旅游消费者对旅游产品的使用

相比于初次购买的消费者，那些重复购买的高忠诚度顾客在享受旅游产品时往往能够获得更优质的体验。以酒店为例，忠诚的住客通常会享受到更为周到的服务，如可能会被提供房间升级的优待、获赠免费的 SPA 服务，或者享受个性化的叫醒服务等。这些额外的关照不仅提升了他们的住宿体验，还彰显了他们作为忠实顾客的独特地位，从而进一步增强他们对品牌的忠诚度和满意度。

第三节 旅游消费者的投诉

一、旅游消费者表达不满情绪的方式

有人幽默地说，让旅游消费者记住本企业最便捷的途径就是提供特别糟糕的服务，因为特别糟糕的服务总能让旅游消费者刻骨铭心。然而，这种服务对旅游企业来说是毁灭性的。劣质的产品和服务必然会引起旅游消费者的不满，失望的旅游消费者可能会通过多种方式发泄不满（见图 7－5）。

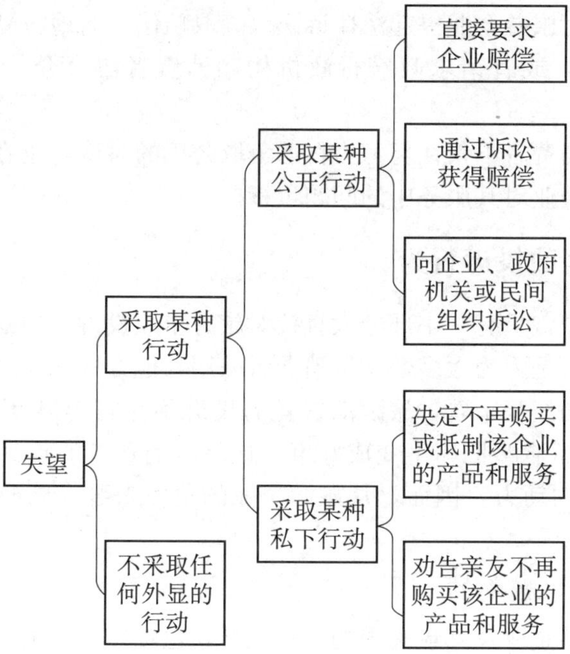

图 7－5 失望的旅游消费者可能采取的行动

（一）不采取任何外显的行动

在面对不满时，许多旅游消费者会选择忍耐和克制，主要原因在于他们认为发起抱怨或投诉既耗时又费力，而且往往难以获得与其付出相匹配的补偿。然而，这种沉默并不意味着他们对旅游企业的服务或相关管理部门的行为表示认可或满意。

实际上，旅游消费者的沉默可能掩盖了他们对企业或管理部门的负面印象和态度的转变。他们可能在心中已经对企业的形象和信誉进行了重新评估，甚至可能在私下里对企业做出了负面评价。因此，旅游企业不应将旅游消费者的沉默视为默许，而应积极采取措施，改善服务质量，主动解决旅游消费者的疑虑和不满，以维护企业的声誉和旅游消费者的忠诚度。通过这种方式，企业可以避免旅游消费者的不满情绪积累而导致更严重的后果。

（二）采取某种私下行动

当旅游消费者遭遇令人不快的体验时，他们可能会做出决断，选择从此不再与那些提供劣质服务的旅行社或饭店打交道。同时，他们也可能通过个人社交网络，将这些不良体验告知亲友，提醒他们选择这些旅游企业可能并不是一个明智的选择。这种行为不仅直接影响了企业的顾客基础，还可能通过负面口碑进一步损害企业的声誉和市场地位。

（三）采取某种公开行动

在遭遇旅游服务不满时，旅游消费者可能会采取以下措施：

一是直接沟通企业，他们可能会通过写信、打电话或直接与旅游企业的相关负责人进行沟通，明确表达自己的诉求，要求企业对存在的问题提供补偿或采取补救措施。

二是借助第三方力量。如果直接沟通未能取得满意的结果，消费者可能会寻求第三方的帮助，这可能包括对旅游企业提起法律诉讼以索取赔偿，向地方新闻媒体发送投诉信以公开自己的不满经历，或者请求政府行政机构和消费者协会介入，以保障自己的合法权益。

通过这些方式，消费者不仅在努力为自己争取公正的对待，也在通过合法途径维护自己的权益，确保旅游企业对其服务中的问题负责。

二、旅游消费者的投诉行为

在旅游消费活动中，只有一小部分人直接对旅游企业投诉。但这并不意味着我国旅游业的服务水平很高，而是因为大多数旅游消费者采用其他方式来表达自己的不满情绪。从国内外旅游企业的成功经验来看，旅游消费者的投诉不见得是坏事，如果旅游企业能够很好地处理投诉，反而能够把坏事变成好事，让旅游消费者的投诉成为推动旅游企业不断提升旅游服务质量的动力。因而，从旅游企业的角度来看，旅游消费者的投诉行为可以归纳为以下几种。

（一）是无法完全避免的

即便是顶尖的旅游企业及其最优秀的服务人员，也难以完全避免在服务过程中出现失误，从而引发消费者的不满和投诉。鉴于消费者的个性化需求及旅游产品和服务的复杂性，投诉的出现几乎是一种必然现象。

然而，如果旅游企业能够重视并加强服务质量的管理，通过持续改进和优化服务流程，可能会大大减少投诉的发生。这不仅能够提升消费者的满意度，还能增强企业的市场竞争力和品牌形象。因此，旅游企业应该将消费者的投诉视为提升服务质量和客户体验的重要机会，积极倾听和响应消费者的声音。

（二）对旅游企业是有益的

如果旅游消费者选择沉默或仅在私下里表达他们的不满，旅游企业将失去提供补救服务的机会，从而错失修复与顾客关系的良机。这种情况下，旅游消费者的不满可能会逐渐积累，最终对企业的声誉和客户的忠诚度产生负面影响。因此，从另一个角度来看，消费者的投诉实际上对旅游企业是有益的。它为企业提供了一个直接了解顾客需求和不满的渠道，使企业能够及时采取措施，解决问题，提升服务质量，从而增强顾客的满意度和忠诚度。通过积极处理消费者的投诉，旅游企业不仅能够挽回顾客的信任，还能够通过改进服务，提升整体的业务表现。

（三）是旅游企业向顾客学习的机会

消费者投诉是旅游企业获取宝贵反馈意见的途径，其价值甚至超越了传统的市场调研。通过这些直接的反馈意见，管理人员能够洞察到消费者未被满足的需求和期望，从而激发新的产品创意和服务理念。这些真实的用户体验和意见，为企业提供了一个独特的视角，帮助他们发现服务中的盲点，优化现有产品，甚至开发全新的服务项目。因此，积极倾听和分析消费者的投诉，可以成为旅游企业创新和改进的重要驱动力。

（四）是影响企业口碑的重要因素

如果旅游企业没能解决消费者投诉的问题，可能会使消费者更为不满，给企业带来破坏性的口碑宣传。但如果旅游企业解决了消费者的问题，他们就会为企业做正面的口碑宣传。据研究显示，那些投诉得到妥善处理的旅游消费者不仅更有可能成为企业的忠实顾客，而且他们还倾向于将这种正面体验分享给周围的人。因此，旅游企业管理人员应当充分认识到投诉处理工作的重要性。

三、影响投诉行为的因素

旅游消费者是否投诉，会受以下因素的影响：

（一）不满程度

消费者往往会原谅旅游企业的轻微差错而不采取任何行动。20世纪90年代初，美国著名营销学者比特纳（Maryjo Bitner）和布莫斯（Bernard H. Booms）等人要求酒店、餐馆和航空公司的消费者描述他们非常满意和非常不满意的服务经历，然后对这些事件进行分析。研究结果表明，大部分消费者可以容忍某些服务差错，服务差错本身不一定会引起消费者不满。企业在服务差错发生以后不采取有效的补救性服务措施，才是引起消费者不满的主要原因。越是不满的消费者越可能采取比较激烈的行动，以维护自己的权益。

（二）产品和服务的重要性

在面对价值相对较低的旅游产品和服务时，消费者往往认为投入时间和精力进行投诉的成本过高，因而选择不采取行动。然而，当涉及对他们更为重要或价值更高的服务时，消费者的投诉意愿会显著增加。这种情况下，他们更可能认为投诉是值得的，愿意采取必要的行动来维护自己的权益。因此，旅游企业在提供高价值服务时，更应注重服务质量和客户满意度，以减少投诉的发生并维护良好的客户关系。

（三）预期的代价和收益

消费者在考虑是否投诉时，会仔细评估这一行为可能带来的益处，思考是否值得投入宝贵的时间和精力去向旅游企业表达不满。他们需要判断所面临的问题是否严重到需要采取正式的投诉步骤。同时，他们还会考虑自己是否具备采取行动所需的时间资源和个人精力。这种权衡过程涉及对成本与收益的评估，以及对个人能力和资源的自我评估，最终决定是否采取投诉行动。

（四）旅游消费者的个人特点

旅游消费者的教育背景、个性特征以及提出投诉的时机等因素，均可能对他们是否选择投诉产生影响。通常，年轻群体、受过高等教育和拥有较高收入水平的旅游消费者更可能主动采取投诉行动。这可能是因为他们不仅拥有更多可自由支配的时间来处理投诉事宜，还具备与有关方面沟通协商的能力。为了使投诉有效，旅游消费者需要能够清晰、准确地表达自己的诉求，并了解如何与相关企业或机构进行有效沟通。他们需要掌握如何提出自己的意见和申诉，以便让相关方面认真听取并考虑他们的观点，才能有效地达到自己的目的。

（五）旅游消费者责怪的对象

面对同样的问题，消费者的投诉意愿很大程度上取决于他们对责任归属的看法。如果消费者认为自己在问题中也负有责任，他们可能会减少投诉的可能性，选择自我反省或自行解决问题。相反，如果他们认为问题完全由旅游企业引起，他们更有可能采取投诉行动，期望企业能够承担相应的责任并提供解决方案。这种情况下，消费者更倾向于通过正式途径表达不满，寻求问题的妥善解决。

（六）旅游企业的态度

当旅游消费者怀疑投诉后旅游企业不太可能采取有效措施解决问题时，他们往往会选择不提出投诉。这种预期可能基于以往的经验或对企业处理投诉方式的了解，导致他们认为投诉过程既耗时又可能无果，因此宁愿放弃这一途径。

四、针对消费者投诉旅游企业的应对措施

与满意的旅游消费者打交道比较容易，将不满的旅游消费者转变为本企业的忠诚者比较困难。旅游企业管理人员在旅游消费者投诉处理工作中，不仅应真心实意地感谢旅游消费者的投诉，而且应采取以下一系列措施为旅游消费者排忧解难，以便留住本企业的旅游消费者。

（一）鼓励旅游消费者投诉，方便消费者投诉

为了促进旅游企业的服务质量提升并增强客户满意度、忠诚度，鼓励并简化消费者的投诉流程至关重要。鉴于许多旅游消费者在遇到服务问题时不清楚如何提出反馈，旅游企业应采取积极措施，如设置意见簿、开通监督电话或指定专职人员（如大堂副理），来专门负责处理投诉事宜。此外，企业还应通过各种市场沟通渠道（如广告），公开这些投诉途径，并明确告知消费者他们的反馈将被认真对待。对于提出有效反馈的消费者，企业甚至可以实施奖励机制，以此激励更多的消费者参与到服务改进的过程中。通过这些措施，旅游企业不仅能够及时解决消费者的问题，还能够展示出对消费者意见的真诚、尊重和重视，从而建立起更加积极的客户关系和提升品牌形象。

（二）及时提供补救性服务，处理旅游消费者的投诉

为了有效应对旅游消费者的投诉并及时提供补救性服务，旅游企业必须认识到迅速反应的重要性。根据比特纳等人的研究，旅游企业在服务差错发生以后不及时提供有效的补救性服务，是引起消费者不满的主要原因。他们指出，管理人员应亲自处理消费者的投诉，听取消费者的意见，详细了解投诉的原因，向消费者表示歉意或做出必要的解释，及时解决好消费者提出的问题。当天投诉，当天解决，用实际行动表明企业对消费者投诉的高度重视，有助于恢复消费者对企业的信任感，促使消费者再次购买旅游企业的产品和服务。通过这种积极主动的投诉处理方式，旅游企业能够将潜在的负面情况转化为提升服务质量和客户忠诚度的机会。

（三）鼓励员工灵活地解决旅游消费者面临的问题

旅游企业管理人员的角色至关重要，他们需要确保所有员工都能掌握恰当的投诉处理技巧。这包括使员工理解，赢得争论并非服务的最终目标，真正的胜利在于赢得顾客的满意和忠诚。为此，管理人员应培养员工的顾客服务意识，强调在处理投诉时保持耐心、同理心和专业性。

同时，应赋予员工一定的自主权是提升服务质量的关键。管理人员应授权员工在必要时采取灵活措施，以便他们能够根据具体情况，及时有效地解决消费者的投诉。这种授权不仅能够加快问题解决的速度，还能提升员工的责任感和解决问题的能力，最终提高游客的满意度和忠诚度。

通过这种方式，旅游企业能够建立起一个以顾客为中心的服务文化，确保每一位员工都能在面对挑战时，做出符合企业价值观和游客期望的决策，提升游客的满意度和忠诚度。

（四）主动征求旅游消费者的意见

鉴于许多不满的旅游消费者可能不愿意投入时间和精力去投诉，旅游管理人员需要采取更为积极的态度来收集顾客反馈。这包括通过开展消费者意见调查、定期与消费者进行沟通，以及实施其他反馈机制，来主动了解消费者的真实想法和需求。管理人员应鼓励员工在日常服务中留意旅游消费者的满意度，并在适当时机主动询问顾客的意见和建议。

通过这种方式，旅游企业不仅能够及时发现并解决潜在问题，还能够展现出对顾客体验的重视和关怀。主动征求旅游消费者意见的做法有助于构建一个持续改进的服务文化，使企业能够更好地满足游客期望，提升整体服务质量。同时，这也能够增强顾客对企业的信任感，促进更积极的顾客关系，从而提高其忠诚度和满意度。

（五）提高旅游产品和服务的质量

提升旅游产品和服务的质量是旅游企业管理的核心任务。管理人员需要密切关注消费者投诉和通过意见调查收集到的反馈，从中识别服务中存在的问题和不足。基于这些发现，管理人员应采取切实有效的改进措施，优化经营管理流程，确保类似问题在未来得到有效预防。

全面提高产品和服务质量不仅是减少消费者投诉的有效途径，更是提升消费者满意度和忠诚度的关键。这要求旅游企业在服务的每一个环节都追求卓越，从预订、接待到售

后，每一个细节都要体现出对顾客需求的深刻理解和满足。通过持续的质量改进，旅游企业能够建立起强大的竞争优势，赢得顾客的信任和支持，从而在激烈的市场竞争中脱颖而出。

此外，旅游企业还应培养员工的质量意识，鼓励他们在日常工作中主动发现问题并提出改进意见。通过全员参与，企业能够更全面地了解顾客需求，更快速地响应市场变化，从而实现服务质量的持续提升。这种以顾客为中心的服务理念，全面提高产品和服务质量，是旅游企业减少消费者投诉次数的关键性措施，更是提高消费者满意度和忠诚度的重要手段。

本章小结

（1）旅游消费者满意度是旅游消费者基于旅游期望与实际感知相比较后形成的评价。

（2）目前旅游消费者满意度测评使用的方法主要有 SERVQUAL（服务质量）、SERVPERF（服务绩效）、IPA（重要性-绩效分析）3 种。

（3）旅游消费者满意度是一个多维的概念，受到认知、产品、环境、人员、形象、情感等多种因素的影响。

（4）旅游消费者忠诚度的概念一般通过两个角度来评估，即旅游者重复游览或重复购买和旅游者对旅游目的地或旅游产品的态度。

（5）旅游消费者忠诚度的影响因素主要包括游客满意度、服务质量和感知价值、旅游目的地形象以及出游动机等。

思考题

1. 旅游消费者满意度的定义、理论模型、影响因素是什么？
2. 如何进行旅游消费者忠诚度测量与分类？
3. 旅游忠诚度的影响因素及管理策略是什么？
4. 旅游消费者抱怨、投诉等产生的原因与解决对策是什么？
5. 提升旅游消费者忠诚度的营销策略有哪些？

在线自测

扫一扫　练一练

第八章　文化与旅游消费者行为

导入案例

文化体验已成为本地生活和异地旅游的重要组成部分

《中国休闲发展年度报告（2022—2023）》显示，文化休闲在城镇居民日常生活中的比重日益提升。城镇居民工作日文化休闲占比由2019年的15.11%增加至2022年的18.78%，节假日这一比重由16.92%提升至22.86%，增加了近6个百分点。

马蜂窝《2024年春节大数据报告》显示，打卡博物馆、石窟、寺庙等历史文化场所，是继庙会灯会、民俗活动之后2024年春节出游另一大亮点。博物馆几乎成为游客赴一地的必游景点，故宫博物院、三星堆博物馆、中国国家博物馆、南京博物院在马蜂窝春节热门文化类景区前十中占据四席。比起走马观花，在专业讲解带领下的深度游正为越来越多游客所青睐，马蜂窝博物馆讲解类产品是本地游最受欢迎的产品之一。马蜂窝旅游相关负责人表示，现在的游客不仅要知道文物的样子，还喜欢研究文物背后的历史故事和文化内涵，未来有深度文化体验的产品将获得更大的市场。

资料来源：佚名．中国休闲发展年度报告（2022—2023）[EB/OL]．(2023-01-04)[2024-02-01]．https://gov.sohu.com/a/622581914_505583．有改动．

文化是一个组织或社会成员共同的价值观念，共同遵守的习俗、仪式、规范和传统。旅游与文化有着不可分割的关系，而旅游本身就是一种大规模的文化交流，从原始文化到现代文化都可以成为吸引旅游的因素；游客不仅汲取游览地的文化，同时也把所在地的文化带到游览地，使地区间文化差异日益缩小。旅游消费者大都是一定国家、地区或民族的特定文化的载体，是一种复合文化的代表，其文化背景决定了他们的价值取向、对旅游的重视程度及对不同旅游活动和产品的偏好，文化的差异对个人或群体的旅游消费行为产生的影响尤为显著。因此，学习和研究文化与旅游消费者行为的关系具有十分重要的理论和现实意义。

第一节　文化和亚文化对旅游消费者行为的影响

一、文化对旅游消费者行为的影响

（一）文化的概念

“文化”一词，至今尚无统一的定义。在中国，最早把“文”和“化”两个字联系起来的是《易经》，其提出了“观乎天文，以察时变；观乎人文，以化成天下”的主张，意思是用儒家的诗书礼乐来教化天下，使社会变得文明而有秩序。在汉语里，“文化”就是“以文教化”，它表示对人的性情的陶冶和品德的教养，本属于精神领域的范畴。《辞海》对“文化”下的定义是：广义的文化是指人类在社会历史实践过程中所创造的物质财富和精神财富的总和。狭义的文化是指人类精神活动所创造的成果，如哲学、宗教、科学、艺术、道德等。在旅游消费者行为研究中，文化具体表现为人们普遍的社会习惯，如衣食住行、风俗习惯、生活方式、行为规范等。

文化的本质是价值观。价值观是社会成员用来评价行为、事物以及从各种可能的目标中选择自己合意目标的准则，是世界观的核心，是驱使人们行为的内部动力。价值观是后天形成的，是随着知识的增长和生活经验的积累而逐步确立起来的。个人的价值观一旦确立，便具有相对的稳定性，形成一定的价值取向和行为定式，是不易改变的。因此，价值观对人们自身行为的定向和调节起着非常重要的作用。价值观的作用大致体现在两个方面：一是价值观反映人们的认知和需求状况，是人们对客观世界及行为结果的评价和看法；二是价值观对动机有导向的作用，人们行为的动机受价值观的支配和制约。一方面，价值观对动机模式有重要影响，在同样的客观条件下，具有不同价值观的人，其动机模式不同，产生的行为也不相同，动机的目的方向受价值观的支配；另一方面，只有那些经过价值判断被认为是可取的，才能转换为行为的动机，并以此为目标引导人们的行为。所以，在旅游消费者行为研究中，我们要十分关注不同文化背景的旅游消费者的价值观研究，研究其所反映的个人认知和旅游需求状况及其对人们旅游动机的导向作用，从而引导旅游消费者行为的发生。

（二）文化的特征

一定时期和一定地域的文化具有某些共性的特征，把握这些共性特征有助于加深文化对旅游消费者行为影响和作用方式的认知与理解。文化的基本特征有以下几方面：

（1）文化是共有的，它是一系列共有的概念、价值观和行为准则，它是使个人行为能力为集体所接受的共同标准。例如，每个民族在其繁衍和发展过程中，逐渐形成独特的语言、文字、仪式、风俗、习惯、民族性格、民族传统与生活方式等，这些特定的文化内容是民族成员共同创造且共同遵守的，不属于某个成员独享。同时，在同一社会，文化也具有不一致性，不同性别、年龄、职业等群体之间存在着文化差异。

（2）文化是学习得来的，而不是与生俱来的。文化的学习有文化继承和文化移入两种类型。文化继承是指学习本民族（或群体）的文化，通过文化继承，保持了民族（或群体）文化的延续，并形成独特的民族（或群体）个性。文化移入是指学习外来的文化。在民族（或群体）文化发展过程中，很大程度上要学习、引进其他民族（或群体）的文化内容，甚至使其成为本民族（或群体）文化的典型特征。

（3）文化是动态的，并不是静止不变的，随着社会发展发生缓慢的动态变化。技术创新、人口变动、资源短缺和外来文化侵蚀等原因，这都可能使人们的价值观念、行为方式、生活习惯、偏好和兴趣发生改变，形成新的文化。

（三）文化对旅游消费者行为的影响

文化是对旅游消费者态度影响最为广泛的因素之一，它决定了旅游消费者的生活方式和消费习惯，影响旅游消费者的旅游需求和旅游动机，尤其在对跨文化旅游消费者的行为研究中，文化对其的影响和作用力是重点考虑的因素。因此，了解一个社会中的各种文化将有助于营销人员预测旅游消费者对产品的接受情况。文化对旅游消费者行为的影响主要体现在以下方面：

1. 文化影响旅游消费者的感知行为

科学研究表明，人的行为始于心理活动。认知是心理活动的基础，感知是旅游消费者认知活动的开始，也是了解旅游消费者行为的重要起点和线索。影响旅游消费者感知的主客观因素，如兴趣、需求、动机、经验、情绪、个性和其他个体因素（如年龄、性别、职业、国籍、收入水平、社会阶层以及宗教信仰等），深受所处文化环境的影响。换句话说，文化深刻地影响着旅游消费者的感知，文化背景的不同会使旅游消费者对旅游对象的感知出现差异。例如，受儒家、道家传统文化的影响，中国游客在游览自然景观时更容易"寄情于山水"，将自然景观人格化；而西方游客外倾性的性格使得他们在面对自然景观时，更容易用探索的眼光来审视事物，并通过全身心投入刺激的旅游活动来寻求自然景观的形式美和现实美。

2. 文化影响旅游消费者的消费习惯

文化背景的差异会使旅游消费者形成不同的消费习惯。例如，中华民族在消费上重积蓄、重计划、重实际、重耐用；在审美情趣上喜欢比较含蓄、柔和的色调，追求庄重大方，要在朴素中彰显出典雅；在社交上，习惯于保持低调，和别人保持一致，不愿独处、离群，求同心理较强，旅游消费容易受群体影响，形成从众消费效应。而西方人习惯于推理分析，消费上强调个人权利与价值，乐于保持自己独立的形象，优先考虑自己的意见。

3. 文化影响旅游消费者的旅游动机

动机是引发和维持个体行为，并导向一定目标的内部动力。文化主要通过影响旅游消费者动机产生的主客观条件影响旅游消费动机，如旅游消费者对旅游对象的感知、旅游需求和符合旅游需求的对象等。不同文化背景的旅游消费者在价值观、生活方式、所处阶层等方面的差异是导致旅游消费者不同旅游动机的主要原因之一。

4. 文化影响旅游消费者的情绪情感

情绪情感指人对客观事物与自身需要之间关系的态度体验，是人脑对客观现实的主观反映，是由某种外在的刺激或内在的身体状况作用所引起的体验，只是反映的内容和方式与认识过程不同。情绪情感是复杂的心理现象，其中包括认知活动、生理反应和行为表现。旅游消费者的认知活动、生理反应和行为表现深受其所处的文化环境的影响，文化背景的差异使旅游消费者在面对旅游对象时表现出不同的情绪情感。例如，中国旅游消费者喜欢数字"6""8"，暗含"顺利""发财"之意，在旅游活动中如果出现上述数字，在一定程度上会给消费者带来愉悦的情绪情感。又如，西方旅游消费者对"13""星期五"这些字眼比较忌讳，如果在旅游活动中出现类似字眼，在一定程度上会影响他们的情绪情感。

5. 文化影响旅游消费者的态度

在旅游领域中，态度是旅游消费者针对某一特定的旅游活动对象，用赞成或者不赞成的方式连续表现出的心理倾向。旅游消费者是否购买某个产品，在很大程度上取决于其对该产品所持有的态度，所以在某种程度上来说，旅游消费者的态度决定了其旅游行为的方向，进而影响旅游消费决策。例如，在旅游活动中，旅游消费者对异域饮食文化的认知往往会出现差异，从而导致对异域饮食的不同态度。

二、亚文化对旅游消费者行为的影响

（一）亚文化的概念

亚文化，又称小文化、集体文化或副文化，指在主文化或综合文化的背景下，属于某一区域或某个群体所特有的观念和生活方式。由于亚文化是直接作用或影响人们生存的社会心理环境，其影响力往往比主文化更大，它能赋予人一种可以辨别的身份和属于某个群体的特殊精神风貌和气质。

亚文化群体成员都典型地遵从自己生活中的主文化群体大部分的价值观，但也恪守他们所属亚文化群体独特的价值观、习俗和生活方式等。民族地理位置、宗教、社会阶层、年龄等因素都可以形成特定的亚文化群体。不同的亚文化价值观念也会对亚文化群体成员的消费行为产生很大的影响，这种影响也必然会反映在旅游消费行为中。

（二）亚文化的分类

1. 民族亚文化

民族是人们在历史上形成的有共同语言、共同地域、共同经济生活、共同心理素质的人，即在体质形态上具有某些共同遗传特征的人群。世界上各个国家基本上都由不同的民族构成，而每个民族都有自己独特的风俗习惯与文化传统，从而形成民族亚文化。我国由56个民族构成，在中华主导文化的基础上，各个不同民族都有其各自的亚文化。

2. 年龄亚文化

不同年龄的亚文化群体具有不同的价值观念和消费习惯。例如，青年人喜欢追求新颖、奇特、时尚，乐于尝试新产品，容易产生诱发性、冲动性消费；中年人承担着家庭生活的重任，同时扮演着家庭消费品购买决策者的角色，所以其消费行为讲究实惠、理性，精心挑选的特征十分突出；老年人比较保守，习惯于购买熟悉的产品，求实、求利，动机较强。

3. 性别亚文化

男女生理上的差别，使其呈现出不同的亚文化特征。一般来说，女性消费者对时尚的敏感程度往往会高于男性，她们通常比较重视商品的外观，而男性消费者则往往比较重视商品的性能和品质。另外，女性消费者对价格的敏感程度也普遍远远高于男性消费者。在购买方式上，女性消费者通常有足够的耐心，同时又缺乏决断性。

4. 地理亚文化

地理环境的差异往往会导致旅游者在语言、生活方式、消费习俗和消费特点上的不同，形成地理亚文化。例如，北方人大多喜欢吃面食，南方人则大多喜欢吃米饭。这种长期形成的地域习惯，一般比较稳定。但随着地理、历史、政治与经济语言以及宗教等方面的发展，地理亚文化也处在不断演变之中。

5. 社会阶层亚文化

社会阶层亚文化是指因教育背景、收入水平、职业等的不同，形成的社会不同阶层群体的文化。产生社会阶层的主要原因是人们获得社会资源的能力和机会的差别，因此，不同社会阶层在价值观念、生活方式上是不同的，在旅游消费者行为上表现为旅游消费结构、品牌偏好、购物方式的差异。

（三）亚文化对旅游消费者行为的影响

不同类型的亚文化都会对旅游消费者的行为产生影响。旅游消费者的许多消费行为是其文化积淀的反映，不同亚文化的旅游消费者在价值取向、出游目的、出游方式、对旅游目的地的偏好、与当地居民的接触程度、逗留时间等方面均有一定的差别。

1. 民族亚文化对旅游消费者行为的影响

各民族在价值观念、风俗习惯、审美意识和生活方式等方面都具有鲜明的特色，这些亚文化特征必然会影响该亚文化群体成员的消费观念和消费行为。

2. 年龄亚文化对旅游消费者行为的影响

不同年龄阶段的群体也会表现出文化差异，从而影响他们的旅游消费行为。例如，青少年消费者往往在旅游中求新、求险，喜欢在旅游中表现自我；中年旅游消费者经济收入稳定，旅游消费讲求实际，比较尊重传统习惯，重视家庭温暖与和睦；老年人在旅游消费中更多追求健康和完善人生，旅游时更多考虑安全性及自身的承受能力。

3. 性别亚文化对旅游消费者行为的影响

不同性别的亚文化群体有着截然不同的消费心理和消费行为。例如，女性旅游消费者在购买旅游商品时，比男性旅游消费者更注重花色、款式，对住宿房间的布置也精挑细选。在旅游信息搜集中，女性比男性更倾向于通过人际交流的方式获取旅游信息。

4. 地理亚文化对旅游消费者行为的影响

一方面，人们生活在不同的自然环境中，不同地理区域的人们在经济、文化、生活方式、风俗人情、审美观念等方面逐渐形成了明显的不同，这种区别导致不同地区的人们在旅游活动中表现出不一致的消费行为模式。例如，我国南方人大多习惯吃米饭，北方人大多喜爱吃面食，双方到对方区域进行旅游活动时都会遇到饮食上的适应问题。另一方面，由于地理位置、自然环境、气候资源、经济水平、民俗风情等存在差异，不同地理区域往往有着不同的旅游文化特色，“十里不同风，百里不同俗”正是这一特性的真实写照。中华文化中的燕赵文化、三秦文化、三晋文化、吴越文化、关东文化、荆楚文化、岭南文化、齐鲁文化等亚文化，中国不同菜系的不同口味，北方园林、江南园林和岭南园林的不同，黄土高原窑洞、福建客家土楼、安徽皖南院落等民居的差异……这些都充分反映了不同的地理亚文化。旅游活动中，人们往往倾向于抛开日常的生活习惯，前往地理环境差异较大的旅游目的地，体验不一样的生活。在我国，由于地域的不同，人们的行为方式有很大的区别。

第二节　中西文化差异与旅游消费者行为

一、中西文化差异

文化差异是由于国别、区域、民族、宗教、性别、代际以及社会阶层等方面的不同而产生的。旅游是旅游者前往异地进行的旅行游览活动，本身就是一项跨文化的活动。旅游者与旅游目的地居民及当地旅游接待人员的接触过程实质是不同文化的交流过程，他们之间的文化差异直接影响到旅游者对旅游目的地形象的感知。

（一）价值观念的差异

价值观就是人们在实践中形成的评判对象价值（好坏、利害、善恶、美丑等）的基本原则和标准。不同的文化会有不同的价值体系和价值观。按照霍夫斯泰德总结出的价值观模式，美国、英国、澳大利亚、加拿大等国家都属于以个人主义为价值取向的文化群体。而中国、巴基斯坦等国家属于以集体主义为价值取向的文化群体。个人主义文化强调个人的价值和成就，看重个人的决定，提倡竞争，“我”的意识比较强，交际方式以自主为取向，考虑的是自己的面子和需求；而集体主义文化看重社会关系、集体的利益和权利，“我们”的意识比较强，交际方式以他人为取向，考虑的是他人和相互的面子与需求。价值取向的差异决定了东西方不同的价值观念和行为特点。

（二）思维方式的差异

思维方式决定人们的行为和心理活动，在人们的精神文化和物质创造活动中发挥着重要的指引作用。它既是文化的基础，又是文化的核心内容。受中西方文化在社会结构、政治形态、风俗习惯、历史传承、宗教哲学等方面差异的影响，中西方在思维方式上也存在着显著的差异。中国人着重于从特殊、具体的直观领悟中去把握真理；西方人注重实证、理性和思辨，需要借助思维的逻辑性在论证和推演中认识事物的本质和规律。中国尚和，强调对各种思想、认识和理念的调和，力求中道，避免偏激，主张适可而止。孔子说：“君子和而不同，小人同而不和。”西方崇尚立异，突出思维方式中的创新性和批判性。中国强调整体，在人与人的关系上，注重个体对群体的依赖性和顺从性；西方强调分析，一切以自我为中心，重视个人价值而忽视群体价值。

（三）生活形态的差异

1. 饮食结构

中国饮食追求的是“美味享受、饮食养生和食疗同源”，把饮食的味觉感受摆在首要位置上，注意饮食审美的艺术享受。西方人则把饮食当作一门科学，更注重营养与科学分析，对于口味并不过分推崇，饮食结构也非常简单，将保证食物充足的营养作为最高的饮食标准。比如，加热烹调会造成营养损失，那就少加热甚至直接生吃。作为菜肴，鸡就是鸡，牛排就是牛排，纵然有搭配，也是在盘中进行的，如一盘“法式羊排”，一边放土豆泥和羊排，另一边配煮青豆，加几片西红柿就可以了。西方植物学者调查后，惊讶地发现中国人吃的蔬菜多达600余种，比西方多6倍。实际上，在中国人的传统饮食结构里，通常多食素菜，荤菜相对食之较少。

2. 服饰

中国向来注重礼教，衣着体现的是一个人自身的修养和对他人的尊重程度。对服装穿着以自尊、自爱为主，对服装的穿着行为不求标新立异而注重自我调节。在装饰方面，中国的传统服装在造型上体现出和谐、对称、统一的表现手法，服装倾向于端庄、优雅和平衡，不太追求倾斜感和非对称性。

西方人认为服饰是体现自我个性的一个重要部分，热衷于通过服饰表现自我。尤其在文艺复兴之后，西方人倡导个性解放，思想也更为开放，服装艺术也得到了进一步的发展。西方的服饰更加崇尚个性，注重造型的立体感、挺拔感，对服装穿着的动机是看重自我表现，敢于标新立异，讲究穿着个性的表现。

3. 建筑

中国的传统建筑除对称这一特点之外，更以其独特的形制和风格，体现了稳重、平和、和谐的民族传统文化特征。中国的传统建筑主要以木材、砖瓦为主要建筑材料，以木构架结构为主要的结构方式，各个构件之间的节点以榫卯相吻合。由于木构件采用榫卯结合，所以木构架十分坚固，抗震性能好，故有"墙倒屋不塌"之说，具有很强的稳定性。

与中国的传统建筑相比，西方诸多的传统建筑往往体现的是人类征服自然，清楚地表现出多样性、富于变化和个性鲜明的风格和特点。西方建筑以古希腊时期创造的石制梁柱基本构件的建筑形式为基础，经过很长时间的发展演变，在不同民族文化的强烈冲击和影响下，相继出现了罗马式建筑、哥特式建筑、巴洛克式建筑等。这些建筑形式丰富多彩，变化多端，但万变不离其宗，柱式结构成为主基调，几何线条是其传统。

（四）社交习俗的差异

从社交习俗来看，中国人讲究亲情友情，"人情"是中国社交习俗中很重要的元素，如常讲的"有朋自远方来，不亦乐乎"。而西方人讲究隐私、个性、独立。西方人见面时喜欢直呼其名，很少用正式头衔称呼别人，正式头衔只用于法官、高级政府官员、军官、医生、教授和高级宗教人士等。在与人交谈时，西方人忌讳谈及个人隐私，如年龄、婚姻、收入、信仰等。

二、中西文化差异对旅游消费者行为的影响

中西文化差异显著，这种差异对旅游消费者行为产生了深远的影响，主要表现在以下方面：

（一）对旅游动机强弱的影响

中国传统文化强调尽物之性、顺物之情，强调天人合一，强调家庭本位思想，强调人的行为要符合自然发展趋势。而西方文化强调支配、改造和征服自然，以个人主义为中心，追求享乐。这使得西方人更乐于动、更乐于出游，其外出旅游的动机更为强烈。

（二）对旅游需求心理的影响

中国人对于单一性的需求倾向较为明显，而西方人强烈的探索意识使得他们不惜冒险，在旅游需求心理上表现为征服自我、展现自我，从而满足个人的成就感，体现个人的竞争能力。中国传统文化的特点决定了中国游客对旅游活动中复杂性、多样性的追求极为有限，对具有冒险性质的旅游活动比较谨慎。而西方游客往往喜欢一些极具刺激性的旅游项目，如蹦极、滑翔、跳伞、潜水、冲浪、乘气球飞行和航海等，以此来彰显人的个性。

（三）对旅游目的地选择的影响

受天人合一思想的影响，中国游客往往偏爱那些宁静而和谐的景色，如小桥流水、流云

飞鹤、波澜不惊、草长莺飞以及秋月映照在湖面上的美景。他们希望通过旅游来放松身心，享受大自然的美好。中国游客恪守“游必有方”的信条，出游有固定的目标和行程安排，他们往往选择那些为人们所熟知且建设相当成熟的旅游目的地。此外，由于中国人具有较强的群体观念，在选择目的地时，很容易受他人意见和社会流行的影响。而西方人更崇尚冒险与激进的精神，因此，西方游客更偏爱那些独特、新奇、充满未知与惊险的旅游目的地，如险象环生的森林、原始古朴的景物、人迹罕至的荒原、浩瀚无垠的沙漠等，在这些冒险之旅中，他们寻求心灵的震撼与成长，享受征服自然带来的满足和成功的喜悦。

（四）对旅游方式选择的影响

中国人受儒家文化影响，注重相互依赖与合作，在出国旅游和远程旅游时，中国游客更倾向于选择团队旅游形式，享受与同伴共同探索的乐趣，省去自己规划行程的麻烦。而在近程和假日旅游中，他们则往往选择与家人或亲友一同出游，较少选择独自旅行。相反，在西方宗教文化的影响下，西方人更崇尚个人主义，追求自由与自我表现，西方游客更倾向于自由行，享受自由探索的乐趣。

（五）对旅游消费支出的影响

中国游客大多注重节俭，讲求经济实惠；在交通和住宿方式的选择上偏重于经济性；重有形物质的消费，轻服务性的消费；重纯娱乐消费，轻发展性消费。旅游消费结构中，交通、景区费用等基本消费占相当大的比重。西方游客对旅游大多是一种追求的态度，交通和食宿的选择上开支较大，旅游求知、考察、探险、健身等方面的支出也相对较多。

（六）对旅游风俗习惯的影响

传统文化的积淀影响着人们的价值观、审美观，尽管时代发展了，但各民族沿袭已久的文化中的习俗、道德、价值观等仍然影响着人们的行为。这实质上是中西方各自独特的文化规约和风俗习惯在旅游各个环节上的体现。例如，中国人吃饭习惯用筷子，而西方人习惯用刀叉；中国人外出旅游大多喜欢住带“6”“8”的楼层和房间，而西方人忌讳数字“13”。

（七）对旅游审美情感的影响

中国人崇尚静，认为静是万物之本，因此观静成了中国人独特的审美活动和领域，这种审美与人的心理体验紧密相连，通过旅游审美，人们能够怡情养性，达到身心愉悦的目的，展现人性自由的审美情调。而西方人外倾的性格使得他们考察美、感受美都着眼于动态，西方的旅游审美常常通过溢于言表的激动和兴奋来表达，因此一些寻求刺激、冒险的旅游活动在西方颇受欢迎。

（八）对购后评价及所采取行动的影响

受中国传统思想影响，中国游客讲究和气，面对旅游服务的不如意，通常不会采取主动投诉或者向旅行社反映的方式，更多只是与周围人或亲友分享不满。而西方游客大多会采取法律的手段维护自己的权益。现在中国游客在这方面的意识已经逐渐加强。

总体而言，中西方游客在旅游消费上存在的种种差异，反映了各种因素对旅游主体消费行为的不同影响，其中文化因素的影响尤为显著。而且，旅游消费行为中的文化倾向越明显，文化特征也越突出。

第三节　中国传统文化与旅游消费者行为

一、中国传统文化

中国传统文化博大精深，源远流长，为中华民族的繁衍生息提供了深厚的文化土壤。在这别具一格的文化土壤中，中国人的价值观念、思维方式、生活方式以及消费观念都展现出独特的魅力，形成了中国游客特有的旅游消费心理和行为特征。因此，深入了解和科学分析中国传统文化对旅游消费者行为的影响，对于旅游企业在新产品的设计、开发、服务推广以及营销策略制定等方面，都具有重要的现实意义。

（一）中国文化的核心精神

中国文化的核心精神可以概括为四个方面：一是富有特色的人文精神。与西方世俗化的人文精神不同，中国的人文精神注重伦理教化。中国人文精神的经典表述就是儒家伦理，强调“以仁化人，以道教人，以德立人”。二是整体思维方式。中国人一般将客观事物的整体形态作为研究观察的基本层面，根据事物之间的内在联系把握对象，从而获得总体上的认识。三是强调天人协调。中国传统文化中的天人协调观的主要内容有：人是自然界的一部分，既是天地自然的衍化产物，又具有超越万物的卓越地位；自然界存在着普遍规律，人也要服从这种普遍规律；人生的理想是自强不息、有所作为，以达到天人协调的境界。四是强调“明人伦”“讲执中”“求致和”的人际关系。“明人伦”就是了解和遵守协调人际关系的道德规范；“讲执中”就是要求人们在处理人际关系时要把握一个合适的“度”，以“适度”为宜；“求致和”要求既要保持和谐的人际关系，又要“和而不同”，以“海纳百川、兼收并蓄”的宽容态度和“厚德载物”的博大胸怀对待人的多样性。

（二）中国传统文化的主要特征

作为一种历史悠久、内蕴深厚、聚合力强、扩散性大的传统型文化模式，中国传统文化在数千年历史的沉淀过程中逐步形成了自己相对稳定的特征。与西方文化相比，它在以下几个方面具有显著的特色，并对中国消费者行为产生深远影响。

1. 循例从众

循例就是以传统和先例为评价原则，从众则是观念上的随波逐流。这种认知方式导致消费者在做消费决策时往往很容易受朋友、同事等的消费导向及社会潮流的影响。“旅游黄金周”期间出现的全国旅游“大塞车”等现象，在某种意义上也与这种认知模式相关。

2. 注重家庭伦理观念

中国文化强调血缘家族关系和以血缘为基础衍生出的人际关系，因此中国市场以家庭为单位的消费者居多。个人的消费行为也往往与整个家庭紧密联系在一起，一个人不仅要考虑自己的需要，而且要更多地考虑家庭的需要。

3. 重义轻利

重义轻利是中国传统文化的根基之一，注重精神价值，轻视物质利益，强调人际感情和道义。反映在消费行为中就是，个体以社会上多数人的一般消费观念规范自己的消费行为，注重消费行为的社会效应，不太愿意使自己的消费行为鹤立鸡群、与众不同，消费行为具有明显的他人取向特征。在消费结构中表现为应酬性消费所占的比例比较大，消费水平也往往高于自己的实际支付能力。

4. 克己节欲

中国传统文化崇尚节俭，以节制个人欲望为美德。孔孟主张“克己复礼”，朱熹提出“存天理，灭人欲”。所以，几千年来，中国人一直崇尚勤俭持家的消费观念，反对任何形式的挥霍浪费和超前消费。这在消费行为上表现为：花钱谨慎，不尚奢华，注重计划和积累；主张生活开支要“精打细算，细水长流”，力求“年年有余”；生活必需品消费较多，而享受奢侈品消费较少；崇尚经济、实惠、耐用的消费观念。总之，大多数中国消费者的购买行为较为理智、计划性强、较少冲动和冒险。

5. 注重“脸面”

中国文化的一大特色是在人际交往中看重自己的形象和在他人心目中的地位，重视“脸面”。中国人特别注重给别人、给自己“面子”。在消费行为中，表现为中国消费者注重“体面”的消费，看重与自己的身份地位相一致、与周围他人相一致的求同消费。

二、中国传统文化对旅游消费者行为的影响

中国传统文化所具有的核心价值观，使得中国人形成了一些特有的消费动机、购买方式和购买决策，中国传统文化对旅游消费者行为的影响表现为：

（一）天人合一的思想影响旅游资源的开发

中国传统文化强调天人合一，主张人与自然的相容、相合和相亲，人与自然是和谐统一的，所以在旅游景观和旅游资源的开发上也突出自然和整体，强调和谐。

（二）以家庭为主的原则

在中国传统文化中，家庭占据着举足轻重的地位。因此，中国的旅游市场以家庭为单位的消费者占比比较大。当规划旅行时，一个人不仅要考虑自己的需求，还需兼顾整个家庭的旅游需求，确保每个家庭成员都能享受到愉快的旅程。

（三）旅游行为受到约束

中国古代有“读万卷书，行万里路”的说法，山水游玩被视为文人、雅士、大夫们修身养性的重要途径。然而，“父母在，不远游，游必有方”以及“不登高，不临危”等传统观念，也深刻地影响着中国文人的出游行为，如古代著名的旅行家徐霞客，他在母亲健在时，每次出游都会制定明确的计划和目标；而在母亲去世后，他的旅行则变得更加自由奔放，不再受到固定的约束。

（四）注重人情和求同的旅游消费动机

中国人非常注重人际交往，旅游后馈赠礼品成为拉近人与人距离、加强社会联系的重要途径。同时，他们往往会遵循社会上普遍认可的旅游消费观念和行为模式，以此来规范自己的消费行为。在选择和购买旅游产品时，他们通常会优先考虑他人的看法和评价，以确保自己的选择符合社会期望。

知识链接

传统文化引领文旅消费新潮：烟火气满满 文化味更浓

“这块玉璧可真好看”“上面的纹饰太美了”“确实是不虚此行”……刚刚过去的端午假期，南昌汉代海昏侯国遗址博物馆惊喜“上新”——经过保护修复的6件玉璧、2件梯形玉片饰，与刘贺墓主棺一同出土的玉琀、玉带钩、韘形玉佩、青铜剑等器物，以“复原”的场景化形式组合展示，让观众得以在展厅近距离欣赏它们的完整面貌。

近年来，体验优秀传统文化已经成为人民群众文旅消费的重要组成部分。今年端午假期首日恰逢文化和自然遗产日，博物馆、美术馆、遗址公园等文博场所成为了许多游客出行的必选之地。

数据显示，四川省图书馆、文化馆、博物馆等累计接待民众212.1万人次，同比增长94.98%；陕西全省文博单位端午假期接待游客超130万；太原市文物景区、文博场馆接待游客16.89万人次，比2023年同期增长33.50%……可见，随着各大博物馆在内容和服务等方面日趋完善，“文博游”消费群体正逐步扩大，游客在品尝“节日味”的同时也尽享“文化味”。

丰富多彩的民俗体验活动是端午假期“文博游”的一大亮点。广西自然博物馆推出竹编龙船挂件DIY体验活动，20余组亲子家庭在博物馆志愿者的耐心指导下，制作出一叶叶独具特色的“小龙舟”；中国海盐博物馆用艾叶、菖蒲、佩兰和粽叶为游客准备了一场“绿色之旅”，还可以体验挂菖蒲、沐兰汤的祓禊仪式；成都杜甫草堂博物馆举办的“赛诗会”选取了30首与端午有关的诗词，游客只要现场报名挑战，背诵出其中任意一首即可免票入馆参观。

一座博物馆就是一所大学校。多家博物馆立足自身优势，推出许多寓教于乐的互动项目，让游客沉浸式地感受悠久历史和厚重文明。中国园林博物馆开展“听园”端午节活动，邀请游客走入夏日园林，沉浸式欣赏民乐展演、园林戏剧，了解园林文化；故宫博物院推出“灵沼轩奇遇记”主题馆校项目和“花信木语——故宫仲夏日”活动，分别从文化与自然两方面带领孩子们进一步探索故宫。

多位业内人士表示，如今文化和旅游融合趋势进一步凸显。走进博物馆了解文物背后的故事、踏足历史遗存感受中华文化的印记，不仅丰富了游客的节日体验和精神享受，更让“假日经济”有了满满文化味，成为广受欢迎的文旅消费新风尚。

资料来源：韦衍行．传统文化引领文旅消费新潮：烟火气满满 文化味更浓［EB/OL］．（2024－06－12）［2024－06－20］．https：//baijiahao.baidu.com/s？id＝1801617802751939604&wfr＝spider&for＝pc.

第四节　基于文化的旅游营销策略

一、基于文化的旅游营销概述

基于文化的旅游就是从整体角度出发重新审视文化及旅游，依托文化升华旅游体验内容深度，依托旅游体验作为传播文化、延伸文化的载体，促进文化产业及旅游产业协同发展，即文旅融合发展。

（一）文化旅游的概念

在文旅深度融合的背景下，文化旅游充分融合文化产业及旅游产业，打造新型综合业态，为游客带来前所未有的休闲和娱乐体验。旅游市场要充分发挥景区资源优势，将文化元素融入旅游活动的全过程，使旅游景点的外在美景与内在文化相得益彰，共同营造出独特的文化氛围。这不仅能全面提升景区的文化软实力，还能有效地传播和弘扬地方文化。

（二）文化旅游与旅游文化

文化旅游与旅游文化是两个既有一定联系又有严格区别的概念。文化旅游属于运动的范畴，是旅游的一种类型，与度假旅游、生态旅游、专项旅游等同属于旅游的一种类型。而旅游文化属于文化的范畴，是文化的一个门类，与建筑文化、生态文化、艺术文化等相并列，是文化的一种类型。文化旅游与旅游文化在内涵上又存在着一定的联系。一方面，文化旅游的发展丰富了旅游文化的内容，进而促进旅游文化的发展。另一方面，旅游文化的发展又能为文化旅游提供内涵丰富的旅游内容，以满足旅游者的各种文化需求。在外延上，文化旅游可以说是旅游文化的一个研究内容，而旅游文化的内容要比文化旅游丰富得多。

（三）基于文化的旅游营销

现代旅游活动本质上是一种文化活动，旅游活动既渗透了丰富的文化内涵，又反映了旅游主体的文化需求和文化体验，也折射出旅游客体的文化价值，以及旅游中介的文化素质。同时，旅游消费本质上也是文化消费，旅游消费者通过旅游活动来享受文化产品，满足自己的文化需求。旅游经营者应提供能够满足旅游消费者文化需求的旅游文化产品，以提升旅游消费者的旅游体验和文化素养。因此，基于文化的旅游营销是以分析文化的内涵为基础，以满足旅游消费者的文化和情感需求为目的，将文化与旅游营销紧密协同，创新旅游文化营销运作模式，提高旅游产品、旅游企业的市场竞争力，促进旅游产业的持续发展。其应具有以下特征：

1. 时代性

基于文化的旅游营销作为一种价值性活动总是反映和渗透着自己的时代精神，体现出时代的新思想和新观念。每个时代都有自己的精神文化特征，旅游市场的需求在动态地产生着，基于文化的旅游营销只有不断适应追随时代的变化，汲取时代精神的精华，才能把握住社会需求市场机会，才能赢得消费者，否则就会被时代所淘汰。

2. 个性化

美国旅游权威麦金托什（Mackintosh）教授曾说："文化是决定旅游地区总体魅力的唯一因素，其内涵极其丰富并充满多元化特点。一个地区的文化元素是极其复杂的，它能够反映人们的生活、工作和娱乐方式。"随着旅游者文化需求的不断多样化和个性化，挖掘和提升旅游文化变得尤为重要，给游客带来独特的旅游体验，从而在市场竞争中拥有较强的竞争优势。

3. 具有核心价值观

传统的营销方式主要是以有形产品为核心，旅游景区销售人员的主要目标是让旅游消费者了解景区的外观特点。然而，这种方式并没有考虑产品中蕴含的文化因素以及与旅游消费者的价值观之间的联系。相比之下，基于文化的旅游营销则是一种新型的营销方式，它通过发掘、培养或营造某种核心价值观来实现旅游景区的目标。这种营销方式更加注重文化因素，能够更好地与消费者的价值观产生共鸣，从而提高旅游景区的吸引力和竞争力。

（四）旅游文化营销的分类

由于基于文化的旅游营销中所包含的文化因素范围广、内容丰富，为了更好地体现旅游文化营销中的文化元素，根据文化结构的要素将旅游文化营销分为以下六种主要类型：

1. 知识文化营销

随着社会经济水平和文明程度的不断提高，旅游消费者的需求层次阶梯也逐级提升。所以在旅游产品开发过程中，注重将知识隐含于其中，这会使旅游者在消费旅游产品的过程中了解不同地方的传统风俗习惯、风情、文化等，增长见识，深刻体会自我成长、自我实现。知识文化营销将成为未来旅游市场的一个独特的市场卖点。

2. 精神文化营销

精神文化营销是指通过向旅游消费者倡导和传播有关的思想意识和价值观念而开展的营销活动，尤其其中所表达的思想道德观念，更是精神文化营销的核心和灵魂。例如，旅游项目中的红色革命事迹、孝道文化故事等体现了人们对缅怀革命先烈、弘扬孝道等精神方面的需求。

3. 时尚文化营销

时尚文化营销是指以适应和创造时尚文化来开展营销活动。时尚文化营销通过牢牢把握一定社会时期内的热门题材、社会心态以及美学趣味来适应或创造出流行的消费观念和消费行为。时尚文化营销是感性的、情绪的、美学的，也是符号的，因而也是瞬息的、短暂的、易变的。因此，求新、求奇、求变永远是时尚文化营销的主题，要随时追踪时代的脉搏，不断创造新的时尚、新的流行，来保持旅游产品及服务的持久魅力。

4. 情感文化营销

感人心者，莫先乎情。情感是人类最具有文化意味的东西，最能起到沟通人与人之间心灵世界的作用，更是维系人与人之间关系的纽带。情感文化营销就是把爱、怀旧、骄傲，甚至恐惧、仇恨等这些人类情感融入营销活动中，用情感沟通来打动人、感染人，从而引发消费行为。

5. 审美文化营销

审美文化营销是指以戏剧、绘画、书法、故事、诗歌、传说、文学和艺术等为审美素材，赋予营销活动以美的意义，使营销成为一种审美创造活动，让消费者在美的熏陶中欣赏体验，最终接受旅游产品及服务。审美创造活动可以贯穿营销活动的整个过程，产品设计、销售环境创造、广告传播等都可以见到美的倩影，嗅到美的芬芳。旅游文化产业中的文化表演、旅游纪念品等都有体现审美文化营销的内容。

6. 娱乐文化营销

旅游是使人快乐的事，可以让旅游消费者享受快乐、放松心情、调节情绪。体育明星和娱乐明星的形象代言已成为现代社会的一种特定的文化营销现象，大型体育赛事、文化演艺活动和旅游之间的关系也越来越紧密，已经成为旅游文化营销的重要载体，文化旅游产品营销的外延也在不断地拓展与创新。

案 例

"金张掖号"——和老艺人交流民俗工艺

剪纸、刺绣、荷叶香包，在兰州开往张掖的"金张掖号"列车上，这些手工精益、惟妙惟肖的特色手工艺品，全部出自80岁老人田淑芝之手。作为民间优秀手工艺传承人，她被邀请到列车上，现场制作了许多特色工艺，灵巧的双手把"陇南巧手馆"搬上了火车。很多旅客围在田淑芝身边，不到半个小时，一个"金鸡报晓"窗花就剪好了，惟妙惟肖的图案赢得了热烈掌声，大家纷纷直呼"高手在民间"。同时，书法艺术家挥毫泼墨，引来书法爱好者请教学习，探求自己中意的墨宝。为使旅客感受"乘火车、赏春色"的别样体验，"金张掖号"列车还专门举办"张国臂掖之春"为主题的摄影作品展和文化交流活动，列车征集了70多张河西走廊沿途春景照片悬挂在车厢，让旅客在列车上直观感受瑰奇壮丽的西部风光。此外，列车上还专门配备了彩色打印机，可以将旅客拍摄的沿途风景图片打印出来参加现场评比。一位来自天祝的马先生，他的《北国之春》摄影作品被大家一致评为优秀作品，拿着列车赠送的精美礼品，马先生笑得合不拢嘴。

资料来源：马富春．列车"年货超市"里的家乡味儿．中国青年报．(2017-01-18)［2024-02-01］．http://news.sina.com.cn/c/2017-01-18/doc-ifxzqnva3984775.shtml．有改动．

以上六种旅游文化营销在实际营销中是相互渗透、相互交融的，有时在同一个营销活动中会同时使用多种文化营销手段。旅游文化营销的分类有助于我们更深刻、更直观地理解旅游文化营销的"文化"意义，还有助于我们打开"文化"思路，多角度、多层次地策划展开旅游文化营销活动，把旅游文化营销落实为一种营销实践活动。

二、基于文化的旅游营销的运作模式

（一）文化创意型的旅游文化营销模式

文化创意是以文化为元素、融合多元文化、整合相关学科、利用不同载体而构建的再造与创新的文化现象。文化创意型的旅游文化营销模式是以文化为核心，以创意为手段，以技术为支撑，以市场为导向，创造多元化的旅游产品载体。从产品包装上来看，将最具区域性、民族性的文化元素，利用现代技术手段，融入旅游产品包装设计当中去。这不仅突出旅游产品独特的区域性与民族性文化特色，提升其文化品位，提高旅游产品的竞争力，而且满足了旅游消费者深度体验异国或异地文化风采的心理需求。同时，该营销模式既继承了优秀的传统文化，又创新发展融合时代文化风貌，巧妙地利用文化差异增添旅游产品的魅力。例如，三星堆以考古为契机，推出了3D动画《三星堆·荣耀觉醒》、“青铜味”十足的月饼，还跨界与原色波塔INSBAHA联合推出青铜系列青铜纵目眼影盘、扶桑若木眼影盘、鱼凫唇泥、太阳轮腮红等“土味彩妆”，受到人们的追捧。

（二）文化传播型的旅游文化营销模式

该模式通过整合文化行为的手段来达到营销的传播目的，借助文化传播的理念识别系统、行为识别系统和视觉识别系统，并通过以文化为核心的广告和促销方式来实现，增加旅游产品的市场竞争力、旅游者的注意力，并通过旅游者带着自己的文化到异域文化圈中交流的过程，实现旅游文化传播营销。

最近几年，微博、微信、抖音等社交软件应用得到普及，游客在旅游过程中，喜欢通过发朋友圈或者直播等形式分享旅游的感受和体验，越来越多的游客跟随微博、朋友圈、短视频等前往一个又一个旅游目的地打卡。通过这种分享与传播能够将旅游地以几何级的效应传播推广出去。比如，一首与西安相关的音乐及视频把摔碗酒推上了热门，某热播剧吸引众人前往苏家老宅打卡，某综艺又将象岛送进了大众的视野。这不仅可以快速传播旅游产品的文化内涵，增加文化旅游市场的占有率，而且可以快速地吸引旅游者的注意力，激发游客的共鸣，刺激旅游者购买旅游产品或服务，迅速获得注意力和经济效益。

（三）文化体验型的旅游文化营销模式

体验旅游是以体验为主要诉求目标的旅游活动，是旅游者通过活动和感受产生比较大、比较深、比较强烈的心理印象。在文化体验的旅游营销过程中，文化元素必须渗透整个流程中，起着核心且不可替代的作用。文化体验的展示过程要在明确体验主题后，整合视觉、听觉、嗅觉、味觉、触觉等多种感官刺激，且具有情感、思考、行动、联想等多重衍生反应，来突出文化元素的故事化、场景化、动态化的表达，让游客获得身临其境的文化体验，寓教于乐，获得一场难忘、畅爽的文化旅游体验。比如，在乡村文化旅游中的农耕体验，包括讲述农耕历史和神话传说，参与农业庆典祭祀活动，体验造纸、刺绣、泥塑、农民画、剪纸、根雕等手工技艺，参与农耕流程，如耕种、浇水、采摘等，均是体验营销的具体表现。这不仅可以提升旅游品牌文化元素附加值，提升基于文化元素的旅游产品竞争力，而且游客因获得难忘、愉快的旅游体验，旅游产品也会获得游客旅游体验的满意评价，游客对旅游产品的忠诚度极大地增加，旅游产品于游客间口碑效应更显著，这也会增加获得旅游产品形象的扩散效应。

三、文旅融合背景下基于文化的旅游营销策略

在全新的文旅融合大环境下，当代游客旅游需求发生了一定改变，旅游营销策略也应随之升级，否则难以迅速博得游客“眼球”。为了顺应文旅融合发展趋势，在进行旅游营销时，要创建较为健全的营销系统。通过各种有效的营销手段，结合新媒体渠道，扩大品牌影响力，才能在激烈的市场竞争中脱颖而出，进而发挥提高社会效益以及经济效益的作用。

（一）整体系统策划，整合文化资源

在旅游景区文化旅游开发之前，对整体旅游资源与整体系统的规划和详细周密的策划是非常必要的。在规划时需要科学布局硬件资源和软件资源，并结合市场分析、市场定位和市场细分进行策划，整体系统的策划能够有效地避免重复建设。比如，山东省梁山县为打造“水泊梁山”旅游文化品牌，专门请了著名的策划人为文化旅游开发进行整体策划，从硬件资源的快活林酒店、交通运输业、房地产业，到软件资源的宋代文化、梁山武术、购物旅游，从整体角度出发，系统地规划软、硬件旅游资源，保证了其后续的开发。

旅游景区的某些文化旅游资源既有丰富性、多样性的优势，又有旅游资源市场面较窄的劣势。为了能更好地营销旅游产品，将旅游景区旅游资源优劣势互补，改变以往仅仅局限于文物景点的观点，从历史文化的丰富内涵、古今兼容的宝库中寻找能够吸引现代旅游者的要素，寻找旅游发展的契机，将多种文化旅游资源进行整合，开发一切对旅游者更具吸引力的景观和风情，通过合理调整和优化配置文化旅游资源，逐步构建点、线、面有机结合，静态展示与动态活动相互融合，适合不同旅游消费者需求的良性循环的文化旅游格局。

案 例

宽窄巷子

成都宽窄巷子由宽巷子、窄巷子、井巷子平行排列组成，全为青黛砖瓦的仿古四合院落，与大慈寺、文殊院一起并称为成都三大历史文化名城保护街区。这里是老成都“千年少城”城市格局和百年原真建筑格局的最后遗存，也是北方的胡同文化和建筑风格在南方的“孤本”，已经成为成都的一张名片。在修复上，按照“修旧如旧，落架重修”的原则，力求尽可能地保留古建筑，还原历史建筑的本来面目。这里的一砖一瓦，每个院落的格局，都是对历史的还原。改造时将宽窄巷子的宽巷子、窄巷子和井巷子分别定位为“闲”生活区、“慢”生活区和“新”生活区，分别打造旅游休闲、生活商业、动感娱乐三大业态。区域内所有商家均具有十分鲜明的文化特色，使得宽窄巷子的商业性与历史文化街区有一个很好的结合，既保留了成都原本的生活体验，又融入了现代文化，很好地实现了新旧结合。

资料来源：佚名．成都宽窄巷子案例分析［EB/OL］．(2017-08-07)［2024-02-01］．https：//wenku.so.com/d/3a3cd68891e25dcab3bbdb7303263207．有改动．

（二）深挖文化内涵，实施全面旅游营销

从本质上来讲，旅游属于文化现象。自然景观以及名胜古迹的背后，都蕴藏着文化底蕴，而多种多样的民间小吃，又能吸引大量游客，并非这些知名景区以及知名小吃能为游客带来视觉、味觉享受，而是因为这些物质背后的文化深深打动着游客的内心。在游客接触旅游资源时，感受到了文化内涵的美妙之处，激活心灵层面的共鸣，进而有效地放松身体与精神，加强旅游体验，即使回到家中，依旧会令人流连忘返。值得注意的是，旅游文

化内涵需要通过高效的营销策略加以传播与发扬。首先，在制定旅游营销策略时，要结合当地特色文化，从食、宿、行、游、购、娱全方位体现区域文化特色，重点突出文化内涵，增强旅游营销策略的特色。其次，全面宣传营销极具特点的旅游文化，通过网络媒体力量传播旅游文化。最后，可以借助电视以及报纸等传统媒介形式，展开宏观层面的宣传，与周边地区联合营销，开辟极具特点的旅游路线产品，或者通过会展活动、节庆活动吸引更多游客关注，进而突出旅游文化特有的风格。

（三）明确品牌定位

一个旅游景区能够有多种文化，但要提高自身竞争力，必须树立品牌效应，具备自身主打的特色文化。在文化旅游营销中必须明确其目标市场，这样才可以设计更具有针对性的营销策略。比如，“不到长城非好汉”，成为八达岭长城这一国家级风景区的宣传语和定位，使人们只要在长城上走一遭，这七个字的豪言壮语可谓不绝于耳。而河南新郑市利用黄帝故里发展“千年圣典”祭祖文化，吸引了众多的海内外华侨、华裔去黄帝故里寻根，体会博大精深的炎黄文化。因此，必须策划合适的旅游主题形象，将符合主题的文化资讯进行传播，提高旅游目的地的形象和知名度。可以邀请熟悉本地风土民情的文化专家和旅游专家参与到旅游策划中来，详细考察本地风情，设计符合自己、有新意和独特性的旅游形象和口号，再通过讲故事的方法，增强旅游品牌的可信度、知名度。

案 例

品味西安，感知中国

西安凭借着自身极为丰富的文化遗产和深厚的历史底蕴，在文化旅游的新时代绽放无尽魅力。西安提出了“华夏故都，山水之城”的城市形象定位，主打“千年古都，常来长安”的文旅品牌，喊出了“品味西安，感知中国”的旅游新口号！大唐不夜城的灯光秀，吸引了来自五湖四海的游客，游客人数暴增。

大唐不夜城步行街位于大雁塔南边，全长约 2 100 米，是亚洲最大的景观大道，重新展现了唐朝盛世风貌。贞观文化广场是大唐不夜城的核心部分，由西安大剧院、西安音乐厅、曲江美术馆和曲江太平洋影城四组文化艺术性建筑组成，充分满足游客们对文化艺术的精神消费需求。为了最大程度活跃步行街，增加游客的互动体验，依托吉祥物“唐宝”和“唐妞”，设计了两款不倒翁，做街头行为艺术的表演。而且，西安在大唐不夜城还精心设置了许多小活动，如个性秋千、华服快闪、花车斗彩、行为艺术、音乐舞台表演、投壶游戏等，让这条步行街热闹非凡。另外，为了让游客们能最大程度上感受到繁华的气象，在步行街的各个小舞台，定时定点为游客们奉上各具特色的艺术表演。比如，敦煌飞天、武士雕刻、戏曲提线、盛唐女神、诗仙李白、悬浮武将表演、真人雕塑表演等，趣味性非常高，游客们的满意度也非常高，一阵阵掌声时不时就会爆发出来。

资料来源：佚名．西安：擦亮“千年古都·常来长安”旅游金招牌［EB/OL］.（2020-09-27）［2024-02-01］. http：//travel. china. com. cn/txt/2020-09/27/content_76755853. html. 有改动．

（四）注重旅游营销策略的差异化

在如今竞争激烈的旅游市场中，如何让自己的旅游产品脱颖而出，吸引更多消费者，成为每个旅游企业都面临的问题。差异化营销，作为一种有效的市场策略，正逐渐受到旅游企业的重视。营销策略差异化是差异化营销的关键。旅游企业可以通过创新的营销手段，提高产品的曝光量和吸引力。

（1）利用节庆文化旅游资源，举办丰富多彩的活动和展览，吸引游客参与体验，并推广和传承特色文化。以呼和浩特的“昭君文化节”、上海的国际茶文化节、江苏无锡的“吴文化节”和哈尔滨的“冰雪文化节”为例，这些节庆活动不仅展现了各地独特的文化魅力，还让游客们更深入地了解各地的历史文化和民俗风情，从而增加对旅游目的地的兴趣和好感。同时，这些节庆活动也推动了当地旅游业的发展，为当地经济带来了可观的收益。

（2）借助影视营销提高旅游目的地的感知和情感记忆，深入挖掘影视作品的文化内涵，并与当地旅游文化相结合，利用影视作品来宣传促销旅游目的地的文化形象及旅游产品，这不仅能提高旅游目的地的知名度，还能为旅游业注入更丰富的品牌文化。通过影视作品来营销旅游目的地和景区的案例不胜枚举，其中，《刘三姐》展现了奇绝无比的桂林山水和民俗风情；《少林寺》展现了河南嵩山少林，将少林文化推向了全世界。

1）影视营销的植入方式主要包括对白植入、故事情节植入、场景植入三种。旅游目的地通过灵活运用多种植入方式，将其特性融入整个剧情中，让观众在观看时产生熟悉感，对旅游目的地产生兴趣，游览时又能有情节代入。

2）借助情感移入，连接旅游者行为和旅游目的地消费。在影视作品中增强旅游目的地临场感，能够使游客移入情感，刺激游客产生去影视作品拍摄地旅游的欲望。同时，在游览中带动旅游目的地消费、传达旅游目的地信息等，能够满足消费者追求流行时尚的需求。

3）连接剧情与观众共鸣点，开发相关旅游商品。在开发相关文创旅游产品时，需要紧扣影视作品中能够引起观众共鸣的关键点，让文创产品成为影视作品的延长产业链。

（3）旅游演艺营销以旅游目的地为依托，以发掘旅游目的地文化资源为导向，以展示旅游目的地民俗风情和历史文化底蕴为内核，以娱乐游客为宗旨，以打造旅游品牌为目标，在吸引游客、强化景区文化内涵、推介旅游品牌、拉动地方经济发展等方面，具有其他营销形式不可替代的作用。旅游演艺的策划，要在创意、选址、设计、编排、音响效果、视觉效果、表演效果等方面匠心独运，以打造精品。比如，杭州的《宋城千古情》，通过多种多样的表演，生动再现了杭州“东南形胜，三吴都会”的繁华；《印象·刘三姐》以方圆 2 千米的漓江水域为舞台，以沿江十二座山峰为背景，将刘三姐经典山歌、广西少数民族风情、漓江渔火等元素创新组合，巧借春夏秋冬的自然景观，配以变幻莫测的灯光，创造出了“天人合一”的艺术境界；《丽江千古情》表现了云南丽江的民族文化。这种演艺类的文化节目都是旅游地文化的真实写照。

（五）IP营销

随着我国旅游从景点时代进入全域旅游时代，旅游目的地的核心吸引物不再是传统的旅游景区，拥有旅游IP的旅游产品与旅游服务越来越受到新一代旅游者的欢迎和追捧。旅游IP，是指拥有知识产权、高附加值且受到旅游者广泛好评的旅游产品或服务，具有高辨识度、自带流量、强变现能力和长变现周期的特点。旅游IP涉及主题公园IP、影视旅游IP、动漫旅游IP、综艺旅游IP、地方文化IP、旅游名人IP、博物馆IP、旅游住宿IP、旅游美食IP等。国内长隆旅游度假区、华强方特、常州恐龙园、宋城、帐篷客野奢度假酒店，美国迪士尼乐园，英国杜莎夫人蜡像馆，日本熊本熊等，是旅游IP的典型代表。一个主题鲜明的旅游景区、一条风情浓郁的休闲街区、一个让人向往的美丽乡村、一家风格迥异的民宿客栈、一组量身定制的旅游产品，都可以成为旅游IP。

案 例

迪士尼主题乐园的IP

迪士尼主题乐园从动漫开始，塑造了包括米老鼠、唐老鸭、白雪公主、冰雪女王等经典卡通形象，将卡通形象深刻印在人们的脑海，然后逐步发展出版、电影、主题公园、衍生产品，设立了“迪士尼”电影、“迪士尼”赛事、“迪士尼”乐园等系列主题，到达主题无限商业化的境界，造就了多维度、超时空的强大IP主题。在迪士尼乐园中，设计者把唐老鸭、米老鼠、白雪公主等经典卡通形象用于景区开发中，成了连接景区和旅游者之间的情感桥梁，从而吸引消费者。而且，迪士尼根据消费者对其文化的多方需求，全方位不断地生产创意，不断丰富旅游文化，生产了一系列可延展的文化产业产品，源源不断地产生形象经济。

开展IP营销的策略就是在线下开展相关活动，吸引粉丝体验、参与，同时在线上围绕IP发起话题，引起粉丝注意，开展口碑营销，吸引消费者参与互动。

（1）坚持IP借势，融入优质创意内容，实现跨界合作，从IP中衍生更多新产品、新内容，凭借跨界合作方法，玩转创意营销，强化旅游产品自身用户黏性，借粉丝扩散效应实现品牌的自传播。

（2）围绕“线上+线下”开展IP营销与传播。在线下开展活动，吸引消费者积极参与，将产品与IP理念相融，将原本属于IP的内容转化为自己的东西，将IP潜在的价值充分挖掘出来，通过线下体验营销方式加强文化和旅游IP对游客的吸引力以及游客对文化和旅游IP的印象。同时积极发挥线上媒体的作用，广泛注册开通线上媒体平台账号，在线上同步更新线下活动，开展云直播，联合影视平台打造综艺影视节目，扩大IP影响力。

（3）把握好IP营销尺度，要注重积极营销、正面营销，绝非“哗众取宠”，只有深刻认知积极营销的重要性，才能在旅游市场竞争中获得参与感。旅游营销的目的，不只是在旅游市场内提高辨识度、曝光量，而是为游客带来好感，提高游客回头率，提高旅游经济发展水平。比如，最近几年“北京故宫IP”就很值得旅游营销人士借鉴，北京故宫文旅

IP 所衍生的“奉旨旅行”行李牌，“朕亦甚想你”折扇等产品，都是口碑较好的文创商品，既取得了优异的销量，又创造了良好的经济效益，为我国旅游创新发展带来了重要启迪。

资料来源：佚名．迪士尼的秘密：得 IP 者得天下［EB/OL］．（2018 - 10 - 11）［2024 - 02 - 01］．https：//www.sohu.com/a/258760339_99921450．有改动．

（六）发挥科技推手优势，强化旅游营销

进入数字经济时代，互联网、大数据、5G 技术以及人工智能技术的融合发展，为旅游营销带来了更多可能性和新契机。在文旅融合背景下，将科技创新和文旅融合已成为创新旅游产品、提高旅游产品品质、强化客户深度体验的有效手段。因此，在进行旅游营销以及开辟城市景区、管理城市景区时，要重视植入科技元素，通过科技使游客得到全方位的享受，丰富旅游业态体验，加强旅游文旅吸引力，进一步改善旅游营销效果。

同时，大数据技术具有精准性、科学性等特点，为新时期旅游营销提供了新手段。运用大数据，实现精准旅游营销，增强旅游目的地营销效果和转化率。根据精准营销的理念，针对旅游目的地的文化创意营销可以采取以下措施：

（1）精准定位和沟通相连接，促进旅游目的地产品和服务创新。

通过精准定位和沟通，找到并“唤醒”大量的、差异化的需求。

（2）定制个性化旅游产品，提高游客让渡价值。

追求个性化是用户潜在的心理需求，服务提供者通过个性化设计、制造的产品和服务，能够最大限度满足目标客户的有效需求。

（3）依托现代信息技术，改善游客与旅游目的地的连接质量。

通过丰富多样的现代化信息传播工具与旅游者进行直接沟通，经过层层过滤，最终找出真正的消费者，引导他们的信息寻找行为。

在文旅融合环境下，对新时期的旅游营销提出了新要求与新标准，需要旅游营销人员把握旅游者需求，发挥文化产业亮点，结合游客需求构建旅游目的地产品及景区营销方案。通过使用场景化营销策略，确保旅游者和景区及景区文化产生更为频繁的接触，整合各渠道营销方式，与游客保持有效互动，完美塑造旅游品牌形象，为区域性旅游产业长足发展夯实根基。

本章小结

（1）介绍了文化和亚文化的概念和特点，以及它们对旅游消费者行为的影响。

（2）阐释了中西方文化差异的表现及对旅游消费者行为的影响。

（3）介绍了中国传统文化的主要特点及对旅游消费者行为的影响。

（4）讲解了基于文化的旅游营销策略。

思考题

1. 中西文化差异是如何影响旅游消费行为的？

2. 举例说明亚文化对旅游消费行为的影响。
3. 中国文化的核心精神包括哪些方面？
4. 结合案例来论述文化对旅游消费者行为的影响。
5. 论述文旅融合背景下基于文化的旅游营销策略。

在线自测

扫一扫　练一练

第九章 新业态新消费与旅游消费者行为

导入案例

“资源、客源、服务”再发力！黄果树旅游区：新业态带来新活力

9月29日至10月6日，“中秋”“国庆”双节叠加，在长达8天的假期里，黄果树游客爆满，多景点多业态为游客的旅游出行提供了多种可能，旅游消费市场异常火爆。

在黄果树，双5A级景区吸引力带动辐射强劲，游客既可以在大瀑布和龙宫领略自然神奇，也可以登上坝陵河大桥，挑战极限运动的魅力，或者在贵州省坝陵河桥梁博物馆，接受一场桥梁知识的洗礼，感叹贵州桥梁的魅力，也可以在石头寨、郎宫、桃子村等热门乡村旅游点，戏水游玩，回归生活最质朴的模样……

走进黄果树360极限飞球影院观影厅，一个直径约13米的半球形屏幕悬于穹顶上方，屏幕与地面夹角约45°，类似于侧扣的“碗”；内设5层座椅平台，一次性可容纳60人共同观影，配备的动感座椅可根据情节模拟相应“动感”，以“第一人称”视角带给游客惊险刺激的感受，给人一种身临其境的感觉。

“飞跃黄果树的效果是非常震撼的，视觉效果呈现得非常好，3D裸眼的效果，以及4D动感的摇椅，让大家身临其境，从不同的角度感受安顺的美丽风光。”游客钟女士说道。

在黄果树，新业态带来新活力，旅游消费呈多样化发展。

逛夜市、吃夜宵、去夜游……夜幕降临，华灯初上，黄果树新城广场上灯光璀璨，人流熙攘，烟火升腾。各家美食店座无虚席，游客欢声笑语，交织成一幅热闹繁华、活力勃发的夜生活图景。

牛肉世家老板叶立卓告诉记者，“双节”小长假期间，生意一直很火爆，游客数量剧增。每天都是满座，不断在翻台。店铺每天早上7点开业，晚上12点才结束。景区越做越好，游客体验感越来越好，店里的客人也比往年更多了。

在黄果树，少数民族聚集区，传统文化同样绽放异彩。

在“匠庐·村晓”蜡染坊，浙江游客张女士正和孩子一起制作蜡染，“带小孩体验蜡染文化，让小孩了解到更多的中国传统文化，亲手制作蜡染，感受‘非遗’文化，对于我们来说非常有意义”。

旅游市场的火热，得益于良好旅游秩序的加持。中秋、国庆期间，黄果树旅游区通过各大媒体、网络平台等实时发布游客量、人流高峰和预警信息，并适时采取限流措施，让游客能够合理地错峰出行，并在辖区内各处增设多个咨询服务点、增派一线工作人员。公安、交警、综合执法、市场监管、志愿服务等多部门相互配合，通力协作，实时为游客提供多重服

务保障和引导。游客满意度显著提升，投诉率明显下降。

这个假期，黄果树围绕“资源、客源、服务”三大要素再发力，“特意性”旅游资源引客无数，“随意性”旅游资源释放魅力。在世界级旅游景区的打造进程中，以优质、上乘服务赢得长假大考，提升黄果树美誉度和游客体验感。据统计，长假期间，黄果树旅游区累计接待游客共47.72万人次，旅游综合收入3.27亿元。

资料来源：黄果树发布．“资源、客源、服务”再发力！黄果树旅游区：新业态带来新活力［EB/OL］.（2023-10-09）［2024-02-01］. http：//www.thepaper.cn/newsDetail_forward_24874717. 有改动．

旅游业已经成为当今世界一大成熟产业，在中国市场体系日趋成熟、产业规模逐步扩大、产业结构不断优化、产业能级不断提升的同时，旅游业中的各种新型业态也相应地开始大量涌现。这些新兴业态在原来传统旅游业态的基础上经过产业间不断发展、演变、融合、创新，逐渐成为构建整个“大旅游业”的新生力量和主力军。

进入21世纪，我国旅游业快速发展，传统的旅游业态已经不能满足旅游者的多样化需求，涌现出了诸多的旅游新业态。旅游新业态作为旅游业发展的新兴力量越来越受到相关政府部门、旅游企业的重视。培育旅游产业新业态，引导旅游消费新热点，逐步提高旅游新业态在旅游产业中的比重，成为新时期发展旅游产业的共识。

第一节　旅游新业态与文旅消费新特征

一、旅游新业态的概念

旅游新业态是一个全新的概念和研究领域，没有权威和统一的界定，但在旅游产业实际发展过程中，国内一些著名的旅游领域研究专家和旅游界实业人士对旅游新业态的内涵和定义给出了一些比较有说服力的见解。杨玲玲、魏小安（2009）分析了旅游新业态表现形式的多样性，将其分为市场型新业态、产品型新业态和经营性新业态。[①] 汪燕、李东和（2011）运用市场营销学理论将旅游新业态划分为全新型、改进型、换代型和仿制型旅游新业态。[②] 朱丽（2013）通过对江苏旅游新业态企业的研究，将旅游新业态具体划分为高端休闲、旅游电子商务、旅游装备制造、研学旅游、旅游养老、自助旅游、数字娱乐和旅游咨询服务八类，并做出了发展建议。[③] 李太光等（2009）从旅游新业态产生的根本将其分类：一是旅游产业内各要素不断衍生分化的新业态；二是与现代服务业等第三产业交叉融合形成的新业态；三是与其他第一、第二产业进行融合渗透产生的新业态。[④]

现阶段在国内外特别是欧美等西方发达国家，诸如商务旅游业、会展旅游业、文化娱乐旅游业、旅游信息业、研学旅游业、邮轮旅游业、营地旅游业、租车旅游业、影视旅游业、医疗旅游业等众多新型旅游业态都已经有相当的发展。除此之外，伴随着背包旅游、

① 杨玲玲，魏小安．旅游新业态的“新”意探析［J］. 资源与产业，2009（6）：4.

② 汪燕，李东和．旅游新业态的类型及其形成机制研究［J］. 科技和产业，2011，11（6）.

③ 朱丽．江苏省旅游新业态品牌发展现状［J］. 全国商情（理论研究），2013（24）：18-20.

④ 李太光，张文建．新时期上海推动旅游业转型升级的若干思考［J］. 北京第二外国语学院学报，2009（3）：44-49.

换房旅游、分时度假、科技旅游、军事旅游、数字旅游等众多新型旅游形式的出现而发展起来的产业形态也在逐步显现。

在综合分析业界各种概念的基础上，本研究认为：旅游新业态是指旅游行业或企业为适应旅游市场需求的变化或者为了引导消费者的需求，在组织架构、经营模式、产品生产、服务方式等经营管理的各环节中加入新的因素，或对原有因素进行重新组合而产生的新的经营管理形式。新型旅游业态是指在原有旅游业态的基础上，由市场需求作为动力而推动衍生出来的之前没有的一批新的旅游模式，是旅游围绕市场的发展和消费需求，与其他行业不断融合创造而产生的新的旅游产品及消费运营形式。旅游新业态主要包括新的旅游组织形态、新的旅游产品形态、新的旅游经营形态。

二、主要的新型旅游业态及国内外发展对比

新型旅游业态的特征是种类繁多，名目混杂，但是按照其满足的需求类型，可以将其集中归类为几种主要形式。以下是按照这一原则进行分类后新型旅游业态各种具体形式的国内外发展对比。

（一）基于自然环境的新型旅游（包括营地旅游业、自然探索游、自驾车式郊游等）

国外情况：普遍风靡，是主要的旅游方式之一，以营地式自驾游为例，西方旅游营地的发展是随着国际露营运动和自驾车旅游的发展应运而生的，自驾车旅游在二战后迅速成为风靡全球的旅游方式，近十几年来，伴随自驾车旅游市场的不断完善，国外正规的旅游营地有很大的发展，服务项目扩展到车辆维修、设备租赁、旅游保险、餐饮住宿、休闲度假以及户外活动等，营地的规模也越来越大。例如将森林资源与旅游嫁接后产生的森林游，世界上发展森林旅游较早的是拉丁美洲，其森林旅游收入已占到整个旅游收入的90%；美国92%以上的林地（包括公有林地和私有林地）都允许公众进入，进行户外游憩，每年森林旅游者超过3亿人次，年消费高达3 000亿美元。由此可见，森林旅游对都市人有着挡不住的诱惑。

国内情况：这些新型旅游业态在国内的发展速度非常惊人，并且已经具备很多基础性的硬件或者政策性条件。2023年7月国务院办公厅转发国家发展改革委《关于恢复和扩大消费措施的通知》，指出要支持经营主体开发森林人家、林间步道、健康氧吧、星空露营、汽车旅馆等产品，因地制宜打造一批美丽田园、景观农业、农耕体验、野外探险、户外运动、研学旅行等新业态。

以森林旅游为例，根据国家林业和草原局公布的不同统计数据，截至2023年，中国森林公园数量将达到7 000多个，比2019年增加了3.6倍，覆盖全国31个省、市、自治区以及一线城市区域，初步形成了多样化的森林风景资源的保护管理和开发建设体系。再看另一个例子，疫情之后乡村旅游复苏势头良好，稳步增长，还成了提振经济之先锋，而且产业向个性化、多样化、重体验等方向发展，多层次市场需求催生出更多新业态。从产业链看，乡村旅游已占国内旅游一半市场，休闲农庄、农业公园、田园综合体、农业嘉年华等各类形态层出不穷，农文旅融合趋势更明显，产业还在延伸，农商旅、农康旅、农体

旅等的融合不断催生，成为乡村发展之“绿色引擎”。这种本质上是一种低层次营地游的旅游模式在经过中国特色的本土化之后，演变成一种新的、层次逐渐提高的新模式。在可以预见的未来中，这种旅游模式将逐渐发展成为爱尔兰式或者德国农庄式的农家游。

（二）基于文化的新型旅游（包括影视游、历史再现游或民族特色游等）

国外状况：发展如日中天，是很多地方的支柱产业，以著名旅游城市洛杉矶为例，众所周知，洛杉矶是著名的影视旅游城市，其影视旅游的正式开端是在 1963 年，标志是好莱坞环球影城的建成。最初好莱坞环球影城只是一个影视拍摄场所，后逐渐演变成参观游览地。目前，全球共有 5 个环球影视城，分别是美国洛杉矶好莱坞环球影城、佛罗里达奥兰多环球影城、日本大阪环球影城、新加坡圣淘沙环球影城和北京环球影城。影视城周围一般设有各种配套休闲设施，例如旅馆、网球场、游泳池、高尔夫球场、餐厅、购物中心等，可以同时容纳大量游客。值得一提的是，类似于洛杉矶这样的依靠影视建立旅游业的城市还有戛纳、柏林等。几个世界影响最大的国际性电影节，如柏林电影节、戛纳电影节和威尼斯电影节等，在它们举办期间举办地区吸引了成千上万的游客，这几个城市也因此成为著名的影视旅游城市。还有各类文化游，比较著名的是意大利和法国，这两个国家的历史文化已经与其国家（或者特定城市）串联在一起，发展到一种城市与旅游结合为一的程度。

国内状况：对比国外，我国影视游还有很大的发展空间，电视剧、电影行业迅猛发展，带动了影视游的快速发展。其中比较著名的是无锡中视影视基地，其被认为是影视文化与旅游相结合的成功典范，是中国首创的大规模影视拍摄和旅游基地，是中国首家以影视文化与旅游相结合的主题园，也是国家首批 5A 级旅游景区。无锡中视影视基地以其文化旅游产品，每年接待 200 多万的游客和 30 多个影视摄制剧组。国内目前蓬勃发展的影视业促生了一大批经营成功的影视基地，先后共有 30 多家影视城兴建落成，例如浙江的横店影视城、河北的涿州影视城等。在电影节方面，目前举办较为成功的有上海国际电影节、上海电视节、长春国际电影节以及落户长沙的金鹰电视艺术节，这些电影节的发展对旅游也起到了巨大的推动作用。以国内经营最为成功的影视基地之一——浙江横店影视城为例，横店有“东方好莱坞”之称，累积接待剧组超 4 000 个、拍摄影视剧 8 万余部，全国 1/4 的电影、1/3 的电视剧和 2/3 的古装剧在这里拍摄。一年一度的横店影视节，被视为中国影视行业的风向标。可以发现横店影视城中很多服务与游客的设施还非常欠缺，虽然很多设计具有充分的创意，但是在一些更为基础的地方不到位，有很多影视景观虽然都配有群众表演队，但是其表演并不是很专业，部分服务性单位缺乏系统的训练及完善的服务意识。

从影视游中可以看出，国内文化旅游的缺陷表现在软件和硬件方面的匮乏。最有代表性的问题就是投入大量资金建立各种复古建筑，但是却对真正的古建筑缺乏维护。要想开发真正有层次、有内涵的文化旅游项目，就必须硬件和软件两手抓、两手都要硬，这是未来发展新型旅游业态的关键。

（三）基于某种目的新型旅游业态（商务游、研学游、养生游、会展游等）

国外情况：从旅游的发展史中可以知道，旅游的形成恰恰是出于种种出行目的，如长途经商、探险、游学等。国外在这一点上已经形成了非常完善的市场，甚至已经开始向一些非常小众的市场拓展。以商务游中的高尔夫游为例，虽然这是一种目标群体非常明确的小众旅游模式，但是目前在全世界已经有3万多家高尔夫球场分布在119个国家，全世界的高尔夫人口有6 500多万。国外高尔夫与旅游的结合主要有两种形式：一种是酒店以及各种娱乐设施均围绕高尔夫展开的高尔夫主题游；另一种是以高尔夫为配套设施，与其他景点相结合。

国内情况：同其他几种主要的新型旅游业态一样，这一类基于某种目的的新型旅游业态在国内也处于原始但迅猛的发展态势中，主要问题是发展不均衡与管理明显匮乏。例如，以高尔夫旅游市场为例，自改革开放以来高尔夫球场迅猛发展，截至2022年，中国的高尔夫球场数量为416座。高尔夫球场数量排名前三的区域为广东、北京和海南。海南、云南等省份高尔夫旅游项目发展十分迅速，尤其山东省针对近邻国家市场需求重点培育高尔夫旅游，使其迅速成为山东半岛旅游业新的增长点。再看我国研学游这种新型旅游业态的发展情况，2016年12月，教育部要求各地将研学旅行纳入中小学教育教学计划，全面推进研学旅行的发展。受疫情的影响，整体旅游行业明显受挫，研学旅行受较大影响，但随着疫情基本结束，多地持续出台相关政策推动中小学生研学旅行快速发展扩张。随着市场和旅游逐步复苏，全球研学旅行市场规模小幅度回升，2022年中国研学旅行总人数增至450万人次，研学旅行市场规模增至310亿元，其中，国内占51.61%，国际占48.39%。

三、旅游产业内各要素不断衍生分化的新业态

（一）分时度假：休闲度假的新潮流

1. 国外：需求强劲、方兴未艾

西方的分时度假产生于休闲度假高度发展的基础上，具有很强的需求优势，分时度假已经基本成为一种大众产品而被平民家庭广泛接受，并已经形成庞大的市场规模。目前世界上已有60多家分时度假集团，分时度假地超过5 000个，分布在81个国家，来自124个国家的400多万户家庭购买了度假权，主要企业有RCI、II、万豪、希尔顿、欧洲分时度假协会（ETF）等，发展形势良好。

2. 国内：刚刚起步、有待培育

在我国，分时度假还刚刚起步，加盟的度假地多以产权酒店的形式出现，真正的分时度假地还很少，分时度假的市场还没有真正培育起来。从我国旅游市场和饭店发展及需求情况来看，分时度假在我国有良好的发展潜力，因为我国中产阶级的数量在不断扩大，旅游消费市场需求空间较大，而分时度假的运行模式可以很好地满足中产阶级有消费需求。

（二）换房旅游：旅游住宿业的新变化

1. 国外：初具规模、会员众多

换房旅游（Home Exchange Vacation）起源于约50年前的欧洲，经过近半个世纪的发展，换房旅游日渐在欧洲盛行，已初具规模。除Intevac这样的换房中介机构外，还有一些颇具影响力的换房旅游交换公司和网站，如换房旅游俱乐部、换房网等。

2. 国内：初见端倪、萌芽阶段

在我国，换房度假初见端倪。2004年开始，“五一”“十一”黄金周期间换房旅游在上海、西安、深圳、广州、徐州等一些大城市的年轻人中间流行，并成为一种时尚。目前换房旅游在我国有三种形式：一是通过亲朋好友介绍私自达成协议；二是通过专业旅游中介网站（如环球换房旅游网、换房网等）进行；三是旅行社经营此项业务。

（三）旅游营地：旅游出行的新方式

1. 国外：风靡全球、行业联合

西方旅游营地的发展是随着国际露营运动和自驾车旅游的发展而产生的，自驾车旅游在二战后迅速成为风靡全球的旅游方式，近十几年来，伴随自驾车旅游市场的不断完善，国外正规的旅游营地有很大的发展：服务项目扩展到车辆维修、设备租赁、保险服务、餐饮住宿、休闲度假以及户外活动等，营地的规模也越来越大。

2. 国内：起步阶段、局部发展

我国旅游营地尚处于起步阶段，主要针对休闲娱乐市场，依托所处景区和附近景区经营，规模小，数量少，服务简单，远不能满足国内市场需求。目前国内旅游营地建设主要围绕北京、长三角、珠三角三大经济圈展开。

（四）旅游集散中心：旅游交通的新发展

1. 国外：自由灵活、便民利民

国外旅游集散中心主要以美国“灰狗”巴士和日本“鸽子”巴士为代表。“灰狗”巴士是美国的一家长途客运公司，在美国旅游乘“灰狗”巴士既方便又节约。与乘飞机相比，价钱便宜一半，又可免去自己驾车、搬运行李之劳，沿途任由乘客下车观光。“鸽子”巴士是日本的一家客运公司，在日本各地设有站点，采取把各地的游客集中起来、统一送往相同的目的地、相互联动的方式。“鸽子”巴士公司还为游客把旅游景点的门票包含在内，不仅节约了游客排队购票的时间，还以优惠的价格让游客享受真正的实惠。

2. 国内：试点示范、推广发展

随着大量散客的出现，以“旅游运输”和“旅游咨询”为主要功能的旅游集散中心在全国各一线城市发展起来，上海、杭州、南京、无锡、温州五地的旅游集散中心还实现了联网，全面启动了长三角一体化进程。线路设计和组织方式的创新是旅游集散中心的重要功能，同时又是一个集客运、旅游交易、信息咨询、旅游促销于一体的散客自助旅游集散地。

（五）购物旅游：旅游商业的新亮点

1. 国外：重点扶持、提升质量

以购物为目的的特殊旅游形式，是在“旅游购物”基础上实现的目的更鲜明、过程更精致的内涵延伸，通过将旅游和购物更充分地融合来深化旅游产业的价值链。世界知名的巴黎、新加坡等“购物天堂”凭借享誉世界的名特商品吸引着全球各地的购物旅游者，购物旅游业已经成为这些国家和地区旅游产业的重要组成部分。

2. 国内：潜力巨大、有待提升

目前在我国，“旅游购物”是旅游业与其他内部相关行业关联度最小的行业，但同时旅游购物业也具有发展潜力巨大和弹性大的特点。国内“旅游购物”还有很大的潜力可挖，迫切需要建起各种形态的旅游购物中心以适应巨大的市场需求。

（六）旅游娱乐业：文化娱乐业与旅游业的并荣

1. 国外：人造景观、历久弥新

在国外，旅游娱乐业主要围绕主题公园等人造景点开展，其兴起和发展大致经历了小型流动式的文艺表演、户外游乐场所、游乐园和大型主题公园四个发展阶段。1955 年美国在洛杉矶建立起第一个现代意义上的主题公园“迪斯尼乐园”，使得以主题公园为代表的旅游娱乐业在世界各地得到广泛发展。

2. 国内：突破困顿、创新发展

同发达国家相比，中国内地旅游娱乐业起步较晚，但发展速度较快。经过 20 多年的发展，中国内地已经有了一批初具规模的游乐园、主题公园。但总体来看，大多数主题公园在经营、管理和建设方面都有待改善和提高。值得注意的是，近段时期，旅游文娱表演，如民俗风情表演、历史文化节目、武术竞技以及影视特技等已经成为各旅游区（点）的重要内容。随着中国旅游业入世承诺及市场准入承诺的加快兑现，多元化的投资主体，快速进入国内的国外资金、理念和技术以及灵活多样的经营管理模式使得游乐项目的更新换代和发展速度大大加快。

（七）影视旅游业：影视艺术活动与旅游业的交映

1. 国外：经典时尚、精彩无限

影视旅游的正式开端是 1963 年，其标志是好莱坞环球影城的建成。最初好莱坞环球影城只是一个影视拍摄场所，后来逐渐演变成参观游览地。影视旅游产业是影视产业与旅游产业相结合的产物，其发展是人们美好旅游的需要和产业转型升级的需要。据统计，目前全球影视旅游市场年交易规模超过 1 000 亿元人民币，预计未来几年将保持高速增长。互联网、5G、大数据、云计算、人工智能、虚拟现实等技术的创新应用，重新构筑了全球影视文化产业的发展基座，全球影视文化产业的数字化、平台化、智能化、生态化进程实现快速跃升。

2. 国内：大有作为、错位竞争

无锡中视影视基地一直被认为是影视文化与旅游相结合的成功典范。建成 10 多年来，已有 100 多部影视剧在此拍摄，并吸引了数以百万计的中外游客前来观光。随后，国内兴起了投资建设影视城的热潮，先后有 30 多家影视城兴建落成，如浙江横店影视城、广东南海影视城、山东威海影视城、河北涿州影视城等，这些都推动了影视旅游进一步发展。除此之外，目前举办较为成功的上海国际电影节、上海电视节、长春国际电影节、四川金熊猫电视节以及落户长沙的金鹰电视艺术节，都吸引了不少游客。

四、与现代服务业等第三产业交叉融合形成的新业态

（一）商务旅游业：伴随现代商务活动兴盛起来的旅游业态

1. 国外：起步较早、潜力巨大

起步于 18 世纪中期，19 世纪末在欧洲迅速发展，进入 20 世纪，在美国得到长足的发展。欧美学者预测西方国家商务旅游市场规模增长速度将超过休闲市场，其强大的支付能

力将不容忽视（P. C. Sinha，1997）。20 世纪 90 年代中后期，亚太地区已经成为继北美和欧洲两大传统商务市场之后又一发展潜力巨大的市场。

2. 国内：发展迅速、前景广阔

世界旅游组织估计现阶段中国商务旅游支出每年高达 103 亿美元，并将以每年 20%的速度增长。可以预见，中国的商务旅游市场发展前景广阔。

（二）会展旅游业：会展业和旅游业相互催生的新业态

1. 国外：源远流长、臻于成熟

国际会展旅游可追溯到 1841 年托马斯·库克组织一支团队包租火车赴外地参加的戒酒大会，其后伴随着世博会的发展而不断成长、走向成熟。从 20 世纪 60 年代起，会议旅游和展览旅游相互融合，在全球迅猛发展并逐渐形成商业化的发展模式，在近半个世纪的繁荣发展中逐步形成新兴产业，至 21 世纪初臻于成熟。

2. 国内：朝阳产业、迅猛发展

我国会展旅游业起步较晚，总体上还处于初级阶段。我国会展旅游市场总量还比较小，但发展非常迅猛，可谓是刚刚崛起的朝阳产业。20 世纪 90 年代以来，我国会展旅游业发展迅速，年增长速度达到 20%以上，大大高于我国其他领域经济总量的增长。

（三）高尔夫旅游业：高端休闲业与旅游业的组合

1. 国外：分布广泛、形式多样

目前，全世界已经有 3 万多家球场分布在 119 个国家，有 6 500 多万高尔夫人口。国外高尔夫与旅游的结合主要有两种形式：一种是酒店以及各种娱乐设施均围绕高尔夫展开的高尔夫主题游；另一种是以高尔夫为配套设施，与其他景点相结合。

2. 国内：规范发展、前景待瞻

自改革开放后，我国高尔夫球场数量迅速增加。目前我国的高尔夫旅游方兴未艾，海南、云南等省份高尔夫旅游项目发展十分迅速，山东省针对近邻国家市场需求重点培育高尔夫旅游，使其迅速成为山东半岛旅游业新的增长点。

（四）研学旅游业：教育与旅游业结合的典范

1. 国外：素质教育、稳定发展

研学旅游业在国外发达国家十分盛行，主要是组织学生利用假期到国外进行旅游、观光和学习。在欧美和日本，研学旅游已经成为一种传统，并被认为是素质教育的一个组成部分。研学旅游也已经成为一个比较重要的旅游市场，经营方式相对成熟。

2. 国内：规模扩大、发展势头强劲

过去几年，我国研学旅行市场迅速崛起，成为各地区瞩目的新兴市场。根据统计数据显示，到 2023 年，中国研学旅行市场规模超过 2 250 亿元，较 2017 年增长近 1.5 倍。受到国家政策的大力支持，研学旅行已经成为中国中小学基础教育体系中不可或缺的一部分，同时也是国内旅游行业中新的消费热点。尽管目前行业仍处于初级发展阶段，但随着各地相关政策的逐步实施，中国研学旅游行业将继续保持强劲的发展势头。

（五）医疗旅游业：新型旅游保健方式

1. 国外：寓闲于养、生养结合

如今的国际医疗旅游，是以发达国家的人到发展中国家寻求收费低廉、质量上乘的医疗服务为主的反向就医。欧美等发达国家是国际医疗旅游的主要客源市场，亚非拉美等发展中国家则成为国际医疗旅游的主要目的地。2006 年，仅美国就有约 50 万人进行境外医疗旅游。印度和新加坡已经成为美国人进行“康复旅游”的首选地。

2. 国内：初步尝试、极具潜力

医疗旅游在我国已初见端倪。浙江省立同德医院曾进行过医疗旅游的首次尝试。在香港，医疗旅游正成为被大力扶持的产业。从国际医疗旅游的发展情况和我国发展医疗旅游所具备的条件看，我国拥有极具吸引力的中医中药资源，以及相对便宜的医疗价格，因此，在经济发达、医疗技术先进、生态宜居型的城市发展医疗旅游，大有可为。

五、与其他一二产业进行融合渗透产生的新业态

（一）乡村旅游业：城乡和谐发展的动力

1. 国外：高档度假、形态多样

在国外，乡村旅游业已有 100 多年的历史，由最初的萌芽阶段到观光、度假和体验阶段。欧美发达国家的乡村旅游是一种高档次的旅游度假活动。整体来看，国外乡村旅游有三种主要表现形式：第一种是以爱尔兰和新西兰为代表的休闲式乡村度假；第二种是以日本和美国为代表的参与式农庄旅游；第三种是与文化、生态旅游相结合的综合型乡村旅游。

2. 国内：政府主导、多方推进

我国乡村旅游起步较晚，先后经历了自发经营的萌芽期、初具规模的发展期及纵深发展的蓬勃期三个阶段。国家旅游局将 2006 年定为“乡村旅游年”，将 2007 年定位“中国和谐城乡游”；同时“十一五”规划将社会主义新农村建设列为重要内容，标志着乡村旅游进入一个新的高速发展阶段。

（二）森林旅游业：林业与旅游业的嫁接

1. 国外：公众生活、绿色经济

世界上发展森林旅游较早的是拉丁美洲，其森林旅游收入已占到整个旅游收入的 90％；美国 92％以上的林地（包括公有林地和私有林地）都允许公众进入，进行户外游憩。每年森林旅游者超过 3 亿人次，年消费高达 3 000 亿美元。由此可见，森林旅游对都市人有着挡不住的诱惑。

2. 国内：快速增长、蓄势待发

国内森林旅游业发展大致经历了四个阶段，即起步阶段、急速发展阶段、平稳发展阶段、快速增长阶段，其发展轨迹具有时间分布上的加速现象、空间分布上的位移现象、游客量与游客收入上的耦合现象以及在全国旅游业地位上的提升现象。截至 2006 年底，全国森林公园总数达 2 067 处，分布遍及全国各省市自治区，初步形成了多样化的森林风景资源的保护管理和开发建设体系。

（三）滨海旅游业：海洋经济的新增长点

1. 国外：源远流长、分布广泛

欧美人历来有到滨海地区进行休闲娱乐的传统和爱好。世界著名的滨海旅游胜地，在20世纪70年代以前集中在地中海、比斯开湾沿岸地带的“黄金海岸”，20世纪70年代后期到20世纪80年代转移到加勒比海沿岸，进入20世纪90年代，亚太地区的夏威夷美、巴厘印尼、槟榔屿马来西亚、普吉泰国成为世界上最受旅游者欢迎的四大滨海旅游胜地。气候温暖的中纬度地区，是目前最重要的旅游场所。

2. 国内：前景广阔、投资热点

滨海旅游在我国正方兴未艾，沿海各省市都提出了发展滨海旅游的口号。我国有1.8万多公里的海岸线，6 500多个大小岛屿，滨海旅游资源极为丰富。资料统计表明，我国沿海及海岛地区近年来接待的游客人次以每年高达20%～30%的速度递增。目前全国沿海省、市、自治区修缮开放了近400个滨海旅游景点。滨海旅游成为外商竞相投资开发的热点，一大批投资额达数亿元、几十亿的与外商合资、独资旅游开发项目先后开工兴建。这些都标志着我国正迎来全方位、大规模开发滨海旅游的新阶段。

六、旅游新业态特征分析

（一）旅游业态的特征[①]

从宏观层面分析，旅游业态的特征表现在：（1）综合性。旅游业除了涉及旅游六大要素各方面的衍生业态、产业内部各行业之间交叉渗透形成的业态，还存在着与其他产业融合而产生的新业态。相比之下，旅游业态所包含的内容更加复杂，表现形式也更加多样。（2）动态性。旅游业是一个不断发展变化的产业，旅游业的要素构成、产业范围、组织形态和运行模式等方方面面都在不断变化中，伴随着这些发展与变化的旅游业态也在不断地发展与创新。旅游业态的发展过程是一个不断积累、探索、创新的过程。（3）独特性。由于旅游服务本身具有不可感知性、不可分离性、不可储存性、不可控制性、不可转移性等特点，使得旅游业态拥有区别于零售业态的独特特征。旅游业态的发展更注重本行业的特点，以形成与众不同的特色。另外，新型业态与原有业态的竞争也促使了旅游业态独特性的塑造。

从具体层面分析，当今旅游业态的主要特征和发展趋势有：（1）组织形态的规模化，形成连锁型业态。主要表现在中小型旅游企业的连锁化扩张、大型旅游企业的集团化发展、超大型旅游集团（联合体）的战略联盟和跨国经营的出现。（2）经营方式的专业化，形成专业型业态。主要表现在服务外包现象的快速发展和旅游专业服务公司的产生。（3）资源整合的集约化，形成集约型业态。主要表现在旅游资源和生产要素的优化整合，如以旅游集散中心为代表的旅游超市的发展。（4）技术手段的信息化，形成虚拟性业态。主要表现在旅游电子商务的蓬勃发展和数字虚拟旅游的应用等。（5）空间形态的集聚化，形成积聚型业态。不同的旅游组织如酒店（或景区、旅行社等）在区域的集聚会形成空间意义上的业态。

（二）旅游业态的发展趋势：旅游业向信息化、科技化、高端化发展

旅游信息化是未来旅游业发展的最显著特征。世界旅游发达国家在资源整合、设施建

---

① 张文建．当代旅游业态理论及创新问题探析［J］．商业经济与管理，2010（4）：91-96.

设、项目开发、市场开拓、企业管理、营销模式、咨询服务、电子交易等领域已经广泛应用现代信息技术，从而引发了旅游发展战略、经营理念和产业格局的变革，带来了产业体制创新、经营管理创新和产品市场创新，改变了旅游产业的发展方式。太空旅游、极地旅游、探险探秘旅游等的市场初露头角，在未来一段时间内有一定的增长空间。旅游业的科技化将逐渐成为旅游业发展的重要影响因素，不断为旅游业的发展注入新的活力和增添新的内容。日新月异的科技革命将加速旅游业产业结构更替的步伐，提升旅游业的整体素质和发展水平。伴随着国力的增强、社会财富的增加以及人们生活水平的提高，高端化的旅游将开始出现。

在技术扩散以及消费需求多样化、个性化的驱动下，旅游产业发展的原有边界逐步被打破，传统旅游业要素重新配置，逐渐表现出传统要素创新化，业态融合化、生态化、定制化与规模化的发展趋势，对优化和提升旅游产业综合竞争力起到了非常重要的作用。

第一，旅游业传统要素创新化趋势。随着居民消费需求的不断变化，以“吃、住、行、娱、游、购”为代表的传统旅游要素创新趋势不断加强。吃方面，单一以“吃”为主的传统餐饮产业与文化等要素融合性日益增强，地方特色餐饮街区、大型旅游餐饮中心以及饮食文化节等现代餐饮产业日益涌现。住方面，拓展了现有旅游“住”要素的范围，围绕休闲旅游、观光旅游、会展旅游等现代旅游的会展酒店、分时度假酒店以及产权酒店不断出现。行方面，伴随新技术的创新发展，首汽专车、曹操专车、OFO 汽车、包机、自行车等多种出行业务不断出现。娱方面，以大型实景演艺、健康休闲、特色文化影视基地等为代表的娱乐项目逐渐与文化等要素深度融合，娱乐形式逐渐多样化。游方面，影视文化基地、主题公园等现代旅游项目日益涌现。购方面，以旅游参与式、大型旅游购物中心购物体验式为代表的现代购物场景消费模式日益成为消费购物的主流。

第二，旅游业融合化发展趋势。相对于传统旅游产业关联度低、产业边界相对清晰，旅游新业态的产业边界日益模糊，与一二三产业的关联度逐步提高，旅游产业融合化趋势日趋明显。一方面，旅游产业内部资源整合趋势加强。围绕吃住行等旅游要素，旅游产业内部资源要素不断向旅游产业的上游以及下游拓展，形成了一体化、混业经营的发展格局，专业性、综合性强的大型综合旅游集团开始出现，连锁化、集团化、特色化、跨国式的旅游实体逐渐成为旅游产业发展的主流。另一方面，旅游产业与相关行业的融合也日渐强化。围绕文化、科技、生态、地产等要素，旅游资源要素与相关产业之间的创新点不断交叉融合，创新（意）资源（工农业、动漫游戏等转化为旅游资源）逐渐成为旅游新业态的核心要素。生态旅游、工业旅游、校园旅游等现代旅游形式不断涌现。

第三，旅游业生态化发展趋势。优越的生态环境和生态资源是旅游产业发展的基础，旅游新业态不再以经济效益为主，兼顾生态效益，而是实现生态效益、社会效益和经济效益的统一，旅游业生态化日趋显著。一方面，本质上，旅游资源和生态资源是共生关系，山、水、田、林、空气等生态资源与文化等旅游资源具备深度融合的基础。同时，随着居民消费水平的提高以及健康意识的增强，旅游业生态化具有较强的市场需求。另一方面，以休闲旅游、观光旅游、健康旅游等为代表的旅游生态化新业态，深度挖掘、叠加旅游资源价值，充分满足了消费者求新、求异、求美、求知的高标准需求，尤其是《国务院关于推进海南国际旅游岛建设发展的若干意见》出台后，全域旅游业生态化已经成为旅游发展新趋势。

第四，旅游业定制化与规模化趋势。当前，传统旅游业态已经难以满足消费者个性化、多样化、差异化的消费需求，旅游定制化与规模化趋势增强。随着消费者对传统旅游疲倦度的提高，对旅游产品的文化价值和审美价值认同提出了新的要求，尤其是观光、休闲、度假、购物、养生、探险等多样化旅游诉求逐步增加，蕴含艺术价值、文化内涵的旅游产品以及优质服务和个性化服务，逐渐成为旅游产业发展的新方向，医疗、探险、公务、研学、会展旅游等个性化、定制化旅游产品不断出现。但是，个性化的旅游服务面临较高的运营成本，难以实现利润最大化，而通过产品的规模化能够有效地降低产品成本，取得规模效益，这也使得定制化旅游逐步规模化运营。

（三）旅游新业态的发展特征

进入中国特色社会主义新时代，产业融合已经成为发展的大潮流。在互联网打破时空界限的有利条件下，伴随消费升级，旅游产业深度创新融合，不断迸发新业态、呈现新特点，表现出新的发展趋势。伴随居民收入水平以及科技水平的稳步提高，创新驱动旅游新业态的快速发展，逐渐表现出时代性、创新性、动态性、科技性等特点。

第一，时代性。旅游新业态具有很强的时代性。旅游新业态产生于消费需求，不同时代的消费需求具有很大的差异性。当前，中国社会主要矛盾已经转化为人民日益增长的美好生活需要和不平衡不充分的发展之间的矛盾，因而，满足人民对美好生活的向往，也已成为现代旅游新业态发展的重要目标。进入中国特色社会主义新时代，消费个性化、品质化、多样化趋势亦成为突出特征，“扎堆式”“组团式”等旅游方式以及单纯的旅游观光已难以满足人民需求，休闲、养生等“物超所值”、个性化的旅游需求已成为时代要求，这也是旅游发展的大势所趋。

第二，创新性。旅游资源本身就具有很强的人文气息，创新性是旅游新业态产生、兴起与成熟的重要特征。一方面，以良好的生态环境以及优美的人文环境等为载体的优质旅游资源，需要通过创新创造才能实现与不同禀赋资源的融合，形成新业态；另一方面，新的业态在发展过程中，随着技术、人文气息、经济条件等因素的刺激，又会产生新的融合方式以及融合内容，从而构成业态发展的新形式。因此，只有通过创新，旅游新业态才能步入一个良性的正向反馈发展机制。

第三，动态性。在消费习性、生活水平、科技等因素的驱动下，旅游新业态发展具有很强的动态性。一是新业态载体内容的动态性。旅游新业态的融合不再仅局限于旅游自身的资源，更多地向跨行业深度融合发展，比如文化、地产、健康等与消费相关的产业深度融合，同时，融合的内容伴随产业转型升级的层次以及消费诉求而发生变化。二是新业态产生方式的动态性。旅游新业态的融合已经从传统的单纯的技术融合转向以技术为载体的产业融合、区域融合，这种融合方式伴随着时代的发展而进一步演化。

第四，科技性。随着现代科技尤其是互联网技术的快速发展，旅游新业态的科技属性愈发强烈。一是旅游资源的信息化。信息技术加速了旅游资源的信息化，将城市公共资源、个人信息与旅游资源深度融合，将旅游资源可视化、网络化，加速了以智慧旅游基地、智慧旅游城市以及大型旅游电子商务会展为代表的智慧旅游的兴起与发展。二是旅游方式的科技化。以支付宝、微信支付等为代表的支付方式的出现，通过在线预订、手机支付等方式实现了旅游方式的便捷化。三是旅游营销管理的科技化。通过固网终端、移动App 等载体平台，尤其是物联网平台，利用大数据、云计算等方式对旅游数据资源进行挖掘、开发，从而校准、完善旅游营销方式，极大地提高了旅游营销管理的效率。

（四）Z 世代的旅游消费新特征[①]

随着 Z 世代群体的消费能力越来越强，旅游成为他们重要的休闲娱乐方式之一。而 Z 世代在寻找诗和远方的过程中，也表现出了鲜明的特性。

为了解这个群体在旅游消费方面的趋势，每日经济新闻联合科创板首家数据分析提供商慧辰股份（688 500，SH），并通过 HCR 慧辰 XMfactory 平台发放了超过 4 800 份问卷，回收了 1 063 份有效问卷进行调研。

调研结果表明，Z 世代喜欢自由行；他们爱和朋友一起出游；Z 世代对云旅游的接受度较高，看过云旅游的超过一半；他们的出游时长集中在 3～7 天，在与出游时间交叉分析时发现，Z 世代拼凑假期特征明显。

（1）小红书、抖音、快手、微博和 B 站等图文视频类新媒体成为 Z 世代旅游目的地相关信息搜索的主要来源，如图 9－1 所示。

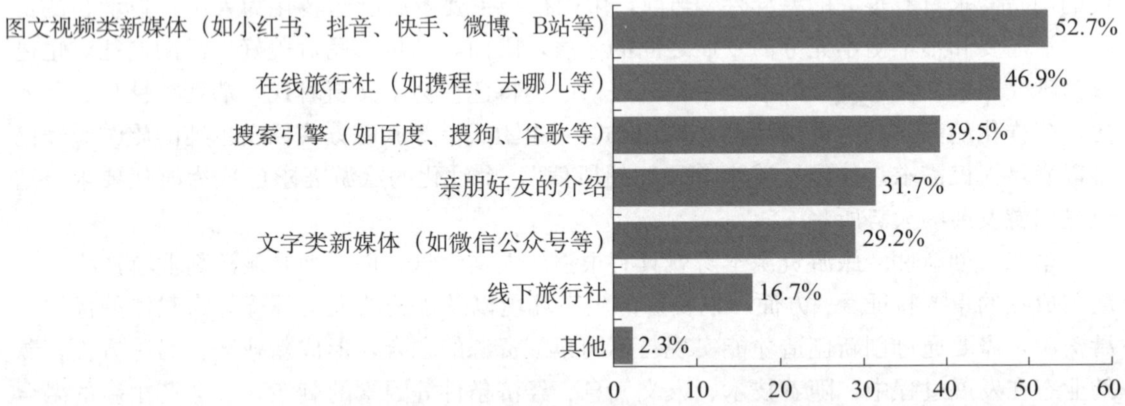

图 9－1　Z 世代旅游目的地相关信息搜索来源

从数据可以看出，通过图文视频类新媒体来了解旅游目的地信息的占比最高，达到了 52.7％，其次是在线旅行社，而通过线下旅行社了解信息的占比较低，只有 16.7％。

（2）出游前 Z 世代考虑最多的三个因素是价格预算、交通便利程度、安全问题。

如图 9－2 所示，从数据可以看出，价格预算仍旧是 Z 世代出游所考虑的第一因素，比例高达 57.5％，其次是交通便利程度和安全问题，比例也接近 50％。时间限制方面，考虑的反而不太多，这或许比较能反映年轻一代“说走就走”的性格。

（3）Z 世代预定出游新方式：在抖音和快手，也能完成闭环的旅游预订各环节。

如图 9－3 所示，在预定出游方式上，大多数人还是会选择通过携程、去哪儿等在线旅行社预定行程。但值得一提的是，不仅是获取旅游信息的主要渠道，也有着交易功能的

① 每日经济新闻．2022 新旅游消费趋势报告［EB/OL］．（2022－03－20）［2024－02－01］．https：//hct. henan. gov. cn/2022/03－20/2417512. html.

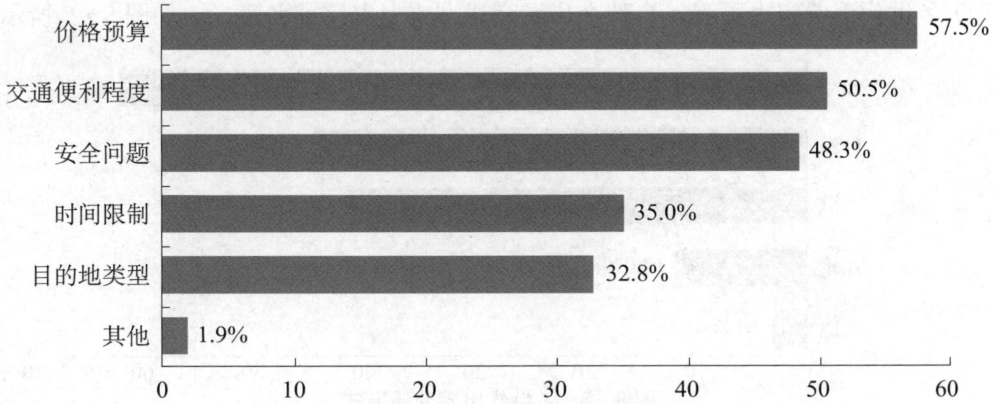

图 9－2　Z 世代出游考虑因素

新媒体成为 Z 世代预定出游的重要途径。结果显示，抖音、快手等各类社交电商平台占比达到 45.3%。

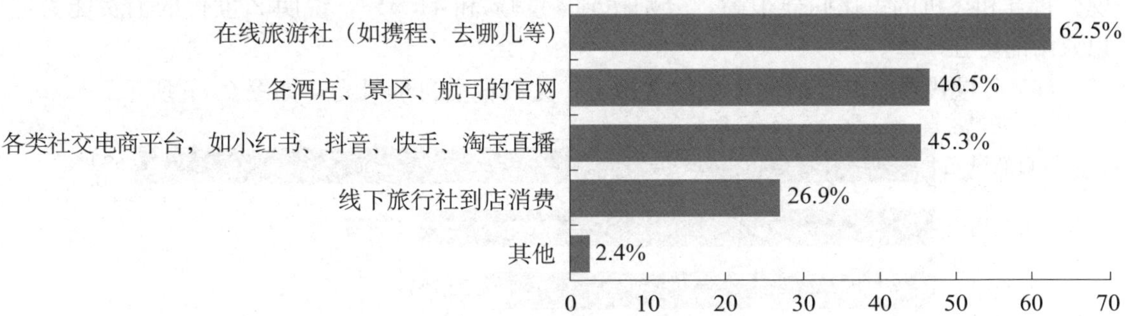

图 9－3　Z 世代预定出游方式

（4）自由行远高于其他出游方式，说明 Z 世代偏爱自由。

如图 9－4 所示，在出游方式上，56%的 Z 世代都选择了自由行，远高于跟团游或各种主题游，他们自己完成交通、酒店和门票的预定，想去哪儿去哪儿，偏爱自由的特征十分明显。

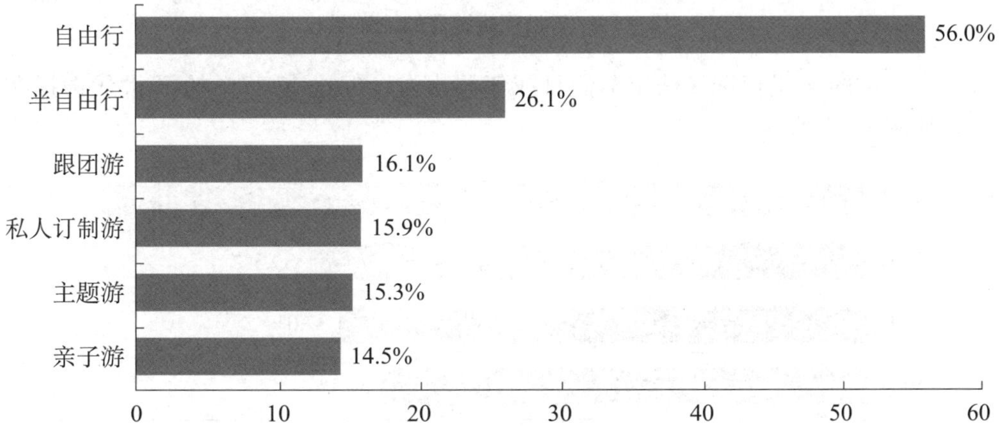

图 9－4　Z 世代出游方式

(5) Z世代消费实力可观，自驾在出游交通方式上占比排名第二，如图9-5所示。

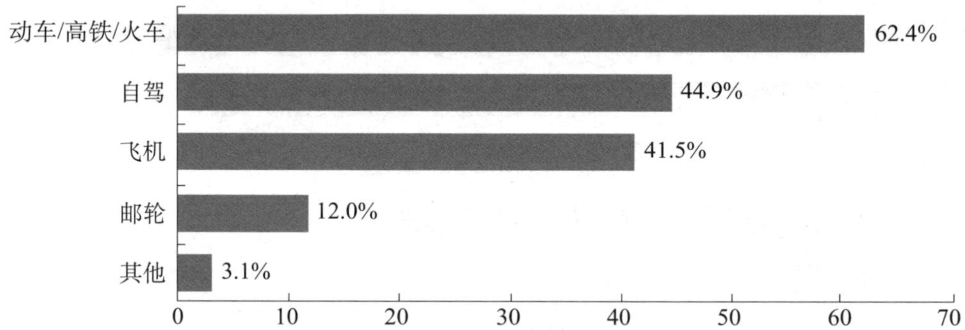

图9-5　Z世代出游交通方式

根据国家统计局数据，当前有49%的Z世代群体仍处于高中及以下的教育适龄阶段。根据凯度&QQ广告的统计数据，65%的18～23岁在校Z世代的收入来源只有家长提供的生活费。因此在交通工具的选择上，动车、高铁、火车毫无疑问排名第一，但是比较发现，自驾和飞机的占比同样很高，分别达到44.9%和41.5%，说明Z世代的消费能力比想象中的更强一些。

(6) Z世代在旅游目的地类型的选择上，尤其偏爱自然风光，如图9-6所示。

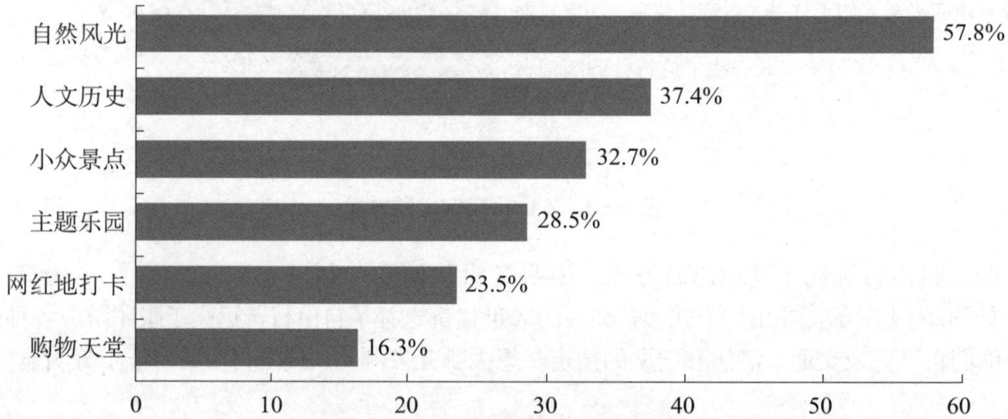

图9-6　Z世代旅游目的地类型

(7) 大多数的Z世代选择法定节假日或年假出游，但也有37%的Z世代选择在寒暑假出游，如图9-7所示。

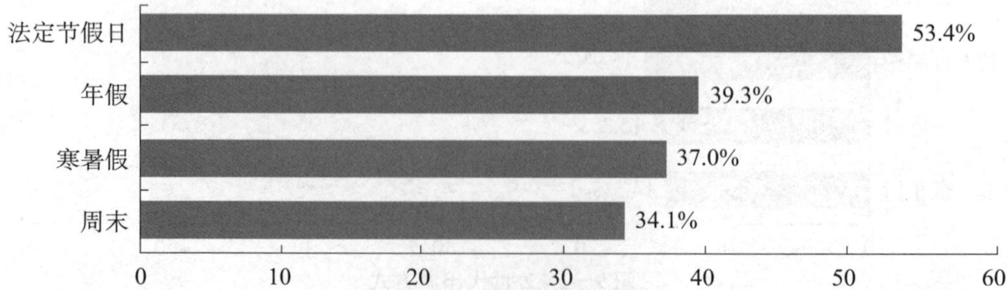

图9-7　Z世代出游时间

（8）Z世代的出游时长集中在3～7天，在与出游时间交叉分析时发现，Z世代拼凑假期特征明显。

由于Z世代选择在法定节假日或年假出游，他们的出游时长主要在3～7天，但部分Z世代的假期更长，有超过22%的Z世代假期能达到8～15天，如图9-8所示。除了有寒暑假的时间，Z世代还通过请假或凑假期的方式延长自己的假期。

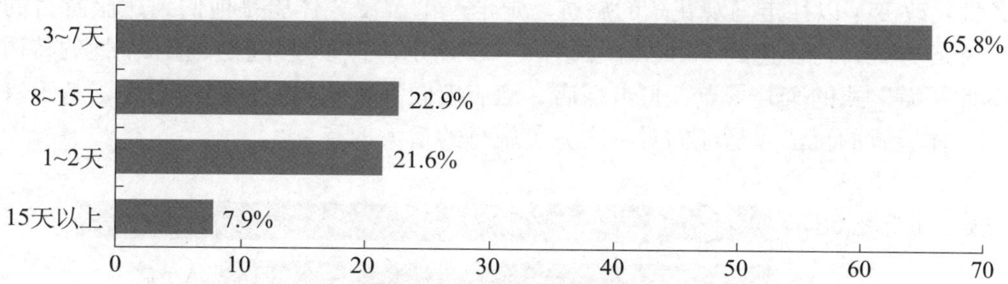

图9-8　Z世代出游时长

（9）Z世代喜欢和朋友一起出游。

Z世代喜欢和朋友、恋人/孩子、父母一起出去旅游，但也有22.6%的Z世代会选择独自出游，如图9-9所示。

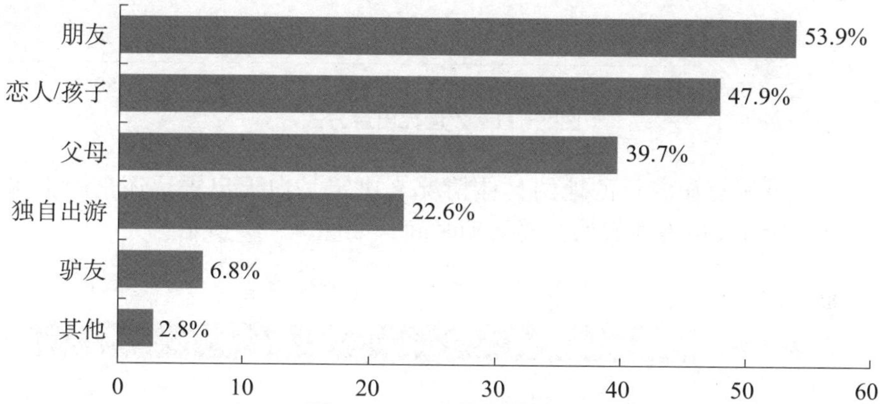

图9-9　Z世代出游同伴

（10）在出游花销中，26.2%的Z世代住宿花销最多，门票/娱乐、餐饮紧跟其后，如图9-10所示。

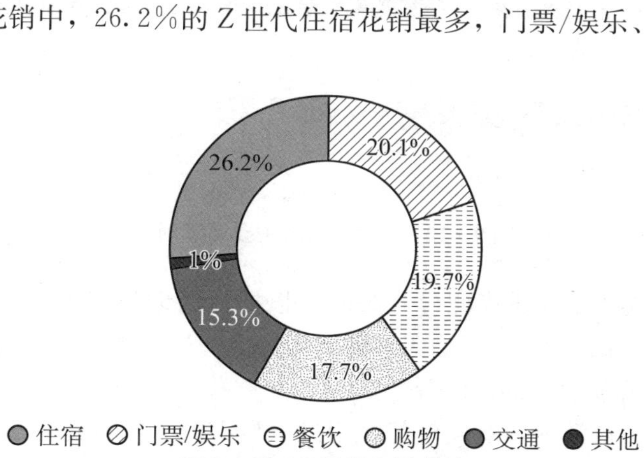

图9-10　Z世代出游花销

在出游花销占比中，26.2%的Z世代住宿花销最高，他们对住有更高的要求。交通花销没有成为Z世代的累赘，只有15.3%的人交通花销最多。上海商学院酒店管理学院副教授邹光勇认为，这或许主要受疫情影响，使得旅游半径缩短，从而导致交通成本下降。

(11) 除了奔赴景点，走走逛逛沉浸式体验也成为Z世代重要旅行方式，还有Z世代会选择房车露营这种新方式。

Z世代改变了以往走马观花式的旅游，走走逛逛沉浸式体验是他们到达旅游目的地后度过时光的方式，占比达到56.9%，如图9-11所示。似乎是年轻人追求个性的特质决定了“到此一游”式的奔赴景点、打卡探店、酒店度假等较难勾起他们的兴趣，基于兴趣的沉浸式、体验式的玩法才是他们对一次完美旅行的最大期待。

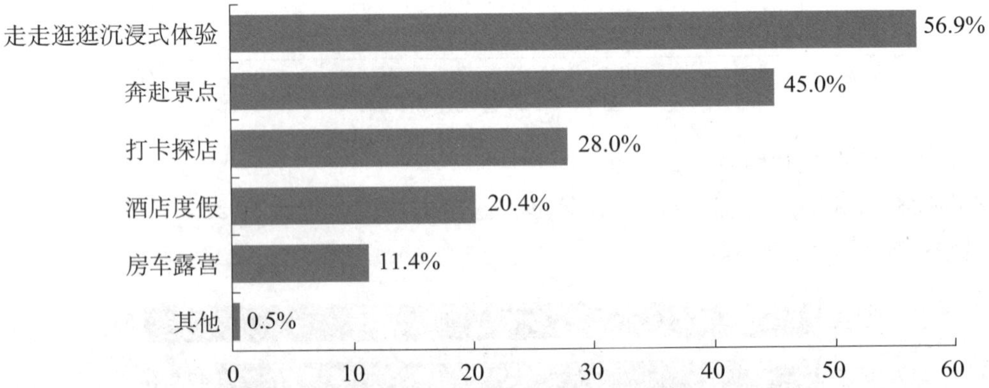

图9-11　Z世代出游方式

(12) Z世代会根据旅游目的地的具体情况来决定是白天出去玩还是晚上出去玩，虽然夜经济很火，但白天仍是他们的主要活动时间，如图9-12所示。

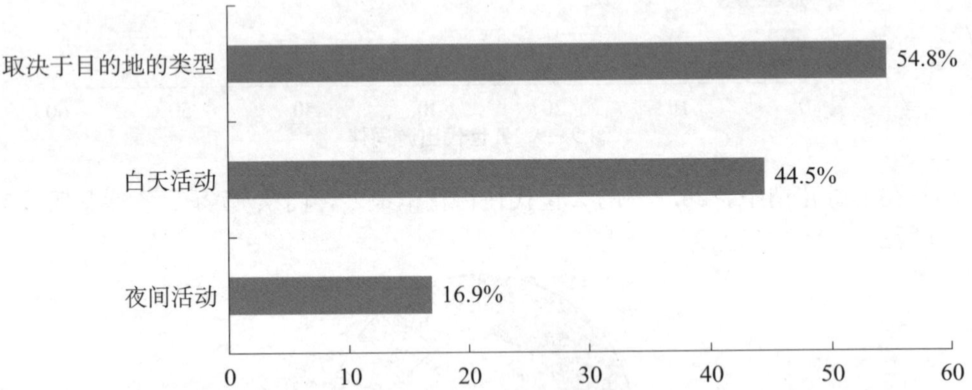

图9-12　Z世代出游主要活动时间

(13) Z世代年轻人的旅游度假模式倾向于根据目的地类型来定制和规划自己的旅行方式，而不是千篇一律地预设自己白天或晚上做什么。这也体现了在近年来兴起的“城市漫步”“像当地人一样旅行”的旅游理念。

(14) Z世代对云旅游的接受度较高，用过云旅游的人数占比超过一半，还有11.4%

的人群经常线上看，如图 9－13 所示。“直播云旅游”让游客在出游前就可以获得真实、有体验感的内容服务，可以更好地规划自己的行程，还可以实现不能出行的人们“足不出户云游世界”的梦想。“直播云旅游”已经受到了超过一半的 Z 世代年轻人的接受，表现为 42.2%的人偶尔会看，11.4%的人经常看。

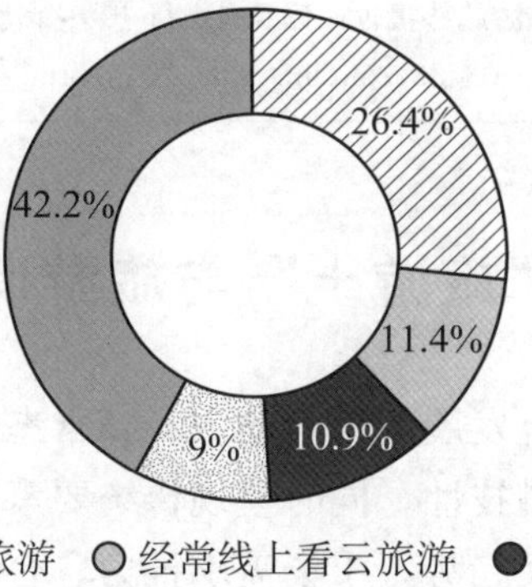

图 9－13　Z 世代云旅游

知识链接

神州租车：全面焕新，租车自驾成 Z 世代旅游出行首选

随着 Z 世代站上消费主流的舞台，消费升级态势加剧，与其紧密相关的汽车租赁市场复苏态势喜人，行业整体规模逼近千亿大关。公安部数据统计，2020 年我国汽车保有量达 2.81 亿辆，汽车驾驶证拥有着 4.18 亿人，初步推算我国有本无车人群至少有 1.4 亿，潜在租车客群规模庞大。另外，用车场景日趋多样化、即时化，覆盖日常通勤、旅游出行、婚庆、商务出差等多种场景，租车日益成为消费主体的一种生活方式。

2021 年以来，神州租车以“新车、新会员、新城市、新免押”为主题打造的“神州开新节开新就开心”活动正式上线，瞄准 Z 世代人群需求和用车习惯，为用户提供全新服务体验。而在去年“双 11”期间，神州租车联合飞猪上线业内首个面向全国的“随心租”系列产品，以场景化完成传统租车产品的创新，为消费者带来全新消费体验。神州租车相关负责人表示，随着后疫情时代市场复苏强劲，消费需求爆发式增长，当前消费者对便捷性和品牌可信任度的追求空前高涨，神州租车正是从用户痛点出发，不断升级服务体验，持续加新车提升车况，扩张业务半径，同时重塑会员体系、加强用户福利及降低用户租车门槛等，在深耕用户层面实现了“四级跳”。尤其是在春节期间，神州租车数据显示，春节租车已成为众多年轻人新春“仪式感”的来源，“85 后”“95 后”用户占比超七成，占据领先地位。在神州租车的女性用户中，“85 后”占据女性用户的大多数，除了与家人或朋友一起自驾游，日常通勤、商务出差也是女性主要用车场景之一。

业内认为，后疫情时代，旅游市场快速回暖，自驾游、度假酒店、特色民俗等各自所在细分领域涌入大量客流，在消费者群体中“后浪”来袭势不可挡，“90后”“00后”消费力觉醒，憧憬着更加个性化、品质化的出行体验。神州租车的连续主动出击，除了能俘获更多消费群体，也增加了现有客户的消费场景，从而继续扩大市场规模和行业影响力。

资料来源：每日经济新闻. Z世代旅游趋势报告：偏爱自由行 想去哪就去哪［EB/OL］.（2022-03-23）［2024-02-01］. http：//travel.gmw.cn/2022-03/23/content_35607815.htm. 有改动.

第二节 “旅游+”与旅游消费者行为

业态创新是引领旅游业融合发展的第一动力。新常态下，旅游新业态创新表现出较强的时代性、创新性、动态性和科技性，同时呈现传统要素创新化、业态融合化、产业生态化、模式定制化与规模化的发展趋势，市场需求推力、合作竞争压力、技术创新拉力以及政府引导力，有效推动了旅游新业态的创新发展。

随着旅游新业态蓬勃兴起，“推进文化和旅游融合发展”不仅是《“十四五”文化和旅游市场发展规划》的重点字眼，也正成为旅游业的发展大趋势。不仅文旅融合、区域融合等新模式层出不穷，众多旅游品牌也在朝着智慧化、多元化融合发展的方向升级，一个融合的旅游产业正叩响时代的大门。

一、“旅游+X”在产业融合上寻求新突破

单丝不成线，独木难成林。以恩施市旅游产业融合为例，恩施市增强“文化旅游+”思维，推进各种产品、业态和产业的融合发展，大力发展生态农业、低碳工业、现代服务业，积极培育休闲体验、特色民宿等旅游新产品、新业态，相继建成恩施大峡谷实景剧场、女儿城、侗族风情寨等各类景区景点，演绎美丽乡村农事、风土人情，开展吃刨汤、过社节，以及富硒野菜节、千人插秋节、土豆花节等文体活动，拓展文化消费领域，延伸文化旅游融合发展产业链条，让村寨变景区、民居变旅馆、农产品变旅游商品。

关键是，很多旅游景点以及景区所在城市，缺乏能够让游客感兴趣的商品和文化产品，游客想体验购物带来的快乐也找不到切入点，想享受文化产品也没有去处。这就带来一个问题，在开发旅游纪念品、提供游客购物条件、吸引游客享受文化元素、提供能够让游客信任的商品等方面，部分地方旅游部门都还没有将其纳入重要的议事日程，而是投入大量人力、物力和财力打造新的景点，没有投入足够力量开发旅游纪念品、培育本地的商品品牌、开发城市的文化产品。比如2023年暑期西安能够旅游大火，是由《长安三万里》引爆的；淄博能够火出圈，是由烧烤点燃的。激活旅游消费，不只需要激活消费者的需求欲望，也要激活生产者的创新动力，只有两者结合，才能取得最大的激活效果。

2023黄金周折射“旅游+X”主题玩法更深度。2023年中秋国庆双节假期，“玩得酷”成为不少游客的需求，为了探索不一样的风景，“旅游+X”主题玩法日渐丰富。近一个月，飞猪平台“沙漠游”搜索热度同比去年增长超九成，“草原游”增长超1.9倍，亲子

研学、音乐节“追星”、汉服旅拍等主题玩法也受到热捧。

长假期间，马蜂窝站内各地“美食”相关热度平均上涨超80%，广东顺德荣登热度上升最快的美食目的地榜首。美团、大众点评数据也显示，以吃为核心的“味蕾游”为长假注入全新活力，越来越多小众目的地因特色美食变身旅游目的地，带动全链路的消费增长。据悉，汕头、潮州、台州、威海、扬州等地，由异地消费者贡献的堂食订单量较2019年增长均超500%，汕尾、潮州、延吉、柳州、淄博等地的休闲玩乐订单增幅超600%。

根据同程旅行发布的长假旅行消费报告，中秋国庆假期期间，博物馆、音乐节、户外运动等新兴旅游方式受到年轻人群关注。其中，音乐节成为长假文旅消费的一大亮点，“音乐节和演唱会已经成为国内目的地城市吸引年轻游客的重要方式，不仅整体场次多了，音乐演出的消费市场也进一步下沉到二三线城市乃至旅游发达的县城。”

驴妈妈旅游网CEO邹庆龄表示，这个假期，更多三四五线城市诞生了打卡新业态或消费新热点，美食、音乐会、赛事、沉浸式特展、灯火夜游、非遗展演、文创伴手礼等，从不同角度促进了目的地消费。“当前，游客消费更趋理性，但仍愿意为深度内容、个性化体验、创新场景以及品质享受买单。”

知识链接

“旅游+”深度融合 碰撞别样火花

如今，从传统的观光游览到多元的互动体验，消费者的旅游需求正在发生变化。2023年暑假期间，海南依托丰富的旅游资源，发挥旅游业的融合带动作用，通过“旅游+演艺”“旅游+体育”“旅游+婚庆”“旅游+免税”等多种形式满足不同群体的度假需求，碰撞出别样火花。

曾被视为奢侈品的游艇如今进入大众视野。在三亚游艇旅游中心，游艇鳞次栉比，游客络绎不绝，亲身感受游艇之魅力。

近年来，随着三亚着力打造“婚庆+旅游”，三亚逐渐成为婚纱旅拍、蜜月旅行的首选目的地。

旅游消费市场加速复苏

在“旅游+”的带动下，更多消费潜力得以释放，海南旅游消费市场加速复苏。尤其是一场场赛事、一场场演唱会，更成为直接拉动消费的引擎。

演唱会带来巨大人流量，直接拉动交通、酒店、景点、餐饮、购物等旅游消费。从海口市旅文局的数据了解到，为期4天的演唱会共吸引15.46万人次市民游客入场，其中省外游客9.51万人次，占总数的61.5%。据统计，演唱会4天海口共实现旅游收入9.76亿元。

2023年夏天在文昌举办的“村VA”成为海南一个现象级赛事。由于气氛热烈、乡土味浓、接地气，在文昌多个乡镇举办的乡村排球赛事吸引了众多观众。据文昌市旅文局统计，一个半月的“村排”比赛期间，共吸引观赛人流超过40万人次，实现旅游综合收入2.6亿元。

免税购物早已成为海南的"金字招牌"，也是推动海南旅游消费的主要动力之一。从7月初开始，海南启动了为期两个月的2023第二届海南国际离岛免税购物节。购物节期间，海口、三亚、万宁和琼海4地联动全省离岛免税店，先后推出30余场形式多样、内容丰富的主题促销活动，让旅客享受更大优惠、感受更多新体验，进一步激发旅游消费活力。据统计，2023年1月至7月，海口海关共监管离岛免税销售金额289.3亿元，免税购物人数419.9万人次，免税购物件数3 403万件。

资料来源：周慧敏，陈绍华．"旅游＋"持续发力 消费市场加速复苏．(2023-08-29) [2024-02-01]. www.jjckb.cn/2023-08/29/c_1310738792.htm. 有改动．

二、"非遗＋旅游"实现深度融合和双向赋能

近年来，非遗体验成为旅游休闲体验中的新亮点，受需求拉动和政策推动的双重影响，各地陆续推出非遗主题的文化旅游新项目和新场景。2023年年初，文化和旅游部印发《关于推动非物质文化遗产与旅游深度融合发展的通知》（简称《通知》），推进非遗与旅游在更广范围、更深层次、更高水平上实现融合发展，推进文化自信自强，同时也实现非遗的系统性保护及生命力激活、旅游的文化内涵提升和行业高质量发展。

案例分析

云南：非遗成为旅游"金名片"

云南民族文化丰富多彩，非遗资源得天独厚，旅游资源也颇具特色。近年来，云南坚持以文塑旅、以旅彰文，不断提升非遗系统性保护水平，强化非遗技艺的延伸利用，通过非遗与旅游深度融合，将非遗禀赋转化为旅游"金名片"，更为乡村振兴注入了不竭的文旅新动能。

一门手艺带热一片乡土

近年来，楚雄州定位市场拓展、绣娘增收、文化赋能三大目标，着眼特色化、品牌化、国际化，实现了"绣品变商品、绣片变名片、秀场变市场"的三大转变，让彝绣从大山走向国际，让一个个小村落变成了"传统技艺＋现代创意"的大舞台。楚雄州众多非遗传承人带着彝绣参加了中国国际旅交会、深圳文博会等展会，并走出国门，开拓了国际市场，意大利、澳大利亚等地的游客也因彝绣来到云南、爱上中国。彝绣真正成为助推农民致富、助力乡村振兴、讲好中国故事的幸福技艺。

一项产业带富一方百姓

在云南建水，紫陶是最亮眼的金字招牌。多年来，建水县从整合资源、提升品质等方面入手，不断推进紫陶产业转型升级，令"建水紫陶"品牌越叫越响。

建水县依托紫陶文化产业，培育文化旅游、文化创意、休闲娱乐等相关产业。

建水县抓住发展机遇，积极探索非遗与旅游融合新模式，将建水紫陶作为产业要素和文化要素，植入建水临安古城、建水西庄紫陶小镇两个特色小镇，积极开展建水紫陶创意园、碗窑古村保护等项目建设，在研发景观陶、建筑陶等陶种基础上，进一步研究开发旅游伴手礼，增强紫陶体验互动，丰富旅游产品体系。此外，为方便各地游客实时

欣赏“紫陶之都”的风貌，建水还开展了“就爱去建水旅游文化节”活动，通过直播让网友随时都能开启非遗游，“云访”村里的紫陶匠人，欣赏建水紫陶茶艺，购买紫陶产品。

一批人才带动一乡旅游

振兴乡村，首重人才。乡村发展，须守文脉。广袤乡村既需要产业带头人，也需要文化守护者。在云南省德宏州瑞丽市，高度重视人才培养和传承保护，是当地傣族孔雀舞助力乡村振兴的密钥。

国家级非遗代表性项目傣族孔雀舞，是善良等美德的化身，也是傣家人追求吉祥、幸福、美好生活的象征，不仅能怡情乐性，也在培植群体意识、促进人与自然和谐共生、增强民族凝聚力等方面发挥重要作用。

为了培育人才，瑞丽相关部门在一些村落加快非遗传习馆、传承基地、传承学校建设，并为孔雀舞传承人建档，扶持开办了3个寒暑假孔雀舞培训班，学生来自瑞丽各小学、周边县区等，为非遗传承厚植土壤。在此基础上，瑞丽规划“孔雀舞之旅”非遗旅游研学线路，丰富瑞丽乡村旅游产品的文化内涵。喊沙村就是其中典型。

作为国家首批确定的孔雀舞传承基地，喊沙村在旅游开发过程中，坚持以保护为先。无论是村寨道路修建、傣族民居的改造还是傣族农民画发展，都围绕传承孔雀舞这一非遗，注重尊重当地原生态，为乡村振兴铸魂。目前，已打造出以喊沙奘寺—农民画展示厅—喊沙村民居—孔雀舞传习馆—喊沙农家乐为行程的“孔雀舞之旅”非遗研学游线路，游客在孔雀舞传习馆内可以跟着孔雀舞国家级非遗代表性传承人学舞，在翩翩舞步中体会瑞丽傣族人民的社会历史、生活环境、审美理念等，获得不一样的文化体验。

资料来源：张欣．非遗＋旅游：深度融合 双向赋能［N］．中国文化报，2023-08-12.

问题：

通过非遗与旅游深度融合的案例，分析“非遗＋旅游”能够带来哪些新的旅游消费。

三、“＋旅游”深度融合，推动全域旅游高质量发展

随着居民收入水平的提高，其消费观念也在持续改变与升级。消费者对于旅游的需求已不再停留在单纯的视觉观光层面，而是越来越注重旅行的深度体验与多样性体验感受。游客渴望在旅途中获得更为丰富、多元的精神文化享受，追求的是一次放松身心的心灵之旅。消费升级与需求多样化对旅游业提出了全新的挑战，促使其必须与相关领域实现深度融合，以创造出更多富有多元体验价值的旅游产品和服务。

“＋旅游”带来的产业深度融合通过相关产业和旅游业的融合发展，提供了一种新的思路，为旅游业指明发展方向，向其提供了广阔的创新空间；并能促使相关产业和旅游、旅游和文化的相互赋能。例如前述分析“非遗＋旅游”实现深度融合和双向赋能，是贯彻国家文旅部《关于推动非物质文化遗产与旅游深度融合发展的通知》相关内容的体现，文化事业通过非遗内涵、技艺和价值的传承与传递，为旅游产业提供文化内核；旅游产业则通过市场机制和商业运作，将非遗资源转化为具有经济价值的旅游产品和服务。通过深度

融合，旅游业能够深入挖掘并整合全域旅游资源，创新旅游产品种类和服务内容，提升旅游过程中的多样性体验与附加值，促进全域旅游的发展，从而推动产业的升级和转型，实现产业间的互利共赢与协同发展。

全域旅游是将特定区域作为完整旅游目的地，进行整体规划布局、综合统筹管理、一体化营销推广，促进旅游业全区域、全要素、全产业链发展，实现旅游业全域共建、全域共融、全域共享的发展模式。全域旅游的全要素发展势必要求实现多产业“+旅游”，打造具有竞争力的综合旅游目的地。

旅游业新质生产力为全域旅游的发展注入了新的活力和动力，推动旅游业与其他产业之间新型合作关系的构建。旅游企业与相关产业之间、旅游企业与政府和社会组织之间的合作关系更加紧密，形成了产业链上下游的协同合作机制。旅游新质生产力通过整合资源、优化供应链条，形成了更加高效、灵活的供应网络。在旅游空间上，形成景区、度假区、国家度假地、休闲街区、营地、基地、旅游综合体、旅游风景道等多类型的空间体系。在旅游产业上，积极构建住宿业、会展业、娱乐业、旅行服务业、演艺业等多个业态构成的产业体系。在旅游形态上，尝试延伸观光旅游、度假旅游、研学旅游、健康旅游、户外运动、商务旅游、邮轮旅游、房车旅游、乡村旅游、红色旅游、城市旅游、技能性旅游等多形态构成的旅游产品体系。

第三节　数字文旅与旅游消费者行为

一、文旅融合与旅游消费

文化符号需要经过可视化与体验化转换，才能成为消费品。迪克斯指出：当文化成为某种旅游资源后，越来越多的旅游者前来参观“文化”，但并非所有文化都具有可视性(visitability)。因此，将文化旅游吸引物根据游客的需要恰当地展示出来，即对文化资源进行可视性生产显得日益重要，文化的可视性生产是游客体验文化的基础。游客凝视指的是某特定景点意义符号的生产与消费。旅游景点的特殊性，即异于日常生活的特殊性是由文化符号建构起来的，符号所建构起来的意义也强化了游客感官的旅游经验。通过游客凝视，旅游地提供的一切都是付费的，都成了商品，视觉消费成为现代旅游活动的另一重要特点。旅游利用是实现遗产价值活化传承、强化公众遗产价值认知的一种重要方式，本质上是将文化作为旅游资源（旅游吸引物）进行可视性生产。其实在体验经济时代，通过现代技术的应用，文化旅游就是对文化进行可体验性（experientiability）生产。

旅游是文旅市场的空间生产方式，文化必须通过市场化转换才能实现其价值，旅游就是文化的空间生产方式。现代游客更多地追求文化消费，即意义符号的消费。正如卡勒(Culler) 所言：现代游客是一支“符号部队”，他们往往把寻找符合自己意象的符号与象征作为旅游体验的一种驱动，陶醉于符号的流动与刺激中。麦坎内尔（MacCannell）也认为：受到城市化和现代化不断冲刷，地区固有文化及情怀逐渐失落，游客往往希望重新接触生命意义、民俗文化、宗教生活、乡愿情怀等已失落的东西，并对其他人的真实生活感兴趣，游客的目的是寻找原真性（authenticity）。游客凝视学说（Tourist Gaze）创始人厄里（Urry）认为，后福特主义以“消费”为取向。单纯的产品生产制造是不够的，必须赋予产品特定的意义符号，以这些符号引发行动者的消费欲望。消费是在消费“物品的符号意义”，而非“物品本身”。旅游活动已经成为一种符号与经验的消费，消费对象不再限于有形的物质，无形的象征、氛围甚至愉悦感，都可以通过符号价值的交换而被购买。

2016年，国务院发布的《“十三五”旅游业发展规划》就提出“促进旅游与文化融合发展。培育以文物保护单位、博物馆、非物质文化遗产保护利用设施和实践活动为支撑的体验旅游、研学旅行和传统村落休闲旅游。扶持旅游与文化创意产品开发、数字文化产业相融合”。在2020年发布的《中共中央关于制定国民经济和社会发展第十四个五年规划和二〇三五年远景目标的建议》中，针对文旅行业，又提出了多项相关内容，包括完善节假日制度、传承弘扬中华优秀传统文化、推动文化和旅游融合发展等内容。对此，北京青蓝文旅规划设计院院长、中国旅游景区协会专家委员会专家马牧青表示：“旅游本来就是携带文化与精神的一种活动，正所谓‘文化是旅游的灵魂，旅游是文化的重要载体’。对于旅游者而言，文化层面的精神需求是旅游的根本动因，一次难忘的旅游是一次文化之旅、精神之旅。”

如今的文旅融合体现为“以文塑旅，以旅彰文”，文化为旅游提供内容，旅游为文化提供渠道。从内在逻辑上来看，文旅融合的本质是旅行者参与旅游、创造新的旅游体验，并寻求文化认同的过程，其核心还是人。例如，延安是百年党史学习教育最生动、最有说服力的红色圣地，不仅宝塔山等传统景区游客如潮，一些新的红色旅游景点亦游人如织。延安红街整体采用延安时期建筑风格，包括主题街区、红色讲堂、沉浸演艺、射击乐园、长征步道、窑洞酒店、特色非遗、红培基地等主要内容，是具有创新感、体验感的大型红色旅游项目，被纳入延安红色旅游精品线路。中国旅游研究院院长戴斌表示，用商业化的市场机制去运营，既能把项目建设起来，又能够拥有自我造血、自我发展的功能。有政府指导、社会参与、品牌支持，红色旅游项目建设就有一个可持续发展的保障。

除了创新推动红色文化和旅游融合发展，非遗品牌也是文旅融合的受益者和推动者，2020年的“枣庄：‘非遗＋’促进文旅融合高质量发展”入选了文化和旅游部非物质文化遗产司支持遴选的2020非遗与旅游融合发展优秀案例。当人们来到这座北方古城，却仿佛进入了南方小镇，小桥流水，古巷民宅。如今的台儿庄古城汇聚了柳琴戏、运河大鼓、洛房泥塑、皮影戏等几十种国家级及省级非遗代表性项目，面向游客进行常态化展演。2020年中秋国庆假期，台儿庄古城共接待游客45.6万人次；2020年12月，景区游客接待量甚至达到了2019年同期的140%。台儿庄古城发展的良好态势，离不开“非遗＋旅游”的模式，自然成为文旅融合成功之作。

二、互联网平台及文旅 App 与旅游消费者行为

（一）互联网＋时代的旅游消费者行为特征

互联网是当今世界最具影响的技术，旅游业是未来最具潜力的消费领域。互联网络背景下的新型旅游者就是互联网络技术在旅游业广泛运用和发展下的产物。互联网络不仅大大拓宽了旅游者的信息来源渠道和沟通手段，而且在互联网络基础上催生了电子商务，给旅游者提供了全新的消费途径和手段，使越来越多的传统旅游者逐渐演变成为互联网络背

景下的新型旅游者，且对互联网的依赖程度越来越高。此外，互联网悄然影响和改变着旅游者的消费观念、消费心理和消费行为。

1. 旅游者选择的多样化

一次旅游消费活动涉及“食、住、行、游、购、娱”等诸多领域。较之其他消费，旅游消费中信息不对称的情况更为突出。旅游消费中任一环节的体验出现问题，都会影响到游客这次旅行的满意程度。可以说，信息不对称是旅游者消费行为决策中的最大痛点。同样，信息不对称也成为过去传统旅游企业赚取利益的主要手段。过去，旅游者的选择是消极的、被动的，旅游企业给出什么产品，旅游者就只能消费什么产品。随着互联网的普及，人们获取信息的渠道越来越丰富，获取信息的成本越来越低廉，旅游者可以掌握更加充分的信息和资讯，这就意味着旅游者有了更多的选择。

2. 旅游者对旅游产品的个性化要求更高

互联网络背景下的旅游者最突出的一个特征就是个性化。“个性”是一个心理学用语，它是一个人在思想、性格、品质、意志、情感和态度等方面不同于其他人的特质。这个特质的外在表现就是一个人的言语方式、行为方式和情感方式等。互联网的普及和电子商务的发展为人们个性化的释放提供了一个巨大而自由的空间。

服务标准化是过去推动旅游业发展的重要方式。如星级饭店的标准、A 级旅游景区的标准对于提高中国旅游饭店业和旅游景区业的整体服务水平起到了积极作用。但仅仅只有标准化，旅游业的发展水平很难实现质的飞跃。标准化是旅游服务的基本要求，但未来的旅游消费必然要追求个性化。旅游者的新选择是探险、越野、户外等传统高门槛或具有神秘感的活动，如自驾穿越塔克拉玛干沙漠、骑行 318 国道川藏线、攀冰、攀岩等。互联网时代的到来，特别是互联网产生的大量数据信息，为旅游经营者改善旅游服务提供了重要契机。大数据使得旅游者的信息更容易被经营者掌握，有针对性地开发旅游产品成为可能。在互联网时代，供应商整合资源的能力会明显提升，同时提供个性化旅游产品的成本也会大幅降低，各种针对旅游者个性化需要的定制化的旅游将会蓬勃发展。

3. 旅游者消费主动性增强

旅游者在旅游过程中的表现更加主动，即使选择团队进行出游，也可以在网络上对不同团队旅游的同一条线路的性价比进行比较。对于蓬勃发展的散客出游来说，有大量的旅游攻略可以借鉴，有众多的途径为旅游者预订旅游各个环节的服务提供便利。互联网以其独特的互动方式改变了旅游者和旅游产品供应商之间的关系，即旅游消费由厂商推动转向消费者拉动。在传统的消费方式下，因为信息的不对称性，旅游产品供应商占有的信息远远大于旅游消费者，旅游产品的提供者只能是供应商，消费者不参与产品的设计和制造。旅游者因其个体性而不具备与旅游产品供应商整体上的抗衡力，使得旅游者成为被动的信息接收者，在消费者和供应商之间的互动关系上始终处于被动地位，无法加入旅游产品的生产过程。但是当网络出现以后，信息不对称性得到了改善，旅游者占有了大量的旅游信息，增加了主动选择的机会。旅游电子商务系统的发展使得旅游者对旅游需求的处理能力增强，网络型旅游者和网络辅助型旅游者可以实现更高程度的个性化，主动地通过网络查询信息，选择旅游产品。

4. 旅游App是重要的旅游工具

目前市场上比较热门的旅游App主要有预订类、分享类、工具类等。媒介在消费者进行旅游信息搜寻时，起着非常重要的作用。潜在的旅游消费者可以通过媒介获得旅游目的地的特色、食宿、交通、旅游中介的广告等各方面的信息，进而根据自身需要做出旅游决策。因此，媒介成为消费者与旅游目的地及旅游相关产业之间沟通的桥梁，它在旅游者的消费决策中扮演着重要角色。与此同时，网络的发展和移动设备功能的不断强大，使得个人计算机互联网和移动互联网给广播、电视、杂志及报纸等传统媒介带来了巨大的冲击和挑战。在这其中，4G技术的运用和移动网络业务的不断丰富使得移动互联网的使用越来越广泛和普遍。随着互联网技术的不断成熟和市场的需要，在线旅游迅猛发展。面对如此巨大的市场需求，各在线旅游经营者纷纷推出了自己的旅游App，也加大了线上旅游市场的投入力度，推出各式各样的新产品、新线路，同时不断完善自己的各项功能和服务。随着新技术的不断发展进步，移动互联网迅速崛起，高端智能手机得到大力普及，使得移动互联网炙手可热，带动了旅游在内的各类行业App的快速多样化发展，旅游App成为旅游行业的热门应用。

（二）互联网平台对旅游消费者行为的影响

随着大众对社交平台及移动设备依赖性的增加，旅游项目应该紧紧抓住手机、平板这个终端，做足微博、微信等多媒体渠道推广工作。当前社交网络营销推广的主要形式有以下两类：第一类是游客之间的推广，第二类是旅游项目基地主动推广。在第一类中，游客将自己旅游的经过与一些精彩的瞬间、美丽的风景拍摄下来发布在自己的朋友圈或主页上，将旅游地推荐给自己的亲朋好友，然后获得点赞或转播，获得宣传旅游目的地的效果；在第二类中，旅游项目基地可以建立自己的公众号，结合不同游客群体的需求将最有地方特色、最有魅力的旅游景点与旅游服务推广出去。

借助互联网，可以将餐饮、住宿、交通、特色活动等旅游信息分享给游客。利用对旅游者进行的大数据分析，可以根据游客的性别、年龄、需求偏好、消费水平等有针对性地推送旅游产品，实现精准化营销。O2O模式的关键是通过互联网为游客提供信息推送、营销、在线预订、支付、导航、智能导游、电子讲解等线上服务功能，结合线上线下的相互融合满足游客个性化、多元化的旅游体验，贯穿旅游的游前、游中和游后的全过程，从而形成线上线下服务体验的闭环。

对于酒店在线直销的新业态，它的实现途径包括酒店方和客户方，其途径必然经历选择流程、互动流程和支付流程等环节，互动流程往往在社交网络环境中实现，它通过不同的系统和不同的网络环境相互嵌入来实现，互动流程环节是新业态形成的关键环节，是企业在线直销必然经历的环节。其他旅游在线服务的新业态同样遵守这样的实现途径，沟通永远是商务的开始，是第一位的，这就是未来服务不是以智商取胜，而是以情商取胜的关键所在。

智慧旅游新业态发展的终极目标是形成一个综合平台，这个平台可以是第i方的服务平台，也可以是景区综合管控的服务平台，或者是酒店企业服务平台。通过调查已有的智慧实践案例，建设者一致认为平台化是智慧旅游发展的一个主要应用形式，如iHotel智慧酒店平台、智游宝智慧景区平台等都已成功地在市场运用。这样的综合服务平台整合了企业所需的智慧管理、智慧服务、智慧营销等对应的信息系统内容。从理论角度看，平台化整合了所有应用系统，包括应用系统下面所有的数据，这符合当前大数据应用的发展要求。如智慧酒店平台，它整合了门户网站、前台 PMS、财务管理系统、工程设备系统、电子商务系统、客房管理系统、人力资源系统、OTA 渠道、电子分销渠道以及餐饮管理系统等。一个酒店是否智慧，关键看这些系统整合的程度，以及综合平台对管理、服务、营销操作的有效性。任何企业的智慧建设，都可根据自身经营的需要建立面向不同应用需求的综合服务平台。

（三）旅游 App 对旅游消费者行为的影响

虽然旅游虚拟社区平台与综合社交平台在数量上存在一定的差距，但旅游 App 的社会化功能在旅游情境中发挥的作用已经越来越大。越来越多具有共同兴趣、爱好或关注点的旅游消费者，为了满足自身旅游行为需求而加入各种类型的旅游虚拟社区①，进行着更为便捷的沟通、信息和资源的搜寻、旅游产品和服务的预订、交易支付、游伴的寻找以及旅游体验的分享等旅游行为。根据《2016 年中国在线旅游度假用户研究报告》的调查结果，使用旅游 App 分享旅游经历的旅游消费者数量越来越多，出游时参考旅游 App 中的旅游攻略和进行旅游预订的比例分别达到 60.4%和 51.3%。来自专业旅游企业的建议和旅游达人的真实口碑，能够提升旅游体验，改变旅游消费者的行为决策。可以看出，基于旅游 App 的虚拟社区，吸引了大量忠诚用户，形成了有效和新颖的旅游体验平台，丰富了“用户体验至上”的互联网环境。在旅游情境下，社会化协同与虚拟社区体验都将是未来发展的趋势。从 2010 年开始，我国在线旅游企业积极布局移动渠道，2013 年进入蓬勃发展期，2014 年文化和旅游部提出“智慧旅游年”的全新概念，全力推进旅游移动化发展，越来越多的旅游企业（如旅游在线电商平台、第三方软件开发公司、地方旅游局等）利用各自优势开发出功能强大的旅游 App。不仅是携程网、去哪儿网等在线旅游服务企业推出了旅游 App，主流传统旅游企业（如航空公司、景区）也相继进入移动端市场，一批纯移动端服务平台（如滴滴）和本地化服务产品（如当地美食、娱乐、特色体验等）纷纷涌现。庞大的移动用户群体促进了在线旅游市场的移动化趋势。

我国旅游业为了促进旅游产品和服务的高价值传递，加大了旅游 App 的开发与完善，其移动化和社会化程度远远高于其他行业。根据信息与服务的差异，旅游 App 可以分为以下几类：第一类是预订类，以较为齐全的旅游产品为主营业务，本地化产品逐渐丰富，如携程旅行 App；第二类是垂直搜索类，以产品价格搜索服务吸引旅游消费者，如去哪儿旅行 App 等；第三类是分享类，提供内容丰富的游记、路线推荐和攻略，逐渐实现商业化转型，目前也提供一些旅游产品的预订服务，如马蜂窝自由行 App 等；第四类是工具类，如航班管家 App 等。这些旅游 App 运营服务商通过业务模式的融合，丰富了现有的在线旅游产品和服务，同时给旅游消费者提供了多渠道选择的机会，顺应了他们消费观念和需求层次的变化。

旅游 App 提供的产品和服务，包括旅游前查询相关信息、制订出行计划、与更多相

---

① 陆均良，孙怡，王新丽．移动互联网用户继续使用意愿研究：基于自助游者的视角［J］．旅游学刊，2013，28（4）：104－110.

同旅游兴趣爱好的人建立联系，旅游中更改旅游路线、参与旅游虚拟社区互动与讨论、预订交易与支付，旅途归来撰写旅游心得体验与分享等功能。基于位置的GPS实时定位服务，提供各种与当前旅游消费者所处地理位置直接相关的定位服务内容，以及方便灵活的移动支付等旅游增值业务，丰富了旅游App的功能，大大提升了旅游消费者的旅游体验，对旅游消费者旅行决策和行为的影响越来越大。

旅游App便于提供定制化产品和精准化服务，满足旅游消费者的个性化需要。旅游App拉近了旅游消费者和旅游企业之间的距离。旅游消费者在使用旅游App的过程中通常有较为固定的用户身份。他们在旅游App上的主动搜索以及筛选所需旅游信息（如攻略、游记等）、预订与交易、点评与转发等行为，可以通过旅游App迅速、实时、有效地传递给旅游企业。而旅游企业通过建立旅游消费者数据记录，跟踪其偏好，提供定制化产品和精准化服务，满足他们个性化的需求。

三、网络口碑与旅游消费者行为

消费者在作出购买决策时往往会受到与他人社会交往的影响，他们可以从其他消费者的意见和实际购买决定中学习或者被其影响。消费者可以观察他人的购买决策，也可以受他人意见影响。前一种类型的动作或以行为为基础的社会互动在心理学和经济学文献中被定义为观察性学习；后一种类型的意见或以偏好为基础的社会交往在市场营销学文献中被定义为口碑。口碑会影响消费者的购买决策，大量的研究发现用户的口碑会影响消费者的购买决策和销量。

近些年来，研究者们越来越关注从消费者行为学视角研究网络口碑的影响。很多研究将在线评价等同于网络口碑。冯娇和姚忠（2016）的研究以社会学习理论为基础，采用贝叶斯和高斯更新公式构建社会学习模型，探讨消费者如何通过社会学习评论数量和等级影响购买决策，并深入分析了评论数量和等级的内在关系。研究采用数值试验和电子商务网站获取真实数据，结果显示：（1）评论等级与评论数量呈现负相关的关系；（2）评论等级随销售量和评论数量的增加而下降，但是当评论数量达到某一数值后，评论等级受评论数量的影响却不大；（3）评论等级对销售量有积极作用，评论数量对高质量产品高销售量有积极作用，对低质量产品的销售量没有积极影响。[①] 毕继东（2009）基于消费者感知的视角，结合TAM理论，构建了网络口碑影响消费者购买意愿的概念模型。其研究模型包括个体差异和消费者感知两个维度，研究结果表明：（1）个体差异会影响消费者感知，而个体差异和消费者感知均对消费者购买意愿有影响。（2）关系强度、信任倾向、感知有用性对购买意愿具有显著正向影响；而感知风险、感知专业性对购买意愿具有显著负向影响。（3）网络涉入和信任倾向存在正相关关系。[②] 陈君和何梦婷（2016）的研究基于社会关系视角探讨了网络口碑传播的发生路径，揭示了社交平台网络口碑传播的内在机理。其研究基于社会支持理论、组织氛围理论以及信任传递理论构建研究模型，以287个网络购物的

① 冯娇，姚忠．基于社会学习理论的在线评论信息对购买决策的影响研究［J］．中国管理科学，2016，24（9）：106－114.

② 毕继东，胡正明．网络口碑营销的研究现状与展望［J］．江苏商论，2009（12）：61－63.

社交分享平台为样本，通过结构方程模型验证研究模型的有效性。研究结果显示：(1) 信任关系是促进网络口碑传播的重要影响因素，社区成员间的信任与成员对社区的信任之间存在信任传递。(2) 社会氛围显著正向影响虚拟社区的两种信任关系，进而间接促进网络口碑传播行为的发生。根据以上学者的文献内容可以发现，网络口碑和消费者行为有着紧密的联系。同时，网络口碑已成为互联网时代重要的营销手段之一。网络口碑的网络属性以及自身的数量性、正面性和负面性等特征，对消费者的品牌态度有着不同的影响。①

同时，消费者与他人的社会互动会影响其对产品的评价。例如，消费者可以观察他人的购买决策（即观察性学习），也可以受他人意见（即口碑）影响。大量的研究发现网络口碑和观察性学习会影响消费者的购买决策和销量。就口碑、自我构建和品牌的关系而言，正面口碑对独立型品牌爱好者的影响要比对依赖型的大。

独立型自我构建的消费者行动是独立自主的，较少参照他人意见，其动机主要源于自己内在的思想与心理活动，更聚焦于自己的感受和体验，其思维方式更加抽象，不依赖于外部的具体情境。依赖型自我构建的消费者强调其与外部环境的关联性，其思维方式更加具体，视自己为社会关系网中的一员，较依赖于所处的外部情境。因此，独立型自我构建的消费者一旦形成对品牌的情感依恋，不论是爱屋及乌还是排他，都会更强烈，爱憎分明，受具体情境的影响较小；依赖型自我构建的消费者会因为其他社会因素而在对品牌延伸效果进行评价时受到影响，导致情感依恋对品牌延伸效果评价的影响没有那么显著。

由于社会化媒体的普及，消费者经常参与对文创产品价值的评价和互动。他们的评价往往受到社会上他人行为的影响（即观察性学习），也会受到社会上他人意见的影响（即口碑）。随着网络零售业的迅猛发展，在线评论作为网络口碑的一种形式将直接影响消费者的购买行为。目前有研究发现，网络口碑会对股票走势、书籍销量和电影票房等产生影响。消费者有时候不愿意相信企业提供的信息，而更倾向于相信消费者使用后的感知，因此网络口碑就成为他们有效的信息来源。正面口碑往往能增加消费者对品牌的记忆，提高消费者的感知及产品销量，进而增加市场占有率，提高市场竞争力和利润，负面口碑则相反。观察性学习是从经济学领域的信息流理论引入过来的，它是消费者购买行为的一个重要影响因素。消费者会根据其他消费者先前的购买行为来判断产品的价值以及是否值得购买。正向观察性学习是指，消费者会购买那些历史购买累计数量较高的产品。负向观察性学习是指，消费者不会购买那些历史购买累计数量较少的产品。

知识链接

1. 网红营销可以为景区带来什么？

高速传播：用最短的时间、最短的路径抵达最多的目标客户。

流量爆发：网红影响力加持下，流量指数级爆炸。

品牌形象提升：促使景区形象年轻化，助力品牌形象优化。

① 陈君，何梦婷．基于社会关系视角的网络口碑传播影响因素实证研究 [J]．情报杂志，2016，35 (11)：202-207，201.

收入渠道拓宽：通过网红带货途径，增加景区特色产品销售渠道。

永兴坊的“摔碗酒”，重庆的“轻轨穿楼”、厦门鼓浪屿的“土耳其冰激凌”、山东济南宽厚里的“连音社”和张家界的天门山等，这些“网红景点”的爆红具有一定的偶然性、阶段性和营销性。网络热度并不能让一个景区长红不衰，如何使“网红景点”持久“保鲜”是值得考虑的问题。

2. 提升内容品质，打造网红景点

无论是视频还是评论，都呈现出高品质和“真善美”的价值观。一千个平庸景点的传播价值也抵不过一个优质“网红”，通过向外传播景区优质内容，借助社交互动数据精准触达目标客群，才能让目的地营销回归。

3. 培育粉丝社群，善用营销渠道

营销人员应传递出更多具有体验价值的旅游信息，用市场喜爱的形式内容包装设计宣传资料，以寻求与顾客建立情感连接。同时，要活用抖音、微信、微博等新媒体传播渠道，精心创意策划营销活动，创造更多与潜在和现实游客互动体验的机会。

IP 运营、热点营销，再加之文化赋能。景区 IP 是具有穿透力的特色主题，利用成熟 IP 打造 IP 运营链，选取热点事件引发关注、引用城市独有资源。

4. 搭建共创平台，重视“草根”力量

事实上，抖音绝大部分的创意和智慧都来自民间，不仅仅局限于明星宣传，将“草根”力量加入旅游营销，实现营销话语权的转移。

例如丹寨万达旅游小镇全球招聘轮值镇长，吸引网红参与，让网红成为代言人，并通过他们的影响力带动粉丝互动，让食住行游购娱以及古法造纸、蜡染等地方文化遗产通过图片、视频进行分享，产生良好的推广效应。

四季无休的营销活动，为整个景区制定了一种仪式。可迅速成为整个景区最引人注目的事件，通过媒体矩阵营销及社群传播，吸引大量的客群聚集，充分延长游客在当地的滞留时间，增加景区的二次消费。

5. 网红景区“保鲜”：旅游＋文化＋互联网

在文旅融合的时代背景下，景区景点不仅要善于运用自媒体与网络直播手段，还要在精准营销的同时，深挖景区景点文化内涵。

一是善用自媒体打造精准营销系统。善于运用自媒体与网络直播手段，是现阶段网红发展的要求。移动视频在现阶段网红发展中承担重要角色，短视频或直播显然更受粉丝关注。未来网红产业的创意策划、内容制作以及分发都将发生重大变革：专业创意团队，组织化生产，标准化作业，跨平台、多渠道内容分发，使网红触及的用户更加广泛，快速生产成为可能，且避免了创意的枯竭和风格的单一。在专业机构崛起、团队运作成为主流的情况下，景区景点仅靠游客或粉丝有意无意的传播而走红，具有随意性与不确定性，故此必须对其进行精准营销。

二是善用网红品牌打造旅游目的地。景区景点在借助外力进行专业化运作的同时，特别要重视那些营销的网红，他们横跨公关、社交、新媒体以及内容营销，产生巨大品牌传播的影响力。运用网红人群作为品牌代言人，需要考虑网红人群形象与旅游目的地形象吻合。景区景点要善于利用网红品牌进行营销模式变革，通过“场景化+规模化”产生品牌效应，将口碑营销、品牌营销和体验营销等营销方式引入营销模式之中。

三是善用内容营销打造文化个性。网红经济根植于内容产业，网红生命力取决于内容本身。特色产品以及有文化含量的产品只有具备传播高附加值与文化底蕴，才能维持旺盛的生命力。否则，刻意打造并无丰富内容的景区景点，很快就会因为游客、粉丝的失望，成为昙花一现的败笔。奇特的景区容易成为网红，背后都有历史文化或创意的支撑。被网络视频热捧的重庆洪崖洞夜景以及西安永兴坊“摔碗酒”习俗，就得益于当地独特的建筑格局以及文化习俗。挖掘景区景点文化个性，要运用文化旅游、遗产旅游的思路，特别是要重视挖掘当地物质文化遗产与非物质文化遗产中具有鲜明个性的内容。

四是善用全域旅游打造持久吸引力。打造网红景区景点实际上是一场全员公关与全员营销：以全域旅游为导向，进行旅游品牌形象设计、旅游产品规划及要素包装、旅游目的地全域化氛围营造；突破区域局限，推动功能互补、特色突出、彼此融合的跨区域旅游线路形成；把休闲旅游、遗产旅游、红色旅游、康体旅游等主题串联起来，将整体旅游品牌打造成网红品牌。经济欠发达地区，旅游起步晚、基础设施比较薄弱的网红景区景点，更应实施全域旅游发展战略，完善基础设施与配套设施，提升服务质量，做到名实相符。此外，还要加强旅游购物管理，规范旅行社经营行为，建立健全旅游综合监管机制，为景区景点规范发展全方位保驾护航。

四、科技融合与旅游消费者行为

伴随着最新的数字技术发展，旅游消费在两个层面发生变化：第一个是5G和移动智能手机的大面积普及，包括美好乡村层面，以及更下沉地域的普及；第二个是交通发展，大旅游环境基础硬件逐渐增多，例如，抖音只是一个介质，基于大交通硬件条件的成长以及科技的成长，通过货找人、内容找人的方式，让很多消费者、KOC、达人、企业以及政府，以不同视角展示目的地全貌，涵盖了人文、山水、都市色彩等多方面。

在整个大趋势的变化层面上，截至2022年抖音上用户关于旅游的搜索超过8亿。居家办公等的普及加速了内容平台的发酵和用户停留的时长，加速了大家对国内各个地方目的地更深层次的探索。

用户对大的旅游目的地的搜索在整个平台上表现很火热，说明用户需求很旺盛，这样的生态会发展到整个消费者或者民众没有看到的旅游目的地，如村落、苗寨，或者是在大都市里面的小场景、商圈，或者是一个很美好的打卡地，这些都是未来可以发现的机遇。比如抖音开始持续在发展酒旅行业产品层面大力加强基础建设，包括团购等内容，把用户需求和现有场景的供应链进行连接，更好地适应了市场变化。

（一）虚拟旅游消费者行为

1. 虚拟旅游的概念

虚拟旅游（virtual tourism）的概念最早由国外翻译而来，目前国内虚拟旅游的发展还不成熟，对其研究的时间还比较短，大家对虚拟旅游的定义还未达成共识。但随着研究的深入，其概念范围的界定、基本理念等越来越清晰。徐素宁等人（2001）较早提出了虚拟旅游的定义，认为如果通过互联网或其他载体，将旅游景观动态地呈现在人们面前，让旅游爱好者根据自己的意愿，来选择游览路线、速度及视点，足不出户就可以遍览遥在万里之外的风光美景，这便是虚拟旅游。① 肖朝辉（2003）则将虚拟旅游简单地归结为，利用虚拟现实技术实现景物的数字再现，通过遍布世界各地的互联网，人们足不出户即可实现周游世界的旅游方式。江辉仙等人（2005）指出虚拟旅游是建立在现实旅游景观的基础上，通过模拟或超越现实景观，构建一个虚拟旅游环境，使得参与虚拟旅游的旅游者能够身临其境般地进行虚拟旅游活动。② 于萍（2008）则把虚拟旅游的定义分为广义虚拟旅游和狭义虚拟旅游两种。广义虚拟旅游是指任何以非身临其境的方式获得旅游景点相关知识和信息的过程；狭义虚拟旅游则源于虚拟现实，指以包括虚拟现实在内的多种可视化方式，形成逼真的虚拟现实景区，使使用者获得感性、理性等多种有关旅游景点知识和信息的过程。③

综上所述，虚拟旅游是指建立在现实旅游景观基础上，利用虚拟现实技术，通过模拟或超现实景观，构建一个虚拟的三维立体旅游环境，网友足不出户就能在三维立体的虚拟环境中遍览遥在万里之外的风光美景，形象逼真，细致生动。

2. 虚拟旅游消费者行为特征

旅游业是一种体验行业，在真正到达实地旅游景点之前无法体验旅游产品，因此虚拟技术的出现为旅游行业提供了一种新的营销手段，借助虚拟设备沉浸式、交互式显示技术，描绘出现实世界中的旅游目的地，为游客提供试用体验。虚拟旅游对旅游消费者行为具有重要影响。在体验的过程中，游客能够看到所呈现的生动逼真的旅游地图，减少了不确定性。同时由用户所穿戴的终端设备生成的支持音频的三维视觉效果能够使游客接收丰富的感官信息，对旅游景点的空间和文化有更好的了解。探索实地景点的虚拟旅游的体验可以对实地访问目的地产生积极的影响。在虚拟技术产生之初，相关研究者就发现使用虚拟技术可以作为增强目的地景观吸引力的一种方式，以及有可能为旅游业可持续发展提供潜在的解决方案。在数字文旅领域，通过对使用虚拟技术来考察目的地景点进行研究，结果发现所呈现的虚拟景点可以有效地诱导人们关注景点的特色内容，这种减少实地访问的不确定性的体验可能会增加用户体验的满意度并增强访问目的地景点的意愿。④

虚拟旅游的交互性、临场感和社会存在对用户在过程中产生心流体验具有显著的正向影响。当用户在体验虚拟旅游时，如果其交互性的动机能够得到满足，即能够很好地控制和选择自己所参观的环境和内容，或者能够感觉身临其境，仿佛身处真实景点，或者能够通过分享交流虚拟旅游内容和感受获得良好的社交互动，用户就会在这个过程中产生心流体验，感觉时间过得飞快，忘记了时间概念。

---

① 徐素宁，韦中亚，杨景春．虚拟现实技术在虚拟旅游中的应用［J］．地理学与国土研究，2001（3）：92－96.

② 江辉仙，林广发，黄万里．基于因特网的虚拟旅游应用探讨［J］．东南大学学报（哲学社会科学版），2005（S1）：216－219.

③ 于萍．虚拟旅游初探［J］．新乡学院学报（社会科学版），2008（1）：70－74.

④ 张晓洁．虚拟旅游体验对用户旅游参与意向的影响研究［D］．济南：山东财经大学，2024.

互联网条件下的虚拟公共文化空间提供数字化文化资源与文化参与场所，搭建空间运行逻辑与行为规范，允许参与者以虚拟身份进行文化学习、文化交流、文化需求反馈、文化创作等虚拟文化活动。打造以文化旅游资源为基础、科技为支撑的虚拟公共文化空间，能有效实现文化旅游消费物理环境虚拟化、在地服务在线化，满足公众文化旅游消费空间体验，从而突破文化旅游消费对物理空间的依赖，为公众文化旅游消费提供新途径与新方式。文化旅游行政部门可通过网站公开规范渠道，集中汇聚已经注册审批的互联网企业、数字化文化旅游消费平台及相关文化企业网站，便于公众及时获取文化旅游资源和文旅消费服务信息，做好信息可查、更新及时。

案例分析

虚拟现实技术改变旅游生态

随着科技发展，虚拟现实技术在各领域的应用现状和前景颇受瞩目。近日，有学者在“对话”网发表文章，围绕虚拟现实技术在旅游业的应用问题进行了探讨。

1. 基于“思维漫游”原理

澳大利亚阳光海岸大学讲师维姬·谢弗（Vikki Schaffer）表示，人类大脑有一种类似于虚拟现实的想象机制，能够在想象中获得类似于现实中的体验。比如，当人在回忆过去时，与浮现在脑海中的画面一起出现的，是被唤醒的快乐、痛苦等各种感受，这让人们如同在现实中又一次经历了这些感受。当人在畅想未来时，脑海中也会出现各种画面。脑海中的这些面面便是所谓的“思维漫游”。

谢弗称，在思维漫游中，人们有时会忽视身边的现实世界。回忆或者幻想有时会主导思维，并通过神经通路来形成心理图像，进而唤醒某些情感体验。这些体验与人们受到现实刺激后的体验相类似，如同人在现实中形成的真实体验。

虚拟现实技术基于思维漫游的原理，使用生动的意象来对人进行感官刺激，使人沉浸其中，由此产生真切的感受。研究表明，虚拟现实技术可以让人的注意力持续专注，从而让人产生沉浸感。比如，通过虚拟现实设备参观澳大利亚大堡礁后，会让人获得亲临现场般的放松。如果只是浏览图片或阅读文字，则很难让人产生身临其境的共鸣感。

2. 促进旅游业发展

近年来，澳大利亚旅游局为度假胜地制作的虚拟现实视频的观看次数超过 1 050 万次。通过虚拟现实技术的使用，让人获得旅游体验的同时，产生新的旅游盈利方案。

斯科特谈到了虚拟现实技术的一些应用，例如观看野生动物。虚拟现实技术所引起的共鸣、惊讶、新奇甚至恐惧等真实感受，弥补了人们无法身临其境的遗憾。同时，虚拟现实技术还可以改善人们的健康状况。当感到压力太大，又没有时间去旅行时，斯科特推荐使用虚拟现实设备，以此放松精神，愉悦身心。

3. 寻找现实和虚拟的结合

澳大利亚阳光海岸大学艺术与法律学院教授布伦特·莫伊尔（Brent Moyle）表示，人们旅游往往是为了寻求与周围世界更深层次的情感联系，这也是体验式经济的精华。随着虚拟现实技术的不断革新，旅游业正日益成为现实世界和虚拟世界新的结合点。

英国卡迪夫大学媒体与文化研究讲师珍妮·基德（Jenny Kidd）认为，博物馆等文化机构往往在表现历史和传统文化方面更依赖于技术的创新。近年来，无人机、3D打印和增强现实技术的应用，给博物馆带来了新的生机，现实和虚拟得到了完美的融合。

基德表示，随着虚拟现实技术的成熟，虚拟博物馆开始走入人们的视野。虽然虚拟博物馆在一些方面受到了质疑，但这并不能阻碍虚拟现实技术在这一领域的应用。目前，许多博物馆正在探索如何使用数字技术呈现藏品，进而通过技术手段让游客观察到之前被忽略的藏品的细节。

随着科学技术的发展，虚拟现实技术得到广泛应用的可能性正在逐步提高。由于人们对新奇体验的需求不断增长，虚拟世界与现实世界的结合将成为未来旅游业的一个重要特征。

资料来源：侯丽．虚拟现实技术改变旅游生态．中国社会科学杂志社［EB/OL］，(2018-10-17)［2024-02-01］．http：//sscp.cssn.cn/xkpd/xszx/gj/201810/t20181017_4705781.html．有改动．

问题：

1．数字文旅中的虚拟技术是通过哪些刺激物影响旅游者的感知的？

2．你认为数字时代通过虚拟技术产生旅游体验会替代真实的旅游经历吗？

（二）“旅游＋文化＋科技”对旅游消费者行为的影响

文化和旅游部政策法规司司长张永新曾在公开场合表示，“十四五”时期将持续推进文化和旅游深度融合、创新发展，不断提高文化和旅游发展的科技支撑水平，优化文化和旅游发展布局，建强文化和旅游人才队伍。“科技支撑”体现在沉浸式旅游、数字化体验产品等形式上。它们活化并增强了文化旅游产品的主题内涵、个性特色、以及产品的形象性、生动性、体验性和互动性，极大地丰富了现代旅游文化产品。

“旅游＋文化＋科技”，这三种元素的结合，让旅游业极具想象空间和市场发展前景，文化和科技已然成为文化旅游发展的两翼。比如掀起一股盛唐“国潮风”的河南春晚舞蹈节目《唐宫夜宴》正是运用了5G＋AR技术，为舞蹈演员秀逸韵致的舞姿锦上添花，将虚拟场景和现实舞台相结合，成功将大唐盛世的文化形象完美地呈现在舞台上。2021年春节，洛阳应天门重磅启动3D投影秀，以“寻梦黄河”为主题，将影音、建筑、历史融为一幅幅流光溢彩的画面，打造出一场关于洛阳千年历史变迁的视听盛宴，收获了广大观众的点赞好评。在应天门遗址博物馆，银幕与地幕相接，利用声、光、电等数字手段全方位展示应天门“一门三道”遗址层。大型国风音乐机器人科技舞台剧《应天长歌》，以多款音乐机器人为主要演员，让观众直观感受文化历史和科技创新的独特魅力。这些展演被科技赋予了创意和灵性，堪为“历史＋艺术＋创意＋科技”的完美融合。

但科技毕竟只是文旅融合的实现手段。北京工商大学传媒与设计学院教授高丽华表示：“在文化成为旅游吸引物之后，怎样使得文化具有可参观性，就是亟待解决的问题了。有的景区虽然具备丰富的文化内涵，但是可参观性却不强。有的看上去很华丽、很热闹，但却不知所云，昙花一现。”所以，旅游品牌在运用科技的时候，首先要做好文化看点的挖掘和呈现方式的调研策划。

知识链接

智慧旅游的内涵与构成

智慧旅游是基于新一代信息技术（也称信息通信技术，ICT），为满足游客个性化需求，提供高品质、高满意度服务，从而实现旅游资源及社会资源的共享与有效利用和系统化、集约化的管理变革。

从内涵来看，智慧旅游的本质是指包括信息通信技术在内的智能技术在旅游业中的应用。智慧旅游是智慧地球及智慧城市的一部分，它的四大核心技术是物联网、移动通信、云计算以及人工智能技术．通过感知化、物联化、智能化的方式，可以将旅游过程中的物理基础设施、信息基础设施、社会基础设施和商业基础设施连接起来，成为新一代的智慧化基础设施，使旅游业涉及的不同部门和系统之间实现信息共享和协同作业，更合理地利用资源，做出最好的旅游活动和管理决策，及时预测和应对突发事件与灾害。由于智慧旅游面向旅游者、企业、政府和居民，因此，其应用给不同的利益主体提供了不同的价值。这些价值供给体现在智慧旅游的信息应用层面。对于游客而言，其可以获取旅游全域/全流程的信息服务，实现出游前的信息查询、合理线路设计、旅游预订、智能导览、门票及优惠券获取、紧急救援、投保理赔等价值；对于企业而言，其可以获取旅游电子商务、营销、满意度调查、行为追踪、数据统计及挖掘等价值；对于政府而言，其可以获取行业市场监管、旅游信息与其他公共服务信息共享与协同运作、旅游目的地营销等价值，实现指挥决策、实时反应、协调运作，政府可以更合理地利用资源，做出最优的城市发展和管理决策，及时预测和应对突发事件和灾害，形成产业发展与社会管理的新模式；对于居民而言，其可以享受交通、游憩、休闲等多种系统信息共享的价值。

五、数字文创与旅游消费者行为

（一）文创产品的数字化

文创产品的发展历程可以追溯到20世纪末和21世纪初的日本和台湾，随着其被越来越多的人认可，文创产业迅速发展，并扩展到全球。在中国，文创产业发展也非常迅速，并取得了很多成果。从最初的手作文具、陶瓷、木工笔记本等到如今的数字化、互动化、人工智能、虚拟现实产品，多元化文创产品日益增多，文创产业已经成为中国文化产业的重要组成部分。

近些年文创产品的数字化越来越普遍。传统的文创产品，如书籍、文具、工艺品等，已经逐渐被数字化产品所取代。例如，数字书籍、电子笔记本、数字艺术品等都成为人们购买的热门产品。此外，随着智能设备和传感技术的发展，文创产品也越来越具有互动性。例如，可以让人们在文创产品中体验互动的“AR打卡”“趣味导览”“虚拟旅游”等。

从产业链看，数字文创产业主要由内容创作、后期制作、传送媒介及体验场所四部分构成。从细分领域看，数字文化创意产业的新型业态主要包括数字文化旅游、游戏电竞、新媒体、动漫及衍生产业、数字营销和智能营销、数字创意设计等。

数字文创是基于“科技＋文化”，以文化创意内容为核心，依托数字技术进行创作、生产、传播和服务的新生产业。数字文创是依托于区块链技术发行的一种文创数字化载体形态，其通过区块链唯一标识的技术手段，在保护其数字版权的基础上，实现可信的数字化发行、购买、收藏和使用，成为创作价值确权和流转的新载体，在内容作者和消费者间搭建起了一座价值连接的桥梁——创作者可将数字文创通过文化交易平台直接发售给喜欢的粉丝和用户，从而实现 IP 和创作的兑现。因此理论上数字文创市场发展可激活文创的创新活力，有利于中华优秀文化的传播推广，推动文化消费新风潮，这也与我国文化数字化国家战略不谋而合。近年来，数字文创以其容易传播、与优秀文化相结合的特点成为新兴产业。故宫系列文创产品备受消费者的喜爱，口红系列更是深受广大女性用户的追捧。比如数字书籍与电子书类似，可以通过手机端阅读；电子笔记本其实大多时候指一种电子产品，可以作记录，比纸质笔记本更灵活，可以把照片和手绘都集合在文字页面上，又不用带很多颜料去在纸质的本子上作画，非常适合喜欢做手账的朋友。

最早的数字化产品可能是 2021 年年底都金沙遗址博物馆推出的 4 款“数字文创产品”。在 50 秒的时间里 4 万份数字文创产品被一抢而空，除了亲民的价格，核心卖点便是颇具影响力的文化符号。还有 2022 年 4 月开封清明上河园景区正式推出的首款数字文创纪念票，通过手绘及虚拟仿真设计，以园中的著名建筑虹桥为主体，涵盖上善门、汴河等经典元素，以动态数字化的效果呈现出北宋都城的城建格局、社会生活和市井风情。

数字化已成为文旅行业的趋势。文创产品不仅能够推广传统文化艺术，还可以让游客在旅游过程中拥有更多体验和互动。文创产品也可以帮助旅游行业在营销和创新方面开展更多有趣的活动。新冠疫情期间，文创产品的普及和推广也在一定程度上促进了文旅行业的互联和数字化，为文旅行业的数字化升级和转型带来了机遇。

（二）数字文创品牌发展与旅游消费者行为

文创品牌延伸价值评价具有主观性、个体性的特点，这些特点容易受消费者个体内在的自我构建的影响。目前，中国传统产业需求日趋饱和，文创产品消费将成为新的经济增长点，但文创行业品牌延伸的失败率却非常高，原因在于文创品牌延伸忽略了消费者的情感共鸣。

我国的数字博物馆是随着新世纪的到来而出现的新生事物，既有单体建设，例如数字故宫，也有群体建设，例如中国数字科技馆、中国大学数字博物馆，更有大量筹建的单位。一些尚未启动数字博物馆建设的地区，应该汲取已有的相关建设经验，以保障人、财、物投入的有效性。

博物馆作为文化事业单位，担负着传承优秀文化的重任，可以保护并展示一个国家、一个民族的标志性文化遗产，向人民群众传递民族精神。这些遗产是人类在发展过程中留下的闪光点，能够在社会中形成一股将人民凝聚在一起的强大力量。当今世界的竞争属于综合国力的竞争，而文化软实力是综合国力的根脉和基础。目前乃至今后的几十年时间内，随着我国综合国力的不断提升，文化软实力会迎来新的发展契机，我国的博物馆事业将处在一个发展高峰期。全面加强博物馆管理工作，探索博物馆科学化管理模式，将是博物馆各项工作的重中之重。①

不论是展览还是陈列，只要拥有精品，就能够引起观众的兴趣，精品对于拓宽社会教育的整体覆盖面以及扩大博物馆自身的影响力具有积极的促进作用。博物馆的陈列与展览，不论是自己举办，还是通过引进的方式举办，都需要朝着多元化的方向发展，以体现出专业化与国际化特征。同时，要做好自身的定位，更好地满足社会和观众的实际需求，而实际的展示内容一定要有足够的创新，以呈现出精品的无限魅力。展览在整体设计上一定要考虑到实际效果，要通过创意的设计以及精美的展品，让观众站在多元化的角度去探索，去感知社会，去了解历史，从而传播我国优秀的传统文化。展览要表达出不同地区与民族独特的文化理念，真正地为社会提供服务，为观众打造精品。

博物馆数字化建设是世界博物馆整体发展的主流趋势。为了打造现代化的博物馆，满足博物馆在今后发展的实际需要，信息管理工作已经成为博物馆管理人员的主要工作方向。现阶段，建设数字博物馆，开展相应的人才建设以及对科学技术进行创新，使博物馆的知识传播功能逐渐地由“单项传递”变为“双向交流”，使博物馆的教育职能逐渐地由“教”变为“帮”，最大限度地吸引更多的社会公众来博物馆进行参观，有效地推动博物馆教育功能的实现。数字博物馆通过运用先进的科学技术，将大量的信息直接传播给观众，使观众可以突破时间、空间上的限制，去了解不同民族、不同地区、不同时代的文化资源以及风土人情，并且还会给观众带来一种身临其境的全新体验。这恰恰弥补了传统博物馆在经营管理过程中的各种不足，创新了博物馆的展览形式。推动数字博物馆建设，能够使博物馆自身的优势得以发挥。这种良好的文化传承模式，可以提高博物馆的吸引力和凝聚力，使社会公众感受全新的文化价值。

除此以外，通过融合与借鉴，采取联合展览、引进展览、赴外展览和协助展览等方法，可以推动不同地区的博物馆共同发展，实现博物馆资源的共享，满足观众多元化的精神需求，促进博物馆社会服务能力的提升。此外，博物馆之间的合作在成熟的情况下也可以扩大到世界各地，通过展览交流，使博物馆直接变成城市对外交流的文化载体，让世界更加了解我国的优秀文化，促进我国民族文化的传播与弘扬，使博物馆的宣传效果达到最大化，真正实现从“馆舍天地”走向“大千世界”。例如，山东博物馆与孔子博物馆合力推出了“衣冠大成——明代服饰文化展”展览。

第四节　文旅夜消费与旅游消费者行为

导人案例

夜游精彩无限！西湖区打造“西湖夜未央”文旅夜经济品牌

夜游杭州，你还是只知道去西湖边、运河畔的那些老牌景区和商业街吗？今年，以杭州亚运会为契机，西湖区充分发挥盛会盛世的人文优势，围绕文旅消费集聚区、消费地

① 张嵘．博物馆管理与数字化建设应用研究［M］．济南：山东大学出版社，2022.

标、网红打卡地等目的地，打造了“西湖夜未央”文旅夜经济品牌，构筑了黄龙派、夜幕里、AI文三、艺之江、西溪谣、三墩味、江映月七大板块，营造了亚运消费氛围，打造了独具西湖特色的夜间经济标杆。

除此之外，还有更多好玩有趣的主题玩法，能让你最直观地去感受“杭州夜生活”的魅力。

1. 黄龙派

西湖区充分发挥黄龙中心的运动属性，开启夜跑、夜骑、飞盘、夜爬等潮流运动。同时，推出了亚运主题4大运动线路等你来体验。

依托环黄龙产业带，联动周边RayPub暗光、JOY酒隐等优质酒吧，发起打卡计划，打造狂欢氛围。

2. 夜幕里

以天目里文艺情调为基础，联动天目里美术馆、B1OCK时尚概念店、沿山河集等夜购、夜观、夜酌元素，在光与影交错间探索城市。

届时，众多有趣的市集活动、各类展览、免费电影等也将在这里启幕。

3. AI文三

文三街区沉浸式的AI体验，带你走进“虚实结合”的梦幻空间。这里举办了“AI上夜文三”嘉年华，同时发布打卡地图，包括“梦幻西游”沉浸乐园、“诛仙”主题古风餐厅、气味王国、黑猫奇闻社等。通过“AR寻光”等互动体验活动，串联街区打卡点。

4. 艺之江

发挥宋城和艺创小镇的集聚效应，组织开展夜间主题活动。宋城千古情、浙音音乐会以及艺创小镇主办的凤凰艺市·夜雅集等精彩盛宴轮番上演。

5. 西溪谣

西溪湿地将定期举办国潮灯会、国风夜市、夜间游船等活动，打造“今夕共西溪演艺+”“西溪艺术节+”产品链。

西溪里的美丽传说《今夕共西溪》展现江南美学浸润大戏。在西溪天堂艺术中心，第九届西溪艺术节、西溪@未来——迎亚运青年艺术家作品展，将共同展现中国传统优秀文化与现代艺术的风姿。

西溪天堂·栖悦城Qi乐夜市开启4大主题活动。更有西溪喜来登推出《萨婷之夜》，沉浸式互动宴集吃、看、玩、演于一体。

6. 三墩味

串联厚仁商业街、厚仁食集、韵西湖、三登客、303生活广场、街边夜市等业态，让游客感受浓浓的人间烟火。

网红奶茶店、兰溪地道非遗小吃、创意江南菜、哈尔滨烧烤……举办专题美食节，打造外摆休闲气质，吸引大家来体验特色美食。

7. 江映月

以双浦沿江区块、灵山景区、田野和季风为基础，推出“三江两岸”水上游线，打造汽车电影、山下露营、临江赏月等场景，点亮流光溢彩的西湖斑斓夜。

走进铜鉴湖露营基地，看露天电影，再配上美食，约上好友，度过悠闲周末。与此同时，西湖区推出三大主题活动，让你爱上夜西湖。(1) 微醺干杯企划。发起西湖区干杯企划，联合西湖区内酒吧，推出“主题”饮品，邀请你线下干杯。(2) 夜晚请入席。诚邀热心食民来吃霸王餐，开启一次西湖区在地美食打卡之旅。(3) 西湖要你好看。在西湖区看演出、听音乐会的同时，根据藏宝图寻找艺术藏宝人，凭暗号接头，开启线下惊喜盲盒。

从千年风雅的国风市集、活力四射的潮流运动、琳琅满目的风味美食，再到文艺浪漫的动人演艺，我们将重新认识这个不一样的“夜西湖”!

来源：马振寰．夜游精彩无限！西湖区打造“西湖夜未央”文旅夜经济品牌［EB/OL］．中国日报网，(2023－09－18)［2024－02－01］．http：//china．huanqiu．com/article/4EalmZFESQ1．有改动．

随着旅游业在国民经济中的地位和作用越来越重要，城市“夜游”产业在旅游者需求日益多样化和旅游时间更加充分和合理利用的背景下加速发展。夜游可以领略城市的另一种风情，它能让人看到一座城市文化与生活的缩影，也是为城市创造财富的机会。在以旅游为主的浪漫不夜城威尼斯，打造出 NBA 和好莱坞的洛杉矶，擅长文化多元经营的新加坡，被誉为购物天堂的中国香港等，“夜游”不仅成了他们独特“夜经济”的增长点，更让游客们从另一个侧面感受到了城市建设的辉煌和活力。入夏后，酷暑的高温让很多市民走出家门去逛街、去购物、去休闲，由此带动了城市夜游市场的快速发展。上海、南京、杭州、广州和北京等地因此制定了相应的措施，或延长景区景点开放时间，或开辟专门的旅游线路，城市因此获得了巨大的经济效益。比如广州番禺长隆野生动物园仅仅依靠动物杂技、马戏表演一项夜间旅游，就获得了百万元的收入；再比如南京夫子庙秦淮风光带作为有着悠久夜游历史的景区，自 2002 年 9 月 20 日开始，亮灯时间延长 1 小时，结果各商家及旅游景点的营业额普遍提高了 20％以上，个别餐饮企业的效益增加了一倍。由此可见，城市夜游已成为城市旅游业的一个重要产品，对城市度假休闲发挥着越来越大的作用。夜间旅游的休闲文化特性符合现代旅游精神，越来越受到旅游业界的重视，其休闲文化优势的发挥对于城市旅游具有显著的现实意义。

一、休闲文化与夜间旅游

当前，我国已经普遍进入休闲社会，经过改革开放 40 多年的发展，我国综合国力和人民群众生活水平有了显著提高。作为世界第二大经济体，我国人均 GDP 已超过 1 万美元，公共假期已有 115 天，人们每年有 1/3 的时间可以用于休闲。按世界各国的发展经验，在解决经济收入增加的问题之后，就要开始考虑闲暇时间支配的核心问题，因而选择旅游充实休闲时间逐渐成为现代人追求高品质生活的一种途径。城市夜间旅游作为一种新的旅游模式，其文化休闲性符合现代旅游的文化精神，已经越来越受到旅游业界的重视。夜间旅游休闲文化优势的发挥有利于引导全社会树立健康、文明、环保的休闲理念，更好地满足广大人民群众旅游休闲消费需求，对于城市旅游甚至城市发展具有显著的现实意义。

(一) 休闲文化解读

随着社会的发展进步，人们获得了更多可以自由支配的时间以及更加丰厚的收入，从而使休闲活动成为新的大众追求和生活中必需的组成部分。西方古希腊哲学家亚里士多德被认为是第一个对“休闲”进行定义的学者，他提出“休闲是不需要考虑生活问题的心无羁绊的状态”。进入近代之后，西方休闲科学理论开始逐渐形成，美国社会学家杰弗瑞·戈比在《你生命中的休闲》一书中提出，“休闲是从文化环境和物质环境的外在压力中解脱出来的一种相对自由的生活”。相对于西方休闲研究中习惯将必要的日常生活工作与休闲活动区分开来的功能划分视角，我国休闲研究更关注休闲的精神追求。马惠娣认为休闲是“人的生命状态的一种形式”，“休闲的最好状态是以欣然之态去做心爱之事”，休闲是“一种精神的态度”。张培峰认为，从中国文化传统看，休闲是伦理修养和心理修养的统一，不是单纯的放松和放纵，而是一种人格养成和精神追求过程，也是一种在节奏紧张、环境多变、物欲诱惑等外在因素刺激下保持心理健康的功夫。中西方研究的互补表明了休闲的物质属性和精神属性，可以概括为一个人在工作和日常必要生活活动之外所安排的一切有利于身心放松的活动，它不仅具有客观的实践属性，同时也是人们内心精神的体现。

休闲作为人的一种自由生活，其真正内涵是挖掘自身潜能，实现自身价值的一种生活方式，而每一种生活方式都是受到社会经济、政治、文化等多种因素影响的。在人类几千年文明演化的历史中，文化是从人类活动中产生的，而休闲又是人类活动发展到一定阶段的产物，是文化创造发展的土壤，所以休闲与文化是密不可分的。考察中国传统文化，我们不难发现中华民族生活于物产丰富的中华大地，自古以来就有休闲活动的传统。休闲思想最早形成于先秦时期，“朝吟风雅颂，暮唱赋比兴，秋看鱼虫乐，春观草木情”，可见休闲思想在《诗经》中占有一定的位置。后来随着儒家思想和道家思想的不断发展，休闲文化也受其影响，精神内涵大大丰富。陶渊明的“采菊东篱下，悠然见南山”，陆游的“山重水复疑无路，柳暗花明又一村”就是古代文人休闲生活的理想状态，这种休闲文化表现出以精神为联系的人与自然的和谐观，体现了休闲的文化性、精神性追求。而在当代社会中，休闲文化表现为一种高雅有品位的生活方式，其特点是精神性的满足，超越了以往生活对物质的单纯依赖与追逐，它是人们物质财富丰富后的必然需要。同时，现代休闲文化的大众性也值得提倡，其主要特点是娱乐性和闲适性。目前人们的休闲活动方式越来越多，外出旅游、体育健身、享受美食等都可以帮助人们暂时摆脱社会压力，这些活动体现出人们对于健康时尚生活方式的追求。

（二）夜间旅游的文化休闲特性

旅游在内容上日渐远离“白天看庙，晚上睡觉”的传统观光形象，代之以更为放松、更为自由、充满个性化的休闲度假活动，城市夜游系统的形成正是适应游客在休闲内容上的需求不断拓展外延的结果。同时，城市夜游在吸引外地游客的同时，还强调当地居民的休闲娱乐需求与城市旅游业发展的不可分割性，在城市规划与服务性设施布局上更加体现人性化色彩，促进本地休闲娱乐业和对外旅游吸引力的共同发展。夜游自身优势对于旅游目的地而言，夜间旅游是实现旅游可持续发展的重要方式。开展夜间旅游是对现有旅游资源进行再开发的途径之一，如果能在原有资源的基础上挖掘出适于夜间进行的旅游项目，则会使资源的效能得到更大的利用；而且夜间旅游的发展还常常与环境整治相结合，如珠江从广州市区穿过，以前江面垃圾横行、水质污染严重，后来经过广州市政府对该河段及两岸景观的综合整治，建成珠江—广州河段两岸的“观景兴奋带”和“光亮工程”，一条旅游热线——“珠江夜游”由此而兴起。

夜间旅游是伴随着人们休闲生活方式转变而出现的一种新的旅游方式。夜间旅游一般指从日落到第二天太阳升起的时间段之内，由旅游者和城市居民在以城市为主的固定范围内展开的，以旅游休闲为目的的各种活动。基于夜间旅游的空间与时间限定，城市基础设施不能支持大规模的自然观光旅游活动，所以夜间旅游形式以文化休闲旅游活动为主。夜间旅游是城市休闲文化的主要载体，夜间旅游强调当地居民的休闲娱乐需求与城市旅游业发展的不可分割性，对于本地居民而言，夜间旅游是一种健康的休闲方式，符合现代休闲文化的特征，人们在夜间游园林、看演出、品佳肴，夜间旅游引领人们走向自然、走向自己的内心，使现代人重新寻回因对物质生活的过分追求而迷失了的文化审美。对于外地游客而言，夜间旅游是他们了解地区文化休闲生活的窗口。夜间旅游因其特有的休闲文化性，古往今来都与各国民族文化关系密切。我国著名的元宵灯会，始于西汉，兴盛于隋唐，历代灯火之风盛行，并沿袭至今。城市夜间旅游为这些民间传统文化的保护和发展提供了平台。近年来比较流行的夜间旅游活动，比如张艺谋导演策划的《印象》系列、《宋城千古情》等大型歌舞剧无不以景区的文化历史为主题，其中包含的杂技、戏曲、歌剧、舞蹈、魔术等演艺项目都是对我国传统文化的再现和传承。可见夜间旅游主要针对旅游者对休闲文化的旅游需求，更能体现一种人文关怀和城市风景的结合。

二、夜间旅游产品分析

城市夜游系统不仅需要城市景观基础，还需要组织化、系统化的城市夜游产品以提供给游客。在这方面，城市夜游产品已逐渐摆脱单纯的城市夜景观光，而向综合性更强、休闲特色更明显的方向发展。

（一）夜游观光产品

夜游观光产品是城市夜游最先发展也是最为主要的产品类型之一。它主要以城市夜间景观为主，依托相对固定的游览线路，为游客提供夜游观光产品。以广州的珠江夜游为例，作为典型的城市夜游观光产品，珠江夜游一般从人民桥附近西堤码头出发，向东行驶，经解放大桥、海珠桥、江湾大桥、海印大桥、广州大桥、鹤洞大桥，而后回程。沿途景观有珠海丹心、东湖春晓、黄埔云橘、鹅潭夜月等“羊城八景”，还有南方大厦、爱群大厦、广州宾馆、华厦大酒店、江湾大酒店、二沙海珠广场花园、白天鹅宾馆、沙面洋房建筑等，全程两个小时左右。这样的行程能够满足一般游客对夜游观光的要求。

（二）夜游美食产品

夜游美食产品以相对集中的美食街区为吸引物，为游客提供以地方美食为特色的专项旅游产品。目前，我国很多城市都建有“美食一条街”，但在资源整合方面尚未形成专项产品，这方面的城市夜游也处在游客自发行为的阶段。仍以广州为例，城市夜游的美食吸引物在几年前以充满地方特色的大排档为主，现在则转向档次更高的餐厅和酒店。此外，在海南三亚小有名气的春园海鲜城也是城市夜游美食产品的代表，成为很多人吃夜宵的主要落脚点。但在经营的规范性和发展程度上与广州相比还有差距。夜市成为旅游者休闲观光最受欢迎的地点之一，Hsieh 和 Chang（2006）的研究解释了香港华人旅游者偏爱夜市的动机。研究结果表明，新奇探寻、感受和体验当地文化风俗是旅游者在夜市购物和享受美食的主要动机。行为上的结果是，“在外面吃饭”（88.5%）成为主要的休闲活动，其次是“日常购物”（56%），再次是“新奇探寻”（32%）。香港旅游者反映夜市存在的主要问题是偷窃、停车困难和交通拥堵等。

（三）夜游娱乐产品

夜游娱乐产品大多是指酒吧、KTV、夜总会、剧场演艺活动等，由于这些娱乐行业的黄金营业时间都集中在晚上，并且对城市夜游的游客有着很大吸引力，因此城市夜游娱乐产品在整个城市夜游系统中占据着非常重要的位置。目前，我国城市夜游娱乐产品表现出较强的地域集中特征，普遍表现为“酒吧街”等形式。

（四）夜游购物产品

夜游购物产品依托于城市传统的商业区，对城市夜游游客有着独特的购物吸引力。以上海为例，从上海的南京路到淮海路，再到徐家汇，地铁 1 号线刚好把上海这三颗商业明珠串起来，为夜游休闲的人带来了很大的便利。上海六百、汇金百货、东方商厦、港汇广场，一家家商厦比邻而开，家家相通，不出商店，就可以货比数家。这样一个互通互连、各有特色的商业圈，在全国还不多见。上海有多少人的夜生活在逛街中度过大概还没有人统计过，但有两个数字可以作为佐证：南京路出现超过 100 万的高峰客流量是在夜市；上海商家全天的营业额有一半是在夜市赚来的。上海商家的夜市曾经只营业到 21：30，但现在已延后到 22：30，周末甚至延长到 23：00，为城市夜游游客提供了良好的购物选择。

三、夜间旅游消费分析

以南京市为例，南京作为旅游强省江苏省的省会，旅游业发展势头强劲。最新抽样调查结果显示，南京市客源比重列前十位的省市，多是我国经济发达、人口稠密的地区，为南京夜间旅游的发展提供了充足而广阔的客源。有学者运用问卷法和访谈法来获得一定数据和资料，更深入地来研究夜间旅游。调查活动通过网络和实地两种方式进行，发放问卷 400 份，有效问卷达 396 份，其中本地市民问卷 232 份，占总样本的 59%，外地游客问卷 164 份，占总样本的 41%，从而在分析过程中能够较为全面地对南京夫子庙秦淮风光带夜间旅游的主体特征进行概括和总结。

本地居民在夫子庙秦淮风光带的夜间旅游是以每月进行的夜间消费频率衡量的。通过调查发现，样本中每月进行一次以下夜间消费的本地居民达 32%，每月 2～5 次的群体达 52%，所占比例最大，而每月有 6～10 次及 10 次以上的居民分别占 15% 和 1%。这说明大部分南京市民已逐渐习惯进行夜间旅游活动，将夫子庙秦淮风光带作为夜游目的地，且出游频次还是比较高的。但相较于其他大城市或白天旅游活动的情景，南京市民到夫子庙秦淮风光带夜间旅游的潜力依然较大。外地游客在南京夫子庙秦淮风光带夜间旅游次数较少，首次在夫子庙秦淮风光带进行夜间旅游活动的比例最多，为 51%；有过 2～5 次夜间旅游活动经历的为 33%；有过 6～10 次夜间旅游活动经历及 10 次以上的分别为 14% 和 2%。可见外地游客对夫子庙秦淮风光带的夜间旅游了解较少，重游率较低。

通过对本地居民和外地游客对夫子庙秦淮风光带夜间旅游活动的了解，可以发现一些规律。从共性的方面说，消费者在夫子庙秦淮风光带进行的夜间旅游活动以游览观光和餐饮为主，这两类活动是南京居民和外地游客夜游的主要方式。但在共性当中也显示出区别，外地游客在夫子庙秦淮风光带夜游项目的选择中，分别对品尝秦淮美食、参观古建景观、体验民俗文化和观看旅游演艺最感兴趣，而本地居民对秦淮美食、沿河休闲关注度较高。同时，外地游客选择项目普遍较多，可见其对南京夜间旅游的需求较为强烈，夜间旅游活动方式也较为多元化。

本地居民和外地游客在夫子庙秦淮风光带的夜间旅游消费的平均支出在 50～200 元和 200～500 元的比例最高，分别占 31%和 46%；高消费群体（18%）多于夜间消费平均支出在 50 元以下的群体（5%）。这反映出随着人们生活水平的提高，消费能力增强，人们对夜间消费的需求潜在空间较大。同时，夜间旅游消费水平与消费者收入的关联度并不高，说明夫子庙秦淮风光带缺乏针对高端旅游者的夜间旅游活动项目。如果景区的夜间活动内容能够全面深化，消费者可以将消费重心从餐饮和购物这两项最为传统的消费转移到更为丰富的夜间旅游或消费中去，更好地推动景区夜游经济的发展。①

知识链接

国际城市夜游系统案例

城市夜游系统作为一种较新的城市旅游模式被认为是城市观光的一个部分，相关研究相对较少，综合国内外的研究情况，城市夜游系统较缺少整体规划设计，大多研究都集中在城市灯光与城市夜游的关系方面，当然这与灯光在夜游中的重要作用密不可分。灯光作为现代城市夜游最关键的因素，不仅是夜游进行的先决条件，本身也是重要的城市景观，因此完全可以将灯光作为城市夜游系统的一个核心因素来研究。电光源的发明使人造灯光改变了人们传统上“日出而作，日落而息”的生活方式。因此，亮灯工程的真正意义在于让城市生活在夜晚得到延伸。夜晚的生活不仅可以包容白天生活的全部内容，还可以创造出比白天更加丰富多彩的生活。

在巴黎，夜游塞纳河已经成为闻名遐迩的旅游品牌。这条巴黎的母亲河上有十几座桥梁，巴黎市政府对每座桥梁都进行了亮化。河道的两侧主要是有几百年历史的住宅建筑和办公楼。母亲河成为所有来巴黎旅游的人希望目睹的景点。尽管巴黎城市各个重要的景点也主要是沿塞纳河展开的，但欣赏塞纳河的夜景仍然成为巴黎夜幕降临后吸引游客的主要看点。为了让游客看到河两岸的建筑景观，同时又不用在建筑上花一分钱安装灯光，巴黎人将几个大功率投光灯绑在两侧船帮上，所到之处两岸历史悠久的建筑与景观自然尽收眼底，游船过后两岸建筑与景观又隐形于黑夜中，既省电又不产生光污染，穿梭不停的游船上几百号游客在兴奋与激动中度过难忘的塞纳河夜游。

① 葛益娟．休闲文化视角下的夜间旅游景区开发研究：以南京夫子庙秦淮风光带为例［J］．河北旅游职业学院学报，2015，20（2）：8-13.

有的游船上还可以一边用晚餐，一边悠闲地欣赏塞纳河夜景。巴黎市政府通过塞纳河夜游增加了旅游收入。

香港城市亮灯工程是通过五彩缤纷的商业霓虹灯表现作为国际大都市的商业繁华；通过主要标志性建筑的灯光变化，表现夜香港的万象风采，让游客感受香港“东方之珠”的璀璨光芒。香港将灯光与夜游相结合，主要选择从高处的太平山顶鸟瞰和低处的维多利亚港观看香港的夜景。在维多利亚港观看夜景，既可以乘坐游船或观光渡轮，也可以从维多利亚港尖沙咀一侧的“星光大道”观看。“星光大道”是灯光与旅游结合的经典，成为香港最佳夜景观赏点。对面香港岛沿岸的多幢主要建筑亮起的璀璨灯光与“星光大道”地面镶嵌的精心设计的LED装饰灯相映成趣。每临节日，“星光大道”展示主题为“幻彩咏香江”的世界级多媒体灯光音乐会演。建筑内外的灯光表现、建筑立面由LED形成的灯光图案、建筑顶部营造节事氛围的射灯照明，配以音响效果和旁白。每当重大节日，灯光音乐会加插烟火效果，令维多利亚港夜色更显闪烁耀目，成为香港重要的旅游项目，吸引了大量的游客。

第五节 微度假与旅游消费者行为

随着我国人民生活水平的提高和带薪假期的增多，以休闲、度假、娱乐为主要目的的度假旅游逐步兴起，成为人们的一种生活方式。我国旅游产品结构也随之由单一观光型向度假型战略转变。休闲度假产品逐步出现高端旅游产品，即具有高素质、个性化和特色化的产品。虽然高消费为创造高素质、个性化旅游特色产品奠定了经济基础，但是高端旅游产品不简单等于高消费产品，更不能等于奢侈、浪费的旅游产品。我国旅游市场复杂多变，旅游产品正从“远程低频”向“近程高频”转变。“微度假”模式因其具有目的地距离客源地近、出行时间受限低、方便、灵活等特征而逐渐成为当下旅游行业的主流趋势之一。

一、休闲度假旅游及微度假

（一）休闲度假旅游

相较于观光旅游和专项旅游，休闲度假旅游更加贴近人们的生活，是一种旅游化的休闲、休闲化的旅游。度假旅游往往不是一次性的旅游，重游率高，有利于保证游客数量的持续增长；而且度假旅游相对于其他旅游形式而言，往往能使游客在旅游地逗留的时间延长，从而进一步扩大旅游者在购物、娱乐等方面的消费，带动其他产业的发展，在旅游者数量相同的情况下可扩大旅游收入，并给整个社会带来更大的效益。要实现旅游业由粗放型向集约型增长方式的转变，必须实现现有的旅游产品结构由观光型向观光度假结合型的转变。

城市休闲度假在欧洲已经流行起来，但是从旅游发展的历史来看，城市度假旅游仍然是一个新兴事物。随着我国经济的快速发展，尤其是随着出境旅游、奖励旅游、会议旅游、商务旅游愈加频繁普遍，旅游业正在从以单纯的观光为主向综合休闲过渡，并逐渐显现出自身的独特表征：消费水平和接待标准与同天数的常规旅游相比，价格通常为其2～3倍；游客为满足自身个性化的休闲要求、独特兴趣或达成某种目标而要求对休闲内容进行特殊安排。休闲度假过程追求舒适、轻松与愉悦，喜欢与朋友和家人一起度假；游客追求与常住地有一定环境差异的中小尺度的度假地进行休闲度假。休闲度假旅游需求萌发，并且在经济发展水平较高的城市开始成为现实的市场需求。同时，需要注意的是，我国城市居民的休闲度假旅游特征与欧洲城市度假旅游特征还有一些差别，比如消费水平偏低、出行距离偏短、仍然聚集在居住地近郊等。

黄燕玲和黄震方曾经以南京居民作为实证研究对象，研究了南京市民的旅游休闲愿望、休闲方式和影响因素，可以据此分析国内潜在休闲度假旅游市场的发展趋势。他们的研究结果表明：其一，女性、未婚人士、公务员、企事业单位人员、本科以上学历的居民更青睐休闲度假；其二，市民对水域风光类旅游资源有明显偏爱，且评价趋于一致（标准差最小）；其三，旅游活动偏好方面，市民更喜欢风景观赏、趣味游乐和休闲度假；其四，从南京市民购买旅游产品考虑因素看，九大影响购买旅游产品的因素中排在前三位的是交通便利性（42%）、旅游费用预算（53%）、安全问题（42%）；其五，南京居民外出旅游选择住宿时排在前三位的考虑因素分别是卫生（74%）、安全（70%）、舒适（55%）。①

高端休闲度假在我国的京津地区、以上海为核心的长三角地区、以广州为核心的珠三角地区以及东部沿海的一些发达省市已颇具规模。根据国际惯例，当地区人均GDP达到3 000美元时，游艇经济就开始萌芽，而长三角地区2004年人均GDP就已达到4 247美元。除了经济快速发展、收入不断增加，中国旅游业不断发展成熟从而推动自身产品升级换代，客源群体休闲旅游要求不断细化提升也是高端休闲度假兴起的重要因素。早在20世纪80年代末期，国际上就已经出现了与大众旅游相对应的“新时期旅游”，当工业经济向知识经济转化时，规模经济和标准化被系列结构和个性化所取代，一部分拥有较高收入、更加注重精神享受的游客，不再满足于传统的期望值低或期望相似的大众旅游模式和产品，他们有着更为个性化的要求，并且愿意为此支付更高的费用。②

克劳锐调研数据显示，对比2022年，2023年有旅游意愿的调研人群占比为87.3%，游客出行意愿高，旅游出游行业复苏渐露气息。③ 2021年游客的出行高峰集中在3次以下，2022年集中在2次以下，旅游出行次数缩水。同时，调研人群2023年人均期望出行3.68次，游客普遍期待增加旅游体验次数，2023年有望改善旅游出行低迷的局面。从出行时间上看，3～5天能满足游客近距离及稍远距离的旅游需求，前提是准备好交通工具与选择好景点，时间恰好充裕。交通、花销也是游客出行的重要考量，出行同伴与安全问题也在限制因素中占据重要比重。选择自由行的用户，更多的是与好友、同事、同学同

① 黄燕玲，黄震方．城市居民休闲度假旅游需求实证研究：以南京为例［J］．人文地理，2007（3）：60－64，33.

② 吴必虎，黄潇婷，休闲度假城市旅游规划［M］．北京：中国旅游出版社，2010.

③ 克劳锐．2023旅游消费内容研究报告，2023－03－06.

行，心情更放松；选择报团行的用户更多是与家人一起，追求幸福感。季节上，游客钟爱凉爽的秋季出行，不仅气候适宜，中秋、国庆长假所处的10月也为旅游出行带来时间上的充裕。与此同时，年轻人的旅游自由程度更高，不受季节与节日约束，“说走就走”的旅游方式正在逐渐得到年轻人的认可。200～1 000km的旅游半径能够满足游客对异省的好奇感，同时也不会导致长途旅行的疲惫感，是用户普遍认可的舒适旅游半径。1 000～3 000元的花销预算在舒适旅游半径内，使消费变得更加弹性。

（二）微度假

“微”已成为一种都市人的生活方式、生活状态，这种方式已深深影响到了人们的旅游方式和旅游思维。“微度假”作为旅游度假中的新趋势，也必然会造就一批新的旅游热点的兴起和旅游新业态的出现。

从知网检索看，“微度假”概念最早出现在2013年。它主要是指城市人充分利用周末闲暇时光，以城市为中心向周边扩展3～4小时车程找寻优质旅游景点，用于周末消遣，寻得工作生活平衡的一种旅游方式。也有学者认为，“微度假”是顺应当代快节奏、周生活的一种旅游模式，它不用太多准备，不需要舟车劳顿，“来一场说走就走的旅行”，如利用短暂空闲时间体验一番优美安静的乡村自然生活。

起初，“微度假”概念更多地被旅游营销者运用，特别是大城市周边的一些旅居地产销售商，更是将“微度假”概念作为一种新式的生活体验来推广。近年来，在城市化高速发展的背景下，人们生活节奏加快，竞争压力加大，追求精神健康和情绪健康的愿望更加强烈。旅游者对目的地的需求从景区转向社区，从单一功能转向复合体验，旅游更加个性化、休闲化和自助化，短期和近距离的“微度假”成为都市人的旅游首选。

“微度假”的出行方式和时间具有随意性，旨在“背上背包就走”，是一种释放压力的旅游业态，类似于传统周边游，但是在旅游品质上提出了更高的要求，也给旅游产品的设计增加了难度。但并不是每个城市周边都有这样的条件建设相应的旅游产品。因此，具有优越地理条件和高品质客户体验的旅游产品已经成为稀缺资源。

2020年以来，上海推出包括历史古镇、文化探寻、乡村休闲等内容的多条半日游、一日游“微旅行”产品；北京推出“老城新颜寻觅王府井大街的文化宝藏”等首批10条“漫步北京”城市休闲线路，让北京人和外来游客感受不一样的新北京，融旅游和本地生活于一体。“微度假”作为一种新兴的旅游形式，其形式更多元、目的地更综合，度假、休闲、康养、研学等多种需求都能一并实现。

“微度假”以都市上班族为主要服务对象，整合休闲康养、精品购物、主题游乐、旅游度假及科普博览等各类项目，形成与休闲商务相结合的旅游产业，提供工作之余生活放松的休闲度假活动场所，正创造着经济新亮点。中国社会调查所（SSIC）2020年的国内旅游消费习惯调查显示，35.5%的被访者倾向于在旅游地停留1～2天、56.2%的被访者选择2～3天、8.3%的被访者选择3天以上。近九成的公众更青睐时间在3天以内的短途旅游，人们更加倾向于一个月多次前往城市近郊或乡村旅游。轻休闲、微度假构成的旅游产品，如人口密度相对较低、有特色、自然环境优质的民宿或精品酒店类产品更容易受到游客青睐。

目前，我国“微度假”旅游还存在顶层设计有待加强、产品内容仍需丰富、服务设施亟待提升、市场整合营销不足等问题。需要加强“微度假”旅游市场培育，发展一批网络化、智能化、个性化的“微度假”旅游发展新模式。

二、微度假与旅游消费者行为

在消费者的心理认知和消费行为层面上，旅游代表着“诗和远方”，“避世旅行”和“3S（Sun，Sea，Sand Beach）”等传统旅游概念也都倾向于体现旅途的距离性与生活方式的深度体验，让传统旅游更像一种弥足珍贵的经历和“奢侈品”。但在今天，中国旅游市场中的旅游方式正逐步从“长距离低频次”向“短距离高频次”转变，“微度假”的旅游模式不断兴起，旅游产品是否可以实现从“奢侈品”向高频多次、易于决策、高性价比的“快消品”进行转变，成为旅游行业当下最值得思考的问题。

（一）现阶段我国旅游市场“微度假”模式和“快速消费品”商业理念的融合趋势

无论是政策上跨省游的熔断机制，还是消费习惯上出游者的消费心理变化，抑或是社会行为上个人出游的风险，都会导致长距离、跨省游客的旅游体验受限；旅游消费从深度度假向高性价比的周边游转变，出游习惯更加倾向短途、短时间的旅游方式。因此，旅游行业的各类市场主体在一定程度上均会开始调整自身运营策略。

（1）运营商偏向本地市场运营、开发“短平快”产品。从两家上市公司的年报披露信息来看，黄山旅游发展股份有限公司的2021年报显示，其在本年度推出经典常规游、休闲轻松游、劲足挑战游三款一日游新线路；张家界旅游集团股份有限公司在2021年7月遭遇张家界发生公共卫生事件时，跨省游熔断。该公司及时调整，一方面，在大庸古城面向本地职工和市民开展本土的文化非遗和民俗活动表演，以缓解经营压力；另一方面，该公司运营的宝峰湖景区以面向韩国跨国游客为主，因此在2021年主动降低7.79%的运营成本，以减少游客空置带来的损失。

（2）旅行社偏向组织短途、短时间的旅行团。文化和旅游部市场管理司在发布的多版旅行社新冠肺炎疫情防控工作指南中要求，旅行社要降低组团人数。但从旅行社的实际经营角度出发，长距离旅行团由于交通、住宿成本相对较高，降低人数会导致收入降低，从而使旅行社在运营中向短途、短时间旅游产品进行倾斜。根据文化和旅游部发布的2019—2021三年年度全国旅行社统计调查报告显示：2020年（5 772.71万人次）和2021年（7 857.58万人次）国内旅行社组织旅游频率相较2019年（17 666.29万人次）有着显著下降，但值得关注的是天数（万人天）的下降比例（−73.11%、−62.98%）均高于同年度的频次（万人次）下降比例（−67.32%、−55.52%）。由此可知，旅行社组织的旅游产品在同等的疫情影响中，出游时长的下降程度高于人数的下降程度，在一定程度上可以证实旅行社在组团规模受限的情况下倾向推出短途、短时间的旅游产品。

知识链接

国庆假期柳叶湖“微度假”旅游有亮点

2022 年 10 月 8 日，记者从柳叶湖旅游度假区获悉，国庆假期期间，该区科学统筹文旅产业发展和安全生产、疫情防控，持续丰富文化和旅游产品供给，全区共接待游客 17.18 万人次，旅游总收入 3 364.13 万元，无重大旅游安全事故和重大旅游投诉，实现了“安全、有序、文明、舒适”的目标。

国庆假期期间，柳叶湖旅游度假区的旅游呈现小活动引领大市场、新景区推高新人气、“夜经济”催生新动能三大特色，各大旅游景点纷纷推出营销活动，带动柳叶湖旅游消费热潮；新推出的文旅项目——渔歌艺术营地试营业，吸引了大批游客前来打卡体验；逛常德河街、看表演、搭帐篷、吃烧烤、听音乐等已成为普通市民和外来游客夜间消费的“必需品”。

据介绍，此次国庆假期期间，“微度假”旅游成为主流，来柳叶湖的游客以本地休闲游和近程旅游为主。从出游群体来看，以家庭、社群为主的出游人数最多。户外露营、参观展览馆、主题乐园等方式成为亲子游群体的主要选择。从时间上来看，今年国庆假期，更多游客选择短程、多次、多点出游。卡乐星球、艾莎亲子乐园成为国庆期间柳叶湖亲子游两大热门景点，7 天分别累计接待游客 3.16 万人次、1.8 万人次。

（二）“微度假”旅游模式的产生机理

1. “微度假”旅游产品的特性

第一，出游距离近，体验周期短。中国文化和旅游部数据中心统计的 2020 年 1～5 月出游距离结构表明，出游距离在 10～50 千米的客群占比从 2019 年的 51.82%上升到 2020 年的 67.97%。同时，郝辽钢等（2022）认为，出行距离的长短会影响游客心理预算的周期长短和决策时间。第二，性价比高。根据文化和旅游部发布的《2020 年国内旅游数据情况》《2021 年国内旅游数据情况》，2020 年，我国人均旅游每次旅游开支为 774.14 元，同比下降 18.8% ，2021 年人均旅游每次旅游开支恢复到 899.28 元，同比增长 16.17%。第三，多次重游。钱建农（2020）指出，“后疫情时代”，旅游业逐渐从“远程低频”到“近程高频”进行转变。

2. “微度假”旅游产品的类型

第一，特色小镇与田园综合体。我国乡村田园类景区一般位于具有消费潜力的都市周边乡村地区，距离主要客源市场近，以休闲旅游类特色小镇和田园综合体为主，游玩时间为单日或周末两日。第二，主题乐园。主题乐园的选址基本位于具有一定消费能力的城市周边，如北京环球影城、上海迪士尼乐园、深圳华侨城等，距离主要客群市场近。主题乐园的体验时间以单日为主，作为家庭亲子、社交等活动的主要去处之一，对本地消费客群重游度较高。第三，都市周边的度假村。位于都市周边的度假村以客源型及资源—客源型为主，选址于旅游资源相对丰富的都市周边地区，距离客源地较近，且可以提供一站式、高性价比服务。

3. 公共卫生事件影响下“微度假”旅游产品的兴起机理

跨省游熔断机制、居民对涉疫风险的规避，会致使游客的出游距离、时间降低。而公共卫生事件影响下的居民旅游消费行为转变，会导致消费者更加理智、有选择性地进行旅游消费。此外，旅游目的地运营商和旅行社倾向于开发本地市场的行为，会使旅游产品的运营更加注重从重游带来收益。同时，“微度假”代表一种不同于传统长距离、长时间的旅游方式，其特点体现在目的地距离客源地近，出行时间受限低、方便、灵活，因此，“微度假”旅游相对传统长途旅游花费较少，且可多次、高频发生，在我国目前的旅游市场中，其产品属性可以契合市场的新趋势。

（三）“快速消费品”与“微度假”旅游产品的融合发展逻辑

快速消费品（FMCG，简称快消品）的商业模式有消费周期短、销售频率高、销售速度快、单位产品价值相对较低的特点。与“微度假”旅游产品的近距离、短周期、性价比高、反复多次消费的特征相似，快速消费品相对成熟的商业模式可以为“微度假”旅游产品提供借鉴意义。

1. “快消品”价值属性与“微度假”旅游特征之间的联系

狩野纪昭（Noriaki Kano，1984）提出，产品价值属性中包含基本属性、性能属性、愉悦属性等，基本属性是顾客认为产品或服务中必须要满足的要素；性能属性是顾客对产品的期望性属性，在产品和服务的表现中往往高于基本属性，会让消费者产生强烈的认同并影响其购买行为；愉悦属性是指一般不会被消费者过分期望的需求属性，一旦实现可以大幅增加游客的满意度。黄维梁（1999）进一步说明消费者感到满意是带来品牌忠诚度和反复购买的关键因素。

2. “微度假”旅游产品的“快消式”运营理念

第一，出游距离、体验周期等基本属性提供启动基础。当前，旅游产品需要具备主要消费客群出游距离近，单次体验周期短的基本条件，才能满足实现“微度假”旅游的前提；第二，产品价格、决策成本等性能属性决定市场表现。产品性价比成为“微度假”旅游产品吸引游客的重要属性，但性价比不等于低价，而是体现在游客在单位金钱消费的基础上获得服务的满意程度；第三，服务品质、体验深度等愉悦属性带来重游消费。菲利普·科特勒（2009）提出，消费者购买产品或服务后的感受与消费前的期望所形成的落差，能够引起正向或负向的购后评价和购后行为。已知消费者感到满意是带来品牌忠诚度和反复购买的关键因素，所以旅游产品可以通过愉悦属性的强化带来游客的重游消费。

三、“快消式微度假”模式在我国旅游市场中的应用

（一）浙江嘉兴市乌镇景区

乌镇是我国著名的特色小镇之一，通过强化周边市场运营（开发本地婚庆市场，打造婚礼目的地，同时开拓省内疗、修养产品，并面向周边客群策划新型旅游路线）、提升产品品质（以多种文化项目为依托，不断强化景区的文化内涵）两大手段实现了在公共卫生事件影响下营收和接待人数的双增长。根据其母公司中青旅控股股份有限公司 2021 年度报告显示：2021 年，乌镇景区共接待游客人次 368.73 万人次，同比增长 22.10% ，2021

年实现营业收入17.58亿元，同比增长121.25%。

（二）复星旅文集团旗下度假业务

复星旅游文化集团是一家在香港证券交易所上市的综合性旅游服务集团，在公共卫生事件影响下，通过投资策略转向都市周边进行开发（开发江苏省太仓市复游城，该项目紧邻上海，距离上海虹桥综合交通枢纽用时不到30分钟）、创新服务模式（打造“泛秀”和场景的演艺产品），使得主营业务收入较去年同期有所上升，据该公司2021年年度报告显示：2021年度假村及酒店业务收入同比增长5.2%，旅游目的地运营收入同比上升18.6%。

（三）华侨城集团欢乐谷系列产品

欢乐谷是华侨城集团旗下的文旅产品品牌，2021年以来，面向本地游客展开营销造势，提供高性价比的产品。具体为在2021年6～10月，面向主题乐园所在的城市推出五大专题季，并邀请本地KOL、KOC进行线下“打卡探店”，制定低于环球影城和迪士尼乐园的票价，给价格敏感的消费人群提供相对高性价比的选择，成功让自身业绩优于行业平均。经营数据显示：2023上半年，华侨城累计接待游客7 200万人次，同比增长93%，恢复至2019年同期的148%；特别是主题公园业务，上半年接待游客近1 900万人次，刷新历史纪录。

（四）宋城演艺发展股份有限公司演艺公园

宋城演艺发展股份有限公司，是全球主题公园集团十强企业，自2021年以来，从提升演艺品质（完善演绎产品，让游客在园区的逗留时间增加3小时）、面向本地市场开展营销运营（杭州宋城景区在2021年成功成为杭州市中小学生研学旅行市级优秀基地，并举办各类亲子活动，开发亲子产品）两方面发力，让公司的现场演艺业务回暖明显。该公司2021年年报显示，集团2021年度总体营业收入同比上升31.27%，其中文化艺术和现场演艺板块的收入占比达到74.88%，同比上升43.39%。

（五）黄山旅游发展有限公司的运营调整

黄山旅游发展有限公司立足黄山市黄山风景区、花山谜窟风景区、太平湖风景区三大景区运营，在公共卫生事件影响下，从打造“微度假”产品（将存量的花山谜窟景区从传统的观光型产品逐渐向“沉浸式主题乐园”转型）、面向省内客户营销（先后出台面向省内游客的营销优惠政策）、推动产品品质提升（改善景区、酒店、民宿等业态的基础设施级环境）三方面进行“微度假”转型，实现营业收入和旅游人次回升。2023年国内旅游市场回暖并持续稳定向好，公司创新迭代多元旅游产品，旅游接待人数实现较好提升，2023年黄山景区累计接待进山游客457.46万人，同比增长227.48%，公司主营业务实现较好增长，公司业绩预计将实现扭亏为盈。

四、“快消式微度假”在我国旅游消费市场的发展策略

（一）“快消式微度假”的门槛人口需要依托具有较强消费能力的都市

纵观上述案例，乌镇景区位于上海和杭州中间，距两市市区自驾时间均在1个小时30分左右；复星集团筹备投资的太仓复游城，距离上海虹桥综合交通枢纽用时不到30分钟；

华侨城旗下的9个欢乐谷产品分别位于深圳、北京、上海、成都、武汉、天津、重庆、南京、西安。宋城集团的两大产品（除传统旅游目的地外）主要位于杭州、上海、西安。可知，表现较为良好的“快消式微度假”旅游产品中，门槛人口的培育均立足于直辖市、省会城市。

（二）主打“相对性价比”是“快消式微度假”的重要营销与市场策略

“相对性价比”具体可以分为两个维度，第一是在一定的价格内尽可能多地为游客提供更加精彩的体验，第二是在同区域同类竞品中做到相对低价，突出价格优势。比如北京、上海两地欢乐谷的产品定价策略，以相对较低价格的产品吸引价格敏感人群；再比如，杭州宋城景区提高演艺节目时长，复星文旅的亚特兰蒂斯“泛秀”产品升级，乌镇、华侨城景区不断丰富各类活动、更新景区的游玩体验，这些举措都是在原有价格区间内提高游客的体验质量。

（三）节庆、研学、亲子活动是带动“快消式微度假”产品重游的主要手段

上述案例中的景区均提到从节庆、研学、亲子等领域提高产品力。具体而言，节庆活动是本地客群的重要休闲节点，伴随着节庆的假期可以为景区带来重游的时间基础；研学旅行作为深化基础教育综合改革、推进素质教育的一项重要举措，积极响应广大学生群体和校方的诉求，能够为“快消式微度假”提供一定的客群基础；而亲子活动作为家庭陪伴儿童成长的重要活动，本身就具有强烈的重复性和固定性，在寒暑假表现尤为明显。

轻旅游微度假与出省游玩的有机结合成为旅游消费新命题。“快消式微度假”的门槛人口需要依托具有较强消费能力的都市，主打“相对性价比”是“快消式微度假”的重要营销与市场策略，节庆、研学、亲子活动是带动“快消式微度假”产品重游的主要手段。重体验、重内容、重文化、重消费性价比或将成为未来微度假旅行市场的关键词。

除此以外，一方面，政府要大力加强引导，培育一批“微度假”旅游产业集群。建立“微度假”旅游产业专项基金、搭建“政府＋金融机构＋企业”的政金企发展平台、持续完善顶层设计、创新体制机制，确保“微度假”旅游发展的整体性和协调性。另一方面，市场要积极增加“微度假”旅游产品、业态，建设一批“微度假”旅游目的地。加快产品升级换代、提高服务质量、加强科技研发，全力打造“高颜值、微度假”休闲度假目的地，建设集康养度假、文创艺术、体育运动、科普研学、民俗娱乐等多功能于一体的具有较高国际水准的“微度假”旅游目的地。

本章小结

（1）新型旅游业态是在原有旅游业态的基础上，由市场需求作为动力而推动衍生出来的之前没有的一批新的旅游模式，是旅游围绕市场的发展和消费需求，与其他行业不断融合创造而产生的新的旅游产品及消费运营形式。旅游新业态主要包括新的旅游组织形态、新的旅游产品形态、新的旅游经营形态。

（2）在技术扩散以及消费需求多样化、个性化的驱动下，旅游产业发展的原有边界逐步被打破，传统旅游业要素重新配置，逐渐表现出传统要素创新化，业态融合化、生态

化、定制化与规模化的发展趋势，对优化和提升旅游产业综合竞争力起到了非常重要的作用。

(3) 旅游是文旅市场的空间生产方式，文化必须通过市场化转换才能实现其价值，旅游就是文化的空间生产方式。

(4) “旅游+文化+科技”，这三种元素的结合，让旅游业极具想象空间和市场发展前景，文化和科技已然成为文化旅游发展的两翼。

(5) 数字文创是基于“科技+文化”，以文化创意内容为核心，依托数字技术进行创作、生产、传播和服务的新生产业。数字文创是依托于区块链技术发行的一种文创数字化载体形态，其通过区块链唯一标识的技术手段，在保护其数字版权的基础上，实现可信的数字化发行、购买、收藏和使用。

(6) 城市夜间旅游作为一种新的旅游模式，其文化休闲性符合现代旅游的文化精神，已经越来越受到旅游业界的重视。夜间旅游休闲文化优势的发挥有利于引导全社会树立健康、文明、环保的休闲理念，更好地满足广大人民群众旅游休闲消费需求，对于城市旅游甚至城市发展具有显著的现实意义。

(7) 微度假是指城市人充分利用周末闲暇时光，以城市为中心向周边扩展3～4小时车程找寻优质旅游景点，用于周末消遣，寻得工作生活平衡的一种旅游方式。

(8) “微度假”的出行方式和时间具有随意性，旨在“背上背包就走”，是一种释放压力的旅游业态，类似于传统周边游，但是在旅游品质上提出了更高的要求，也对旅游产品的设计增加了难度。但并不是每个城市周边都有这样的条件建设相应的旅游产品。因此，具有优越地理条件和高品质客户体验的旅游产品已经成为稀缺资源。

思考题

1. 简述旅游新业态有哪些。
2. 简述“旅游+”时代旅游业和一二三产业有哪些融合的表现。
3. 简述数字文旅时代对旅游消费者行为带来的影响。
4. 简述“旅游+”是如何影响旅游消费者行为的。
5. 简述微度假与旅游消费者之间的关系。

在线自测

扫一扫 练一练

参考文献

［1］戴斌，李仲广，唐晓云，等. 游客满意度测评体系的构建及实证研究［J］. 旅游学刊，2012（7）.

［2］范秀成，杜建刚. 服务质量五维度对服务满意及服务忠诚的影响［J］. 管理世界，2006（6）.

［3］郭国庆. 服务营销管理［M］. 北京：中国人民大学出版社，2012.

［4］孙九霞，孙钢华. 旅游消费者行为学［M］. 3版. 大连：东北财经大学出版社，2022.

［5］杜炜. 旅游消费行为学［M］. 天津：南开大学出版社，2009.

［6］戚海峰. 消费者行为学［M］. 上海：上海财经大学出版社，2008.

［7］符国群. 消费者行为学［M］. 武汉：武汉大学出版社，2004.

［8］毕重增. 消费心理学［M］. 上海：华东师范大学出版社，2002.

［9］刘纯. 旅游者行为与旅游业组织行为［M］. 北京：高等教育出版社，2007.

［10］李志飞. 旅游购买行为：异地情境、体验营销与购后效应［M］. 武汉：华中科技大学出版社，2009.

［11］吴清津. 旅游消费者行为学［M］. 北京：旅游教育出版社，2023.

［12］侯宏杰. 旅游消费者行为研究［M］. 北京：光明日报出版社，2013.

［13］龙江智. 中国旅游消费行为模式研究［M］. 北京：旅游教育出版社，2014.

［14］白凯. 旅游者行为学［M］. 北京：科学出版社，2013.

［15］罗子明. 消费者心理学［M］. 北京：清华大学出版社，2015.

［16］菲利普·科特勒，凯文·莱恩·凯勒，亚历山大·切尔内夫. 营销管理：第15版. 英文版［M］. 北京：清华大学出版社，2024.

［17］赵西君，吴殿廷. "微度假"旅游与城乡融合发展的耦合机制研究：以江苏省宜兴市为例［J］. 开发研究，2021（4）.

［18］冯晓华，黄震方. 疫情常态化防控下游客旅游行为意向研究［J］. 干旱区资源与环境，2021，35（4）.

［19］李天元，曲颖. 旅游市场营销［M］. 北京：中国人民大学出版社，2012.

［20］邱扶东. 旅游信息特征对旅游决策影响的实验研究［J］. 心理科学，2007（3）.

［21］邱扶东，吴明证. 旅游决策影响因素研究［J］. 心理科学，2004（5）.

［22］李志飞. 旅游消费者行为［M］. 2版. 武汉：华中科技大学出版社. 2021.

［23］孙凤. 消费者行为数量研究：以中国城镇居民为例［M］. 上海：上海人民出版

社，2002.

［24］杨昀，刘宏博，李想．文化距离对旅游目的地选择的影响：以日本和中国大陆出境游为例［J］．旅游学刊，2016，31（10）.

［25］杨懿，胥兴安．旅游消费者行为［M］．北京：高等教育出版社，2022.

［26］冯耕耘．旅游消费者行为学［M］．天津：天津大学出版社，2022.

［27］邱扶东，汪静．旅游决策过程调查研究［J］．旅游科学，2005，19（2）.

［28］王细芳．基于心理账户的旅游消费决策机理：以超大城市旅游观演群体为例的研究［J］．经济管理，2019，41（3）.

［29］陈钢华，孙九霞．现代旅游消费者行为学［M］．广州：中山大学出版社，2019.

［30］吴清津．旅游消费者行为学［M］．北京：旅游教育出版社，2023.

［31］单铭磊．旅游消费者行为学［M］．北京：企业管理出版社，2020.

［32］王鹤．文化创意与品牌推广［M］．北京：北京理工大学出版社，2022.

［33］杜炜．旅游消费行为学［M］．天津：南开大学出版社，2009.

［34］林德荣，郭晓琳．旅游消费者行为［M］．重庆：重庆大学出版社，2019.

［35］邹勇文，刘德军，曹国新，等．旅游消费者行为学［M］．北京：中国旅游出版社，2017.

［36］刘力，陈浩．自我一致性对旅游者决策行为的影响：理论基础与研究模型［J］．旅游学刊，2015，30（6）.

［37］周永博，程德年，胡昕，等．生活方式型旅游目的地品牌个性建构：基于苏州古城案例的混合方法研究［J］．旅游学刊，2016（7）.

［38］傅军军，师永强，侯娜．现代旅游管理理论与实践［M］．长春：吉林人民出版社，2021.

［39］米冰．旅游消费者行为［M］．北京：清华大学出版社，2024.

［40］菲利普·科特勒，约翰·T．鲍文，詹姆斯·C．麦肯斯，等．旅游与服务业市场营销［M］．7版．白长虹，陈晔，译．北京：机械工业出版社，2024.

［41］埃里克．阿诺德，琳达·普奈斯，乔治·津克汗．消费者行为学［M］．2版．李东晋，译．北京：电子工业出版社，2008.

［42］SONG H Y，LI G. The Hong Kong tourist satisfaction index［J］．Annals of tourism research ，2012，39（1）.

［43］SUN X X，XU H G. Developing destination loyalty：the case of Hainan Island［J］．Annals of tourism research，2013，43.

［44］RICHARDS G，WILSON J. Developing creativity in tourist experiences：a solution to the serial reproduction of culture?［J］．Tourism management，2006，27（6）.

［45］杰克迪什·N．谢斯，本瓦利·米托．消费者行为学管理视角［M］．罗立彬，译．北京：机械工业出版社，2004.

［46］利昂·G．希夫曼，莱斯利·拉扎尔·卡纽克，约瑟夫·维森布利特．消费者行为学：第10版．全球版［M］．北京：清华大学出版社，2004.

［47］RIERA F A. Mass tourism and the demand for protected areas：a travel cost approach [J]. Journal of environmental economics and management, 2000, 39.

[48] WAHAB S, CROMPTON L J, ROTHFIELD L M. Tourism marketing [M]. London: Tourism International, 1976.

[49] MOUTINHO L. Consumer behavior in tourism [J]. European journal of marketing, 1987, 21 (10).

[50] WOODSIDE A G, MACDONALD R. General system framework of customer choice processes of tourism services [M] // GASSER R V, WEIERMAIR K. Spoilt for choice. Thaur, Germany: Kulturverl, 1994.

[51] GURSOY D. Prior product knowledge and its influence on the traveler's information search behavior [J]. Journal of Hospitality & leisure marketing, 2003, 10: 3-4.

[52] PARK C W, MOTHERSBAUGH D L, FEICK L. Consumer knowledge assessment [J]. Journal of consumer research. 1994, 21 (1).

[53] TSAUR S H, YEN C H, CHEN C L. Independent tourist knowledge and skills [J]. Annals of tourism research. 2010, 37 (4).

[54] CHEN C C, TSENG Y D. Quality evaluation of product reviews using an information quality framework [J]. Decision support systems, 2011, 4 (50).

后记

经全国高等教育自学考试指导委员会同意，由经济管理类专业委员会负责高等教育自学考试《旅游消费者行为》教材的审定工作。

《旅游消费者行为》自学考试教材由北京经济管理职业学院王粤教授和赵慧娟教授担任主编。

参加本教材审稿讨论会并提出修改意见的有北京工商大学周清杰教授、西南财经大学吕兴洋教授、安徽职业技术学院杜淑琳教授。全书由王粤教授和赵慧娟教授修改定稿。

编审人员付出了大量努力，在此一并表示感谢！

全国高等教育自学考试指导委员会
经济管理类专业委员会
2023 年 12 月

图书在版编目（CIP）数据

旅游消费者行为 / 王粤，赵慧娟主编 . -- 北京：中国人民大学出版社，2024. 8. --（全国高等教育自学考试指定教材）. -- ISBN 978-7-300-33165-2

Ⅰ. F590

中国国家版本馆 CIP 数据核字第 20244UY839 号

全国高等教育自学考试指定教材
旅游消费者行为
（含：旅游消费者行为自学考试大纲）
（2024 年版）
全国高等教育自学考试指导委员会　组编
主编　王　粤　赵慧娟
Lüyou Xiaofeizhe Xingwei

出版发行　中国人民大学出版社
社　　址　北京中关村大街 31 号　　**邮政编码** 100080
电　　话　010－62511242（总编室）　010－62511770（质管部）
010－82501766（邮购部）　010－62514148（门市部）
010－62515195（发行公司）　010－62515275（盗版举报）
网　　址　http：//www. crup. com. cn
经　　销　新华书店
印　　刷　北京市鑫霸印务有限公司
开　　本　787 mm×1092 mm　1/16　　**版　　次**　2024 年 8 月第 1 版
印　　张　19. 25 插页 1　　**印　　次**　2024 年 8 月第 1 次印刷
字　　数　446 000　　**定　　价**　59. 00 元